INFÂNCIAS
PERDIDAS

INFÂNCIAS PERDIDAS

O Cotidiano nos Internatos-Prisão

3ª edição revisada e ampliada

SÔNIA ALTOÉ

REVINTER

Infâncias Perdidas – O Cotidiano nos Internatos-Prisão, Terceira Edição Revisada e Ampliada
Copyright © 2014 by Livraria e Editora Revinter Ltda.

ISBN 978-85-372-0517-4

Todos os direitos reservados.
É expressamente proibida a reprodução
deste livro, no seu todo ou em parte,
por quaisquer meios, sem o consentimento,
por escrito, da Editora.

Fotos:
SÔNIA ALTOÉ

Capa:
VICTOR BURTON

Contato com a autora:
soniaaltoe@gmail.com

CIP-BRASIL. CATALOGAÇÃO-NA-PUBLICAÇÃO
SINDICATO NACIONAL DOS EDITORES DE LIVROS, RJ

A469i
3. ed.

    Altoé, Sônia, 1951-
        Infâncias perdidas : o cotidiano nos internatos-prisão / Sônia Altoé. - 3. ed.,
revisada e ampliada - Rio de Janeiro : Revinter, 2014.
        il.

    Apêndice
    Inclui bibliografia
    ISBN 978-85-372-0517-4

      1. Abrigos para jovens. 2. Lares coletivos para crianças. 3. Jovens - Assistência em instituições. 4. Análise institucional. 5. Instituição total.

13-06984   CDD: 362.732
                       CDU: 364:343.817

A responsabilidade civil e criminal, perante terceiros e perante a Editora Revinter, sobre o conteúdo total desta obra, incluindo as ilustrações e autorizações/créditos correspondentes, é do(s) autor(es) da mesma.

Livraria e Editora REVINTER Ltda.
Rua do Matoso, 170 – Tijuca
20270-135 – Rio de Janeiro – RJ
Tel.: (21) 2563-9700 – Fax: (21) 2563-9701
livraria@revinter.com.br – www.revinter.com.br

AGRADECIMENTOS

Este estudo é fruto de preocupações e indagações que atravessam a minha formação profissional de psicóloga e psicanalista, tratando especificamente da questão de internação de crianças. Foi iniciado quando de minha primeira experiência em internato de crianças, como psicóloga, contratada em julho de 1980, e foi extraído da minha tese de doutoramento defendida em junho de 1988, no Departamento de Ciências de Educação da Universidade de Paris VIII.

Após terminar a tese de mestrado, também realizada na Universidade de Paris VIII em 1978-1980, voltei ao Rio de Janeiro com instrumental teórico sobre Análise Institucional e Prática de Intervenção feita pelos institucionalistas. Meu relacionamento se deu, sobretudo, com René Lourau, Georges Lapassade e Remi Hess. Tive a oportunidade de discutir meu trabalho, objeto de tese de mestrado,[1] com Jean Oury e Jo Manenty e fiz um breve estágio em Bonneuil. Ao voltar, a experiência em internato foi meu primeiro emprego como psicóloga contratada. E, pelos motivos que são desenvolvidos na introdução, este trabalho se apresentou como uma oportuna possibilidade de adotar procedimentos e interpretações distintos daqueles que tinha sido realizado até então. Para ampará-los, trouxe uma vasta literatura sobre Análise Institucional e mantive-me atualizada pela correspondência que estabeleci com meu orientador René Lourau, a quem sou imensamente grata pela paciência e pela orientação recebida.

Diversos profissionais amigos também foram interlocutores importantes para que este estudo fosse realizado. Agradeço, em especial, a Alfredo Wagner B. de Almeida, sociólogo e antropólogo, que me orientou na pesquisa de campo e deu uma colaboração preciosa durante toda a elaboração deste estudo. Foi com ele que aprendi o gosto pela pesquisa. Circe Navarro Vital Brazil e Rosilene Alvim[2] muito contribuíram na discussão de várias partes e foram amigas importantes que me ajudaram a renovar o ânimo nas horas de maior desânimo e sofrimento. Agradeço, também, aos amigos que estavam ao meu lado e me ajudaram de diversas formas.

---

1. Analyse institutionnelle d'une institution d'enfants handicapés, 1980, Paris, mimeo.
2. Professores de Psicologia da PUC-Rio e de Ciências Sociais do IFCS.

Aos meus pais.
Às crianças internadas, ao Paulinho, à Conceição, ao Helcenir e a tantos outros, e também aos meus clientes, sobretudo as crianças que me ensinaram a ser sensível ao sofrimento emocional do ser humano na infância.

APRESENTAÇÃO

A política social brasileira para crianças e adolescentes pobres se inicia na Primeira República, quando, em 1898, o governo federal inaugura a Escola XV de Novembro no Rio de Janeiro. Era a política de "internação em lugares apropriados" com a meta de corrigir os comportamentos "irregulares" daqueles que vagavam ociosos pelas ruas, sozinhos ou com seus responsáveis. Naquele momento histórico, partia-se da premissa de que estes "abandonados" ou "desvalidos" viviam na vadiagem e no vício, porque a família – majoritariamente ex-escrava e pobre – não tinha condições de lhes oferecer uma rígida educação disciplinar. No entanto, não era levado em conta que esta família não recebeu nenhum apoio social após a Lei Áurea, um ano antes, em 1888. O projeto de nação que se inaugurava, então, não previa a escolaridade, no ensino público, nem a profissionalização, nos liceus de artes e ofícios, para que esta juventude pudesse integrar o mundo do trabalho no novo Brasil que se instituía. A única proposta oficial e concreta era o recolhimento destes filhos da pobreza em locais fechados e longe do ambiente familiar e comunitário, separando-os do resto da população, como se fossem culpados por sua origem e situação social.

Assim, a Escola XV de Novembro tornou-se o modelo educacional brasileiro para esse grupo populacional, cuja intenção era limpar a imagem de um país escravocrata, "escondendo" as diferenças individuais e buscando destruir a humanidade destas crianças e jovens, ou seja, sua cultura. Estas ideias acabaram tão enraizadas no imaginário brasileiro e nas políticas sociais, que, ainda hoje, acredita-se ser mais fácil fechar as crianças e jovens em internatos do que pensar em outras opções possíveis que conciliem a liberdade, a educação e a formação profissional, dentro do reconhecimento das heterogeneidades culturais e das formas de ser da juventude pobre. Este padrão institucional foi seguido e inúmeros outros internatos foram sendo criados, especialmente no sudeste, para colocar as crianças que potencialmente eram um perigo para a nação. Mesmo supondo que no momento histórico da criação dos "internatos-prisão" havia a intenção de recuperar jovens e devolvê-los "sadios" e "limpos" para a sociedade, com o tempo, não se pode negar que as boas intenções foram abandonadas e eles acabaram tornando-se um depositário humano, que reprimia e não oferecia atividades socioeducativas para os que ali estavam.

Passado um século, ficou cada vez mais evidente o fracasso desta política social: os jovens que saíam dos internatos não tinham preparo emocional para viver no mundo social. Na verdade, os internos chegavam aos 18 anos sem referências e vínculos afetivos que os levassem a construir uma identidade própria e formular projetos de vida coerentes para o futuro.

Neste quadro, o livro de Sônia Altoé, *Infâncias Perdidas – O Cotidiano nos Internatos-Prisão*, traz uma importante luz para a discussão do problema destas crianças e jovens, ao mostrar a ambiguidade entre o discurso dos objetivos institucionais e a prática organizativa de uma instituição no Rio de Janeiro, que atendia dois mil menores desde recém-nascidos até chegarem aos 18 anos, em um conjunto de sete estabelecimentos, divididos por faixas etárias. Este livro tem inúmeros méritos que precisam ser ressaltados.

Primeiro, por Sônia ter sido a pesquisadora pioneira no Brasil a entrar de corpo e alma dentro de uma instituição fechada e fazer um profundo estudo etnográfico, constatando, documentando, analisando o que coletou para comprovar teoricamente os aspectos de violência silenciosa e psicológica que fundamentam o trabalho em uma instituição total. Com esta pesquisa científica ela pôde demonstrar os aspectos negativos deste sistema de domesticação e submissão, que impede a educação, o fortalecimento da autoestima e a futura constituição identitária de crianças e jovens que por ali passaram.

Lemos no livro de Sônia que fica muito difícil para as crianças e jovens sonharem nestes locais, e isto é evidenciado pela fala da diretora de uma das casas pesquisadas quando ela afirma: "O internato é como uma granja: os pintinhos vão passando de uma seção para outra. Acho que as crianças saem daqui sem conseguir nem amar, nem odiar, não são capazes de nada". Fica claro que, em uma instituição fechada e autonomizada, os internos aprendem logo a "esquecer" todas as formas de liberdade, de agir e mesmo de desejar. E, neste caso, só resta aos asilados continuarem na vida adulta dentro de instituições fechadas como as que os criaram. Isto também se apreende na leitura do livro, que traz um dado importante: para garantir a continuidade do funcionamento e a manutenção da ordem institucional, um número significativo de ex-internos são ali contratados como profissionais, repetindo as rotinas que aprenderam quando assistidos.

Outro mérito deste trabalho foi, na década de 1980, sintetizar para políticos, acadêmicos, psicólogos, educadores e juristas, que vinham se preocupando com os resultados desse tipo de política social, pela constatação de seu custo-benefício, que a juventude se encontrava cada vez mais desafiliada no Brasil. As discussões formais sobre esta política da exclusão pelos internatos fechados aconteciam em várias partes do país e geraram a redação do Estatuto da Criança e do Adolescente.

Nesta Lei, mais conhecida como ECA, ficou claro que eram necessárias mudanças de paradigmas para a educação e a reafiliação da pobreza brasileira. A tese de doutoramento de Sônia Altoé foi determinante nesse momento, e o conteúdo desta, antes mesmo de ser publicado na primeira edição do livro, era apresentado nestes encontros. Aliás, foi Sônia quem cunhou a expressão "internatos-prisão", hoje amplamente utilizada para adjetivar este tipo de instituição.

Mas, talvez, o maior mérito de Sônia tenha sido a atitude, bastante inovadora para a época, de coletar e apresentar a voz dos próprios internos para desconstruir a estratégia da equalização dentro das instituições totais. Ela demonstra como os sonhos e desejos da criança eram podados pela simples preocupação de atender à organização da rotina cotidiana, das atividades, horários, como é dito por Maria, 10 anos: "Em casa pergunto, mãe, posso brincar? Ela diz – 'brinque à vontade'. Eu brinco, brinco até de noite e de noite eu vejo televisão. É bom na minha casa. Aqui não, aqui a gente não pode viver solto, a gente não pode brincar até a hora que a gente quiser. Aqui tem que depender das tias, tem que fazer. Se a gente não quiser fazer alguma coisa, a tia diz: 'castigo, então'."

São diversas falas que comprovam como esses sujeitos se sentiam desprovidos de identidade, impedidos de expressar opiniões e de demonstrar seus desejos, para que o funcionamento da instituição fluísse dentro do que era previsto.

O livro de Sônia Altoé, *Infâncias Perdidas*, 21 anos depois de publicado, assim como o de Erving Goffman que descreve os manicômios, os conventos e as prisões, torna-se um trabalho de referência no Brasil para quem estuda, trabalha e propõe-se ao grande desafio que se coloca para o século XXI: a necessidade de olhar para os problemas com uma visão que ultrapasse os limites do comum, do previsível, do aceitável na intervenção com crianças e adolescentes desafiliados.

Ligia Costa Leite
Rio, 2011

PREFÁCIO

As ciências da educação, se têm alguma existência, fazem-nos refletir bastante sobre os fundamentos das ciências sociais. Piaget já o demonstrou bem: tornou-se epistemólogo após ter começado a observar as crianças – suas próprias crianças. Além disso, não percebemos o suficiente a ligação entre ciências da educação e ciências da lógica (ou lógica das ciências), no que diz respeito a Popper ou a Wittgenstein. Karl Popper foi, por muitos anos, um trabalhador social. Todas as suas primeiras publicações falam sobre a educação. Ludwig Wittgenstein, durante muito tempo, ensinou em uma escola rural. Os dois grandes lógicos do século XX são obcecados pela infância, pela aprendizagem, pela educação e pela reeducação: Ludwig, depois do Tractatus, Karl, antes da publicação da *A Lógica da Pesquisa* (frequentemente mal traduzida como *A Lógica da Descoberta Científica*).

A pesquisa realizada por Sônia Altoé – observadora participante e implicada – insere-se naturalmente nos campos das ciências da educação e da metodologia das ciências sociais, setor bem quente da filosofia das ciências. Uma sociedade – a nossa que aprisiona a infância, a velhice, o desviante, a loucura – julga a si própria. A sociedade não quer saber. Então aprisiona. Você, e eu também, quando não queremos saber, quanto à nossa mulher, nosso marido, nossas crianças, nossos pais, os aprisionamos nas paredes da nossa recusa de compreender, da nossa angústia, do nosso medo. "A insegurança" reina. No Brasil, como em qualquer outro país, esta fobia universal tomou conta de grande parte das classes médias.

Franco Basaglia falava de "crime de paz" a propósito da ação da psiquiatria. Este conceito pode ser ampliado a muitas outras atividades, pelas quais somos, de perto ou de longe, responsáveis. A criança, como o índio e o negro, não é uma engrenagem da máquina política. Portanto, não existe. Qualquer que seja o regime político, ela está, como o velho, o desviante e o louco, mais próxima do animal do que do gênero humano. É feita para ser observada, classificada, avaliada, julgada, separada, aprisionada. Está "fora do jogo", como um jogador de futebol que, durante uma partida, recebe do juiz três cartões amarelos.

A criança não existe. Nela cuidamos desta doença sexualmente transmissível: a infância. Doença mortal: a criança torna-se fatalmente adulto. De preferência, um adulto conforme as normas, ao uniforme. Militar, por exemplo. É o sinal de que se integrou perfeitamente à instituição e de que o Estado-inconsciente controla seu imaginário. Porque tudo está ali: como institucionalizar estes animais selvagens, mentirosos, predadores, perversos, para que o Estado possa dormir em paz?

Neste País magnífico que é o Brasil, uma psicossocióloga tenta descobrir o segredo das crianças perdidas. Ela não elabora um grande discurso sobre a condição das crianças como outros fazem grandes discursos, grandes teorias a respeito da condição das mulheres, dos moradores das favelas, dos delinquentes etc. Mas, ao contrário, descreve o que lhe aconteceu ao ocupar-se destas crianças confinadas. De seu lugar – que ela igualmente descreve – Sônia mostra o funcionamento da máquina de socializar a infância. Esta máquina é o analisador de uma sociedade. Ela a revela e a interroga, a obriga a reagir. Nos meses e anos que virão, o que será do Estatuto da Infância no Brasil? As eleições presidenciais passadas significaram um desafio para a infância? Para sua liberação? O livro de Sônia não tem qualquer pretensão ao profetismo. Ele se contenta em restituir o que existe.

Marx disse uma vez que se descrevermos completamente um fenômeno, isto equivale a uma teorização perfeita. Eu acrescentaria: desde que esta descrição englobe também a pessoa que descreve. É o que Sônia faz, praticando a teoria da implicação do pesquisador na sua pesquisa. Esta implicação é institucional: ao mesmo tempo sociológica e psicológica. Ela contém uma espécie de hipercomunicação do pesquisador com a instituição, do pesquisador com as crianças. A instituição que exerce sua monstruosa pressão de dimensão estatal – mesmo obedecendo a um estatuto privado. As crianças que passam pelo que Ferenzci, no final de sua vida, chamou de *intropressão* do adulto sobre a criança.

Ferenzci teria ficado feliz ao ler esta pesquisa. O leitor brasileiro também ficará, se não massacrou definitivamente a criança que existe dentro dele.

René Lourau
Paris, 1990

SIGLAS UTILIZADAS NESTE LIVRO

AIE	– Análise Institucional do Estabelecimento
CESME	– Coordenação de Estudos sobre o Menor
CNPq	– Conselho Nacional de Desenvolvimento Científico e Tecnológico
CPI	– Comissão Parlamentar de Inquérito
DAM	– Departamento de Assistência ao Menor
ECA	– Estatuto da Criança e do Adolescente
Febem	– Fundação Estadual do Bem-Estar do Menor
Feem	– Fundação Estadual de Educação do Menor
FINEP	– Financiadora de Estudos e Projetos
Funabem	– Fundação Nacional do Bem-Estar do Menor
IFCS	– Instituto de Filosofia e Ciências Sociais
IUPERJ	– Instituto Universitário de Pesquisa do Rio de Janeiro
LBA	– Legião Brasileira de Assistência
PUC-Rio	– Pontifícia Universidade Católica do Rio de Janeiro
SENAI	– Serviço Nacional de Aprendizagem Industrial
UERJ	– Universidade do Estado do Rio de Janeiro
UFF	– Universidade Federal Fluminense
UFRJ	– Universidade Federal do Rio de Janeiro
USU	– Universidade Santa Úrsula

SUMÁRIO

INTRODUÇÃO 1
   1. Objetivo de estudo 1
   2. Considerações teóricas 3
   3. Procedimentos metodológicos de pesquisa 6
   4. Características gerais da fundação e dos internatos 6
   5. Notas sobre o trabalho da psicóloga 10

INTERNATO I 19
   1. Introdução 21
   2. Ritual de entrada 21
   3. "Adaptação" e suas consequências na saúde mental e física .. 24
   4. Disciplina e espaço disciplinar 27
   5. Asseio e higiene – o controle do corpo 34
   6. Alimentação – redução à necessidade e à disciplina 36
   7. Linguagem e socialização 42

INTERNATO II 47
   1. Introdução 49
   2. Transferência – a roda-viva do internato 49
   3. A condição humana 57
   4. Espera: tempo de morte, de morte lenta 62
   5. Individualidade – privacidade e objeto particular 67
   6. Brinquedo – a criatividade e o risco 74

INTERNATO III 83
   1. Introdução 85
   2. Obediência à repetição 85
   3. O ritual da alimentação 92
   4. A criança culpada e o castigo 97
   5. Castigos não oficiais – o aprendizado do silêncio 102
   6. Recreação vigiada 107
   7. Recreação livre: parque, "escolinha" e campão 111

INTERNATO IV 117
   1. Introdução 119
   2. A "massa" disciplinada. 119
   3. Sentimento de desproteção e abandono 126
   4. "Achado não foi roubado, quem perdeu foi relaxado". 126
   5. "A cabeça não pensa, o corpo sofre". 130

INTERNATO V 139
   1. Introdução 141
   2. A rigidez disciplinar – preparação para o quartel 141
   3. Fuga – possibilidade de escapar aos maus-tratos. 145
   4. "Escamar" – busca de lazer e aventuras 149
   5. "Pinel", "gabalão" e "píssico" 154
   6. "Histórias de sacanagem e saliência" 156

INTERNATO VI 165
   1. Introdução 167
   2. Teoria do castigo crescente. 167
   3. Toque de briga 170
   4. Escolaridade. 175
   5. Família – laços que se perdem 184
   6. Monitor e ajudante 190
   7. Monitor – treinamento para ser inspetor 199
   8. Brincadeiras, jogos e passeios. 201

INTERNATO VII 209
   1. Introdução 211
   2. Clientela. 212
   3. Rotina. 219
   4. Inspetor – sua função na manutenção da ordem 225
   5. Tensões na sala de aula. 227
   6. Socialização pelo trabalho 230
   7. Disciplina. 234
   8. Futuro – encaminhamento para saída 249

CONSIDERAÇÕES FINAIS 265

POSFÁCIO. 269

BIBLIOGRAFIA 275

INFÂNCIAS
PERDIDAS

INTRODUÇÃO

1. Objetivo de estudo

Este estudo tem por objetivo proceder a uma análise institucional de um conjunto de sete internatos que integram uma determinada Fundação filantrópica, localizada na área periférica da cidade do Rio de Janeiro. Esses internatos se propõem a dar atendimento a crianças "menores carentes e abandonadas",[1] desde recém-nascidas até atingirem 18 anos.

O termo "menor" é usado para dialogar com a literatura de referência sobre a questão. Entretanto, considero no decorrer do trabalho que esta categoria é produto de estigma mesmo nos Códigos de Menores de 1927 a 1979.[2] Devido a isto, não usei o termo como categoria para o meu trabalho e adotei o procedimento do relativizá-lo, consoante o texto "Infância e Sociedade no Brasil", que aponta para a incorporação não crítica da categoria "menor" pelas Ciências Sociais.

Gostaria de esclarecer o que me motivou a empreender este estudo. Ele se iniciou quando, a convite da direção da Fundação, ocupei o cargo de psicóloga atendendo a todos os internatos. Depois de 13 meses de trabalho, fui demitida através de uma carta que recebi em minha casa, alegando falta de verbas. Resolvi, depois de seis meses, voltar a Fundação e pedir autorização para realizar a pesquisa. Ela me foi concedida, para minha surpresa, de imediato e sem restrição de qualquer ordem. Assim, comecei a pesquisa de campo, buscando estudar a Fundação de outro ângulo que não o de funcionária da mesma, compreender melhor seu funcionamento e voltando a ter um contato com as crianças, aliviando, assim, a súbita interrupção que ocorreu.

---

1. "As expressões menor carenciado, abandonado, desassistido ou marginalizado são usadas para identificar a criança ou adolescente vítima de disfunção social que, por não dispor de renda suficiente, tem insatisfatória participação no consumo de bens materiais, recreação e outras benesses do desenvolvimento." (CPI do Menor. Câmara dos Deputados. Brasília, 1976, p. 25.)

   "... a estatística da Funabem para 1985 indicou que no Brasil temos cerca de 65 milhões de menores que são 47% da população brasileira. Desses, 36 milhões carentes, 7 milhões abandonados, 527 mil internados e 14 mil infratores sob sua guarda." (Passetti, 1987.)

2. "O espírito do Código se expressa logo no seu 1º Capítulo quando diz que o objetivo e fim da lei é 'menor, de um ou outro sexo, abandonado ou delinquente, que tiver menos de 18 anos de idade'. A partir de então a palavra 'menor' passa ao vocabulário corrente, tornando-se uma categoria classificatória da infância pobre. O Código distingue dois tipos de menores, os abandonados e os delinquentes, como que reconhecendo duas variantes possíveis no universo da pobreza." (Infância e Sociedade no Brasil, BIB, RJ, ANPOCS (26): 3-37, 2º semestre de 1988.)

Além disso, havia o meu interesse específico de conhecer melhor o funcionamento dos internatos, pois, na época, só havia a publicação de Guirado (1980) sobre crianças institucionalizadas. Uma das razões que dificultam este tipo de estudo são os obstáculos que estes estabelecimentos criam para sua realização. Outra é a dificuldade inerente a tal tipo de pesquisa – o pesquisador precisa ter grande respaldo ou liberdade, por parte da direção, para realizar seu trabalho de campo sem constrangimento e desenvolver uma relação de confiabilidade com os funcionários e as crianças e adolescentes internos que permita a realização de entrevistas e obtenção dos dados. Sou grata à diretoria da Fundação que permitiu a realização deste estudo. Agradeço em particular aos diretores e funcionários das escolas que foram solidários e colaboraram nas pesquisas de campo e na coleta de dados.

Na tese, como parte da metodologia, faço uma análise do trabalho de psicóloga desenvolvido nos internatos; e há uma parte dedicada as referências históricas da Fundação. Por uma questão de necessidade de redução do volume de páginas para a publicação do livro, considerou-se primordial manter o mais integral possível o texto sobre os internatos, reduzir as citações e suprimir os anexos. As referências históricas permitem situar melhor a análise da estrutura dos internatos, porém não são imprescindíveis a sua compreensão.[3]

Pretendo fazer um estudo detalhado da vida cotidiana das crianças nos internatos, buscando explicitar o percurso que um interno faz desde recém-nascido até alcançar a maioridade quando é desligado do internato. Pretendo desenvolver uma análise acurada, sobretudo, dos "procedimentos disciplinares" (Foucault, 1977), que são um dos aspectos mais importantes nestes internatos com organização que se assemelha a uma caserna. O que perpassa todos os internatos indiferentemente é a disciplina, a mesmice, o determinismo, o massacre, o não reconhecimento, a vitória da morte psicológica. As escolas são analisadas por ordem de faixa etária das crianças atendidas, tentando tematizar suas questões dominantes.

Durante a pesquisa optei por percorrer as escolas segundo a crescente faixa etária das crianças, acreditando que, assim, poderia melhor perceber suas características e como estas poderiam afetar os internos.[4]

Esta é a única fundação filantrópica de meu conhecimento que oferece atendimento a todas as faixas etárias, desde recém-nascido até os 18 anos. Esta característica me pareceu ser de particular interesse, pois as pesquisas, até então publicadas sobre crianças internadas, sempre se limitam a uma faixa etária restrita. Ou seja, um dos interesses deste trabalho é tentar ir além das características básicas do funcionamento dos internatos. Busco analisar as diferentes características dos estabelecimentos que atendem a uma faixa etária restrita e como estas características afetam as crianças de diferentes idades.

---

3. O título da tese *École-caserne pour enfants pauvres* surgiu da leitura do livro Chronique de l'école-caserne. (Oury, 1972).

4. A única exceção se deu quando passei da IV para a VI e voltei então para a V, pois ocorreu o boato de que a escola VI seria fechada em um espaço de tempo que não me permitiria a realização da pesquisa de campo.

O atendimento oferecido pela Fundação é considerado pela Funabem, órgão oficial, como "modelar".[5] A exemplaridade desta instituição realça o interesse e ampara a pesquisa científica. Esta Fundação fornece as etapas completas de atendimento ao "menor", permitindo, assim, maior acesso a lógica deste tipo de instituição, fundamentada em rígidos métodos disciplinares em procedimentos de inculcação pedagógica marcados por mecanismos coercitivos. O padrão de atendimento no que diz respeito ao aspecto material é considerado "muito bom" em relação aos demais existentes. Pude constatar este fato quando trabalhei na Feem,[6] cujo padrão de atendimento é muito inferior, sobretudo no que se refere a condições materiais e espaço físico.

As instituições filantrópicas, em geral, se assemelham à Feem quanto ao atendimento precário. Este é mais um dos elementos que favorece o estudo aqui feito. A precariedade de atendimento material existente nos outros internatos, no meu entender, seria um elemento por demais perturbador na análise do funcionamento institucional.

Na introdução do estudo de cada internato, descrevo o que considero serem os temas dominantes ali encontrados. Durante a própria pesquisa de campo e na análise do material recolhido, alguns temas se tornaram relevantes em cada escola. Procedi da seguinte maneira: à medida que um tema era analisado, como por exemplo, no Internato I, o "ritual de entrada", abordei este tema também no que pudesse se repetir nos outros internatos. Com isso tentei evitar repetições que mesmo assim, muitas vezes, ocorreram. A regularidade, a recorrência, a monotonia fazem parte dos procedimentos disciplinares. São impostas ao pesquisador. Entretanto, não se repetem tal e qual. O trabalho de análise dos internatos chamará atenção para os pequenos deslocamentos que ocorrem nas regras e procedimentos disciplinares de cada estabelecimento nas diversas faixas etárias. Em cada internato, abordei os temas que surgiram como dominantes e que ainda não haviam sido tratados nos internatos anteriores. Este estudo se aproxima de uma etnografia, o que permite ao leitor seguir as análises feitas, discordar ou descobrir questões que me passaram desapercebidas.

2. Considerações teóricas

A orientação teórica deste estudo baseia-se nos conceitos de análise institucional que me têm sido úteis na prática de trabalhos nas instituições. Para a realização dessa análise, aceito uma hipótese de Lapassade (1917) de que "toda análise passa necessariamente pela mediação de certos analisadores. A relação do analista com seu objeto não é

---

5. "A Fundação (...) tem as escolas Internato VII, Internatos II, III, IV e V e Internato VI, considerado pela Funabem como escola-modelo de sua rede de convênios." (*Jornal do Brasil*, 13.08.82.)

6. Trabalhei na Feem como assessora-chefe da presidência, na gestão de Roberto Mangabeira, no período de julho de 1985 a abril de 1986, em uma tentativa de reforma da instituição para a qual o apoio político do Governador do Estado, prometido, não ocorreu. Aliada ao não apoio político e financeiro do Governador, encontramos enorme resistência dos funcionários, ocasionando a demissão coletiva da assessoria da presidência. Esta experiência contribuiu para melhor compreensão da atuação do Estado, assim como para as análises feitas nesta tese.

imediata. Passa pelo desvio dos analisadores que ele tem como referência ou que constrói no seu campo de intervenção". A noção de analisador é utilizada enquanto elemento que permite a análise e revela a estrutura da instituição.

A análise institucional é entendida no sentido de revelar a transversalidade da instituição, dos grupos e dos seus membros, ou seja, o que determina o funcionamento da instituição. O estudo da transversalidade, presente no decorrer de várias etapas, se atualiza e se expressa nas práticas institucionais e pressupõe um sistema de relações entre as pessoas, membros da instituição. A análise leva em consideração o que é dito, o discurso institucional, ou seja, os depoimentos recolhidos, os estatutos, o regimento interno, e a relação entre esse discurso e as práticas institucionais cotidianas efetivas.

O conceito de instituição é fundamental para perceber os níveis em que esta relação se atualiza. Em um sentido mais amplo, temos, como define Lourau, ao recordar o essencial deste conceito, estudado em duas obras importantes, uma de Lapassade e outra sua: "Primeiro, as instituições são normas. Mas estas incluem também a forma pela qual os indivíduos concordam ou não em participar dessas normas. As relações sociais reais, tanto como as normas sociais, formam parte do conceito de instituição (...). Seu conteúdo está formado pela articulação entre a ação histórica dos indivíduos, grupos, coletividades, de um lado e, de outro, pelas normas sociais já existentes.

Segundo, a instituição não é um nível da organização social (regras, leis) que atua do exterior para regular a vida dos grupos ou as condutas dos indivíduos; atravessa todos os níveis dos conjuntos humanos, e forma parte da estrutura simbólica do grupo, do indivíduo (...).

Em todos os níveis de análise, no individual, no da organização (hospital, escola, sindicato), no grupo informal, assim como no formal, se encontra a dimensão da instituição." (Lourau, 1977, p, 24).

Em um sentido mais estrito, a instituição é definida como "a organização das relações sociais entre os indivíduos ou, mais precisamente, o conjunto de normas que regem esta organização" (Hess, 1978, p. 25).

A definição de instituição leva em consideração que ela é atravessada por vários níveis distintos, o que remete necessariamente ao estudo de sua transversalidade como da de seus membros, com o objetivo de permitir o acesso ao discurso instituído e ao sistema de poder dentro dela.

A importância da transversalidade das pessoas, membros da instituição, é ressaltada por Patrice Ville: "(...) Os participantes são atravessados por pertencimentos ou referências a instituições diversas. Eles podem situar-se positivamente ou negativamente em relação a estas instituições. Os elementos da transversalidade influenciam o comportamento e as falas no curso da análise institucional. O jogo da transversalidade, que se encontra dentro de todas as situações da vida cotidiana, se atualiza, de maneira negativa ou positiva, em relação aos objetivos do estabelecimento." (Hess, 1978, p. 28). A fala de cada entrevistado será percebida como expressão de sua transversalidade, que se atualiza de maneira distinta, particular. Isto permitirá ao leitor seguir a análise feita, podendo perceber o depoimento dos entrevistados levando em consideração seus vários pertencimentos e sua posição dentro da organização e da hierarquia da Fundação.

Para uma compreensão mais clara de minha relação com a instituição e da minha escolha de fazer este estudo, é importante atentar-se para o conceito de *"análise implicacional* – um dos aspectos mais característicos da análise institucional é o esforço do militante, do pesquisador (...) engajado no processo de análise para revelar não somente o não dito institucional, mas também o caminho (gênese) que o leva, homem ou mulher determinada, a produzir esta análise" (Hess, 1978:21).

Nesta pesquisa, ao se analisar o movimento histórico da instituição e seu funcionamento, o conceito de *instituição* será apreendido dentro de uma perspectiva dialética. Ou seja, "como produto da luta permanente entre o instituinte e o instituído, a instituição está em perpétua mudança" (Hess, 1978:201). A dialética institucional funciona segundo o esquema seguinte:

a) instituído: apreendido enquanto uma análise organizacional do que é determinado dentro do estabelecimento, seus mecanismos de funcionamento, as relações de trabalho; é também força de inércia, conservadora, que busca preservar a situação tal como ela é;

b) instituinte: são as forças de transformação que contestam o instituído e demandam novas normas;

c) institucionalização: é a fase de resolução da contradição inicial – o instituinte contra o instituído; é também o reconhecimento das novas normas que emergem.

Em relação ao funcionamento dos internatos, mostro que todos têm estrutura semelhante a de uma "instituição total" conforme definição de Goffman: "Uma instituição total pode ser definida como um local de residência e trabalho onde um grande número de indivíduos com situação semelhante, separados da sociedade mais ampla por considerável período de tempo, leva uma vida fechada e formalmente administrada." (Goffman, 1974, p. 11)

Passando em revista alguns aspectos institucionais, posso ressaltar métodos que são mais comumente usados e são a base da organização da vida das crianças e adolescentes no internato. Como define Michel Foucault, "esses métodos que permitem o controle minucioso das operações do corpo, que realizam a sujeição constante de suas forças e lhes impõem uma relação de docilidade-utilidade são o que podemos chamar *as disciplinas*." (Foucault, 1977, p. 126)

Levei em consideração a literatura específica publicada sobre o tema do "menor", sobretudo no que se refere ao estudo do internato (Guirado, 1980 e 1986 e Campos, 1984) e também os autores autobiográficos como Herzer e Collen, que falam de suas experiências como internos na Febem de São Paulo. (Herzer, 1982, Collen, 1987)

3. Procedimentos metodológicos de pesquisa

A pesquisa se propõe a uma análise das representações e práticas institucionais que abrangem não apenas estatutos, documentos oficiais e regimento interno, mas também as relações sociais que envolvem os funcionários, o quadro de dirigentes e o interno. Ao mesmo tempo, sem se restringir aos limites do discurso instituído, intenta estabelecer, através da observação direta, relações entre os fundamentos deste discurso e as práticas institucionais.

As entrevistas com informantes selecionados foram realizadas no próprio local de trabalho dos funcionários e dirigentes. As perguntas objetivaram reunir informações sobre as tarefas que executam e como as percebem. Outras perguntas foram feitas visando compreender as posições que ocupam na estrutura institucional, as relações entre elas e suas repercussões na dinâmica da instituição e na reprodução e aplicação dos procedimentos disciplinares. Não houve preocupação quantitativa quanto aos informantes, mas sim em obter material significativo, que permitisse uma análise clara e criteriosa.

Coletei informações objetivas a partir do esboço de um pequeno roteiro com perguntas, como: idade, grau de instrução, cargo ocupado, tempo de serviço na Fundação, cargos ocupados anteriormente, outros trabalhos anteriores, relação de parentesco dentro da Fundação, local de moradia.

As entrevistas com os internos foram realizadas individualmente e de maneira privada, tendo como objetivo obter dados sobre sua representação acerca dos procedimentos disciplinares, da dinâmica institucional e da sua história familiar e institucional. Realizei também algumas entrevistas em pequenos grupos que se formaram espontaneamente ou foram por mim organizados, como veremos na análise dos internatos.

Inspirada nas técnicas de trabalho de campo em pesquisa em Ciências Sociais, realizei observações diretas nos estabelecimentos (de 7 a 20 dias em cada) procurando perceber como são executadas as atividades cotidianas e os procedimentos disciplinares. No conjunto de Internatos II, III, IV e V, como também no VII, permaneci no local de três a oito dias seguidos, alojando-me na casa da diretora do Internato III e, no VII, na casa onde dormem as professoras e as assistentes sociais. O trabalho de campo ocorreu entre janeiro de 1982 e abril de 1983. O processo de análise e escrita foi interrompido em meados de 1985 quando trabalhei no "Projeto de Mudança" da rede de atendimento feito pela Feem, sendo retomado em novembro de 1986 e finalizado em maio de 1988.

4. Características gerais da fundação e dos internatos

A Fundação compreende um grande complexo de estabelecimentos oferecendo três tipos básicos de atendimento: abrigo de velhos, atendimento hospitalar a doentes e assistência a "menores". Nosso estudo se refere somente à rede de atendimento oferecida aos "menores", cuja administração é feita pelo DAM – Departamento de Assistência ao Menor.

INTRODUÇÃO 7

A Fundação oferece atendimento a dois mil menores, acolhendo-os em sete estabelecimentos.[7]

O Internato I localiza-se em Bonsucesso, com capacidade para receber em regime de internato 80 crianças, de ambos os sexos, na faixa etária de recém-nascidas a 2 anos. Um conjunto de quatro estabelecimentos está localizado em Duque de Caxias, dentro de uma mesma área muito extensa. Atendem a crianças em regime de internato e oferecem o ensino pré-escolar e de 1º grau (1ª e 2ª séries), conforme denominação dos anos de 1980. Compreendem o seguinte:

Internato II: com capacidade para 200 internos, meninas na faixa etária de 2 a 10 anos, e meninos de 2 a 6 anos.

Internato III: com capacidade para 200 internos, meninos na faixa etária de 6 a 8 anos.

Internato IV: com capacidade para 400 internos, meninos na faixa etária de 9 a 10 anos.

Internato V: com capacidade para 360 internos, meninos na faixa etária de 10 a 12 anos.

Há um sexto estabelecimento localizado em Santa Cruz, com capacidade para receber em regime de internato 420 internos, na faixa etária de 12 a 14 anos. Administra o 1º grau, da 1ª à 4ª série.

Há ainda um último estabelecimento localizado no interior do Estado, com capacidade para receber, em regime de internato, 460 rapazes na faixa etária de 14 a 18 anos; e, em regime de externato, 200 jovens, de ambos os sexos, da própria comunidade. Administra o 1º grau, da 1ª à 8ª série, e mais o ensino profissionalizante em 10 especialidades diferentes.

Os objetivos da instituição, segundo documentação oficial, consistem em: "Assistência religiosa, moral, material e educativa ao menor, especialmente ao desamparado. (...) Recebem moradia, alimentação, vestuário, material de higiene, instrução de 1º grau, religiosa e esportiva, e assistência médica, social, odontológica e psiquiátrica".[8] "O que se pretende, oferecendo-se esta forma de assistência, é remediar, nos melhores moldes possíveis, situações graves de ordem sociológica; evitar que aquele indivíduo que se criou na *creche* volte mais tarde, no mesmo estado de incapacidade, para o pavilhão de abri-

---

7. Os diversos internatos da Fundação são denominados "Instituto" ou "Escola". Todos têm o nome de alguma personalidade que trabalha ou trabalhou na Fundação, nome de santo ou de presidente da República. Os funcionários e crianças se referem aos estabelecimentos denominando-os "escola". Neste estudo nomeei-os internatos, para melhor evidenciar suas características, e os enumerei com a finalidade de manter o sigilo de seus nomes. Dentro dos textos, entretanto, uso os termos internato ou escola para me referir ao estabelecimento estudado. Também por uma questão de sigilo, os nomes próprios do texto são fictícios. Somente mantive os nomes dos internos, resguardando seus sobrenomes.

8. Estas informações foram extraídas de documento da direção datado de 25 de fevereiro de 1980. O atendimento psiquiátrico, entretanto, não feito pela instituição, mas pelo órgão de convênio ao qual a criança está vinculada. A primeira contratação de assistentes sociais e psicólogos ocorreu em 1980. Tais informações foram obtidas a partir do trabalho de atendimento psicológico desenvolvido entre junho de 1980 e julho de 1981.

gados; é dar-lhe condições de sobrevivência, de autossuficiência; é integrá-lo no contexto social."[9]

A internação das crianças ocorre por intermédio do Juizado de Menores e por intermédio de órgãos com os quais mantém convênio, como a Funabem, a Feem e a LBA.

As características de funcionamento da Fundação se assemelham ao que Goffman denominou "instituição total". No estudo dos internatos veremos com detalhes como estas características afetam a vida das crianças que são clientes da Fundação. Mas, para melhor compreender o funcionamento dos internatos, considero importante delinear alguns elementos que favorecem o funcionamento da Fundação, no que diz respeito aos funcionários, como uma instituição que tende ao fechamento. É importante marcar que se exerce forte controle sobre a vida dos funcionários, seja por meio de uma rígida estrutura organizacional, seja pelo oferecimento de moradia, como também empregando funcionários parentes entre si e ex-internos da própria Fundação.

A estrutura organizacional da Fundação é fortemente hierárquica. As decisões são tomadas pelas pessoas que ocupam os cargos mais altos sem qualquer consulta às pessoas que ocupam cargos mais baixos. A comunicação das decisões, muitas vezes, ocorre através de uma "CI" – comunicação interna. Todo o funcionamento é muito burocratizado, gerando uma enorme quantidade de registros, relatórios, mapas etc. O diretor do DAM é a principal autoridade dentro da Fundação no que se refere ao atendimento ao "menor". Ele é o seu principal representante face a outras instituições, como, por exemplo, os órgãos de convênio. Trabalha na sede, em Bonsucesso, diretamente junto às autoridades principais da Fundação: o presidente e seus auxiliares diretos. Sua autonomia é relativa frente a estas autoridades, a quem sempre deve fazer consulta quando se trata de tomar alguma decisão que foge ao cotidiano de sua administração. Ao diretor do DAM estão subordinados os "diretores" dos Internatos I, VI, VII e o diretor do conjunto dos Internatos II, III, IV e V.[10] Todos os diretores têm um "assistente". Assim, os funcionários que trabalham nos internatos ocupando o cargo mais alto dentro da organização dos Internatos II, III, IV e V são denominados "assistentes do diretor".[11]

O importante nesta hierarquia é que somente os "diretores" têm acesso ao DAM. Os "assistentes" que dirigem os internatos têm poder de decisão muito limitado e restrito ao âmbito de seu internato. Os "técnicos" são diretamente subordinados aos "diretores". Os "chefes de disciplina", assim como os "encarregados de setor" (cozinha, rouparia etc.) são diretamente subordinados ao "assistente do diretor".

Uma característica importante existente desde a criação desta Fundação e que favorece sobremaneira a manutenção da organização autoritária é o oferecimento de moradia

---

9. Texto extraído da revista publicada pela Fundação – O Redentor, 1943-1977.
10. Estes internatos localizam-se um próximo ao outro, tendo somente uma secretaria administrativa em local independente.
11. Dentro do texto de análise dos internatos, entretanto, chamei-os de diretor, porque me pareceu ser mais fácil para a compreensão do leitor, na medida em que me referia à autoridade máxima daquele estabelecimento. Quando me referi ao "diretor" dos quatro internatos, chamei-o de diretor-geral.

a custo irrisório para os funcionários. As casas se situam bem próximo aos internatos, o que pretende se constituir em facilidade e conforto para os funcionários. O que se percebe é que esta "facilidade" permite enorme controle sobre suas vidas e funciona como se os funcionários tivessem total disponibilidade para atender à Fundação, podendo ser solicitados mesmo em horas de descanso. Essas moradias são situadas distante dos centros urbanos, o que faz com que os funcionários tenham uma vida social muito limitada, restringindo-se ao âmbito dos internatos e aos seus moradores. Desde a fundação, sempre houve, por parte dos dirigentes, incentivo para que os funcionários morassem nestas casas, constituindo obrigatoriedade para todos que ocupassem cargos de "diretor" e de "assistente de diretor". As casas são de construção simples, porém de boa qualidade.

Uma outra característica que se relaciona com a moradia é o emprego de pessoas que são parentes entre si. Desta maneira, é comum encontrar uma família inteira que trabalha na Fundação, sendo também estimulado o casamento entre os funcionários. Este estímulo passa pela maior facilidade de conseguir uma casa, como também pela ajuda financeira para a cerimônia de casamento. Certamente estas relações de parentesco permitem maior controle sobre os indivíduos, que se tornam muito dependentes da Fundação. Tudo isto favorece a permanência no emprego por muitos anos e, em muitos casos, a dedicação de toda uma vida; muitos filhos desses funcionários antigos também são empregados, dando continuidade ao trabalho de seus pais. No Internato I, temos a situação extrema dessa dependência – são as "abrigadas". Essas pessoas entraram para a Fundação como clientes crianças ou adolescentes abandonados e adultos pobres para tratarem de alguma doença e acabaram ficando, sem conseguir sair. Na medida em que se tornaram trabalhadores úteis, passaram a prestar serviços com pagamento praticamente simbólico, porém tendo garantidos moradia, alimentação e vestuário.

Um outro elemento que favorece o funcionamento e a manutenção da ordem institucional é o emprego de ex-alunos da própria Fundação. Os diretores das Escolas VI e VII e os assistentes do diretor das Escolas IV e V são ex-alunos. Um número significativo de inspetores dos internatos também foram internos da Fundação. Encontra-se nos organogramas a indicação do número de pessoas que são ex-alunos. Estas pessoas reproduzem a ordem aprendida nas suas experiências de vida de interno. Nos Internatos I, II e III o cargo de "assistente de diretor" é ocupado por mulheres; nos dois primeiros, ambas são freiras; e no terceiro, ex-freira. Portanto, a direção dos internatos se faz por pessoas que tiveram uma experiência de vida em "instituições totais", o que facilita a manutenção da hierarquia e da organização institucional.

Todas essas características têm como pano de fundo as ideias de filantropia do fundador, lembrado por todos como um "santo". O fundador, um filantropo de prestígio, tinha fácil convívio com autoridades políticas, militares, governadores, presidente da República, presidente do sindicato dos lojistas, industriais e juízes, o que possibilitou e viabilizou a construção e a manutenção de diversos estabelecimentos. Até a década de 1950, a Fundação manteve-se com subvenções, donativos e os seus próprios recursos. Havia uma importante atividade produtiva em agricultura, pecuária e pesca, da qual os internos participavam diariamente. Mas, a partir dessa década, a Fundação começou a entrar em um período de grave crise financeira. Das obras criadas para atender ao "menor", resta atualmente um conjunto de seis escolas, mantidas por convênios com a LBA, a Funabem e a Feem. O início dos convênios nos anos 60 marcou importante mudança no funcionamento dos internatos. Nesta época decidiu-se acabar com toda atividade produtiva existente. Na representação senso comum de funcionários mais antigos, o apogeu da Fundação é uma lembrança acionada para demonstrar a situação precária do presente. Verifiquei, inclusive, forte descrença quanto à possibilidade de ocorrerem mudanças, significativas e este desencanto parece disseminar-se cada vez mais.

A Fundação, criada em 1936, tem uma história típica das instituições filantrópicas dos anos de 1930. Estudo mais detalhado de sua história e funcionamento pode elucidar muitas questões sobre o atendimento oferecido ao "menor" e o papel do Estado, que se tornou significativo e dominante após meados dos anos de 1960 com a ditadura militar.

5. Notas sobre o trabalho da psicóloga

Minha relação com a Fundação se deu em três momentos:

1. Contratada como psicóloga para trabalhar em sete internatos (24 horas semanais), de agosto de 1980 a setembro de 1981.
2. Demitida, desconstruo minha relação de membro da Fundação.
3. Recoloco-me como pesquisadora, de março de 1982 a abril de 1983.

Meu olhar sobre a instituição muda e é na dualidade do olhar de membro (psicóloga) e de pesquisadora, que construo meu discurso.

Minha contratação se deu em 1980, quando foi criado o cargo de psicólogo nos quadros da Fundação. Nas primeiras entrevistas como candidata e depois como psicóloga contratada, esclareceram-me que a Fundação vinha enfrentando problemas no seu atendimento devidos a mudança da clientela que recebia. A Fundação se via na obrigação de aceitar crianças, na sua grande maioria enviadas por órgãos de convênio, que julgavam por demais problemáticas para serem ali atendidas. Assim, era preciso repensar a estrutura dos internatos para que estes pudessem receber alunos com dificuldades e facilitar a sua adaptação. Pediram-me como psicóloga que pautasse meu trabalho na "mudança de mentalidade dos funcionários", uma vez que a preocupação predominante nos internatos até então fora "disciplina", quando deveria ser, por exigência dos novos tempos, "educação". Todos deveriam "trabalhar como educadores, independente do cargo que ocupassem", disse-me o diretor do DAM. As contradições da demanda feita, entretanto, afloraram desde o início. Seja no pedido do diretor do DAM, de que eu tivesse um carro a fim de atender às exigências dos internatos, seja pelas resistências encontradas em cada internato, caracterizando-se pela maior ou menor disponibilidade dos funcionários, sobretudo dos diretores, em permitir a organização de reuniões regularmente, fosse em grupos institucionais ou em assembleias gerais. A negativa era sempre justificada com base em uma suposta inviabilidade das reuniões do ponto de vista organizacional. Levando em consideração as resistências, organizei minhas atividades conforme foi possível e consentido, acreditando que essas resistências teriam que ser enfrentadas ao longo do trabalho. Ou seja, dentro do espírito da pesquisa-ação, acreditando, como diz Boumard (1982, p. 113), que "não existe o bom funcionamento para uma instituição, e o instituinte se entende como a permanente busca da brecha no instituído".

O desenvolvimento e a organização deste estudo basearam-se nos meus conhecimentos e nas práticas anteriores como psicóloga e foram influenciados pelos conceitos da Análise Institucional. As características do trabalho, entretanto, não favoreciam a aplicação de uma intervenção socioanalítica, que se caracteriza como intervenção externa. Assim, procurava inventar um tipo de intervenção que me parecia mais apropriado à situação que se colocava. Isto muito me angustiava, pois não tinha parâmetros claros; a rapidez do desenvolvimento e a absorção nas minhas atividades não me deixavam muito tempo para um recuo de reflexão. O trabalho que pretendi desenvolver na época era o de psicóloga contratada como funcionária da Fundação, portanto com perspectiva de longa duração. Dentro de uma *démarche* clínica, sem me basear em regras precisas, observei e tentei descobrir estratégias que me permitissem realizar o que me fora pedido, sem provocar dificuldades incontornáveis que resultassem na minha demissão.

Refletindo sobre toda a experiência dois anos depois, penso que, segundo as questões em que a Análise Institucional se coloca, este trabalho se caracteriza como intervenção interna ou Análise Institucional do Estabelecimento (AIE). Como diz Lapassade (1982, p. 98), "o objetivo da AIE poderia ser fazer com que ocorra uma análise coletiva do estabelecimento (...)" A demanda feita não foi exatamente de uma análise, mas de mudança de objetivos educacionais. Como fazer isto sem passar por uma análise desses objetivos e do funcionamento institucional? Este esclarecimento foi dado através de conversas e de relatórios. O método proposto foi a realização de assembleias e reuniões com "grupos institucionais" nos diversos internatos que podemos considerar como "dispositivos analisadores" para permitir que a instituição se revelasse. Como diz Coulon, "a análise institucional do estabelecimento é antes de tudo uma prática social que permite a todos os atores compreenderem os mecanismos institucionais que regem sua vida cotidiana de trabalho" (Coulon, 1982, p. 104). Considerei o trabalho como uma pesquisa permanente onde o conhecimento científico se constrói a partir de uma prática social cotidiana.

Neste tipo de abordagem as questões que se colocam são inúmeras. A ação do psicólogo no estabelecimento funcionava sempre como "analisadora" e reveladora da instituição, o que é uma regra na intervenção interna. O problema se coloca à medida que, como revelador, o psicólogo também provoca uma ação de perturbação na dinâmica institucional. Essa perturbação, necessária, era ao mesmo tempo o que podia causar a interrupção do trabalho.

Ao escrever o primeiro relatório,[12] deparei-me com uma grande dificuldade para fazê-lo sem precipitar situações. Mesmo assim, os obstáculos acabaram por surgir,

---

12. Havia exigência da elaboração de relatórios periódicos sobre as atividades desenvolvidas nos internatos, pelos profissionais que ali atuavam.

demonstrando a impossibilidade de prosseguir, não tanto por dificuldades criadas nos estabelecimentos, mas, principalmente, pelo recuo da direção central, que se manteve subordinada, ao que tudo indica, às exigências da Funabem.

Sendo a primeira vez que uma psicóloga trabalhava na Fundação, nos vários internatos não havia um espaço próprio para sua atuação como também não se sabia bem o que esperar dela. Quanto ao local, parecia-me realmente desnecessário; e era até positivo não ter um lugar definido. Assim, me sentia mais livre para circular – minhas atividades se desenvolviam no estabelecimento, junto aos funcionários e alunos. Portanto, conversava com todos, procurava saber de seus trabalhos, como o realizavam, o que pensavam do internato. Tentava, dessa forma, me sentir mais próxima de todos, permitindo que se estabelecesse uma relação. Muitos estranhavam que ficasse entre os alunos, que conversasse com eles no pátio, que me interessasse também pelos próprios funcionários. Todos me viam como enviada do diretor central, portanto situada na mais alta hierarquia (não era claro para eles se eu era superior ou não ao diretor da escola). Desconfiavam de minha proximidade, mas, com o tempo, se habituaram à minha presença e alguns se tornaram mais confiantes.

Este primeiro fator foi bastante perturbador, mais do que eu podia avaliar na época. Houve uma quebra de hierarquia ao lado de utilização do espaço e uma busca de proximidade com alunos e funcionários que fugiam às regras habituais dos internatos. Não respeitei a "engrenagem do sistema", segundo opinião de um recreador. Creio que esta foi minha transgressão maior aos olhos dos funcionários e dos diretores.

Após seis meses entreguei o segundo relatório de Psicologia. Nessa época, o diretor do DAM pediu aos diretores dos internatos um relatório secreto sobre a atuação da psicóloga o qual, por uma falha no funcionamento burocrático, veio a cair nas minhas mãos. Pude, então, ter uma noção clara de quanto meu trabalho importunava os diretores. Cito aqui, a título de exemplo, o relatório do Internato VII, onde fui acusada de escutar as reivindicações dos internos. O simples fato de ouvi-los, conversar demonstrando interesse por eles, gostar de estar no seu meio no pátio, comer em sua companhia a comida servida no refeitório (o que era proibido pelo diretor), tudo isso era estranho e desorganizador. Como me disse um menino do Internato VII, quando fui demitida: "Dona, eu gosto da senhora porque a senhora trata a gente como pessoa". O meu comportamento não era controlado, submetido e dominado. Eu não dei ouvidos quando me falaram que os internos eram perigosos, delinquentes e que não devia me aproximar deles. Não acreditei e fui constatar. Se isto me legitimava perante os alunos, me tornava uma pessoa em quem não se podia confiar aos olhos da direção e mesmo dos funcionários, pois estes temiam que vazassem as punições indevidas, o que podia significar, em última instância, sua demissão.

Lembro-me de que me perturbava tanto a condição daquelas crianças que, muitas vezes, não me apercebia da necessidade de fazer alianças mais sólidas com pessoas da direção. No meu trabalho como psicóloga contratada, defrontei-me com os principais problemas do funcionamento institucional no atendimento à criança internada. A tradição, a organização institucional e a ambivalência da demanda do trabalho do psicólogo quase sempre impediam qualquer questionamento. As principais dificuldades que aponto no primeiro relatório são a característica do atendimento se pautar por "disciplina", cumprimento das normas, dos horários e das atividades; o fato dos internos de todas as idades não terem praticamente nenhuma chance de escolha no seu dia a dia; e, sobretudo, a possibilidade de serem ouvidos nas suas reivindicações, ansiedades, ou simples necessidade de se expressarem. No segundo relatório, comento as frequentes transferências dos alunos, a ênfase nos cuidados higiênicos, no asseio e na disciplina em detrimento de afeto e carinho. Aponto também o ócio das crianças, a falta de individualidade e o tratamento massificado.

Em resposta aos relatórios, através de "pareceres", houve por um lado aceitação das ponderações feitas, mas consideraram ser impossível qualquer mudança devido às exigências e dependência financeira dos órgãos de convênio. Isto mostrou claramente como é forte a influência desses órgãos (Funabem, Feem, LBA) que interferem em todo o funcionamento institucional. Por outro lado, ao meu pedido de maior número de psicólogos para cada estabelecimento tive como resposta, do diretor, uma relativização do trabalho profissional e um redirecionamento deste trabalho para o "ajustamento dos menores" no internato. Ele afirmou que a Funabem estaria estruturando um quadro de "técnicos" para dar atendimento às escolas conveniadas. Disse também que pagava ao psicólogo salário mais alto do que aquele concedido pela Funabem e, por isso, não poderia contratar mais ninguém.

"A atuação de uma psicóloga nas escolas é tão necessária quanto o trabalho dos demais técnicos envolvidos na dinâmica educacional. Os alunos encaminhados aos nossos educandários, de um modo geral, são menores carentes em tudo, traumatizados pelo abandono familiar e pelo desajustamento social. Dentro destas características, são criados problemas nas crianças como uma doença (efeito) que exige a erradicação, por meio de um trabalho de eliminação de suas causas. Aí é que entra o trabalho técnico e, em particular, o do psicólogo, na identificação do comportamento dos alunos através de:

a) diagnóstico psicológico;
b) orientação e seleção profissional;
c) solução dos problemas de ajustamento dos menores dentro da comunidade em que vivem." (Parecer do diretor do DAM.)

O foco do problema foi, então, deslocado para os alunos "que são menores carentes de tudo, traumatizados por abandono familiar e desajustamento social". Neste sentido, ser menor é ser "portador" de uma "doença" que deve ser erradicada. Em um movimento de claro recuo em relação a demanda inicial, descobriu-se, então, a função tradicional do psicólogo, que era a de identificar o comportamento do aluno portador da doença de ser "menor" e a de atender ao interno procurando adequá-lo à realidade institucional, sem refletir mais com todos da instituição sobre o atendimento oferecido.[13]

---

13. Guirado analisa alguns desses aspectos da atuação do psicólogo na Febem de São Paulo. (Guirado, 1986, p. 73 e 80.)

A questão disciplinar foi recolocada e valorizada pelo diretor do DAM de forma distinta da demanda inicial feita ao psicólogo: "a nossa disciplina sempre foi pautada dentro de condições favoráveis ao desenvolvimento e ao enriquecimento da psicologia do menor".

Deflagrou-se uma crise, na qual a direção da Fundação fez exigências no tipo de atuação da psicóloga, sobretudo no que se referia a ampliação do atendimento direto ao interno. O trabalho modificou-se neste sentido, porém, poucos meses depois, fui demitida por meio de uma carta sob a alegação de "falta de verbas". Utilizei o mês de aviso prévio para esclarecer os motivos de minha demissão e preparar, sobretudo, os internos, para minha futura ausência. O meu trabalho com eles não poderia ser interrompido de imediato, pois estaria repetindo o que se passava nas suas vidas frequentemente. Muitos alunos me perguntaram por que eu estava sendo "expulsa" e outros, que se recusavam a falar comigo, me procuraram para mostrar solidariedade. Creio que os que tinham dúvidas sobre o meu posicionamento profissional perceberam claramente que, se estava sendo demitida, era porque não compactuava com a direção – e isto nos aproximou, pois entenderam melhor as minhas intenções para com eles. Toda esta repercussão solidificou nossas relações, o que, creio, foi muito importante, em minha volta para fazer a pesquisa de campo.

A atuação da psicóloga foi desorganizadora por levantar questões sobre o funcionamento institucional e sobre a maneira de se pensar as decisões e os precedentes desde a criação da Fundação. A discordância clara, a argumentação e a reflexão sobre questões pertinentes ao atendimento-criança interna e ao funcionamento institucional, que estabeleci com pessoas de hierarquia, foram consideradas pelos funcionários como um fato que justificou a minha demissão.

Depois disso, antes de voltar para realizar a pesquisa, fiz algumas visitas aos internatos, conforme havia prometido às crianças. Sabia que seria difícil tanto para mim como para elas a brusca separação. Minha ligação com os internos, com os funcionários e com o trabalho era muito forte. Creio que foi sobretudo esta implicação com a situação das crianças internas e as questões suscitadas sobre este tipo de atendimento que me fizeram voltar lá. O estímulo para realizar este estudo veio das próprias crianças e dos funcionários, pela maneira acolhedora como me receberam nas primeiras visitas que fiz, um mês após ter sido demitida.

Quando iniciei esta pesquisa, no início de 1982, apresentei-me à direção dos internatos e aos funcionários com uma permissão assinada pela direção central. Fiquei à vontade para circular dentro dos internatos, mas certamente minha presença como pesquisadora causava certa desconfiança. Tendo trabalhado ali e conhecendo os internos foi difícil manter-me a distância em uma atitude de observadora. Era solicitada pelas crianças como também pelos funcionários de diferentes maneiras. Levei em consideração esta minha participação durante a coleta e a análise dos dados.

As crianças me solicitavam para conversar ou para brincar. Em geral, ficavam muito contentes com minha presença e pareciam compreender com rapidez que eu estava ali para estudar, como era a vida deles no internato, e que isto era um trabalho para "minha escola", uma universidade na França. Sempre tinha um grande grupo que queria falar comigo. Sair das atividades habituais para conversar sobre suas vidas e o internato lhes interessava sobremaneira. Muitos alunos voltaram a me perguntar por que fui "expulsa" e também se estava voltando para trabalhar com eles.

Aparecia nos internatos nas mais diversas horas do dia (entre 6 e 22 horas). O interesse pelas crianças e pelo funcionamento do internato, mesmo tendo sido demitida, como disse o diretor da Escola VI, era uma prova de meu interesse pela questão, mas também fator de desconfiança. Voltar ali para trabalhar em pesquisa sem ser remunerada era uma explicação pouco satisfatória. Se o fato de não ser mais funcionária da Fundação os desobrigava de dar qualquer explicação de seus atos, por outro lado me terem conhecido como psicóloga lhes dava alguma consciência sobre minhas reflexões em relação ao atendimento oferecido. Isto os ameaçava. Em alguns internatos, os inspetores eram mais reticentes ao fornecer informações; às vezes, mais confiantes, faziam críticas. Os mais antigos costumavam dizer que "nada tinham a temer", que podiam falar à vontade. Outros (como, por exemplo, da rouparia ou da cozinha), muitas vezes, pareciam sentir-se orgulhosos de que alguém se interessasse por seus trabalhos.

No início de 1984 voltei aos Internatos II, III, IV e V para tirar algumas fotos que faltavam para o audiovisual que realizei. Nesse contato com os alunos, sobretudo no Internato V, percebi claramente a dificuldade de aproximação. Alguns, brincando, ainda me chamavam de "mãe", outros voltaram a perguntar por que fui "expulsa", outros me reconheciam como "a psicóloga que tinha tirado as fotos". Vários internos com quem tivera um contato próximo não se aproximavam e se mostravam acanhados quando eu os procurava. Percebi que havia um distanciamento difícil de ser contornado, não havia mais intimidade e confiança para falar de seus problemas ou do internato. Lembravam acontecimentos da época em que trabalhei ou de quando fiz a pesquisa. Mas já não havia como compartilhar suas vidas e problemas comigo. Uma enorme distância nos separava. Percebi, então, a importância de ter trabalhado com eles antes de fazer a pesquisa.

O audiovisual foi mostrado inúmeras vezes na década de 1980, com o intuito de promover o debate sobre as condições de vida das crianças internadas; nele, a narração era a própria fala dos internos, extraídos das entrevistas feitas para a pesquisa. Entre as fotos utilizadas, algumas são aqui publicadas, considerando sua qualidade e importância na ilustração de temas tratados neste livro. Nesta presente edição feita pela Editora Revinter, tomei a decisão de publicar um número maior de fotos, considerando que a publicação deste livro marcou uma época histórica que foi a mudança fundamental na lei de proteção às crianças, agora sujeitos de direitos, com o abandono do Código de Menores e a promulgação do ECA, em 1990. Faço com este registro uma homenagem às crianças e aos jovens presentes neste momento da história de nosso país.

Constituição da República Federativa do Brasil

Artigo 227

É dever da família, da sociedade e do Estado assegurar à criança e ao adolescente, com absoluta prioridade, o direito à vida, à saúde, à alimentação, à educação, ao lazer, à profissionalização, à cultura, à dignidade, ao respeito, à liberdade e à convivência familiar e comunitária, além de colocá-los a salvo de toda forma de negligência, discriminação, exploração, violência, crueldade e opressão.

INTERNATO I

CAPACIDADE: 80 CRIANÇAS

FAIXA ETÁRIA: RECÉM-NASCIDOS A 2 ANOS

Descobrimos que os indivíduos vivem criativamente e sentem que a vida merece ser vivida ou, então, não podem viver criativamente e têm dúvidas sobre o valor do viver. Essa variável nos seres humanos está diretamente relacionada à qualidade e quantidade das provisões ambientais no começo ou nas fases primitivas da experiência de vida de cada bebê.

Winnicott, 1975, p. 102

ORGANOGRAMA

Nota: Estes dados foram retirados de documento oficial, datado de 25/08/80. São mantidas as denominações das funções. Inclui quatro "abrigadas" que trabalham na creche.

ORGANIZAÇÃO DO ESPAÇO

1 – DORMITÓRIOS
2 – REFEITÓRIOS
3 – COZINHA
4 – PÁTIO
5 – BANHEIROS
6 – SALAS
7 – CONSULTÓRIO MÉDICO
8 – SECRETARIA
9 – ENFERMARIA
10 – ENTRADA
11 – RUA INTERNA
12 – CASA DAS FREIRAS
13 – RUA
14 – GRAMADO
15 – QUADRAS

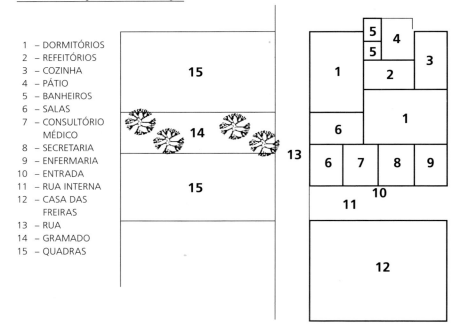

1. Introdução

Entre as principais questões que serão tratadas ao longo deste trabalho, algumas já se delineiam no estudo deste primeiro estabelecimento, denominado frequentemente *creche*, por atender a bebês e a crianças pequenas. Na verdade, trata-se de um internato propriamente dito e apresenta muitas das características que encontramos nos outros que atendem às crianças maiores. Abordarei aqui algumas questões que se manifestam com veemência por atender a uma faixa etária tão baixa e por ser este o estabelecimento que acolhe a crianças de ambos os sexos na sua primeira separação da família. O ritual de entrada – com a separação dolorosa e abrupta da mãe – é a primeira questão tratada. Em seguida, examinarei algumas características do funcionamento institucional e da relação do adulto com a criança, o início da disciplinarização do corpo e sua medicalização.

2. Ritual de entrada

Para muitas crianças, a primeira experiência da vida institucional ocorre com dias de nascidas ou poucos meses. Conforme documentos da época, este internato atende à faixa etária "de zero a 2 anos". As crianças, na sua maioria, chegam por intermédio de convênio com a LBA e a Feem e algumas são de responsabilidade financeira da própria Fundação.

Uma vez satisfeitas as normas burocráticas junto aos órgãos de convênio, a criança trazida pela mãe com uma guia de internação é entregue a uma funcionária do internato. As internações são feitas durante todo o ano, havendo portanto uma flutuação constante no número de crianças atendidas.[1]

Quando a criança é entregue à funcionária, esta faz as anotações burocráticas devidas, tira a roupa da criança, devolvendo-a à mãe, e a veste com uma roupa do internato. A criança percebe o que se passa e, na maioria das vezes, se rebela e chora. Algumas crianças demoram um pouco para se dar conta e começam a chorar já dentro do estabelecimento, ao estranhar o local, as pessoas, e ao não serem atendidas quando chamam pela mãe. A funcionária ou a diretora dá atenção à criança de imediato, ao mesmo tempo que tenta iniciá-la na atividade realizada pelas outras crianças. Se a criança já anda, esta atenção poderá ser maior, pois existe a possibilidade de se rebelar e correr. A mãe, muitas vezes, sai ligeiro para evitar ouvir o choro do(a) filho(a) e só volta no domingo seguinte, pois a visita é semanal.

Temos abaixo as primeiras características do ritual de entrada no internato, tanto para esta faixa etária como para todas as outras:

a) A separação da mãe ou responsável feita de maneira abrupta e repentina. Não é proporcionado à criança e à mãe um período de transição, que possibilite uma preparação para a separação e dê oportunidade à criança de se adaptar à nova pessoa que vai dar-lhe os cuidados habitualmente prestados pela mãe.

---

1. Ver nas páginas seguintes: Quadro 2-1.

b) A criança perde suas roupas e todas as suas referências pessoais e familiares. O único objeto que lhe é permitido manter na *creche* é a chupeta, que acalma o choro. Como diria Goffman, o interno perde seu "estojo de identidade" (Goffman, 1974, p. 28).[2]

Nas outras escolas da Fundação, o ritual de entrada é semelhante quando as crianças são trazidas pelos pais. A separação é sempre dolorosa e até a Escola III (oito anos) as crianças mostram claramente seu sofrimento por choro, rebeldia, desespero, e depois apatia e depressão. É frequente que este quadro se repita quando a criança volta ao internato, após passar dois dias com a mãe em casa (é permitida a saída dos internatos, semanalmente no Internato I e quinzenalmente nos demais).

Não há uma entrada gradual da criança no internato, como a que é feita com as famílias de classe média e alta, quando colocam seus filhos em uma *creche* ou escola, para passar algumas horas por dia. Nestes locais, a criança fica algumas horas por dia acompanhada pela mãe ou por alguém de seu relacionamento. Essas horas vão diminuindo gradativamente até que a criança, mais tranquila no novo meio ambiente, fica só. Neste internato que estudamos e nos seus similares, as crianças são entregues na primeira visita aos cuidados de pessoas que ela nunca viu antes e sem nenhuma atendente que se ocupe dela especialmente.[3] As atendentes trabalham em plantão de doze por trinta e seis horas, o que torna tudo mais confuso para a criança. Na medida em que a rotina permite, as funcionárias são cuidadosas e atentas com as crianças novatas, mas não há nenhum planejamento especial para recebê-las. Essa separação traz enorme sofrimento para a criança, que não entende o que se passou com ela e raramente encontra alguém para lhe falar sobre isto ou sobre sua mãe.

> "Geralmente, quando eles vêm de casa assim, coitados, eles começam a chorar, a chamar a mãe deles: mãae, mãae! Mas ninguém responde e eles calam a boca e não choram mais não." (Funcionária abrigada)

O que se nota nestes internatos de crianças pequenas e pobres é que ali não existe a noção de adaptação.[4] Desde a entrada, a criança é percebida como um número, criança-objeto e não uma criança com sentimentos e sofrimentos. Um ser carente de atenção, que precisa ter suas necessidades e demandas atendidas. Neste primeiro contato com a mãe e a criança, as pessoas que ali trabalham já passam mensagens claras das regras às quais ambas terão

---

2. Estojo de identidade: "A pessoa geralmente espera ter certo controle sobre a maneira de apresentar-se diante dos outros. Para isto, precisa de cosméticos e roupas, instrumentos para usá-los ou consertá-los, bem como de um local seguro para guardar esses objetos e instrumentos; em resumo, o indivíduo precisa de um estojo de identidade para o controle de sua aparência pessoal." (Goffman, 1974, p. 28).
3. Temos aí a situação denominada por John Bowlby "privação quase total" da mãe – situação "ainda bastante comum nas instituições, nas creches residenciais e nos hospitais, onde frequentemente uma criança não dispõe de uma determinada pessoa que cuide dela de forma pessoal e com quem ela possa sentir-se segura." (Bowlby, 1981, p. 14).
4. Entenda-se adaptação como um tempo intermediário entre a separação da mãe e a permanência no estabelecimento, para que a criança possa se sentir segura em relação à pessoa que lhe vai dar os cuidados, habitualmente prestados pela mãe, e para que as situações novas possam lhe trazer alguma satisfação.

que se submeter sem protestar. Pode-se perceber que, desde o ingresso da criança no internato, a instituição já aponta para uma direção, na qual ela se considera "melhor mãe do que a própria mãe". É ela que acolhe a criança cuja mãe não pode cuidar, oferecendo-lhe roupa, cama e alimento. Começa desde a *creche* uma crença: é melhor a criança estar no internato sem o carinho da mãe, porém bem cuidada, alimentada e medicada. Esta crença se fortalece em todos os internatos no período de férias, quando as crianças voltam de casa, eventualmente, adoentadas, mais magras ou com algum ferimento.

Apesar de essa ser a tônica da mensagem passada às crianças e pais em todos os internatos, observa-se, desde sua entrada no estabelecimento, a situação que John Bowlby chama de "privação da mãe". Ou seja, o internato não oferece "o que se acredita ser essencial à saúde mental" do bebê e da criança pequena – que elas possam ter a vivência de uma relação calorosa, íntima e contínua com a mãe (ou mãe-substituta permanente – uma pessoa que desempenha, regular e constantemente, o papel da mãe), na qual ambos encontrem satisfação e prazer" (Bowlby, 1981, p. 13). A criança ao chegar é colocada em um dos setores existentes, transforma-se em um ponto em uma série e deve aprender o mais rápido possível a rotina estabelecida. As funcionárias do setor atendem as crianças indiscriminadamente. As crianças mais novas entram para o setor dos bebês (recém-nascidos a 1 ano) e dos *babys* (1 ano a 1 ano e 8 meses) ocupando o mesmo dormitório (Fig. 1);

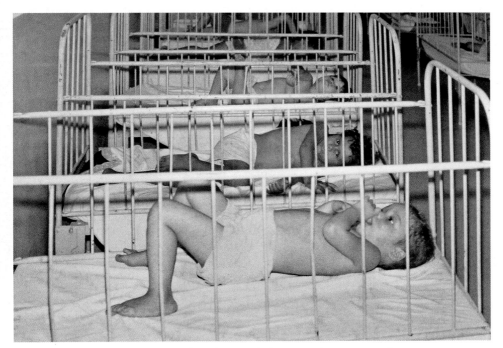

Figura 1. A criança, ao chegar, é colocada num dos setores existentes, transforma-se em um ponto numa série e deve aprender o mais rápido possível a rotina estabelecida.

varia de 14 a 20 o número de internos com duas atendentes por turno. As outras, em número de 40 a 50, fazem parte do setor *recreio* (1 ano e 8 meses a 3 anos) e ocupam um outro dormitório, com três atendentes e uma abrigada por turno. Isto significa uma média de seis crianças para uma funcionária, no caso dos *babys*, e uma média de 12 crianças para uma funcionária, no caso do setor *recreio*.[5] O problema vai crescendo: o número de crianças aumenta nos outros internatos, o mesmo não acontece com o número de funcionários. Nessas condições é muito difícil realizar um atendimento mais humano e individualizado. Existe também um outro agravante que a prática de trabalho por rodízio – os funcionários dão plantão de 12/36 horas. Justamente, na creche, encontramos mais um problema – a constante hospitalização da criança, que contribui muito para dificultar o estabelecimento de uma reação mais significativa. A criança vive constantemente indo e vindo da creche para o hospital, justamente quando está doente e precisa de um ambiente estável, onde encontre pessoas conhecidas.

3. "Adaptação" e suas consequências na saúde mental e física

A criança em geral expressa sofrimento pela separação abrupta de sua mãe, como perda de peso, falta de apetite ou recusa de alimento e febre. Estes sintomas podem levar a outros mais sérios e a criança acaba sendo internada na "pediatria".[6] Segundo a enfermeira, em alguns casos, a mãe percebe o sofrimento do bebê e o retira, mas não há casos em que a direção do internato aconselhe tal procedimento. Algumas concessões podem ser feitas: quando a criança está doente, é permitido um número maior de visitas; quando ela chega recém-nascida e não desmamou ainda, há casos esporádicos da mãe ficar com o bebê por um ou dois meses até que ele esteja mais forte e possa ser feito o desmame.

---

5. Cabe observar que, apesar da capacidade do internato ser de 80 vagas, as condições de atendimento, segundo a diretora e o médico, é de 50 crianças. O bom atendimento às crianças pequenas, segundo eles, se deve somente à proporção crianças x funcionários, mas ao número total de crianças atendidas, que permite existir um ambiente mais calmo e acolhedor. Entretanto, a opinião da diretora e a do médico não têm qualquer peso na decisão administrativa da direção geral, como podemos observar no Quadro 2-1.

Quadro 2-1. Total de Crianças na Creche

Mês/ano	1979	1980	1981	Mês/ano	1979	1980	1981
JAN	63	49	66	JUL	70	77	54
FEV	68	53	43	AGO	72	83	72
MAR	68	59	50	SET	72	82	77
ABR	70	63	55	OUT	72	86	76
MAI	67	66	54	NOV	70	85	70
JUN	67	76	55	DEZ	68	87	67
Média do semestre	67	61	54	Média do semestre	71	83	71

Dados recolhidos das estatísticas da creche, referentes aos anos de 1979, 1980 e 1981, sobre o total de crianças existentes.

6. Hospital que atende às crianças da *creche* e funciona a poucos metros de distância.

Nestas situações, é fundamental a atitude da Irmã diretora para que as regras burocráticas funcionem de maneira flexível.

Os funcionários e a diretora têm uma visão otimista quanto à criança se "adaptar bem" à *creche*, e "mesmo que demore um pouco, há uma adaptação satisfatória", dizem. Essa "adaptação satisfatória" é difícil de ser definida, pois para quem é satisfatória? Esta "adaptação" visa favorecer o enquadramento do interno às normas do internato, que nem sempre estão de acordo com as necessidades básicas da criança. O que se considera "adaptação satisfatória" é, na verdade, o fato de a criança não chegar a situações-limite que coloquem em risco sua vida. Como vimos acima, a direção jamais indica a desinternação de uma criança. Entretanto, é comum se observar no interno, conforme descrição de Bowlby, "a criança separada típica – indiferente, parada, infeliz, que não reage a um sorriso ou a um murmúrio" (Bowlby, 1981, p. 26). Encontramos, também, nos bebês características de depressão, que Bowlby descreve em um estudo feito com crianças entre 6 e 12 meses: "O tom emocional é de apreensão e tristeza. A criança se afasta de tudo a seu redor, não há qualquer tentativa de contato com um estranho e nenhuma reação positiva se este estranho a toca. Há um atraso nas atividades e a criança frequentemente fica sentada ou deitada inerte, em profundo estupor. A falta de sono é bastante comum, e todas as crianças têm falta de apetite. A criança perde peso e apanha infecções facilmente. Há uma queda acentuada em seu desenvolvimento geral" (Bowlby, 1981, p. 26).

Vejamos os problemas que se apresentam e que questionam a "adaptação satisfatória". Um dado inegável é a quantidade de doenças que essas crianças têm. Verificou-se a partir da análise do prontuário de 13 crianças que 15% das crianças são hospitalizadas com 7 dias de permanência na *creche*, 25% com apenas 15 dias, 30% com 1 mês, 15% com 2 meses, 15% com 3 meses. Na mesma amostra, verificou-se que as crianças são hospitalizadas pela primeira vez em consequência de diarreia (25%), bronquite (15%), desidratação (15%), vômito (15%) e gastroenterite (15%). O principal motivo admitido pelos médicos, atendentes de enfermagem e funcionárias para o adoecer das crianças é o "convívio em grupo que facilita o contágio de uma para outra". Doenças como gripe, diarreia, vômito, piodermite, impetigo, escabiose e conjuntivite são comuns, e basta uma criança ter para que as outras peguem, dizem eles. Nem os médicos nem as funcionárias admitem que a separação da mãe e a vivência no internato possam ser fatores causadores de debilidade maior na criança, deixando-a mais propensa a adquirir doenças.

Apesar de negarem que a separação da mãe possa fragilizar o interno, a enfermeira, o médico e mesmo a diretora admitem que a criança sofre e adoece por "saudade" da mãe ou por "paixão".

> *"Eu trago uma criança e falo para o médico: Ah, doutor, este menino está assim, não quer comer, está com febre. Ele internou agora recente. Aí ele vê aquele dia e pede para ver no dia seguinte. Eu torno a voltar e digo a mesma coisa. Aí ele diz: Ah, este menino aí, isto é paixão. Quer dizer eu aprendi isto com o médico. Ele pede para acompanhar três, quatro dias e, então, eu venho com a mesma ladainha:, Dr., ele está triste, não come. Ele diz: Ah, ele está triste, é paixão. Ele está sentindo falta da mãe." (Enfermeira)*

Dr. K. é o único que concorda comigo de que a separação da mãe influencia o adoecer da criança. Entretanto, ele enfatiza o fato de esta estar desnutrida desde sua gestação, ou seja, a criança chega "doente", debilitada. Desta forma, responsabiliza a mãe e releva as consequências do atendimento institucional.

Um dos sintomas iniciais de sofrimento é a perda de peso. Quanto à quantidade de doenças que as crianças têm, é interessante como a diretora tem dificuldade de admitir os problemas decorrentes da internação. Ela explica o fato pela eficiência médica, ou seja, "porque no internato a criança é vasculhada... se tem registro de tudo, porque temos um serviço médico". O serviço médico é considerado bastante "eficiente". A criança é vista por dois médicos diariamente, um pela manhã e outro à tarde. Os médicos têm sua secretária exclusiva só para fazer as anotações e os registros, além das enfermeiras. Tudo isto dá um cunho bastante hospitalar ao ambiente do Internato I, além do ambiente físico marcado pelas cores branca e cinza, assim como pelas camas de ferro, típicas de hospital (Fig. 2).

O funcionamento da *creche* é fundamentalmente marcado pelo controle do corpo através da medicalização do atendimento (saúde, alimentação, hospitalização) e pela disciplina.

"É verdade, aqui se tem uma preocupação muito grande com a doença das crianças. De manhã a gente arruma as crianças, é o nosso serviço para estarmos prontos à espera do Dr. A.. De tarde, à espera do Dr. K.. O tempo passa ligeiro, e

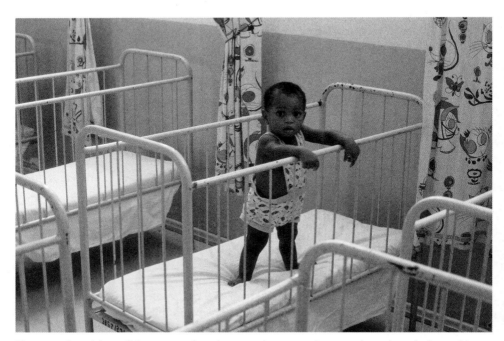

Figura 2. O ambiente físico, marcado pelas cores branca e cinza e pelas camas de ferro, dá um cunho hospitalar ao internato.

nossa principal preocupação é a visita médica. Preocupação com recreação, passeio para as crianças não há" (Diretora).[7]

4. Disciplina e espaço disciplinar

O aprendizado de vida em comum surge já nesta primeira experiência da criança no internato. O convívio em grupo assim o exige, segundo a ótica dos dirigentes. A criança é retirada do seu meio familiar e passa a viver em um internato que pretende ser um substituto da vida familiar. No internato, ela deve ser capaz de compartilhar sua vida rotineira, suas necessidades básicas afetivas e os cuidados dos adultos com outras crianças de sua idade, que têm necessidades semelhantes. Aquela que não adquiriu a linguagem ainda não pode ser socializada, mas, mesmo assim, submetida desde o início a uma rotina rígida de organização institucional.

As crianças do *recreio* são aquelas que já andam, podendo frequentar o recreio e o pátio externo; na maioria, adquiriram a linguagem, portanto têm representação e podem ouvir uma ordem, podem ser aculturadas. Sobre elas, sobretudo, recai a disciplina mais rígida, no momento em que a socialização, a entrada na ordem, no sistema, se faz. Quando a criança começa a falar e a se expressar, aprende logo que "não tem voz", que o que ela fala não é considerado pelos adultos. E, para que o atendimento seja dado a todos, a disciplina se impõe como uma necessidade inquestionável tanto para as crianças como para os funcionários, para que se possa manter a ordem no funcionamento e ter condições de trabalho. Este é o objetivo explícito da disciplina na rotina diária das crianças.

"Onde existe um grupo é preciso que haja um pouco de disciplina. E para que haja um pouco de disciplina deve existir uma sequência porque, então, o que é que eu faço? Para onde vou? Onde deixo as crianças? Então, existe uma sequência para que haja uma harmonia no ambiente. Está certo?" (Diretora)

A disciplina serve também para organizar os adultos nas suas atividades e para que o funcionamento institucional seja harmônico, seja eficiente e permita controlar o que o adulto faz. A disciplina favorece o funcionamento organizacional, porque as próprias crianças aprendem a sequência e, assim, dão menos trabalho. Há uma hierarquia da disciplina: adultos disciplinados controlam crianças disciplinadas na sua rotina dentro de uma sequência organizada e detalhada no espaço e no tempo. A imposição da sequência rege a vida da criança em todas as suas necessidades. Vejamos como a diretora justifica a existência de horários fixos para ir ao banheiro e permanecer no vaso sanitário:

"Não é tanto para que eles façam a sua necessidade, mas é mais uma questão de ensinar, dele aprender aonde ele deve ir e também de rotina. Porque ela (funcionária) tira, leva naquele determinado lugar, e lá dá banho e vai para a recreação

---

7. Durante o trabalho de campo, esta diretora me pediu alguns livros emprestados sobre desenvolvimento infantil.

ou para a cama, conforme o horário. É mais uma sequência, como você pode observar. Está no refeitório, do refeitório vai para o banheiro, do banheiro lava e vai para a cama ou vai brincar, conforme. A sequência é importante para manter um pouco de ordem, para haver condições de trabalho."

Assim, observei que a rotina diária não é orientada para as necessidades da criança; e, muitas vezes, há detrimento destas em favor do aprendizado da rotina. Como aprender a fazer cocô no vaso, se ir ao vaso não tem nada a ver com a vontade de fazer cocô? Existe uma falta de ligação entre o fato de ir ao banheiro e as sensações corporais (Fig. 3). A imposição da disciplina, tal como ela é praticada, tem consequências importantes sobre o desenvolvimento da criança. Uma das consequências mais evidentes é a impossibilidade da criança criar significações. A maior parte de seus atos e gestos são esvaziados de significação, até mesmo aqueles nos quais um suporte corporal é evidente, substituindo-a por uma significação alienante, inteiramente exterior a criança, a saber, a sequência, a disciplina.

O termo grupo, neste caso, se refere a um grupo indiferenciado, o que Sartre denomina "serialidade". Serialidade justamente diferente de grupo, pois este supõe a diferenciação dos indivíduos, enquanto a serialidade seria uma massificação (cf. Lapassade, 1971, p. 165). Veremos que, em todos os internatos desta Fundação, os internos se agrupam como uma serialidade e, em raras situações, como um grupo. Coloca-se aí a minha

Figura 3. Como aprender a fazer cocô no vaso, se ir ao vaso não tem nada a ver com a vontade de fazer cocô?

primeira grande questão deste estudo – tentarei analisar o que se passa nestes estabelecimentos que não permitem ao indivíduo se constituir enquanto sujeito.

Há, por parte de todos os adultos, um claro reconhecimento do enorme sofrimento e prejuízo causados à criança pela sua vivência em um local onde não se permite que ela cresça e se constitua enquanto indivíduo diferente dos demais colegas de convívio. Dentro dos moldes atuais de funcionamento deste internato e dos demais, parece formar-se um círculo vicioso tão forte que não se acredita poder criar qualquer possibilidade de minorar o sofrimento e a submissão da criança interna. Na *creche* que estudei, a diretora sente-se impossibilitada de orientar suas funcionárias para que façam o trabalho de forma diferente, que favoreça o crescimento da criança. As funcionárias o fazem, por sua vez, da maneira que consideram mais efetiva, para que possam controlar todos os internos ao mesmo tempo, mesmo percebendo que lhes é prejudicial. Além dos comentários que fazem neste sentido, o reconhecimento é feito sem qualquer dúvida quando elas, como também os funcionários dos outros internatos, declaram não admitir a hipótese de internação de seus próprios filhos. Eles percebem a diferença em relação a um ambiente mais acolhedor e mais atento às necessidades e demandas individuais da criança.

> *"Se damos expansão à criança, estímulo, deixamos a criança sempre dar mais de si. Chega um ponto em que a gente não consegue manter o grupo. Então a criança é coagida um pouco e tentamos que ela fique um pouco sentada. Com muita pena eu observo isto. É, por isso, que em casa tem o desenvolvimento muito mais rápido, muito mais certo que em creche, em coletividade. Para que nós déssemos aquele estímulo que ela tem em casa, aquela liberdade, nós teríamos que ter pessoal especializado, espaço e muita constância junto da criança."* (Diretora)

A fala clara e consciente da diretora não é comum nestes ambientes. Tenho sempre a impressão de que a grande maioria dos funcionários, através do seu bom senso, sabe das consequências maléficas desse tipo de tratamento para a criança; porém poucos expressam sua opinião com a clareza da diretora.

As atividades são feitas em "grupo" e a criança deve permanecer no "grupo", para que se possa controlar todas ao mesmo tempo com o mínimo possível de atendentes. Por isso, tolhe-se qualquer iniciativa individual, qualquer motivação para se expressar. A manifestação de um comportamento diferente é vista pelas funcionárias como podendo levar outras crianças a se expressarem também e, assim, a desorganizar o funcionamento grupal.

Começa, já nesta idade, a caracterização das crianças que não querem acompanhar a turma e passam a ser vistas como "um desvio", desviante da norma imposta, "um abusado". A criança, por sua vez, está descobrindo em um gesto seu que pode não querer se submeter à autoridade. Ela aprende a dizer "não" às regras que querem lhe impor e aprende a reclamar. Mas à medida em que diz "não" às normas, buscando, talvez, uma atenção mais próxima às suas necessidades, é vista como uma criança desviante. O desvio aí significa a individualidade da criança que, se não for submetida à ordem institucional, concorre para a desarticulação do "grupo" – o que está em jogo é a harmonia disciplinar vigente. Então, pedir atenção individualizada significa ameaçar a existência do "grupo". Essa caracterização do desviante, da criança "ruim", que "já nasce ruim", "rebelde" é forte na *creche* e vai se estender por todos os outros internatos. A criança que quer algo mais, em termos de atenção e afetividade, que se rebela, que aceita as regras, já é vista como futura marginal. Vejamos, neste exemplo específico, algo que ocorre frequentemente na relação adulto-criança. Antes do almoço levei o Carlinhos para a rouparia e lá ele ficou um pouco. A funcionária diz:

> *"Ele está muito bem, já fala algumas palavras, ele é muito esperto para uma criança de 2 anos. Não lhe estou dando muita atenção mais, porque ele está ficando abusado. Ele vem para cá e não quer mais sair. Diz não, sabe reclamar. Não posso ficar muito com ele, senão ele não quer mais almoçar com o grupo e ele tem que ficar no grupo."*

Então, tolher a criança que apresenta um comportamento particular é uma regra, mesmo que este seja adequado à atividade que realiza. Isto ocorre inclusive nas atividades de lazer, como pude observar e como bem percebe a diretora:

> *"Ainda ontem eu estava lá junto às crianças e a moça estava vendo televisão com eles. E tinha um programa interessante... Eu vi uns bonequinhos dançando. Assim que as crianças me viram, três delas, uma até foi a Ana Paula, logo se levantou para fazer o que o bonequinho estava fazendo. E a moça logo gritou: senta fulano!"*
> Sônia: *"Quer dizer que a individualidade da criança é um pouco tolhida?"*.
> Diretora: *"Toda! Eu acho bastante tolhida! Eu acho! É uma coisa que me preocupa muito. E é uma coisa que eu gostaria de ajudar as moças. Gostaria que elas me atendessem. Elas não me atendem muito. Quando a gente quer ajudar assim, a favor da criança, elas não gostam muito... Eu acho que atrapalha... Eu não sei... Atrapalha a atividade delas! Porque eu acho que junto a uma recreação deve ter uma disciplina, uma ordem. Porque senão, vira tumulto. Por exemplo, as nossas crianças são pequenas. Dizem que é costume de todo colégio: quando chega uma pessoa, as crianças correm e se agarram nas pernas, na bolsa. Então, eu penso assim – o bom costume deve começar em casa. Então preciso que seja cortado quando eu chego junto deles. Mas quando, então, eles vão ter a oportunidade de correr para junto de alguém? E como é que eu vou fazer para eles entenderem que comigo ou com a tia, que chegou de manhã, eles podem fazer e com as outras pessoas, não?"*

São frequentemente negadas a expressão do afeto e a troca afetiva. Não há lugar para a necessidade individual ou qualquer demanda da criança, pois isto significa individuação, formação de indivíduos autônomos.

De novo, o que articula tudo é a disciplina. Apesar de a criança ser o motivo da existência do internato, ela é sempre a última a ser considerada. A expressão de seu afeto passa pelo corpo – só tem o corpo para se comunicar – e não é permitida. A criança aprende, nesta sua primeira experiência de internação, seja bebê ou tenha dois anos, que a expressão de seu afeto ou a busca deste não é bem recebida pelos adultos. Ela aprende que não deve reivindicar nem tocar no adulto. Mas suas necessidades de contato corporal não são eliminadas e surgem com forte expressão durante a visita de estranhos. Com estes, elas tentam novamente o que já sabem que é proibido em relação às pessoas com quem convivem. A expressão das crianças é tão forte – são muitos que rodeiam e disputam um lugar para segurar o corpo do adulto que, em geral, traz grande incômodo ao adulto. Expressão esta percebida pela diretora como um (mal) "costume" dos internos.

Uma outra questão, que envolve as atividades de lazer, é que as atendentes[8] não consideram que brincar seja parte de seu trabalho, mas tão somente cuidar das crianças nas tarefas cotidianas.

"As coadjuvantes não brincam no pátio com as crianças, só olham, porque sabem que é preciso uma recreadora e, como seria função dela recrear as crianças, elas se recusam a fazer este trabalho." (Diretora)

Este fator, somado à questão do número de crianças por funcionário e ao rodízio de trabalho, que veremos a seguir, dá uma qualidade de impessoalidade nos cuidados dispensados às crianças.

Sônia: "Em relação às funcionárias, quais os problemas que a senhora encontra?"

Diretora: "A maior dificuldade que encontro é a do grupo que está diretamente com a criança, a dificuldade que existe para dar o atendimento – saber como lidar com a criança, saber responder a uma atitude malcriada ou ao choro. Elas têm boa vontade, fazem o trabalho, mas não como deveria ser feito no meu modo de ver. Às vezes, falta paciência, às vezes, fazem assim... Ou quando a criança, com um brinquedo, deve deixar o momento de lazer para seguir para o refeitório ou para uma consulta médica. Ao invés de ter jeito e pedir o brinquedo, a funcionária simplesmente toma-o e a criança chora e reclama, e para apaziguar a criança é mais difícil. Agora, com isto, não quero dizer que elas sejam más ou que..."

a. Fila

A fila tem uma importância fundamental nos internatos. Impõe-se que cada um saiba aguardar a sua vez para que todos sejam atendidos de maneira igual. Este aprendizado se inicia na *creche*, quando as crianças já se locomovem com autonomia, em torno de dois anos de idade – crianças da turma denominada *recreio*.

---

8. Apesar de serem chamadas de "coadjuvantes", segundo sua categoria profissional na *creche*, elas são serventes na carteira profissional, o que implica em remuneração muito baixa e a obrigação de auxiliar no serviço de limpeza do estabelecimento. É fácil notar o quanto elas se sentem pouco valorizadas, e este ressentimento se reflete no atendimento à criança.

> Sônia: *"E quando é que as crianças começam a fazer fila? Assim que começam a andar?"*
> Atendente: *"Não, só quando passam para o recreio. Nos babys já andam, mas não fazem fila, não. Mas aí sempre se ensina a dar a mãozinha ao outro, quando sair: vamos lá fora passear, dá a mãozinha ao outro."*

Para se movimentar de um espaço para outro dentro do próprio estabelecimento – refeitório, dormitório, recreio interno e externo, banheiro – como também para aguardar a vez de ter os cabelos penteados, para tomar banho etc., as crianças fazem fila. Quando esperam o almoço ou o jantar, se há atraso, elas, por vezes, fazem fila espontaneamente, sem que ninguém peça fila tipo trenzinho – na porta do refeitório, aguardando a retirada da "cancela". Já conhecem bem os horários das várias atividades e parecem não esperar que algo diferente ocorra. Entram no refeitório em fila e se sentam em ordem. Nesta faixa etária, a criança não é repreendida se sai do lugar ou fura a fila. Entretanto, quando fazem fila em pé e antes de se locomover, se chateiam e saem da fila, o adulto responsável chama a atenção com firmeza: "fica na fila, não sai da fila".

Para ganhar lanche fora do refeitório, fazem fila em pé ou sentam-se encostadas na parede. Assim, as crianças só sabem esperar em fila e aprendem que, deste modo, têm garantida a vez. Se água, brinquedo ou qualquer outra coisa é oferecida sem exigir fila, cria-se um tumulto enorme, todos choram, ficam ansiosos e brigam. As crianças entram no hábito da disciplina que as controla, não tendo a possibilidade de se organizar internamente; o controle vem de fora e parece permanecer assim.

Tive a oportunidade de perceber a dificuldade das crianças em aguardar a vez ou ter confiança de que serão atendidas quando não se organizam em fila. Experimentei dar-lhes água ou brinquedo sem pedir que organizassem fila.[9] O resultado foi grande tumulto, choro e muita ansiedade. Por mais que eu lhes assegurasse que seriam atendidas e procurasse ser rápida, elas só se acalmavam depois de satisfeitas. A confusão criada certamente é uma das justificativas para que a organização institucional seja como a existente. Entretanto, me parece que esta ansiedade ocorre muito mais porque as crianças nunca têm a oportunidade de viver em um ambiente no qual sua individualidade seja respeitada. Às crianças não é permitida nenhuma autonomia nos atos nem nas necessidades. Praticamente, tudo é regulado pelo adulto. Ele é que decide se a criança está ou não com sede (se esta lhe pede água fora do horário determinado para receber sua porção de água na caneca), ou mesmo a quantidade (se a criança quer outra porção, o que se denomina "repetição" ou "repite", a funcionária, em geral, não dá, pois considera que foi satisfatória a porção dada). São os adultos que regulam quase todas as necessidades da criança, como veremos no decorrer deste capítulo, sem lhe dar oportunidade de se organizar internamente e de conhecer o próprio corpo, sequer no que se refere às suas necessidades mais básicas de sobrevivência fome, sede, sono, vontade de ir ao banheiro, sentir frio ou calor.

---

9. Isto ocorreu quando ali trabalhei como psicóloga e era uma pessoa de seu convívio, em quem eles tinham alguma confiança.

b. Necessidade e demanda

A atenção individual aqui e nos outros internatos é pouca e não há lugar para o choro. Se uma criança chora chamando pela mãe, sem motivo aparente, o comum é deixar que ela chore, sobretudo se se supõe que "nada demais" se passou com ela. O cuidado é maior quando a criança chora porque se machucou, pois, se isto ocorre, as funcionárias podem ser acusadas de estar pouco atentas no seu trabalho. A não atenção individual perpassa todas as atividades cotidianas, reguladas pelas normas institucionais. O choro, um pedido mais claro e desalentado de atenção individual, é frequente também. Vejamos uma dessas situações rotineiras em uma observação feita pouco antes do almoço, quando a maioria das crianças estava no "recreio interno".

Uma menina que tem uma irmã gêmea chorava muito sem que ninguém a acudisse. Aparentemente, ela não tinha motivo para chorar. Depois de uns cinco minutos ou mais, fui até ela. O choro me incomodava e me incomodava aquela situação de choro aparentemente sem razão, ao qual ninguém dava atenção. Tentei lhe falar, mas acabei desistindo, pois ela chorava muito e não consegui entender o que dizia, a não ser a palavra "tábua". Afastei-me achando que talvez fosse algo realmente bobo e que ela "chorava à toa".[10] Depois de algum tempo, ela continuava chorando sem se acalmar e eu voltei lá. Ela me explicava e eu não entendia. Na verdade, o que ela me dizia parecia não fazer sentido – "a tábua que jogou fora". Sua irmã acabou vindo, estando atenta desde o início do choro. Ela não chorava e me explicou que jogara a tábua de sua irmã fora do espaço do recreio e que sua irmã a queria de volta. Entreguei-lhe, então, a tábua e ela simplesmente cessou o choro, não demonstrando nenhuma alegria.

Estou tratando aqui das pequenas demandas que a criança faz, que, sistematicamente, não são satisfeitas. E a criança põe-se a chorar como única forma de protesto. Ela chora intensamente com dor e desespero, apesar de parecer um choro patético, como se nada fosse de fato ocorrer. Essas pequenas coisas, de grande importância para a criança, entretanto, ocorrem o dia inteiro pelos motivos mais diversos: pedidos de água, de brinquedos, para ir no banheiro.

Como já vimos, nem as necessidades fisiológicas das crianças da mais tenra idade, que vivem em internato, têm possibilidade de serem atendidas. Mesmo essas necessidades são reguladas através de horários.

A necessidade é algo que o ser humano tem em comum com o animal, como a sede e o sono, por exemplo. A demanda específica do ser humano tem um significado que precisa ser interpretado para ser atendido. Se a necessidade da criança neste estabelecimento não é atendida, pelo contrário sofre pressão, coerção e controle, a demanda da criança

---

10. Neste ambiente tão desumano e ansiogênico, eu também me dava conta de, por vezes, ter atitudes semelhantes às das funcionárias. Ou seja, nestes ambientes desumanos, torna-se quase impossível ter atitudes humanas.

tem menos lugar ainda no dia a dia. Quando a criança pede água, ela pode estar simplesmente com sede, mas, muitas vezes, está fazendo uma demanda de atenção e de amor. E se esta demanda não pode ser satisfeita, ela tem que ser sempre enquadrada como uma pura necessidade. Então, quando alguém resolve atender a esta demanda, dando água fora da hora e sem fazer fila, as crianças ficam muito angustiadas, pois percebem neste gesto alguma possibilidade de serem atendidas no seu pedido de atenção e afeto. A angústia, sempre sufocada pelo cumprimento da ordem dos rituais, vem à tona com força e desespero. Como as "tias" veem esta angústia como "desordem", elas zangam e ordenam, de novo o caos formado. O que ocorre é algo grave. Quando o adulto interpreta a demanda feita pela criança e lhe responde satisfazendo ou dando alguma resposta que mostra sua compreensão, isto possibilita a criança a produção de significações novas. A reação costumeira das funcionárias, entretanto, de não tomar conhecimento da demanda da criança e silenciar a este respeito é igual ao silêncio da morte. Podemos assim dizer que internatos desse gênero são um lugar de morte e não de crescimento e de vida.

5. Asseio e higiene – o controle do corpo

É notória, no funcionamento institucional, a enorme preocupação com o asseio. Devido à importância do aspecto médico, no sentido de evitar doenças que se disseminam com facilidade no ambiente de internato, a preocupação com a higiene do corpo é uma marca importante na relação do adulto com a criança.

A preocupação com a higiene dá um aspecto hospitalar às instalações, sempre muito limpas; porém, mais do que isto, o que chama a atenção é o pouco aconchego, a falta de cores que alegrem o ambiente e a eliminação de tudo que seja considerado dispensável. A decoração do ambiente é mínima e não chega a modificar seu aspecto hospitalar. Não há nada que lembre a casa, a mãe ou a família (Fig. 4).

A importância do asseio para evitar doenças e contágios transforma todas as tarefas de atendimento à criança em atividades obrigatórias, que devem ser executadas com eficiência. Aliado a isto, o fato de haver um número grande de crianças realizando a mesma atividade ao mesmo tempo favorece que a tarefa seja feita de maneira mecânica pelas funcionárias. O banho, por exemplo, que pode ser uma experiência prazerosa para o bebê, é um momento de muita tensão, pois a criança é manipulada rapidamente com movimentos bruscos debaixo da água fria. Observei isto não só ao olhar, como também ao dar banho em alguns bebês. Percebi como ficavam temerosos de qualquer movimento meu; o corpo enrijecia e eles choravam, como se temessem uma ameaça física. Não há prazer nesta atividade. E, na "linha de produção" do banho, a funcionária não percebe o que se passa com a criança. O importante é cumprir a tarefa.

O fato de as tarefas serem sempre feitas em grupo faz com que as atividades rotineiras demorem muito. É fantástica a quantidade de horas que as crianças permanecem dentro do recinto do banheiro para ir ao vaso ou para tomar banho – são 4 horas e 40 minutos no total por dia. Entretanto, o tempo para brincar é de, somente, 2 horas e 50 minutos. Aí

Figura 4. Chama a atenção o pouco aconchego, a falta de cores e a eliminação de tudo o que seja considerado dispensável.

também se pode ver a prioridade dada ao asseio que, em situação de coletividade, é muito mais importante do que brincar.

O que se observa é que há, desde a *creche*, uma tentativa de disciplinarização e controle do corpo. Um dos rituais importantes é a ida ao vaso ou "nonol". As crianças têm horas estabelecidas para ir ao vaso fazer xixi ou cocô. Espera-se que a criança não tenha vontade fora dessas horas, mas o aprendizado é pouco eficaz, pois é comum a criança se urinar ou evacuar nas calças "fora dos horários". Isto irrita os adultos obrigados a limpar a criança. E, segundo uma funcionária antiga, "é uma hora em que elas dão beliscão ou tapa na criança". A "tia", muitas vezes, considera que a criança "faz sujeira de propósito", sendo capaz de pedir ou de se controlar.

Há uma pressão enorme para que a criança entre na ordem. Parecem não considerar que a ineficácia do aprendizado se deve ao fato de as crianças serem ainda muito pequenas, à situação de tensão no convívio da *creche* e, creio, sobretudo, ao fato do ensino destas atividades se fazer muito mais por tentativa de condicionamento do que por aprendizado, que leva em consideração as necessidades individuais, ajudando a criança a perceber a si mesma e a conhecer seu corpo. O que normalmente seria um início de conhecimento do próprio corpo e sentimento de si mesmo se torna uma atividade de alienação, dificultando a relação com o mundo. Quando a criança quer ir ao banheiro fora de hora, nem sempre é dada atenção ao fato, e ela permanece mijada, apesar da ordem da direção de que as crianças devem sempre ser trocadas. Enfim, o que quero dizer é que não é reconhecida a necessidade da criança de ir ao banheiro fora de hora. Isto é visto como algo que vem incomodar a atividade que se realiza. Não se conversa com a criança a respeito, ela é repreendida. Assim, tudo isto aliena a criança de seu corpo e a paralisa, como se o cocô e o xixi saíssem de seu corpo sem que ela pudesse ter qualquer controle, sem ela se dar conta. E a atitude das crianças, não só as urinadas como as cagadas, é de ignorar que estão naquele estado. É como se nada tivesse ocorrido, continuam a fazer o que faziam ou ficam paradas sem reação. Vejamos um exemplo:

> *Uma criança fez cocô nas calças (diarreia) no pátio e ficou parada sem se mexer chorando. Uma outra lhe gritou: "cagão!" e a empurrou. Como nenhum adulto atendeu logo, ela ficou ali, em pé, sem se mexer. As crianças começaram a brincar aproveitando a linha que o xixi e o cocô faziam no chão ao escorrer pelo cimento. Abrindo as pernas, brincavam, fingiam que estavam em um cavalinho.*

Veio então a coadjuvante e lavou a criança com a mangueira. Fiquei impressionada com a cena e pensei que este tipo de brincadeira surge como uma tentativa de lidar com a situação de humilhação do colega. Uma situação que, em outras horas, também é vivida por elas.

A situação de humilhação que a criança viveu com a brincadeira das outras é experimentada de maneira mais intensa quando grupal, expondo seu corpo e sua intimidade ao comportamento autoritário do adulto. Como no exemplo abaixo:

> *Fiquei até por volta das 21 horas no estabelecimento e pude observar a ida ao banheiro antes de ir para a cama. Todas as crianças ficam sentadas no vaso e depois a "tia", seguindo a fileira de vasos e com papel na mão, toca a criança ou simplesmente diz: "Deixa eu ver, vamos! Anda!" E a criança se levanta, se agacha, ficando de quatro no chão com o bumbum para cima. A tia vai passando o papel e diz: "Você não fez, vá dormir". E a criança então se levanta e vai vestindo a calça e andando para o dormitório. Ninguém reclama. A criança que fez cocô ela limpa com dois papéis. Ela não pergunta antes se a criança fez cocô (inclusive a uma criança grande de cinco anos que estava ali excepcionalmente). Mas ela olha e fiscaliza os corpos.*

A alienação do corpo vem junto com a humilhação, tornando o indivíduo mais submetido e assujeitado.[11]

6. Alimentação – redução à necessidade e à disciplina

Segundo Dr. K., médico da Fundação, a alimentação dada às crianças qualitativamente não é boa. Há fartura, mas deveria ser mais balanceada. As crianças comem nas horas certas, fora desse horário é muito raro ver alguma criança comendo. Salvo no dia

---

11. A propósito das humilhações, Foucault mostra que é uma forma de punição dentro dos sistemas disciplinares (Foucault, 1975 p. 159).

que chegam de casa ou quando a mãe vem visitar. No ritmo cotidiano, nunca vi nenhuma criança requisitar algo, a não ser quando os adultos tomam café com pão, mas não é regra. Em geral, as crianças se alimentam bem, na hora. A criança não é obrigada a comer, mas o sistema opera de tal forma que ela não recusa a comida, a não ser quando está doente, triste ou deprimida. Em geral, comem com certa voracidade, rapidamente, praticamente nunca mastigam. Põem na boca e engolem – comem tudo que há no prato: arroz, carne, feijão e legumes. As crianças que deixam no prato um dos componentes não são forçadas a comer. Se alguma não come nada, então alguém sempre tenta dar-lhe na boca mas, se continua a recusar, não se insiste mais. Só os bebês têm opção de alimento – maçã em vez de banana amassada, por exemplo.

A refeição é uma hora das mais tensas na *creche*. A dificuldade de dar um alimento mais individualizado gera muito choro e angústia. E, mais uma vez, este sofrimento é visto sob o prisma disciplinar. Diz a diretora: "na alimentação tem muita desarmonia, muita falta de disciplina".

O atendimento individualizado é difícil de ocorrer, mesmo para os bebês:

> Sônia: "E os bebês comem sempre de mamadeira no colo ou só na cama?"
> Diretora: "A mamadeira deve-se dar no colo. Ainda mais à criança pequena. Nunca deve ser dada na cama. Elas são orientadas assim. A menos que esteja um tumulto muito grande e não tenha quem dê atendimento, mas ela deve ficar muito atenta àquela criança que está com a mamadeira na cama. A criança pode sufocar, pode ficar sem mamar, a mamadeira pode entornar sem que ela veja ou eu. Deve ser sempre no colo; custe o que custar. Até três, quatro meses é no colo. Se uma vez ou outra escapa..."

O bom funcionamento da refeição depende, em parte, das "tias" e do seu bom humor. Às vezes, mais pacientes, dão na boca de uma criança se esta se recusa a comer. Outras horas, a "tia" zanga: "Tem que comer. Se não quiser comer, então vai para o pátio! Só pode ficar sentada se for comer". É uma medida, muitas vezes, eficaz. A criança para de chorar e começa a comer. Se a criança chora a "tia" grita: "É para parar o choro! Pare de chorar e coma já". Certamente as "tias" fazem isto, pois percebem a eficácia. No código disciplinar, a execução de uma ordem é entendida e feita por sinais, não são necessárias muitas palavras. "Parar o choro!" "Comer já!" são sinais que tornam a ordem mais eficaz. E o importante, elas sabem, é que a criança coma para não ficar doente. Se apesar disso a "tia" está mais nervosa ou com pressa, pode retirar o prato da criança que come muito lentamente. A criança é surpreendida e não reage; às vezes, entretanto, chora e o prato pode ser devolvido. Jamais vi alguém brincando com as crianças, distraindo-as para comerem.

A hora da refeição é uma hora de concentração, de atenção no alimento (Fig. 5). Não é muito frequente a briga durante a refeição, mas, caso ocorra, a criança é imediatamente repreendida – alguém lhe grita que pare, em tom de ameaça. Mesmo as crianças que não sabem segurar bem a colher começam a fazê-lo. Nesta hora, ninguém se importa com a sujeira de comida na mesa ou no chão.

Figura 5. A refeição é uma das horas mais tensas na *creche*. As crianças devem comer quietas, sem falar e sem chorar.

O serviço das "tias" é realizado, porque há uma "tarefa" a ser cumprida, sem que elas tenham tempo de ver o que se passa com a criança individualmente. Há dias em que essa possibilidade é maior, mas o serviço é encarado como uma tarefa. E há sempre outras a cumprir, portanto não se pode deter muito. A meta constante, ao atender a criança, é fazer a tarefa. Vejamos uma observação que evidencia a falta de atenção individual à criança, a falta de paciência dos funcionários, o ambiente pesado e pouco amistoso na hora da refeição:

Às 10 horas e 15 minutos todas as crianças entram para o almoço. Os babys tomaram banho, foram ao vaso e sentaram para comer à mesa. As crianças recebiam comida na boca. Uma delas batia de leve com a colher no prato, a "tia" logo se irritou e chamou a atenção: "Pare de gracinha! Você sempre come bem, por que hoje faz assim? Trate de comer direitinho, senão lhe tiro o prato!" O menino, de 1 ano e 7 meses aproximadamente, continuou a não comer e a bater de leve no prato. Ela avisou mais duas vezes, muito irritada e, na terceira, retirou o prato. Ela dava comida a outras duas crianças ao mesmo tempo. Ele comia, em geral, só. Com a retirada do prato, começou a chorar. Ela se irritou mais. "Você pensa que eu vou ter esta paciência com você outro dia? Não vou, não!".[12] Foi lá pegou-o, colocou-o mais perto com gestos bruscos e devolveu-lhe o prato. Deu-lhe a primeira colherada, ele

---

12. Possivelmente, este comentário era uma referência à minha presença.

ainda chorava e recusou. A "tia" largou a colher reclamando e continuou a dar alimento aos outros. Enquanto isso, no pátio interno, os maiores assistiam televisão. Todos muito sujos, melados de doce, ainda não haviam tomado banho. Fazia muito calor. Todos muito irritados. Brigavam à toa. Ouviu-se uma criança chorando. Uma delas deitou no banco, chamando pela mãe, inconsolável, e chorando sem que ninguém chegasse perto. Um outro brincava com um cobertor, cobria os colegas e eles morriam de rir, neste jogo ele sumia e aparecia. O cobertor, entretanto, foi logo recolhido pela funcionária, pois não é permitido o seu uso no recreio (Fig. 6).

No almoço dos maiores, o Carlinhos, após comer um pedaço de mamão – dado na mão –, pedia, com um gesto, mais um pedaço. A funcionária tinha um prato com vários pedaços, mas quando entendeu que o menino queria mamão não sei por que recusou e resmungou algo que não entendi, devolvendo o prato com mamão à cozinha. Ela estava muito irritada. O período antes e durante o almoço sempre tem choro e criança brigando – um clima horrível de tensão e elas duas também tensas. Carlinhos começou a chorar quando entendeu a recusa. Esfregava o olho com a mão suja e chorava muito. Ela se ocupava de outras crianças. Depois de alguns minutos, não aguentando mais seu choro forte, perguntei a ela se não poderia dar-lhe um pedaço de mamão. Quando dei, ele se acalmou e começou a comer. Tentei acalmá-lo antes fazendo carinho, mas de nada adiantou.

Figura 6. Um brincava com um cobertor – cobria os colegas e eles morriam de rir. O cobertor, entretanto, foi logo recolhido, pois não é permitido o seu uso no recreio.

A espera para que uma atividade seja realizada é frequente em todos os internatos. Para as crianças da *creche*, a espera da refeição é um momento particularmente tenso. Não deixam que permaneçam com brinquedos no pátio interno, contíguo ao refeitório. Elas esperam ali, sem ter nada para fazer, ou sentam-se à mesa.

Logo após as refeições, as crianças vão ao vaso e depois vão dormir. Muitas vezes, a tensão se prolonga até que durmam. No dormitório dos *babys* ficam uma ou duas "tias" que aquietam o bebê que quer receber atenção, brincar ou chorar. Dizem: "Psiu! Fique quieto". O que se nota na hora da alimentação, na higiene, na troca de roupa ou no momento de dormir é que a criança é tratada como um objeto. Estas atividades, quando realizadas pela mãe ou sua substituta, são momentos importantes no relacionamento com o bebê, momentos de troca afetiva e prazer. Neste internato, os cuidados dados à criança são feitos sem praticamente qualquer troca afetiva, sem ninguém que lhes explique o que ocorreu ou vai ocorrer, e sem levar em conta suas reações, que não são sequer notadas.

Nos internatos estudados, observei as características mais importantes que se repetem em quase todo[13] atendimento institucional: a criança é tratada como um objeto, sua individualidade não é respeitada, não é dada importância ao estabelecimento de relações afetivas significativas, não é notado seu sofrimento ou desejo de se sentir amada. Junta-se a todos esses fatores a transferência constante da criança para lugares novos, o que torna mais difícil o estabelecimento de relações afetivas significativas e a continuidade desses vínculos. Ao ser transferida, a criança perde todos os vínculos feitos com adultos e crianças e já começa a aprender que, nesta trajetória de vida institucional, as relações serão sempre desfeitas, não havendo condições de se sentir segura, de ser amada, e nem de continuidade deste amor.

As funcionárias também sofrem e percebem o sofrimento que a transferência traz às crianças.

> *"Este negócio de mudança... a criança, coitadinha, se acostuma aqui, sai para outro lugar, eu acho que isso influi muito na vida da criança, né. Ah, eu acho ruim para eles. Porque você vê, ele já está acostumado, aí vê tudo diferente, outras pessoas, outras crianças... Eu acho que deveria ser assim: ter uma creche, uma creche que eles viessem para cá pequenininhos e ficassem aqui até chegar a uma idade que eles entendessem as coisas; uns 9, 10 anos para eles poderem entender,*

---

13. Os estudos sobre crianças em atendimento institucional se iniciaram na década de 1940. Os mais importantes foram realizados por R. Spitz, A. Freud e Burlingham, J. Bowlby, M. Ainsworth, M. Rutter, F. Tustin e M.S. Mahler. Os principais distúrbios apontados, decorrentes da privação materna, tanto nos casos de separação múltipla quanto nos casos de internação em instituições, mostram a relação existente entre o não estabelecimento e a não manutenção de vínculos afetivos e os distúrbios mais frequentes que daí decorrem. Eles são: atraso na área da linguagem, problemas de aprendizagem, perturbações no desenvolvimento físico e cognitivo, dificuldade em estabelecer e manter relações significativas com outras pessoas, delinquência, psicopatia e diversos distúrbios psicóticos (Altoé, S. e Rizzini, I. 1985).

saber o porquê das coisas, o porquê de ter que sair daqui para outro lugar, porque uma criança de 10 anos, ela já entende as coisas. Mas uma criança até três, quatro anos, ela não entende nada. Ela tem um pouco de inteligência, mas ela não entende as coisas ainda não. Ah, sofre muito mais!" (Atendente)

Neste sistema de internatos para "menores", observa-se que há um consenso geral, que podemos definir como "crença de que não se devem estabelecer relações afetivas entre funcionários e crianças".[14]

"... se a gente se apegar à criança da creche é ruim; quando eles vão embora, a gente sofre demais, a gente não quer que eles vão embora. Não se deve dar carinho demais à criança, senão dá problemas para a criança e para a gente." (Atendente)

Há também um consenso entre as funcionárias de que se deve tratar as crianças de maneira igual e que se uma delas dá "dengo demais", a criança chora muito e pensa que a "tia" só deve cuidar dela. Então, toda funcionária novata é advertida pelas outras para não se apegar muito às crianças.

"A maioria das pessoas que entram – a não ser aquelas pessoas que têm gênio de lidar com criança ali, sério, como se fosse assim um objeto, *né. Não estou querendo dizer que há gente aqui assim, mas cada um tem uma natureza. Toda pessoa que chega aqui e tem aquele gênio assim de se apegar à criança igual a um filho, como se fosse em casa, dá aquele carinho demais, essa pessoa passa consequências, como a Maria, que nesses dias enfrentou sérios problemas. Essa menina é nova aqui. Ah, os nenenzinhos. Tinha criança que se apegava demais a ela quando chegava, as crianças começavam tudo a chorar, entendeu? Eu estava vendo esses dias ela passando isso daí e, então, eu estava pensando: Ah, meu Deus, eu já passei por isso. E sempre dando força a ela, sabe? Isso é assim mesmo, menina; eu também já passei por isso. Essa fase passa, depois você se* acostuma." *(Atendente)*

Como as crianças, os funcionários também entram na rotina institucional, descobrindo formas de conviver com a ansiedade que o trabalho lhes causa. A negação do afeto pelos adultos[15] que trabalham em locais como este é muito comum – é a maneira que encontram para se defender da ansiedade brutal, gerada nestes locais desumanos de atendimento à criança pequena. As funcionárias se tornam surdas, mudas, insensíveis, monstrinhas. Não é preciso ser especialista para saber sobre os danos causados a um ser humano nessas condições de vida – só é possível dar um jeito de dessaber (esquecer), negando humanidade ao outro. As condições de trabalho não permitem que elas entrem em rela-

---

14. "Sobre as relações afetivas nos internatos para menores" (Altoé, S., Rizzini, I., 1985).
15. "De fato, o tormento destas crianças com a separação é tão doloroso que pode perfeitamente acontecer que aqueles que as têm sob seus cuidados fechem os olhos como defesa." (Bowlby 1981, p. 26).

ção com a criança. Elas próprias não podem construir significados para sua prática – o significante único é a disciplina.

7. Linguagem e socialização

A linguagem é outra questão de complicado desenvolvimento no internato: não há qualquer estímulo para que as crianças se expressem pela linguagem e, muitas vezes, são tolhidas quando se expressam. As funcionárias, em geral, não conversam com as crianças, não lhes explicam nada, não contam histórias. Sua comunicação é através de gestos de repreensão, indiferença ou grito. Certamente há momentos de descontração, onde conversam com uma ou outra criança de maneira agradável e amistosa. Mas no dia a dia estes momentos são raros (Fig. 7).

Podemos considerar que o choro de uma criança é sua primeira expressão vocal, precursora da linguagem. O choro é uma das expressões que não só não é entendida como um pedido de ajuda, como é repreendida frequentemente. É comum uma criança chorar, e a funcionária gritar de longe "Cale essa boca menino". Algumas vezes, a repreensão é eficiente, outras a criança chora até se cansar. Ou a criança é chamada de "chorona". Nesta hora, as crianças fazem que não entendem o que se passa. Entretanto, vi, várias vezes, tentarem acalmar o colega quando não tinha "tia" por perto ou quando ela estava ocupada. Fiquei impressionada com o gesto de crianças com menos de dois anos fazendo carinho no outro para que parasse de chorar. Uma cena que muito me impressionou foi na

Figura 7. As funcionárias, em geral, não conversam com as crianças, não lhes explicam nada, nem contam histórias.

hora do "nonol dos babys". Uma criança bem miúda chorava muito e as duas ao seu lado, sentadas no vaso, sabendo que não podiam se levantar, tentavam acalmá-la fazendo-lhe carinho no rosto e na cabeça e a olhavam com olhar triste.

Nem sempre as crianças reagem com solidariedade. Observei, certo dia, o Carlinhos bater em uma criança porque ela chorava. Era hora de espera de refeição e me pareceu que o choro da criança irritava o colega que foi atrás dela para lhe bater. O choro me mobilizava muito. Em alguns casos, acabava atendendo à criança, procurando saber por que chorava; e bastava esta atitude de atenção para que se apaziguasse. Certa vez eu estava ocupada com uma criança e resolvi pedir a uma outra que fosse perguntar àquela que chorava o que se passou. A criança na mesma hora atendeu ao meu pedido. Apesar de pequeno, entendeu o que eu dizia. Fiz isto várias vezes. Outro fato interessante ocorria quando estava rodeada de crianças e falava com eles que ia deixá-los um instante para atender um que chorava muito, e eles aceitavam que eu os deixasse. Antes, entretanto, se eu tentasse deixá-los sem motivo e sem explicação, eles impediam ou choravam, quando eu saía. O tratamento dado pelas funcionárias, em geral, causa muita ansiedade, pois é costume não explicar nada. O explicar ou o informar é característico de uma relação mais individualizada, o que não ocorre ali.

Uma das questões importantes é a relação que se estabelece entre o adulto e a criança através da linguagem. Este tipo de relação tende a se repetir em todos os outros internatos. Ao invés de ser incentivada e elogiada nas descobertas que apenas inicia desde que começa a falar, a criança é tolhida. As funcionárias podem eventualmente achar graça em uma criança que começa a descobrir a linguagem. Mas o ambiente geral é inibidor. A fala da criança é considerada como algo que atrapalha as atividades realizadas, seja na hora da refeição ou quando veem televisão. Durante a recreação, elas podem falar à vontade, mas não há troca com o adulto (Fig. 8). Os adultos conversam entre si sem que as crianças participem. Elas ficam em volta conversando umas com outras em uma linguagem pobre, porque não há nada que as estimule. Nem mesmo sua curiosidade, pois a mesmice do ambiente de recreação não permite. A televisão é, na verdade, o único instrumento que traz novas possibilidades. Mas os horários são restritos e, também, nesta hora, o adulto não conversa com as crianças sobre o que passa na televisão. Na medida em que os adultos pouco conversam com as crianças, a não ser para dar alguma ordem, as crianças são tolhidas no seu desejo de se exprimir e de se comunicar.

A linguagem, segundo Bernstein, existe em relação com o desejo de se exprimir e de se comunicar. Se este desejo é inibido, teremos, então, uma linguagem bastante inibida. Os adultos se dirigem às crianças através de "frases curtas, gramaticalmente simples e sintaticamente pobres, o que constitui a unidade típica da linguagem comum e que não favorece a comunicação de ideias e das relações, que necessitam de uma formulação precisa." (Bernstein, 1975). Poderíamos dizer, segundo este autor, que neste ambiente de internato a linguagem preponderante é a "comum" com a predominância do "código restrito".[16] Mas, na verdade, a questão vai além, pois, no internato, a linguagem se confunde

---

16. "Um código restrito facilita a construção e troca de símbolos compartilhados pelo grupo; um código elaborado facilita a construção verbal e a troca de símbolos individuais e pessoais." (Bernstein, 1975)

Figura 8. A fala da criança é considerada algo que atrapalha. Durante a recreação, elas podem falar à vontade, mas não há troca com o adulto.

com a não comunicação e a não possibilidade de compartilhar do diálogo e da troca. A própria comunicação está em risco, pois todos os significados são dados de forma alienante. A linguagem é dissociada da experiência, como vimos no exemplo de ir ao banheiro. Como a criança pode representar internamente suas vontades, se não tem interlocutor? O adulto não conversa com ela. Quando fala, é uma padronização.

A criança, desde bem pequena, organiza a totalidade de sua experiência de acordo com o que o meio ambiente lhe oferece. No internato, há um frequente desestímulo à manifestação da expressão verbal da criança: a palavra que serve como mediadora entre a expressão do sentimento e as formas socialmente reconhecidas de manifestação deste sentimento são também tolhidas. Tudo o que a criança vive ali torna-se mais difícil de se organizar como uma experiência para ela própria. Se a *excellence* da socialização[17] da criança pode ser verificada através de sua fala, pode-se afirmar que o internato não contribui para a socialização das crianças desde bem pequenas. Ao contrário, ele lhes é prejudicial do ponto de vista do desenvolvimento da linguagem e da socialização.

E, como bem mostra o exemplo da criança que atendeu ao meu pedido, quando se fala e se explica às crianças o que se passa, elas tendem a compreender e a ter uma respos-

---

17. "Cada vez que a criança fala, pode-se verificar a *excellence* de socialização; assim, a linguagem não é um simples suporte da comunicação, mas condiciona o comportamento.

ta mais evoluída e organizada além de simplesmente chorar e entrar em enorme ansiedade. Dialogando com elas e ouvindo o que têm a dizer, aprendem a se diferenciar e, assim, a separação também é possível. E, como diria Bernstein, à medida que a consciência das particularidades e das diferenças individuais se torna mais aguda, cresce a significação de objetos percebidos. "Um efeito de retroação se instaura entre o modo de designação e aquilo que ele designa e induz, na criança, uma disposição a pesquisar, a explorar e a estabilizar suas relações." (Bernstein, 1975, p. 34). No internato, entretanto, tal possibilidade é praticamente inexistente. Desde que a criança começa a falar, não é estimulada a se expressar e a pesquisar. Tal realidade está também presente nos demais internatos, como veremos ao longo deste trabalho, configurando uma prática extremamente prejudicial ao desenvolvimento saudável das crianças.

INTERNATO II

CAPACIDADE: 200 INTERNOS

FAIXA ETÁRIA: 2-10 ANOS, MENINAS,
                 2-6 ANOS, MENINOS

O pior é que eles são mesmo uns animalzinhos! Amanhã para um ônibus aí e chama eles pelo número, nem é pelo nome, e são transferidos como animais. Precisa ver quando chegam aqui! Quase nus, porque se vêm de outra escola, quando eles saem têm de deixar a roupa lá. Muitos chegam de sunga, cabelos grandes, com um plástico com algumas coisinhas dentro. Depois vão para o banho, cortam o cabelo, vestem uniforme e já melhoram o aspecto.

                         Diretora do Grupo Escolar do Internato VI

ORGANOGRAMA

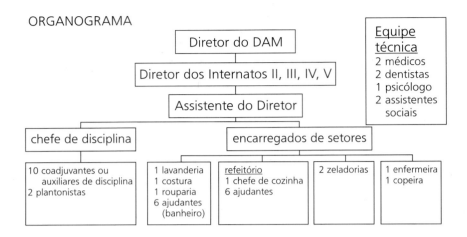

ORGANIZAÇÃO DO ESPAÇO

1 – DORMITÓRIOS
2 – REFEITÓRIOS
3 – COZINHA
4 – PÁTIO INTERNO
5 – PÁTIO EXTERNO
6 – VARANDA
7 – BANHEIROS
8 – GABINETE DA DIRETORIA
9 – SALAS
10 – ENFERMARIA

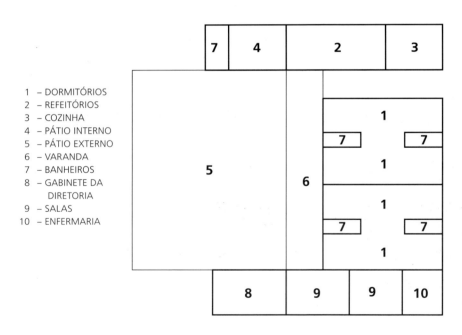

1. Introdução

Neste internato a primeira questão que surge é o processo de transferência das crianças, em geral praticados pelos estabelecimentos próprios ou conveniados com a Funabem e a Feem. É feito para favorecer a organização administrativa, sem qualquer respeito às relações afetivas que as crianças possam estabelecer. Elas são jogadas de um internato para outro, como se fossem objetos. A disciplina torna-se mais rígida, pois, nesta faixa etária (dois a seis anos, meninos, e dois a dez anos, meninas), as crianças já andam e falam. Todos os seus deslocamentos são feitos em fila, o uso da linguagem é controlado e, a qualquer desvio, os internos são punidos com castigo. A criança não é sujeito em nenhum momento. O que se nota é uma infantilização do interno, havendo o tempo todo uma tensão entre a sua autonomia e sua dependência. Assim é mais fácil o controle de um número grande de internos por cada funcionário (50 para 1 adulto). Não há praticamente possibilidade de surgimento da criatividade por nenhuma fresta, nem pelo brinquedo nem pela linguagem.

2. Transferência – a roda-viva do internato

A primeira experiência de transferência institucional que a criança vive é quando sai do Internato I para o Internato II. A partir daí a mudança de internato será realizada com frequência, ao longo de sua vida de "menor" interno, em uma verdadeira roda-viva de mudanças. Existem mudanças de uma escola para outra e mudanças dentro do próprio internato. Chamarei a primeira de transferência externa e a segunda de transferência interna. As transferências externas, segundo a direção da Fundação, são de responsabilidade dos órgãos de convênio. Eles que "exigem" vagas para certa faixa etária e a Fundação têm que se reorganizar para oferecer estas vagas. Assim se justifica a transferência de uma escola para outra, entre as escolas da própria Fundação, o que é mais frequente, ou para outras escolas.

Esta submissão aos órgãos de convênio não é questionada pela direção central, demonstrando, assim, a priorização de regras arbitrárias de organização. Isso tem como consequência, na prática, o rompimento de vínculos afetivos e o impedimento da formação da criança, em uma total ignorância dos resultados de estudos já realizados que analisam as graves consequências para o psiquismo infantil, quando não é dada, à criança pequena, a possibilidade de estabelecer vínculos afetivos significativos.[1] O sistema de transferência só obedece às regras burocráticas administrativas. Não há qualquer cuidado institucional em relação a criança de qualquer faixa etária. O mais comum é que a transferência seja feita de maneira repentina, sem que a própria direção do internato e seus funcionários saibam da data com antecedência. Até os seis anos, a criança não se dá conta de quando poderá mudar de escola. A partir daí, as informações sobre as mudanças começam a circular entre os internos, e eles aprendem que a transferência ocorre com a

---

1. Ver nota 13, referente ao Internato I.

chegada da idade-limite da escola à qual pertencem. Sobretudo quando vão para uma escola deste mesmo agrupamento de internatos (Internatos II, III, IV, V), se familiarizam um pouco com a idade de ir para a escola próxima que passam a ver e conhecer. Mas mesmo assim, a criança nunca é avisada previamente, ela aprende através de seu sofrimento e da sua vivência institucional.

A transferência repentina pretende evitar problemas de resistência à mudança, que os internos expressam através de choro, depressão e fuga. Toda expressão de afeto da criança é mobilizadora e perturba o funcionamento, portanto deve ser evitada. Assim, o mais comum é que se engane as crianças dizendo que "elas irão dar um passeio". Os funcionários das escolas também sofrem com a separação das crianças. E sempre que possível visitam-nas nas outras escolas. As funcionárias aqui demonstram claramente uma ligação afetiva forte com as crianças.[2] Em parte, isto se dá devido à faixa etária, são crianças bem pequenas, e isto parece mobilizar mais as funcionárias. As crianças nesta idade ainda fazem uma demanda explícita de que as funcionárias ocupem o lugar de "mãe" na relação com elas. Com seu crescimento e sucessivas mudanças de internato, elas vão aprendendo o funcionamento institucional e esperam menos que as funcionárias ocupem esse lugar.

A questão da transferência é duplamente complicada, porque, além de afetar diretamente a criança, com todas as perdas e mudanças que ela tem que fazer, muda também a rotina dos internatos, o que complica seu funcionamento e se reflete novamente na criança, ou seja, na qualidade de atendimento que recebe. As transferências se fazem em maior número no início do ano, mas também ocorrem, aos poucos, durante o ano todo. Isto, sobretudo, no primeiro semestre de cada ano. E, no Internato II, talvez por trabalhar com uma faixa etária bastante larga, estas transferências frequentes são um número mais significativo que nas outras escolas a seguir. Isto se reflete na dificuldade de conseguir formar uma turma de convivência constante. Pergunto para uma "tia" quando se define de fato quem são as crianças de seu dormitório; ela diz, em tom reclamativo, se resignando à rotina, mas deixando claro que isto torna seu trabalho difícil:

> *"Se vai chegando criança menor para mim, os meus maiores vão para o outro dormitório. E se em outro dormitório recebem crianças maiores, vêm os menores daquela turma para mim. Não tenho uma turma fixa no primeiro semestre. Só no segundo e logo chega o fim de ano quando começam as transferências em dezembro." (Coadjuvante)*

É comum haver também transferência, quando se precisa abrir vagas para crianças de idade menor em determinada escola. Os maiores desta irão, então, para a escola seguinte. Como regra, as transferências devem ser feitas no final de ano – isto é do conhecimento dos funcionários e das crianças. Mas sempre que necessário são feitas a qualquer instante. Isto é motivo de muita confusão, sobretudo nos Internatos I e II – as crianças mais

---

2. Assim como as da *creche*, só que neste conjunto de internatos elas têm mais chances de rever a criança.

novas sofrem muito e expressam este sofrimento através de choro, irritação, inquietação, febre ou doença. E a disciplina fica muito mais difícil "de ser controlada como deve ser".

"Este ano vieram mais meninas e são maiores. Este ano está mais organizado. Ano passado demoramos mais para organizar (se referindo à época em que ali trabalhei). As crianças estão bem, as 'tias' nem precisam bater." (Chefe de disciplina)

Mas, se a responsabilidade das transferências é dos órgãos de convênios com suas exigências, a Fundação também não cumpre o compromisso que, estatutariamente, é o de defender os interesses das crianças. Essa maneira de administrar as vagas faz com que ocorram situações absurdas. Um exemplo significativo aconteceu durante a pesquisa. Era o final de maio de 1982, quando 10 crianças entre dois e três anos, que haviam chegado do Internato I em março, tiveram que retornar por necessidade de maior número de vagas para crianças maiores nesta Escola II. Os pirralhos, que ainda sofriam a adaptação ao seu novo lugar de moradia, perderam-no abruptamente, voltando ao Internato I, sendo que, no final do mesmo ano, deveriam retornar ao Internato II. Esta situação gerou sofrimento em particular em um menino que, com a volta à *creche*, se separou do irmão. A solução encontrada foi permitir que ele voltasse novamente e permanecesse no Internato II. Isso, por um lado, nos mostra que há alguma flexibilidade de funcionamento, mas esta flexibilidade está muito mais referida ao distúrbio que uma criança pode causar ao funcionamento geral ou ao apego que alguns funcionários possam ter a uma criança do que a uma preocupação real com o bem-estar da criança. Em um segundo caso, temos o exemplo de um menino que estava com sete anos e não tinha ido para a escola seguinte porque, como disse a chefe de disciplina, "ele é muito querido aqui". E esta afeição ao menino é justificada por ele ter vindo da *creche* muito pequeno, com dois anos. Ele, apesar de ser considerado muito levado, é também "muito prestativo e bom menino".

Esta situação de apego e formação de vínculo, paradoxalmente, é analisadora da situação de abandono e rejeição que, a cada transferência, a criança vive. Se aquela fica porque "é muito querida", esta exceção pode estar significando, para todos os outros, que aqueles que vão embora não são queridos e amados pelos adultos. A transferência frequente, abrupta, múltipla, certamente traz à criança mais uma vez o sofrimento da experiência de abandono dos pais, sofrimento este que as autoridades institucionais pretendem minorar ao interná-la, mas que, na verdade, fabricam,[3] relembrando e reavivando esta dor.

É espantoso e completamente ilógico que mesmo esta regra também possa não funcionar – ao invés de saírem os maiores daquela faixa etária, podem sair os mais novos. Não há explicação que os próprios funcionários possam entender. Por exemplo, nessa mesma época, foram transferidas mais 10 crianças para o Internato III, sendo que a ordem por escrito, vinda da secretaria, era de enviar crianças pequenas, ou seja, menores

---

3. Ver INTERNATO VI, item 5.

de seis anos e não as que já tinham completado ou estivessem completando seis – idade regular para a transferência ocorrer. As "tias", por sua vez, se mostram ressentidas por não serem ouvidas e terem que acatar as ordens sem discutir.

Se a ligação afetiva que as funcionárias têm com algumas crianças permite, excepcionalmente, que consigam aumentar a permanência das preferidas, esses casos são raros. É comum aqui que as "tias" tenham uma ligação mais forte com uma ou mais crianças, as quais chamam de "filhos".[4]

Temos abaixo um bom exemplo do desrespeito da direção administrativa em relação à criança e à funcionária. A "tia" fala sobre as 10 crianças de sua turma que foram para o Internato III e, junto com elas, dois gêmeos dos quais ela se considerava "uma mãe". Eles foram transferidos no dia da sua folga de trabalho, sem oportunidade para despedida. Eliminar a despedida é uma prática corrente nos internatos, seja na situação de transferência dos alunos ou saída e demissão de funcionários. Ninguém se despede, ninguém explica nada, o que parece atuar no sentido de não se compreender o funcionamento institucional.

> *"Isto [transferência] é prática corrente em qualquer época do ano dentro do... [Conjunto dos Internatos II, III, IV, V]. Um dia eles me perguntaram se eu era mãe deles, e eu disse que sim e a partir deste dia resolvi ser. No dia de visita, então, eu me arrumava e levava biscoito para eles, como as mães fazem, e ficava junto com as outras mães. Eles gostavam! E no serviço aqui não podia zangar com eles. Outras pessoas podiam, mas, se eu zangasse, eles faziam pirraça, ficavam magoados. Eu tinha que falar com jeito. E o pior é que trabalho todo domingo e não poderei visitá-los só na minha folga mensal. Aqui dava para visitar". (Auxiliar de disciplina)*

A mudança de escola certamente traz alguns distúrbios, como foi possível constatar na escola seguinte. As crianças dormem mal, fazem xixi na cama com mais frequência, ficam irritadas e doentes. A diretora do Internato III enfatiza o lado positivo da transferência – as crianças se sentem promovidas e orgulhosas das novas conquistas, de serem tratadas como "grandes". Mas certamente esta "promoção" não elimina o sofrimento da perda abrupta dos laços afetivos. A diretora relativiza os aspectos afetivos e, intencionalmente ou não, se coloca como instituição, enfatizando alguns aspectos individuais do procedimento burocrático. O que se pode concluir é que o que norteia a prática das transferências são os interesses da burocracia da direção central e dos órgãos de convênio, que determinam a existência de vagas onde consideram conveniente.

Como se não bastasse a chegada e a saída das crianças do internato dentro do sistema de transferência que analisei, vejo que este sistema se repete no nível da organização interna dos estabelecimentos. Aqui, como nas outras escolas, durante as férias de julho e

---

4. "Elas reconhecem que este apego ocorre, e a criança passa a ter, de alguma maneira, uma atenção especial que acaba por distingui-la das outras" (Altoé, S., Rizzini, I. 1985). Isso ocorre nos Internatos I e II. Quando esta relação privilegiada e espontânea ocorre nos outros internatos, o mais comum é que as crianças considerem os adultos como seus "padrinhos".

do final do ano, quando muitas crianças saem para passar alguns dias com os pais, os internos são reagrupados temporariamente em novos dormitórios. Buscam preencher alguns dormitórios e esvaziar outros (Fig. 9). Como no exemplo a seguir:

> "Com a saída de férias de muitas crianças, eles rearrumaram os dormitórios de maneira que o dormitório 2 ficou vazio – as crianças foram colocadas nos outros dormitórios – algumas menores foram para o dormitório 4, outras para o dormitório 3 e outras para o dormitório 4, para caber as do dormitório 2. Assim o dormitório 2 está vazio." (Coadjuvante)

Vemos, então, o desrespeito pelo pouco de individualidade que resta às crianças. Elas não podem sequer dormir em sua cama.[5] A única razão clara para esta mudança é novamente o aspecto da "facilitação" do trabalho e da limpeza.

Algumas "tias" que percebem a transferência interna como problemática discriminam alguns pontos:

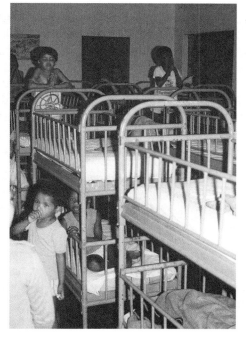

Figura 9. Durante as férias, as crianças são deslocadas de suas camas e reagrupadas nos dormitórios. Busca-se a facilitação do trabalho e da limpeza.

---

5. No Internato I, não há cama fixa; são todas iguais e cada dia as crianças ocupam uma. A partir do Internato II, o adulto determina a cama da criança e troca quando considera conveniente. No Internato III, as crianças não usam sua cama ao fazer a "sesta" à tarde. Como o número de crianças é pequeno, elas são agrupadas em camas contíguas para que a "tia" possa descansar e vigiar ao mesmo tempo.

> *"As crianças no seu dormitório têm roupa individual (as mais velhas) e as outras não têm e reclamam. As crianças não gostam de mudar de dormitório. Só se for para idade dos maiores, elas gostam de crescer. Elas não gostam de trocar de tia também. Elas acostumam com a gente e os colegas. É como se fosse a casinha delas o dormitório. Ninguém gosta de trocar. Eu também não gostava quando mudava de professor quando eu estudava. Ninguém gosta, né?"*

As funcionárias acham que a mudança também é feita para tentar separar os meninos das meninas, pois sempre tem um dormitório misto devido à idade.[6] Atribuem a responsabilidade desta troca à chefe de disciplina e diretora. Elas não opinam. E como bem percebem algumas "tias", é desperdiçada a oportunidade de uma convivência mais estreita com sua turma, já que nesta época é menor o número de crianças por dormitório. Uma outra explicação típica do funcionamento de uma instituição total é que assim se pode liberar dois auxiliares de disciplina para realizar pequenos trabalhos como, por exemplo, fazer cartazes para enfeitar a escola. Ou seja, se dá mais importância à aparência do estabelecimento do que ao atendimento ao interno.

Um outro aspecto que começa a surgir nesta primeira mudança de internato é a separação de irmãos. Das 200 crianças do Internato II, 60 tinham irmãos sendo que 45 no Internato II; 12 no Internato III; 1 no Internato I e 2 nos Internatos IV e V. O fato de existirem irmãos nos diferentes internatos não quer dizer que as escolas levem isto em consideração. Em geral, o irmão mais velho procura os outros quando ele tem interesse e, assim, consegue, com os funcionários mais amigos, permissão para visitá-los nos internatos vizinhos. Não há qualquer preocupação oficial que facilite o encontro deles. Este descaso da direção pelos irmãos se passa em todos os níveis da administração. Dentro de uma escola, os irmãos são separados, mesmo quando requisitam estar mais próximos, como no exemplo seguinte. Vejo duas crianças de mãos dadas durante todo dia e pergunto à "tia" se são irmãos:

> *"São e estão sempre de mãos dadas. Quando chegaram, elas queriam dormir na mesma cama" (ri). "Colocamos uma em cima, outra embaixo. A menor dizia para a outra: Rita, olha para mim, olha!" (ri). "Mas não coloquei uma do lado da outra, porque a cama estava ocupada."*

Esse exemplo mostra como as "tias", apesar de perceberem o desrespeito à criança, funcionam nos moldes institucionais, pois, mesmo quando a solução é simples, não usam seu bom senso para proporcionar uma relação melhor entre as crianças. O uso da regra, quando se faz, é em detrimento da individualidade da criança.

Se os internos são gêmeos e do mesmo sexo, a possibilidade de se manterem juntos é muito grande. A burocracia, aleatória, permite a transferência aos pares, que seguem jun-

---

6. Neste internato, inicia-se a preocupação com o atendimento misto. Considera-se que, devido ao desenvolvimento e à curiosidade sexual das crianças, elas só podem permanecer juntas até os seis anos. Assim, os meninos nesta idade são transferidos para o Internato III.

tos por diversas escolas criando entre esses internos um laço de fraternidade. São casos raros, mas ocorrem.[7]

Mas, se são de idades diferentes, os irmãos podem ser separados já na saída do Internato I. O mais velho atinge a idade de transferência primeiro e com isto é transferido. Pude acompanhar uma menina e um menino órfãos, que vieram do Internato I, os quais conhecia devido ao meu trabalho ali, em 1980. Quando vi o irmão, mais velho que a irmã, na Escola III, perguntei por sua irmã e ele fez cara de choro. A diretora fez sinal para que eu não insistisse e me explicou depois que a irmã era mais um desses casos da arbitrariedade da burocracia. Ela fora transferida para uma escola fora da Fundação e não se sabia onde estava. O mais estranho é que, sendo menina, poderia ficar na Escola II até os 11 anos (e ele poderia ficar até os 12 anos, mudando do Internato III para o IV e V, podendo visitá-la). Mas nada disso foi considerado, e a diretora que me deu a informação, como muitos funcionários que sabiam do caso, não fizeram nenhum movimento junto a administração para que mantivessem a criança ali. Não tenho mais informações sobre o que aconteceu com essas crianças, mas o que se observa nos diversos internatos é que, devido a tantas transferências, é comum que os internos não só se percam dos irmãos como também, muitas vezes, percam a referência da família (que nem sempre é avisada da transferência do interno e, quando vai visitá-lo, ninguém sabe informar para aonde foi).

A única coisa clara, é que todos os adultos que trabalham com as crianças têm consciência do que fazem. Separar os irmãos é acabar com uma referência de identidade importante e com o vínculo familiar mais estável do interno. Trata-se de total desrespeito à criança, feito sem qualquer constrangimento. O que me leva a dizer que a prática de atendimento, se chega a suprir as necessidades da criança, o faz de maneira perversa.

O procedimento de transferência é um analisador por excelência do desrespeito a que essas crianças são submetidas, uma vez que entram no sistema de atendimento mantido pelo governo federal e estadual, contraditoriamente chamado de "Bem-Estar do Menor".

Os funcionários dos órgãos de convênio da Funabem e da Feem, quando perguntados sobre os critérios de transferência, sempre tentam passar uma ideia de boa organização, sobretudo no que concerne aos internos que tem irmãos. A regra básica, dizem, é sempre manter os irmãos juntos. Na prática, entretanto, parece que qualquer dificuldade é motivo para que os irmãos sejam separados com a maior facilidade.

---

7. "Tem um aqui que desde que eu era pequeno vem acompanhando minha idade. Desde quando eu era nenê. Todo colégio que eu vou, ele vai atrás. Ele é o Antonio. Ele não gosta de falar assim não, porque ele é vergonhoso. Ele é muito tímido." (João, interno.)
(Sônia: E como você o considera?)
"Como o melhor amigo do colégio. O melhor, né! em todos os colégios eu considero ele como o melhor, pode ter outro, mas sempre é ele. É, porque a mãe dele é assim, quando a minha mãe não ia me visitar e a mãe dele ia, aí visitava nós dois juntos. Quando a dele não ia, ela (a minha) visitava nós dois juntos. Eu levei ele na minha casa e já fui na casa dele. Ele é da minha idade e está na 8ª série também. Ele repetiu a mesma série. Inclusive a mãe dele trabalha no abrigo. Ela é cozinheira das irmãs." (Internato VII, João, 17 anos.)

Uma situação analisadora que ocorreu durante a pesquisa, devido ao fechamento do Internato VI, evidencia com transparência o descuido das autoridades nesta questão.[8]

Tanto o diretor como os professores e os funcionários disseram, na época, que não entendiam qual o planejamento adotado pela Funabem para transferência de seus alunos; e parecia, na verdade, que os internos eram escolhidos ao acaso. O critério não levava em conta a escolaridade, nem o parentesco nem o fato de haver visita ou saída. Este último aspecto foi o mais comentado em relação aos 70 meninos transferidos para Minas Gerais, pois a grande maioria deles estava entre os poucos que tinham visita e saída sistemática; ir para Minas significava ter saída somente nas férias escolares e, portanto, maior afastamento dos familiares.

Durante todos os dias em que lá estive, havia um clima de tensão enorme em relação a quem seria transferido, quando e para onde. Os meninos me perguntavam também – "tia, é verdade que estão transferindo de dois em dois todo dia?" Ou "tia, eu vou ser transferido hoje?"

Os 70 meninos que foram para Minas[9] só souberam de seu destino dentro do ônibus. Três deles conseguiram fugir, sendo que um voltou para a escola no dia seguinte. Foi recebido com carinho por todos. Foi especialmente interessante presenciar esse fato, pois esse menino era considerado um interno muito rebelde, malcriado, difícil de se submeter às disciplinas da escola. Nesta época, as fugas eram constantes, pois já existia o boato das transferências para fora do Estado e os alunos não queriam ir. Alguns deles tentaram até interceder junto à secretaria da Fundação para que ficassem nas escolas do Rio de Janeiro.

Mesmo na situação de tensão, a possibilidade da transferência era escamoteada preferindo falar-se, como de costume, que eles iam "dar um passeio". Os funcionários, que sempre foram cúmplices desse "passeio", agora diziam "levem tudo que têm direito. Passeio, hein! Os meninos têm dificuldades de acreditar que vão para um passeio."

Os funcionários, mesmo temerosos de fazer qualquer crítica, estavam ansiosos para falar da transferência dos internos:

> "Dentro da situação, os alunos estão até mesmo muito calmos. Se eu fosse criança, não sei se ficaria assim. Ser mandando lá para Minas sem avisar os pais! Eu, quando já estava grande, no quartel, quando a gente ia para o mato e ficava dois meses por lá, eu sentia falta de minha mãe. Imagina esses meninos nessa idade!"
> (Coadjuvante)

---

8. É importante que se leve em consideração que o fato de a escola estar sendo fechada, enquanto todos os funcionários queriam a sua manutenção, possibilitou que esta questão fosse tratada por eles com discrição porém com clareza, sem o silêncio habitual em relação às decisões da Funabem.
9. Durante o ano de 1987 fiz várias conferências em Minas Gerais, organizadas pela Febem, e tive informações de que só recentemente tinham conseguido organizar o local de permanência do interno segundo o critério do internato ser, sempre que possível, na mesma cidade de origem da criança. Lá, como no Rio de Janeiro, não havia o cuidado de se internar a criança em estabelecimento o mais perto possível de sua casa. Quando trabalhei na Feem, em 1985/86, tive a oportunidade de fazer esta constatação.

Na situação de crise institucional, quando os funcionários foram atingidos diretamente, eles puderam explicitar suas opiniões discordantes do funcionamento institucional.

Um outro fato que tive oportunidade de presenciar evidencia também o desrespeito às autoridades nos internatos. Quando o diretor do Internato VII veio de kombi buscar alguns alunos (o que, segundo a secretária central, já havia sido comunicado à Escola VI), constatou que o diretor da Escola VI não fora avisado, portanto os meninos não estavam prontos para partir. Todos, indignados com as atitudes das autoridades mais altas da Fundação e da Funabem, falavam alto para que os escutassem: "a secretaria central sempre esconde o jogo. Ninguém assume nada. Fica difícil trabalhar dessa maneira". Todos estavam indignados com o fechamento da escola de maneira precipitada e com a confusão que ocorria com as transferências.

A questão da transferência revela que as autoridades dos órgãos de convênio e da Fundação tratam os "menores" não como crianças mas como objetos ou animais, como dizem os funcionários, evidenciando uma preocupação de ordem administrativa ou financeira em detrimento do bem-estar da criança.

"Nunca vi coisa como aconteceu em (Internato IV). Igual a um curral! Para um ônibus, entra uma porção deles e muda de escola como se mudasse de pasto! Tá muito errado isto! Este ano foi para lá (Internato VI) e voltou todo mundo.[10] Só fez criar trauma na criança!" (Funcionária do Internato IV)

"Isto é um comércio! Não há ninguém interessado na criança. É igual a boi! Põe no carro e vão se batendo e alguém ganha dinheiro com isto." (Inspetor do Internato VII.)

Para concluir, a transferência tal como é realizada não permite que os internos construam uma história pessoal, pois esta se perde a cada mudança. E como seus dados familiares, quando existem nos prontuários, além do dado de identificação, ficam em poder do técnico, não é possível ao funcionário ou à criança ter acesso a eles. Muitas vezes, ficam ainda nos arquivos dos órgãos de convênio por medida de "proteção e sigilo de informação das crianças". Assim, a cada mudança, sempre um novo início, não há passado. "Não há fatos nem pessoas a serem lembrados, não há história possível de ser construída. Tudo é presente despojado de qualquer individualidade, de qualquer apego, de qualquer lembrança." (Altoé, S., Rizzini, I., 1985.)

3. A condição humana

A primeira adaptação da criança à vida institucionalizada é no Internato I. Quando a criança com dois anos é transferida para o Internato II, mudanças importantes ocorrem. Em termos físicos, o estabelecimento é muito maior e a área livre e de recreação é muito ampla. Este

---

10. Como de costume, os internos do Internato V foram para o VI, e os do IV foram para o V. Com a volta, esta transferência se fez ao inverso.

e os Internatos III, IV e V situam-se dentro de uma grande extensão de terra. Nessa escola, particularmente, os espaços são pouco delimitados e os muros fáceis de serem transpostos. A criança já anda com desenvoltura quando chega, e se supõe que seja capaz de atender a ordens simples. Elas entram em um regime de internato que vai se assemelhar aos outros dos quais possivelmente participarão. A importância de entrar no "grupo" e pertencer a este é uma exigência que ela terá que cumprir o mais rápido possível. É o que se espera dela.

As crianças que vêm da *creche* paradoxalmente oferecem uma dificuldade a mais para as funcionárias, em relação àquelas que chegam de casa. Elas não têm a autonomia que é esperada da criança de dois ou três anos. Sentem-se perdidas no local estranho, em meio a tanta gente, sem as pessoas de sua referência, que lhes dão segurança, tendo que fazer parte de uma turma que lhes é desconhecida, com a qual terão que disputar para conseguir o que querem, sobretudo a atenção do adulto. Como vimos no Internato I, o sistema de atendimento ali não favorece o desenvolvimento geral da criança. Assim, aquelas que vêm de casa chegam também com dois ou três anos de idade, porém são mais desenvolvidas; apesar de não estarem habituadas ao atendimento institucionalizado e vivendo o sofrimento da primeira separação dos pais, dão menos trabalho do que as que vêm diretamente do Internato I. Estas, apesar da experiência de internato, saem de lá muito pequenas, quando estão apenas iniciando a linguagem, adquirindo ainda a possibilidade de entender ordens e de serem aculturadas. O grupo que vem da *creche* tende a ficar unido no início, pois se reconhece. Os que vêm de casa, quando vêm com um irmão, também tendem a ficar juntos, e os outros ficam sós no meio de todos. Todo ano, ao longo do primeiro semestre, o funcionamento é muito tenso e difícil, pois a cada semana entra uma criança nova. Elas têm que se adaptar à dinâmica da instituição e as funcionárias têm que se adaptar às novas crianças, que ainda não conhecem e sobre as quais não têm domínio. O clima geral é de tensão, muito choro e angústia.

> *"As crianças, quando vêm da creche, não sabem pedir para ir ao banheiro e, então, muitas fazem nas calças. A gente tem que ensinar. Só no final do ano é que as crianças estão sabendo pedir e estão mais adaptadas e a gente também com elas. Elas já fazem tudo conforme o regime." (Chefe de disciplina)*

Estar "conforme o regime" quer dizer entrar no funcionamento da casa sem dar problemas, ter autonomia para se vestir, comer, ir ao banheiro. Cada um dos quatro dormitórios tem 50 crianças para uma funcionária atender. Assim, é necessário que a disciplina funcione para que todos sejam atendidos dentro de horários regulamentados, dispostos de tal maneira que o funcionamento institucional seja organizado e eficiente (Fig. 10).

Se, por um lado, neste internato, a criança é incentivada a adquirir logo autonomia para realizar algumas tarefas sozinha (comer, ir ao vaso, se vestir), ela aprende simultaneamente que só pode ter autonomia quando lhe for dada ordem para tal. A noção de autonomia é um paradoxo importante que as crianças pequenas enfrentam neste internato. A confusão que isto gera vai estar presente em todos os outros internatos. Se o interno decide realizar uma atividade, sem que a ordem tenha sido dada, é repreendido ou castigado.

Sônia: "Para ir ao banheiro tem que pedir à tia'?"

"Tem. A gente tem que avisar à tia porque uma hora a tia procura a gente e não sabe onde tá, ela fica como uma doida procurando para lá e para cá. Se a gente faz sem ordem dela, fica de castigo. Porque não pode ficar sem ordem dela não. Tudo aqui tem que ser na ordem da tia. Tudo! Pegar toalha, pegar perfume, ir lá no banheiro, beber água. Às vezes, ela não deixa pegar xampu que a gente traz de casa. Às vezes, a tia nem deixa beber água, ela pensa que a gente tá com frescura." (Carmem, nove anos.)

As crianças pequenas, como as maiores, sofrem o mesmo tipo de coerção da autonomia de seus atos. Não há nada que escape à vigilância da "tia" – tanto as necessidades do corpo (beber água, ir ao banheiro, estar com calor ou frio), como a vontade de brincar ou de usar um perfume que é seu. Uma menina recém-chegada de casa expressa com clareza a diferença que encontra entre sua casa e o internato.

"Em casa pergunto: Mãe, posso brincar? Ela diz – 'brinque à vontade'. Eu brinco, brinco, até de noite e de noite eu vejo televisão. É bom na minha casa. Aqui não, aqui a gente não pode viver solto, a gente não pode brincar até a hora que a gente quiser. Aqui tem que depender das tias. O que a tia quiser que a gente faça, tem que fazer. Se a gente não quiser fazer uma coisa, a tia diz: castigo, então." (Maria, 10 anos.)

Figura 10. A espera pela refeição exige o controle do corpo para que todos sejam atendidos e o funcionamento institucional seja organizado e eficiente.

Um ponto importante sobre as consequências do sistema disciplinar se explicita aqui com clareza: não favorecer o desenvolvimento da autonomia do interno e sua capacidade de ter iniciativa. Este sistema favorece, sim, a infantilização do sujeito. Apesar de causar algum prejuízo ao funcionamento rotineiro, em contrapartida, é melhor que a criança fique dependente e não cresça, pois pode-se mantê-la dentro de um controle planejado.

Os procedimentos disciplinares começam a tomar uma forma que deverá ser seguida nos outros internatos. Toda locomoção das crianças em grupo é feita em fila – esta exigência vai até a Escola VI, faixa etária de 12 a 14 anos. Não importa se a distância é curta ou longa. Eles saem formados dos dormitórios e entram formados no banheiro e saem destes formados novamente. Assim é feita qualquer locomoção para o refeitório, para o pátio, para o grupo escolar, para o passeio etc. Aqui já há exigência do bom ordenamento da fila, que não existia no Internato I. Quando fazem fila, antes de se movimentar, é feita a "forma": o perfeito alinhamento da fila, a ordem pelo tamanho, a posição do corpo ereto e em certas ocasiões, o braço cruzado atrás das costas.

Se, ao se locomoverem, infringem o regulamento de andar calados, em perfeito alinhamento, a fila pode ser refeita novamente e exigida a "forma". Todos assumem uma expressão de concentração, e o rosto expressa seriedade, tristeza e tensão. Inicia-se aí, como diz Foucault, "uma verdadeira técnica para a apropriação do tempo das existências singulares para reger as relações do tempo, dos corpos e das forças, para realizar uma acumulação da duração; e para inverter em lucro ou utilidade, sempre aumentados, os movimentos do tempo que passa. Como capitalizar o tempo dos indivíduos, acumulá-lo em cada um deles, em seus corpos, em suas forças ou capacidades e de uma maneira que seja susceptível de utilização e de controle? Como organizar operações rentáveis? As disciplinas que analisam o espaço, que decompõem as atividades, devem ser também compreendidas como aparelhos para adicionar e capitalizar o tempo." (Foucault, 1977).

O que nos resta saber aqui é para quê essas disciplinas capitalizam o tempo dos indivíduos. Uma coisa que se percebe desde este internato é que, além de se manter maior controle sobre o indivíduo, ao passar o tempo fazendo fila e "forma" é a vida que está passando. Constata-se, então, que a disciplina também é um "aparelho" (Foucault, 1977) para matar o tempo, ou seja, ocupa e mata o sujeito no tempo. Um exemplo, que já vimos no Internato I, neste sentido, é que o tempo gasto para permanecer no banheiro, aprendendo a disciplina do asseio, é muito maior do que o tempo livre para brincar. Ao longo deste trabalho, veremos como a disciplina é o fator preponderante nestes internatos e como sua prática se transforma atingindo seu objetivo final no Internato VII.

A disciplina, neste internato e em todos os outros, é mantida pelas coadjuvantes, e controladas pelas pessoas de cargo superior a elas – a "chefe de disciplina" e a "assistente de direção". A disciplina é uma exigência "da casa". Todos os funcionários que entram devem aprender como exigi-la. Não há curso, a pessoa deve aprender olhando os antigos fazerem. Assim, não sabem por que utilizam a "disciplina", nem a sua origem, mas têm que exigi-la, pois, assim, são considerados "bons funcionários".

"Sempre foi assim. Trabalho aqui há quatro anos e sempre foi assim. Dizem que é para a disciplina. Senão as crianças fazem muita bagunça. Eu não gosto, mas se só eu não fizer fila, eles vêm-me chamar atenção. Os superiores. Se não formar, por exemplo, para entrar no refeitório, as crianças vão para o pátio, dispersam, ao invés de entrarem. E dizem que a gente não está dando conta das crianças, do serviço. Dizem que a gente dá conta se as crianças formam bem quietas e não fazem bagunça na fila. Então a gente é boa funcionária." (Coadjuvante de disciplina)

Vemos, então, que as funcionárias também têm que ser disciplinadas, ou seja, seguir as instruções de seus superiores. Elas não podem questionar o que fazem. Elas só são capazes de disciplinar porque elas próprias já estão disciplinadas.

O número muito grande de internos para uma só funcionária tomar conta faz com que a disciplina seja um aparelho importante para o controle das crianças.

"Cinquenta são muitas crianças, Não é que a gente não dê para ficar, mas seria melhor se fosse menos. A gente poderia dar mais atenção. Dar recreação, por exemplo, é difícil, porque tem muita gente querendo brincar de coisas diferentes. Se a gente tem menos crianças é mais fácil controlar. Se tem mais criança, a gente tem que tê-los todos juntos para controlar, porque senão elas se espalham, vão para a rua etc. Se acontecer algo com a criança, a gente é responsável. Está anotado no caderno que a gente é responsável. Por isso, é mais fácil para controlar fazendo fila. Se fosse menos, podia andar mais à vontade. Vindo na fila elas se acalmam mais. Esse número grande, vêm soltos fazem muita bagunça. Quando eu cheguei, já faziam fila, eu aprendi. Quando tem pouquinha criança e acontece de eu chamar para o lanche, sendo poucas, elas ficam mais junto da gente e mando entrar sem fazer fila." (Coadjuvante)

A funcionária, ao falar da possibilidade das crianças se relacionarem de maneira mais individualizada, não consegue deixar de usar o termo "controle", tão presente para expressar sua função junto às crianças. Quando há muita criança, ela fica impossibilitada de dar atenção e só pode mantê-lo junto de si sob uma rígida disciplina. Sem a sua atenção, as crianças não têm interesse de permanecer ao seu lado e se afastam à procura de algo mais interessante. Apesar de perceber o que se passa, ela sabe de sua impossibilidade para modificar as normas disciplinares pelas duas razões que menciona:

1. com muitas crianças, só é possível mantê-las juntas sob rígida disciplina;
2. ela própria está inserida dentro de uma hierarquia disciplinar, da qual não pode fugir. A disciplina perpassa todas as relações dentro do internato, sendo utilizada de modo silencioso. Não se fala muito a respeito, mas se controlam todos os indivíduos pelos olhares e pelas anotações escritas nos cadernos.[11]

---

11. Há nos internatos, um caderno de "ocorrências diurnas" e outro de "ocorrências noturnas". Neles, são descritos todos os fatos que ocorrem no internato – visita de autoridade, chegada de crianças, pequenos eventos diários sobre as crianças e sobre os funcionários.

As crianças com frequência se alinham sobre a linha dos ladrilhos para facilitar o aprendizado da fila em linha reta (Fig. 11). E, se alguém se descuidar, o auxiliar de disciplina pode empurrar com seu pé o pé da criança para que fique bem alinhada. A exigência com a disciplina nesta escola e nas outras data de sua fundação. Os alunos que entram na *creche* têm oportunidade de passar pelas diversas escolas da Fundação. Um deles, já adolescente, morando na Escola VII, lembra de sua passagem por esta escola:

> "*Lá a pessoa não podia andar fora da linha. Se andasse, apanhava. Se errasse, se a pessoa sujasse na calça, pegavam o chinelo e batiam. Tinha que aprender onde era o vaso. Para tomar banho, lá a gente ia formado para dentro do chuveiro. Aí a D. Maria pegava a bucha, esfregava o sabão e esfregava a gente. Outro aluno já ia botando a gente debaixo do chuveiro e o outro maiorzinho já ia enxaguando e outro ia botando short e a gente ia formando um atrás do outro. Depois dali ia para o recreio, para a televisão. Para ver televisão tinha que formar sentado um atrás do outro, braços cruzados, não podia falar. Tinha hora de dormir – era 6 horas. A hora de dormir certo. Não podia passar de 6 horas.*" (Luiz, 17 anos, Internato VII, 7ª série. Foi internado na creche e passou por todos os internatos desta Fundação.)

4. Espera: tempo de morte, de morte lenta

Na realização de todas as atividades, há sempre um período de espera antes e depois. Sendo o grupo de crianças sempre grande, essa espera pode ser de 15 ou 30 minutos. A

Figura 11. Se não andam calados, em perfeito alinhamento, a fila pode ser refeita.

espera entre uma atividade e outra é um momento de passagem, quando algo pode escapar ao controle, onde alguma coisa pode ser inventada. E por isso, "pra que não haja tumulto", os internos devem sempre aguardar a sua vez em fila, em pé, encostados na parede, ou sentados no chão (Fig. 12).

As crianças mais novas, aqui como nos outros internatos, são sempre as primeiras a serem atendidas. A espera é feita, em geral, no "recreio interno", que é um pátio coberto. Deste local, as crianças vão para o refeitório, o dormitório, o banheiro ou a recreação externa. É um espaço usado com frequência e as crianças aprendem a não gostar de permanecer ali, pois mesmo quando podem estar soltas, brincando, elas não têm brinquedos e se sentem presas, tendo a sua volta um enorme parque com árvores. É mais uma situação cotidiana de esvaziamento do significado, pois o "recreio" é mais um local de punição do que de recreação. É mais uma expressão do princípio da organização do espaço institucional nos internatos da Fundação; tudo é feito para que reine uma certa ordem, na qual a criança não é considerada como sujeito. Ela, como já vimos no Internato I e veremos nos seguintes, é o objeto. Em nenhum momento, o interno é sujeito.[12]

Todos devem se locomover de uma só vez, o que implica que, quando um interno termina a sua atividade, deve esperar pelos outros. Ninguém pode fugir do olhar da "tia".

Figura 12. Para que não haja tumulto, os internos devem sempre aguardar a sua vez em fila, em pé, encostados na parede, ou sentados no chão.

---

12. A porta e o portão de entrada principal dos internatos só devem ser usados pelos internos quando são em pequeno número, do contrário devem sempre sair e entrar pelo portão dos fundos. É uma regra.

Até para fazer curativo na enfermaria, as crianças (até o Internato V) enfrentam fila e espera. A enfermeira vê uma a uma (Fig. 13).

> *"Todo mundo faz curativo todo dia. Vêm todas as crianças pequenas – elas sempre têm um machucadinho e assim vejo todas logo." (Enfermeira)*

A regra de todos serem atendidos igualmente e sem distinção é um dos aspectos que justificam a fila e a consequente espera.

Uma das consequências importantes de tantas esperas é o ócio. Essa falta do que fazer existe nesta hora como na maior parte do tempo. A imposição do ócio na vida institucionalizada do interno é o vazio, puro adiamento, é a imposição da morte. A adaptação da criança ao internato implica em nada poder desenvolver-se nela, muito menos a inteligência, pois, como diria Piaget,[13] a inteligência se constrói pela ação, por uma abstração a partir da ação. Vejamos 30 minutos de rotina diária das crianças neste internato:

- 18 horas – Os meninos saem do recreio em fila indo em silêncio ao vestiário do banheiro e lá dentro, em fila, aguardam a "tia". Cada um tira sua roupa e fica nu. A "tia" recolhe a roupa e depois passa dando o macacão de dormir. Tem criança que ainda chora pela mãe que foi embora. Foi domingo de visita dos pais. Alguns não sabem se vestir sozinhos, e a "tia" ajuda. Dormitórios 1 e 3 ainda estão no recreio interno.

Figura 13. Ninguém pode fugir do olhar da "tia". Até para fazer curativo na enfermaria, as crianças enfrentam fila de espera.

---

13. Cf. Piaget, J., 1975.

- 18h 10 min – A "tia" manda que todos saiam de braços cruzados, em fila, para ir para o dormitório (Fig. 14). Lá ela manda guardar a sandália na sapateira.
- 18h 15 min – Todos estão no maior silêncio, sentados no chão, em fila dupla. "Essa fila aqui de pé. Essa não, essa senta. Vão para o banheiro, a turma de pé." Logo chama a outra fila para o banheiro – reina o silêncio. A "tia" é severa agora. Dentro do banheiro aguardam em fila, em silêncio, com os braços cruzados. A "tia" chama a atenção: "É assim que fica na fila? Psiu!" A "tia" chama pelo nome para escovar os dentes e, para alguns nomes, as crianças dizem: "foi embora", ou "foi para o Internato III". Muitos não foram, mas não estão ali presentes, talvez em casa ("saída"), eles também respondem que se foram. A impressão que me causou foi que eles queriam que muito mais crianças tivessem mesmo ido embora, talvez seu desejo também. Os que estão no dormitório brincam nas camas. A "tia" vai lá e dá a maior bronca.
- 18h 30min – Todos estão deitados em silêncio. Devem dormir.

O castigo nesta escola se dá, como nas outras, sobretudo, pelas faltas cometidas na disciplina. A diferença é a acentuação do castigo em cada escola de faixa etária maior que pode se expressar pela duração do mesmo ou pela agressão ao corpo. Nesta escola, foi difícil obter dados sobre os castigos ou punição corporal. Tanto as funcionárias não falavam sobre o assunto como as meninas, como vemos a seguir. Mas o que posso afirmar é que, provavelmente, ainda nesta escola, isso não passa de algo esporádico e mais usado com as meninas maiores.

Figura 14. Além de andar em fila e em silêncio, é preciso cruzar os braços na rotina de ida ao banheiro até o dormitório.

Em uma conversa com as meninas no parque, elas falam do castigo que levaram pela manhã porque conversaram no dormitório, no refeitório e outras duas porque brigaram. Dizem que ficam de castigo quando fazem "essas coisas". Hoje ficaram 30 minutos.

"Tem dia que a tia anota o nome e o castigo é de noite – em pé no banheiro com o pé junto e o braço cruzado. E ainda de cara para a parede. E de cara para as baratas, a tia disse." (Marcia, oito anos.)

Às 11h 15 min – As meninas dos dormitórios 1 e 2 formam a fila no parque. Só andam depois que estão bem formadas. E continuam a falar que foram castigadas. A "tia" parece não gostar muito e diz: "Teve razão para isto!" Aí uma menina começa a falar que a outra é bagunceira. A que é acusada não gosta e diz que não é. Numa outra, diz que a colega fugiu, e a acusada protesta. Finalmente, diz que é porque a "tia tábua" batia nelas, por isto teria fugido: "Ela, tia, disse que se a outra tia matasse a gente, que ela nem ligava. Aí eu fugi." As meninas explicam que o apelido da tia é tábua. Riem. Pergunto: "tábua por que ela bate?" Ninguém responde. As que saem do parque saem em total silêncio. Andam e param para ficarem bem formadas. Erram, formam de novo na frente do banheiro antes de entrar e lavar as mãos.

O castigo mais comum é a exclusão da criança de alguma atividade, ou ficar em pé por um determinado tempo. O castigo é dado, em geral, por desobediência à disciplina ou por briga entre as crianças, como veremos nos exemplos abaixo:

Observo cinco meninas fora do dormitório e pergunto o que fazem ali. Elas explicam: "Estamos de castigo, porque duas saíram da fila e três conversaram no refeitório. A tia avisa uma vez e na segunda ou terceira diz que não precisa mais entrar na fila." Elas aguardavam ali, enquanto a "tia" cuidava dos outros dentro do dormitório. Vejo 18 meninas sentadas com a "tia" no meio-fio do parque, todas em silêncio. O restante da turma brinca. Pergunto o que fazem ali e ela explica: "Estão de castigo por meia hora, porque estão muito desobedientes, brigando, xingando a mãe da outra hoje cedo. Então, vão deixar de brincar, coisa que elas gostam muito."

Há algumas justificativas para que o castigo seja dado, mas nem sempre a regra colocada pela "tia" é por ela própria respeitada, e as meninas são castigadas assim mesmo.

6h 20 min – As internas do dormitório 1 entram para ver televisão. Quatro meninas ficam na varanda, de castigo. Elas me explicam: "É porque viemos correndo" – "e nós, porque viemos arrastando o pé." "Não se pode fazer isto porque tem gente dormindo." Interfere outra: "Mas agora não tem não." Era verdade, o resto das crianças ainda não tinha entrado para o dormitório. Elas estavam do lado de fora, mas não pareciam dar muita importância ao castigo, conversavam e pareciam se divertir.

A ameaça de fugir também é um motivo para castigo. Nesta escola, essa situação não passa de uma ameaça por parte das meninas maiores. Nas outras escolas, sobretudo a partir da Escola IV, a ameaça dos meninos se concretiza e são duramente castigados.

Neste internato, o castigo já se inicia como uma punição para os pequenos desvios disciplinares. A criança, como vimos nos exemplos acima, não pode demonstrar qualquer expressão de liberdade e autonomia. Se se revela como sujeito, é castigada para aprender que ali não há lugar para esses pequenos atos de autonomia. Os adultos são todo-poderosos e devem ser obedecidos cegamente. Apesar de assimilar este sistema, as crianças acabam sempre "se esquecendo" e fazendo "coisas de criança" como correr, que é um prazer e um divertimento. O castigo exemplar se inicia aqui "a bem da disciplina".

Do Internato II ao VI, a fala fora da hora de recreação é submetida a um controle rígido. As crianças só podem falar quando lhes é dada permissão. Na forma é exigido o perfeito silêncio. A "tia" responsável pelo grupo é severa nesta hora e pode ser dura no trato com as crianças. Em geral, as "tias" não gritam, sabem falar em tom baixo, mas de maneira que não deixa as crianças terem dúvidas de que devem obedecer. Certamente, nem sempre as crianças ficam caladas ou permanecem na fila de bom grado, mas se habituam e a rebeldia expressa individualmente é controlada sem muitas dificuldades. Há, entretanto, algumas manifestações espontâneas que não são tolhidas. Por exemplo, quando muitas delas repetem cantando alto e alegremente no parque, sempre que o ônibus passa: "Ah, ah lá a minha mãe!"

Devido à faixa etária, é aqui que a criança começa a falar com mais desenvoltura. Não há, entretanto, qualquer estímulo por parte dos adultos. Na recreação, as crianças falam entre si e com a "tia", na medida do possível, o que significa atender a alguma reclamação ou pedido da criança, pois não há tempo para muita conversa, uma vez que tem que estar atenta a todas. As crianças adoram ouvir histórias infantis, mas só têm acesso aos livros quando ficam doentes na enfermaria;[14] a "tia" não conta histórias para elas. Se não há qualquer estímulo à leitura, há, por outro lado, grande repressão e controle. Este controle vai ocorrer em todos os outros internatos, como teremos oportunidade de observar.

Como já vimos, o sistema disciplinar e institucional impede o movimento do corpo, impede a entrada do tempo, controla o espaço e controla a realidade. E agora vemos que também controla a própria fala, quando começa a surgir. A fala espontânea, quando é permitida ("Ah, ah lá a minha mãe") expressa o desejo (de estar junto da mãe e de não estar na situação em que se encontram). O que começamos a perceber é que este sistema disciplinar dos internatos, para funcionar, tem que controlar o desejo e, portanto, tem também que controlar a linguagem. O discurso é a estrutura que ordena o desejo e ele pode ser expresso, desde que dentro da lei. (Cf. Foucault, 1971)

5. Individualidade – privacidade e objeto particular

No Internato I, onde as crianças, ainda bebês, iniciam a vida tendo que compartilhar com muitas outras crianças o carinho e a atenção do adulto, já não têm qualquer referên-

---

14. Nos outros internatos, a leitura de livros também não é incentivada, mas é permitida. Há severo controle, entretanto, da leitura de jornais (com exceção da parte dos esportes) e das revistas consideradas pornográficas.

cia que as individualize, que as situe como singulares no mundo em que vivem. As crianças, ainda muito pequeninas, se rebelam contra esta falta de reconhecimento de sua individualidade que tenta, com dificuldade, florescer. Neste internato, esta situação aparece com vigor. Apesar da aparência física ser menos hospitalar, o atendimento massificante, em série, bem caracterizado em todas as dependências do estabelecimento. As crianças aqui se dão conta mais claramente do quanto lhes é tolhida qualquer possibilidade de ter um objeto que lhes dê a sensação de posse: todos os objetos são coletivos, todos os lugares são de uso comum.

A criança percebe que lhe negam essa possibilidade e, muitas vezes, apesar de nunca ter experimentado uma vida diferente (se desde que nasceu passou a viver em internato), ela, mesmo assim, como as outras (que já tiveram um lar), busca e reivindica a possibilidade de um relacionamento que a diferencie das demais como, por exemplo, através da posse de algum objeto que possa ser seu, que possa ser único, particular. A privacidade é uma das possibilidades também descartadas. No Internato I, a criança também não a tem, mas pode ficar só no berço sem ser importunada por outras crianças.[15] A partir desta escola nem esta possibilidade existe mais. A criança nunca está só. Ela está sob a vigilância dos adultos o tempo todo e é invadida pela presença das outras crianças. Sua intimidade é violada. Não há possibilidade de uma criança ter um momento de recolhimento sem que outro coleguinha interfira, queira se relacionar ou provocar. Vejamos o exemplo observado de uma criança de três anos, miúda, pouco entrosada ainda na sua turma e que busca uns minutos de sossego, mas que é importunada de imediato e humilhada:

> *16h 30 min – As crianças estão no recreio interno com as "tias" e brincam sem brinquedo. No centro, há uma tábua sobre a qual as crianças ficam sentadas ou agrupadas quando a "tia" exige – serve para proteger da friagem dos ladrilhos. Vejo sobre a tábua um menino bem pequeno deitado com o bumbum para cima – tipo posição para dormir. Noto que seu macacão está rasgado exatamente onde aparece o ânus. Ele está quieto, só, acordado. Não demora muito e algumas crianças descobrem o rasgo no short e juntam cinco outras para ver. Comentam e finalmente tocam no seu ânus. De imediato ele parece não se importar, mas depois se incomoda e senta no chão, se protegendo assim. Continua calado, só, triste e não busca o colo ou a proteção do adulto.*

As crianças, como em todos os internatos, não usam roupa de casa. Os uniformes são iguais para todos, sendo distintos se usados para ficar no internato, ir para a escola ou passear. As meninas, em particular, podem ter alguns tipos de roupas diferentes quando são de passeio (ao invés de haver somente um modelo, há dois ou três). Quando a criança vai para casa, veste, então, a roupa de casa que a mãe traz. No internato ela veste a roupa que a "tia" lhe ofe-

---

15. A privacidade do berço é também uma prisão – os bebês mais crescidos, quando irritados, se rebelam segurando as grades do berço e balançando com o movimento de seu corpo, fazendo o berço se levantar em um forte e barulhento movimento de balanço.

rece. Em geral, a criança não faz qualquer reivindicação expressa. Tive a oportunidade de acolher pedidos das meninas maiores para trocar uma roupa por outra. A menina tinha claro discernimento de que eu acataria seu pedido e não a "tia". Mas, com a chegada desta, ela logo se explicou, possivelmente com receio de levar uma bronca por sua iniciativa. Na minha presença, a funcionária não se importou e disse achar graça que aquela menina fizesse questão de não usar roupas muito largas, como se fosse uma vaidade boba a da menina. As meninas maiores têm algumas roupas numeradas, o que permite que usem sempre a mesma roupa, apesar de ser igual das colegas.[16] A funcionária justificou que as maiores sabem ver seu número, o que facilita a tarefa de distribuição e uso das roupas. A outra justificativa para os menores não terem roupas individuais é a escassez de roupa e o atraso, a cada início de ano, para o envio de nova remessa de uniformes por parte da administração geral.[17]

    As crianças, vestindo roupas uniformizadas, não se distinguem umas das outras, e seu agrupamento parece mais uma massa humana indiferenciada. Elas, entretanto, mesmo quando nunca tiveram a oportunidade de ter a vivência de uma relação individualizada, descobrem esta possibilidade e lutam por ela. Lutam pela diferenciação, mesmo que o funcionamento institucional faça tudo para anular este seu esforço (Fig. 15). É admirável esta expressão de resistência das crianças. E é impressionante como as funcionárias, mesmo as mais delicadas e sensíveis no trato com a criança, naquele ambiente, não conseguem perceber a importância que esta possibilidade de individuação tem para os internos. O único pensamento parece ser – "todos têm que ser iguais a todos" – ou ainda – "não é possível nenhuma criança ter necessidade de posse de objeto que a distinga das outras". Vejamos o exemplo seguinte:

> *No final do rápido banho – são trinta e uma crianças que tomaram banho (Fig. 16) em 20 minutos, quando a turma acabou de sair para a varanda, a "tia" trouxe Paulo de volta da varanda pelo braço: "Olha só!", mostra para mim e para a outra "tia" – ele calçava uma meia velha e suja, em um só pé, e usava também a sandália de dedo. Parecia orgulhoso de sua meia. "Imagine, ele quer ir assim para o recreio, veja só!" "Êta menino!" – diz a outra.*
>
> *Paulo, zangado, cara de choro, não quer tirar a meia e o corpo tenso, curvo, tenta passivamente não deixar que ela a tire. A "tia" tira a meia sem procurar, por um instante sequer, entender o que se passa com ele, olhando a questão só enquan-*

---

16. Por proibição dos órgãos de convênio, o internato não deve aceitar roupas que os pais tragam. A escola deve prover tudo. Mesmo assim, os Internatos I e II aceitam que a criança traga blusa de frio e sapatos, pois sempre faltam no internato. Nos Internatos IV e VI, os uniformes dos internos são numerados. Nos outros, não há numeração. No Internato VI, a roupeira é orgulhosa de sua boa organização e explica: "A roupa sempre fica na escola com o mesmo número. O aluno é que muda de número. Quando ele muda de pavilhão, muda também de conjunto de roupa."
17. No início do ano, com frequência, a escola ainda não recebeu do almoxarifado as roupas e congas novas. No ano em que realizei a pesquisa, o novo provimento só chegou na Escola III, por exemplo, em julho. Isto significa que a criança, ao entrar no internato, além de perder sua vestimenta, não ganha roupas adequadas – são surradas, rasgadas e não são individuais.

Figura 15. As crianças lutam pela diferenciação, mesmo que o funcionamento institucional faça tudo para anular este esforço.

Figura 16. Na hora do banho, o número de crianças é sempre muito grande para que um adulto lhes possa dar atenção.

to disciplina. "Está imunda, não sei onde foi conseguir isto!" E joga no monte de roupa suja. Ele, zangado, humilhado, anda de costas até o fundo do vestiário sem mudar de expressão. A "tia" parece ver isto como pirraça: "sai daí menino! Você vai para o castigo, hein!" Ele fica lá, magoado, não se mexe. Finalmente, a "tia" que cuida do banho puxa-o pela mão e ele sai sem oferecer resistência. Ele não disse uma palavra o tempo todo.

Antes deste acontecimento, ocorreu o seguinte: este menino, considerado "impossível",[18] estava pulando muito no banho quando eu fui lá observar. A "tia" pedia que ele parasse e ele continuava. Ela dizia que ele precisava assoar o nariz e por isto ela não o mandava sair, porque estava ocupada com outra criança e ele não assoava só. Finalmente, acabei interferindo, ajudando-o a assoar o nariz e levando-o para o vestiário. Ele então indicou que tinha algo no box – era a meia. Disse-lhe que se vestisse primeiro e depois me pedisse que eu daria a ele a meia. Eu vi que era um pano, não sabia que era meia. Ele, sem dizer nada, foi se secar e se vestir, não mais me pediu a meia e eu me esqueci. Mas de alguma forma ele teve sua meia e apareceu vestido com ela. Ele a tinha trazido do parque. Mais tarde conversei com Paulo, à mesa do refeitório, sobre a meia: "Você queria guardar a meia para você, e a tia não deixou." Olhou-me e sorriu (em geral ele tinha um comportamento esquivo e gostava de bancar o bagunceiro. Era difícil falar com ele). Ele comia bem. Digo: "A tia não deixa você guardar nada com você?" Ele: "Não!" Fico ao seu lado mais um pouco e depois pergunto se quer mais comida. Diz que sim e dou. Ele come algumas colheradas, mas deixa muita comida no prato.

Paulo, que durante todo este acontecimento não teve qualquer atenção do adulto, a não ser para repreendê-lo, não consegue falar e nada faz a não ser protestar com seu corpo. Quando lhe dou um pouco de atenção e reconheço seu desejo de posse de um objeto particular, ele consegue responder e "pedir mais". A "fome" era de atenção e não de comida, por isto deixou no prato.

Ainda com referência à roupa, a troca desta e todo o seu controle é feito pelos adultos. Se a possibilidade de permitir a opção à criança não ocorre, devido a problemas do funcionamento administrativo-burocrático, como dizem (falta de roupas, falta de espaço para arrumá-las, falta de pessoal para fazer esta organização), o que se nota é que o funcionamento institucional vai além. Tem um motor próprio e razões só justificadas pela regra básica de não permitir o surgimento de qualquer desejo ou diferenciação.[19] Nesta escola,

---

18. Este menino é o mesmo que veio do Internato I com a irmã e depois a irmã foi transferida, sem que ninguém soubesse informar para onde.
19. Quando os internos trocam de roupa, o inspetor dá ordens do tipo: "Todos só de short" ou "Todos de short e camisa" etc. Nos Internatos IV e V é frequente que algum menino tente burlar a regra, saindo com uma camisa escondida dentro do short para vesti-la no pátio. Assim, se distingue dos demais e é imediatamente repreendido. Outras vezes, com satisfação, me mostraram sob a camisa, uma outra, de casa, sendo, assim, possível vestir uma peça de roupa que é deles.

como em todas as demais, com exceção da dos adolescentes, as funcionárias decidem pelas crianças se estas estão com frio ou com calor. Elas não podem sequer aprender a perceber, no corpo, a sensação de frio ou de calor e o conforto ou desconforto de se agasalhar.

> Quase no final do almoço, uma menina, das maiores, diz com a voz meio infantilizada de quem reclama "Tô com calor!" e olha para mim. Ela já havia falado isto olhando para "tia". Digo: "Tire o casaco!" Mas ela sabia que não podia e diz para a "tia": "Tô com calor e vou tirar o casaco." A "tia" a olha com olhar severo "Por que só você vai tirar se todo mundo está com a blusa?" Não dá conversa e a menina fica com o casaco. Noto que as "tias" estão sem casaco de frio.

Um aspecto que caracteriza a impossibilidade da criança ter algo pessoal e individual é a denominação "lixo", nos Internatos II e III, para qualquer pequeno objeto que ela tenha em mãos, seja dado pela mãe ou achado no pátio. Essa tentativa de burlar a vigilância é vista pelas pessoas que encarnam o funcionamento institucional com total desprezo. Não podem ser caracterizadas a guarda e a posse de qualquer objeto.[20] O controle é feito sistematicamente na entrada para o refeitório e para o dormitório. No Internato III, as crianças chegam a guardar pequenos objetos – pauzinhos, linha, pedrinha, caco de vidro – na boca para burlar a vigilância. As razões institucionais para este cuidado são a higiene e o receio de que possam se machucar com os objetos. Em suma, agem assim para proteção e suposto bem-estar das crianças. Vejamos o exemplo a seguir:

> Antes de deitar para dormir, a "tia" alerta que deixem o "lixo" sobre a sapateira. Chama a irmã de Roberta (elas choraram muito quando a mãe se foi – hoje é dia de visita) e pergunta "Você está com lixo?" Ela levanta as mãos abertas, como se fosse um assalto, para mostrar que não. Diz que a irmã é que tem. A "tia" manda que ela guarde o "lixo" sobre a sapateira. Ela guarda a bonequinha que a mãe deu. A "tia" diz: "Amanhã você pega, tá?" (Mas, no dia seguinte, não havia mais boneca, como pude observar.)

As crianças, portanto, não têm roupa, nem qualquer objeto que seja de seu uso particular[21], nem colher ou prato, lugar à mesa, roupa de cama ou brinquedo.[22]

---

20. A partir do Internato IV, alguns dormitórios têm armário de metal ou madeira para que o interno guarde suas coisas. Isto não modifica a situação, entretanto, pois ele só guarda ali as roupas dos internatos. Os objetos pessoais também são carregados com ele ou guardados com o inspetor.
21. Durante a pesquisa, observei uma exceção a esta regra. Uma "tia" teve a iniciativa de confeccionar travesseiros individuais e não foi barrada pela direção. Não há travesseiros nos internatos. Ela conseguiu retalhos e na hora de folga costurava. Os meninos podiam escolher a combinação de retalhos que preferiam. Eles ficaram muito satisfeitos e respeitavam o travesseiro do outro, aguardando a sua vez, aqueles que ainda não tinham.
22. Um dos argumentos institucionais para a não permissão de objetos individuais é que as crianças não respeitam os objetos do outro, brigam e destroem. Mas o que observei nos Internatos II e III é que há muita briga e destruição quando o objeto é de uso coletivo. Quando o objeto tem dono (roupa, brinquedo), os colegas respeitam.

A toalha de banho é colocada em um cabide coletivo numerado, e seu uso é exclusivo, enquanto em uso, para evitar doenças ou contágios. Eventualmente, uma criança pode ter um brinquedo guardado com a "tia", brinquedo que a mãe trouxe. Este brinquedo lhe será dado, quando pedido em horas adequadas. Os funcionários não estimulam que os pais deixem brinquedos, mas aceitam se houver um motivo especial e se acharem que isto fará bem à criança. Essas situações são raras. O comum é o desestímulo e o não cuidado com o objeto que a criança guarda após a visita dos pais.

Na situação acima, a "tia" não permite que a boneca fique na cama com a criança. Ela dá ordens expressas para que esta seja guardada no local apropriado. A criança tenta esconder, mas as "tias" estão sempre alertas. O fato se repete, e as crianças desalentadas acabam sempre entregando o objeto guardado. A funcionária promete que no dia seguinte a criança terá de novo seu biscoito, mas, como pude observar, isso raramente acontece. As coisas somem durante a noite, e a "tia" que coloca as crianças para dormir é diferente da que fica à noite e da outra que pega o turno da manhã. E, assim, ninguém dá conta daqueles objetos. Pode-se dizer que isto é um descuido fabricado dentro do funcionamento institucional, pois quando se trata do sumiço de um objeto que pertence à escola como a sandália, crianças e funcionários têm que dar conta a cada mudança de turno. As "tias" fazem as anotações adequadas sobre a questão para que a funcionária seguinte saiba do que se passou, e crianças e funcionárias são responsabilizadas pela perda. Esse descuido passa também por uma total falta de respeito à criança e seus objetos.

As meninas maiores, já escoladas neste sentido, carregam para todo lado "seus pertences", dentro de uma sacola, para que não se percam. No Internato III, algumas crianças carregam seus objetos dentro de um embornal. Aqueles que não têm disputam os shorts que têm bolso, pois, assim, pelo menos durante o dia, podem guardar ali algum objeto seu. Carregar seus objetos para que não desapareçam é uma regra em todos os internatos. Não há lugar seguro para guardar "seus pertences" sem o receio de que estes não sejam mais encontrados.

Vemos aí, mais uma vez, o esforço institucional para apagar qualquer diferenciação que possa existir entre os internos. Se um objeto é propriedade particular, ele é diferente. Poder reconhecer-se em um objeto particular que tenha sua marca, seu cheiro, sua história, é construir sua identidade. E uma forma de você se reconhecer dentro de um espaço que não lhe dá qualquer reconhecimento. Assim, no internato, também se inviabiliza que a criança possa investir em um objeto de significação afetiva. Winnicott denomina "objeto transicional" a posse de um objeto que se torna de estimação pelo bebê ou criança pequena. Este objeto "se torna vitalmente importante, para seu uso no momento de ir dormir, constituindo-se numa defesa contra a ansiedade, especialmente a ansiedade do tipo depressivo" (Winnicott, 1975, p. 17). Ele estuda a importância do uso destes "objetos" em relação à saúde mental do adulto. No Internato I (com exceção da chupeta), como nos outros, nunca é permitida a posse de qualquer objeto. Vemos aí mais uma característica institucional que dificulta o desenvolvimento mental saudável da criança, a construção de sua identidade e sua possibilidade de se constituir enquanto sujeito.

Às meninas maiores é feita alguma concessão quanto à possibilidade de guardar alguns objetos de perfumaria – sabonete, lavanda, pente etc.[23] Mas se cuidados higiênicos ou atenção à vaidade feminina que surge são permitidos, esta é a única brecha possível. Não há outra. Uma coisa que marca muito as crianças, tanto os meninos quanto as meninas, é o corte de cabelo – um ritual do qual ninguém escapa. As crianças têm o cabelo tão curto que, se vestidas igualmente, não se podem distinguir os meninos das meninas. A razão institucional para o corte é a higiene, o combate aos piolhos, uma ameaça constante nos internatos. O ritual do corte nesta escola pode ser considerado ameno e cuidadoso. É feito pelas "tias" que estão diariamente com as crianças e as conhecem bem. As "tias" podem ser pacientes e gentis, mas as crianças não podem fugir à regra do cabelo curto. Vejamos o exemplo abaixo:

> *A "tia" tenta explicar a uma menina, relutante em cortar o cabelo, que precisa tratar de seus piolhos. Ela vem sem falar, sem protesto, com o rosto triste. Senta-se resignada. As colegas dizem coisas do tipo: "não fique chateada Sílvia", "ela vai chorar", "ela não quer cortar." E, de fato, silenciosamente, à medida que a tia corta o cabelo, suas lágrimas rolam em silêncio e ela tenta manter uma cara digna. Está muito triste, mas não soluça. O corte demora muito, inclusive porque a tia tem que parar umas duas vezes para atender a pais e a meninas. Mas a "tia" capricha, corta devagar, diz que não é cabeleireira, mas capricha nos arremates! "Não gosto é de deixar caminho de rato." Fala também do cuidado que tem, do uso do sabão apropriado, mas que mesmo assim, há muito piolho. A menina que cortou o cabelo volta com o cabelo molhado, a "tia" passa o sabão e ela vai brincar com o cabelo assim.*

Ao lado da uniformização, o corte de cabelo vem completar a anulação das diferenças que o mesmo possa trazer ao rosto dos internos. É um ritual que desfigura parte do corpo, tentando também apagar a diferença sexual entre as crianças (Fig. 17).

6. Brinquedo – a criatividade e o risco

> *"É no brincar e talvez apenas no brincar que a criança ou o adulto fruem sua liberdade de criação e podem utilizar sua personalidade integral e é somente sendo criativo que o indivíduo descobre o eu (self)."*
>
> Winnicott

O brincar é uma das atividades que as crianças têm dentro da rotina diária. É planejada, tem um tempo delimitado, é uma atividade também vigiada. As crianças brincam com seus colegas de turma. Cada turma tem um espaço delimitado pela "tia". Um espaço

---

23. As crianças notavam e comentavam sempre que eu aparecia com pintura no rosto e algum adorno, como brinco ou pulseira. Era um contraste com sua "nudez" e igualdade de vestimenta.

Figura 17. Ao lado da uniformização, o corte de cabelo vem completar a anulação das diferenças que o mesmo possa fazer ao rosto das crianças.

com fronteiras invisíveis, sem muros, com uma delimitação arbitrária, ou seja, o espaço onde a "tia" julga poder dominar através de seu olhar ou voz. Espaço que não ofereça "perigo para a criança". Durante a semana, um número de internos vai à escola de manhã e outro à tarde, e as crianças se agrupam não em quatro turmas, mas em três ou em duas turmas, perdendo novamente a referência da "tia" responsável por sua turma.

O espaço mais utilizado é o "recreio interno", pois há uma delimitação clara pelos muros e, sendo de cimento, as crianças não se sujam muito. É mais fácil para a "tia", ela pode relaxar, conversar com a colega. Como já vimos, ao falar do problema da espera, as crianças não gostam deste espaço. Segundo ordens da direção, as crianças devem sempre sair deste pátio, se não está chovendo. O outro espaço usado é o do parque – um lugar amplo, com árvores frutíferas, brinquedos do tipo balanço, gangorra, escorrega. As crianças gostam muito deste lugar (Fig. 18). Estão também perto da estrada por onde passam os ônibus e os carros que vêm às escolas. Elas gostam de observar, dar adeus, gritar pelos passantes. Os outros espaços são menos significativos, são locais que não têm nada de especial, mas fazem parte do grande espaço arborizado que rodeia o internato.

No parque, além de brincar nos brinquedos existentes, também brincam de comidinha, casinha, desenhar na terra, escolinha, bandido-mocinho, pique. Há também a televisão e o toca-discos. E, quando têm brinquedos com eles, os mais comuns são bonecos e carrinhos.

Gostam também de "brincar de tias" ou seja, de dramatizar as situações vividas no seu cotidiano do internato, passando, assim, da condição de passividade para a atividade,

Figura 18. No parque, as crianças desfrutam de maior liberdade. Brincam de casinha, de desenhar na terra, de pique etc.

tornando-se senhores da experiência. Repetem as situações, sobretudo de disciplina, exigindo dos colegas um comportamento irrepreensível. As "tias" acham graça e parecem não entender muito bem por que as crianças as imitam.

> "Elas brincam muito de turma – fazem fila, mandam abaixar a cabeça e fica todo mundo quieto. Elas obedecem mais que à gente. Elas gostam de brincar de tias."
> "Inventam de sentar no chão com a cabeça no banco e fingem que é a mesa do refeitório. Ficam quietas de braços cruzados cabeça baixa (ri). Fingem também que estão no dormitório. Elas falam: Virar de bruço! Fechar os olhos e dormir! Elas fazem tudo direitinho. A gente finge que não vê." (Auxiliar de disciplina)

Quanto aos brinquedos, eles são escassos como nos outros internatos. Os problemas que envolvem a possibilidade de ter brinquedos, seu uso e preservação são praticamente os mesmos em todas as escolas. Há poucos brinquedos. São de qualidade ruim, se estragam facilmente, são quebráveis, de material plástico e com pouca variação. Cada criança recebe um, mas não há possibilidade de distinguir qual é de quem, e todos são misturados no mesmo "saco" onde são guardados. Não há brinquedo individual, salvo raras exceções, como no caso abaixo, que a escola permite. A criança tem acesso a este de vez em quando, em horas muito mais determinadas pela disponibilidade do funcionário do que pelo desejo da criança de ter o brinquedo.

A chefe de disciplina trouxe duas bonecas para duas irmãs e disse: "a gente guarda, pois elas só têm a tia e temos pena. Elas têm essas duas bonecas há tempos." Outras crianças querem e ela explica: "elas têm porque a tia delas trouxe. Olha, é para brincar com as colegas também, hein! E não é para quebrar, hein!"

Durante a semana, o tempo é muito dividido, pois são muitas as atividades e muitas as crianças. Assim, considera-se pouco conveniente distribuir brinquedos mesmo nas horas de recreação. Isto sempre implica em trabalho para as "tias" – ter que trazê-los, tomar conta, evitar disputas e recolhê-los no final. Então, eles são distribuídos praticamente só nos fins de semana, sobretudo no domingo entre 8 e 9 horas da manhã ou 9 e 10 horas. Há mais tempo disponível, menos atividades a serem cumpridas e, devido às saídas dos internos, há menos crianças na recreação.

Domingo, 10 h 15 min – Observo crianças brincando de boneca no chão de terra (Fig. 19). Daí a pouco passa uma boiada – as crianças correm para ver os bois, gritam com eles, acompanham do lado de cá da cerca o movimento. As crianças têm brinquedos na mão. Pergunto à "tia" sobre os brinquedos: "Eles ganham brinquedos no Natal e no dia da criança, mas durante o ano todo não temos brinquedos, só os pedaços. É que eles ganham, e no outro dia eles quebram. Quebram muito por curiosidade para ver como é feito. Sobretudo os carros, os meninos tiram logo as rodas." "Eles brincam com pedaços de brinquedos no máximo entre

Figura 19. No belo parque, brincam também de boneca e de escolinha.

9 e 10 horas. Durante a semana é difícil. Nos domingos, eu sempre dou. Eles não têm brinquedos, só esses pedaços aí, e nem todo mundo tem brinquedos, é pouco."
Umas crianças vêm-me trazer flores fazem isso com frequência, tanto para mim como para a "tia". Vejo uma menina penteando outra com carinho, e a outra gostando. Observo outra turma de meninos que brinca com carrinhos, de "cavalo na árvore", de fazer "bolo de areia". Acontecem algumas brigas por disputa de brinquedo. Vejo também as meninas maiores que brincam de casamento.

O uso dos brinquedos é limitado, mas, quando permitido, as crianças gostam muito e não querem devolvê-los, pois sabem que, em seguida, a "tia" não os dará de volta. Por exemplo, as crianças estão brincando durante uma hora com os brinquedos e, em seguida, vão lanchar, voltam para o recreio e depois vão tomar banho. Quando termina a primeira parte da recreação, a "tia" recolhe os brinquedos – as crianças protestam, tentam esconder os brinquedos. Algumas são bem-sucedidas ou, por serem consideradas "difíceis", a "tia" permite que os conservem. Promete a todos que vai dar de volta depois do lanche, para que eles guardem no saco. Mas não os devolve e eles ficam muito frustrados. Alguns internos fazem "pirraça", não comem o lanche. Ouço dois falando: "Então vou fugir, vou para minha casa." Eles pedem de volta os brinquedos inúmeras vezes e os que sabem melhor se virar conseguem pegar escondido quando estão em lugar acessível. Mas a maioria fica sem ter o brinquedo. No final do dia, a chefe de disciplina deu-lhes uma bronca dizendo: "Isto não se faz. Não quero nenhum de vocês pegando brinquedo! Quando quiserem peçam à tia que ela dá." Mas as crianças tinham acabado de viver uma situação que tornava esta afirmação falsa. Como as crianças podem lidar com isto? A verdade é que através dessas pequenas coisas elas descobrem, desde cedo, que o adulto lhes nega o prazer de brincar com objetos que lhes dão satisfação e têm a experiência de não poder confiar na palavra do adulto. Essas atitudes se passam cotidianamente em pequenos acontecimentos como esse, que, para as crianças, são de grande significação – não se estabelece uma base de confiança com o adulto, pelo contrário, cria-se uma incerteza total. Além disso, as crianças vivem uma experiência de máximo autoritarismo e infantilização. Na mentira, como vimos no exemplo acima, os adultos exercem um controle também sobre a verdade. Eles são, a lei, eles não se submetem à lei. Isto ocorre à medida em que a criança não pode dizer nada que confronte o que o adulto fala, mesmo sabendo que ele fala uma mentira. É como se dissesse: você é tão idiota que eu posso mentir, mesmo sabendo que você sabe que é mentira.

Além da recreação livre, sem brinquedos ou com brinquedos, as crianças participam de "passeios", que podem ser fora do estabelecimento; quando há transporte disponível vão à Quinta da Boa Vista, ao Tivoli Park etc. Esses passeios ocorrem raramente durante o ano letivo (como o transporte é escasso, é dada preferência aos meninos maiores dos Internatos IV e V) e, algumas vezes, durante as férias, quando as crianças podem ser levadas à praia. Mas, durante a semana, as crianças "passeiam" no terreno da Fundação, por exemplo: vão em fila, ou à vontade, até o portão de saída do estabelecimento (distância de uns 300 metros). Passeiam também de uma escola para outra, quando o tempo é maior nos fins de semana, passeiam em fila, mesmo que esta não seja de muito rigor disciplinar.

O espaço é sempre demarcado, delimitado, restrito à vontade do adulto – sair dali implica em desobediência à ordem e é considerado falta grave. As crianças, nessas idades, quase não cometem esse tipo de desobediência. São muito ameaçadas, também, quando dizem que vão fazer isso.

Domingo, 8 horas. Quando chego, os maiores já estão brincando no recreio interno, e as menores brincam na frente da casa 23. Outros brincam de casinha na areia. Os meninos receberam uma folha de papel para brincar. Às 9 horas os meninos vêm me mostrar o que fizeram com os papéis: balões, aviõezinhos pequenos, papel dobrado e vejo muito papel picado pelo chão. As crianças que ficaram no recreio até agora ganham biscoito e, após comerem, saem para "passear até o portão". Os maiores, que estavam fora, entram em fila e sentam, bem comportados, para receber o biscoito. E as meninas maiores entram em fila, sentam no banco, comem biscoito sentadas e fazem fila para sair. Agora os grupos se separam mais, indo para lugares mais distantes uns dos outros.

17h 10 min – Os internos do dormitório 3 estão vendo televisão dentro da casa 23. Todos sentados no chão com às pernas cruzadas, em uma organização quase de fila (alguns ficam meio de lado para poder enxergar). A "tia", a pouca distância, está sentada na cadeira. Só se escuta o barulho da televisão. Duas crianças encostadas na parede do fundo, sentadas como as outras, estão distantes porque ficaram de castigo. A "tia", sentada, chama a atenção deles para a televisão. Ela só abre a boca para dizer "psiu", "olhe", "preste atenção", "oh, depois eu vou perguntar, hein". Uma das crianças, colocada de castigo naquele instante que eu presenciava porque "mexeu" com o colega (algo de insignificante), é trazida para perto dela e cruza as pernas, que se recusava a cruzar. Observo que a certa hora uma criança bate na outra ligeiro, dá um tapa e a outra reage. Na mesma hora, a "tia" as separa e ajeita-as para que fiquem de braços e pernas cruzados. Logo em seguida, ocorre o mesmo com outra criança. A "tia" explica: "Temos que ficar atentas, porque se brigam e se machucam, lá dentro querem saber da gente como é que foi. É uma confusão! E já aconteceu deles brigarem muito e se machucarem." Quando a "tia" vê uma criança se mexendo no lugar (creio que com o cansaço começam a se mexer, mas é muito pouco), pede: "Fique quieto, senão outro dia você não vê." (Eles começam a se mexer em torno das 18 horas e só falam sem fazer som para a "tia" não zangar). Observo uma criança, já com dificuldade de prestar atenção à televisão, achar um bichinho. Ela o pega contente e o examina. A "tia" vê, imediatamente zanga e retira o bicho (Fig. 20).

Às 18h 30 min "a tia" desliga a televisão e eles saem.

A "tia" me explica todo o seu esforço para oferecer este programa de televisão às crianças. O aparelho é seu, pois o do internato ainda está encaixotado; também coloca música para as crianças no seu toca-discos. Certamente é uma preocupação carinhosa para com as crianças no sentido de que "não fiquem só no pátio". Mas, como vimos, lhe é

Figura 20. A "tia" teme perder o controle enquanto as crianças assistem TV. Então, elas devem ficar de pernas e braços cruzados.

impossível abrandar o rigor disciplinar. E o divertimento especial de ver televisão, ao invés de representar alguns momentos de prazer e de informação, acaba sendo uma tortura, porque a disciplina ali vai além da ordem, de se querer que o interno seja disciplinado.

Recreação livre é assim chamada pelo fato de as crianças estarem em um campo aberto e não na recreação do "recreio", onde ficam em um espaço delimitado por muros. Mas a liberdade das crianças é, na verdade, muito pequena – não é possível sair de certo espaço delimitado pela "tia", que marca com pontos de referência, por exemplo, uma árvore. Não é permitido subir em árvore ou fazer qualquer coisa que seja novidade, ou seja, que escape ao hábito da rotina – brincar sem fazer muita algazarra, brincar com folhas e paus pequenos, conversar entre eles. Por qualquer atitude fora do habitual, a criança é chamada a atenção e, se não obedecer, todo o grupo pode sofrer um castigo.

Vejamos o exemplo a seguir, quando isso ocorre e a criança tenta se rebelar do jugo da "tia".

8h 30 min – Vejo a " tia" de uma turma segurando um menino que esperneia e tenta mordê-la.[24] Minha aproximação certamente incomoda. Ela logo solta o menino, que corre em direção à casa 23. Ela chama-o de volta, mas ele não atende.

---

24. Uma atitude de rebeldia que raramente ocorre neste internato.

Fico ali e vejo os meninos brincando com pequenos aviões de papel. Ela me diz que ele queria fugir e que ela teve que segurá-lo – noto que ambos estavam sujos de barro. Digo-lhe que, se ela quiser ir atrás dele, eu fico com a turma. Ela vai. E mais dois vão junto, disfarçando. À medida que ela se afastava da turma, eles pisaram na grama e subiram na árvore. Quando ela voltou, chamou a turma: "para o recreio, todo mundo". Eles logo começaram a resmungar: "não quero ir pro recreio". Ela grita firme sua ordem. Dois corriam para fora da cerca que separa o terreno do internato e o do jardim. À medida que ela se aproximava, eles se afastavam mais. Ele esperou então perto de mim. Eles ficaram do outro lado da cerca – alguns, ambivalentes, voltavam e outros seguiam. Finalmente, veio a turma toda e passaram dando volta longe dela. Nisso tudo, eles riam e se divertiam muito. Ela estava muito nervosa. Eles passaram pela grama, atrás da árvore, correndo para o "recreio". Ela, mais descontraída comigo, ri e explica: "Eles gostam de fazer gracinha e também gostam de correr, então aproveitam a rua (a de fora). Mas, então, tenho que castigá-los e os coloco sentados no recreio. Eles não gostam do 'recreio'."

Mais tarde a "tia", mais calma, me contou uma nova versão para o fato: "Você viu o buraco que tem lá. Os meninos queriam só ficar lá e não pode. Então, acabei mandando todo mundo sentar (no meio-fio) e ele não quis (o que esperneou) de jeito algum, quis correr e eu segurei ele."

O brinquedo é, por excelência, o espaço de liberdade, de criatividade, do sonho, do prazer, do uso da imaginação, da possibilidade da criança investir afetivamente em determinado objeto. Tudo isto vai permitir o surgimento da individuação e a descoberta do eu, como diz Winnicott (1975. p. 80).

Se o mundo onde a criança vive lhe dá a oportunidade de brincar, então lhe está oferecendo a oportunidade de individuação, de se tornar sujeito. Mas no internato, como estamos vendo, a individualidade é equalizada, é homogeneizada, então, o brincar perigoso, tem que ser limitado, impedido, barrado.

Já no Internato I, isto é uma evidência. Nos berços, os bebês não têm brinquedo, porque "jogam no chão e não há ninguém para pegar". "Não se pode amarrar o brinquedo com um barbante, pois eles podem se enforcar acidentalmente".[25] No recreio externo, onde há muito espaço, também dá muito trabalho, porque eles jogam no terreno abaixo (pátio do hospital) e alguém tem que recolher.

Outra justificativa é que eles brigam muito, não sabem dividir o brinquedo, não se contentam com o que têm e ficam querendo tomar o do colega. No recreio interno, os motivos são os mesmos e, por isso, as crianças só têm os brinquedos uma vez ou outra, quando uma "tia" se dispõe a oferecê-los. As "tias" são muito pouco hábeis para resolver

---

25. Às vezes, o brinquedo era amarrado com um barbante curto, para evitar acidentes, o que não permitia à criança manuseá-lo. Ela acabava rapidamente jogando-o para fora, sem conseguir reavê-lo, pois ficava pendurado na cama.

uma situação de conflito que possa surgir com o brinquedo. Em geral, sua intervenção é para dar uma bronca ou terminar a brincadeira.

Ainda no recreio externo, onde as crianças têm oportunidade de formar pequenos grupos ou brincar a sós, além de diversificar a brincadeira, isso pouco ocorre. Como as "tias" ficam na parte cimentada perto das mesas conversando entre si, as crianças ficam ali por perto. É verdade que, às vezes, elas ousam ir mais longe, brincar na grama ou no espaço que tem labirinto, mas são repreendidas, pois não estão imediatamente sob o olhar da "tia" e podem se machucar. Mesmo brincar de rolar na grama é impedido, porque "podem ficar com coceira depois". Um dos grandes acontecimentos, na época, foi a colocação de alguns pneus. As funcionárias acharam uma "péssima ideia, porque é perigoso". Na verdade, não considerando tarefa sua brincar com as crianças, elas conversam entre si e só vigiam. Estar com as crianças e se interessar pelo que fazem não ocorre. Os internos, sempre que em grande número, precisam que o adulto se interesse por eles para poder brincar. Observei que somente quando em pequenos grupos ou quando estavam a sós na presença de um adulto podiam organizar seu brinquedo.

Além do espaço cimentado e da grama, há um outro com areia que tem um balanço formado de duas cadeiras, uma de frente para a outra. As crianças gostam muito deste local, mas, como se sujam de areia, quando as funcionárias deixam brincar, só o fazem à tarde, pois tomam banho em seguida. O que me deixava perplexa é que, muitas vezes, devido à insistência das crianças para irem a este local, a "tia", querendo evitar qualquer trabalho, colocava o maior número delas sentadas no balanço e ficava ali balançando-as, comprimidas umas contra as outras, sem poderem se mexer. Em oposição à contenção corporal que já se inicia aqui, quando algum brinquedo era oferecido, elas sempre prefeririam aquele que fizesse qualquer movimento, que oferecesse uma possibilidade de vida.

Nos internatos de "menores", as crianças não podem usar o brinquedo, porque, segundo os adultos, eles sempre fazem algo de ruim, algo negativo. Isto é uma regra praticamente sem exceção. As desculpas mais corriqueiras e frequentes para não permitir seu uso são que eles brigam, se machucam, destroem os brinquedos. Na realidade, como se sabe, o brinquedo é criativo, logo tem que ser proibido nestes ambientes. A imagem do mundo sério, que é a do mundo adulto, se sobrepõe o tempo todo ao mundo da criança, da brincadeira, da imaginação, da curiosidade, de experimentar os possíveis no "faz de conta", de se arriscar a descobrir o novo. O grande trabalho que as "tias" parecem evitar é se confrontar com a riqueza, a complexidade e a imprevisibilidade das produções lúdicas. É como se assim elas pudessem evitar entrar em relação com as crianças. Essa parece ser a grande ausência de disponibilidade das "tias". Ver uma criança brincando é vê-la em sua alteridade. É ver a criança no exercício pleno de ser humana, possuidora de um mundo próprio, cuja significação escapa à modelagem institucional.

O despojamento dos objetos, dos bichos, das árvores e o confinamento à área vazia de cimento representa aí não a pobreza ou singeleza de material, mas um verdadeiro cerceamento à projeção simbólica, com todas as implicações que isso coloca para o sujeito humano.

INTERNATO III

CAPACIDADE: 200 INTERNOS

FAIXA ETÁRIA: 6-8 ANOS (SEXO MASCULINO)

O internato é como uma granja: os pintinhos vão passando de uma seção para outra.

Acho que as crianças saem daqui sem conseguir nem amar, nem odiar, não são capazes de nada.

Diretora

ORGANOGRAMA

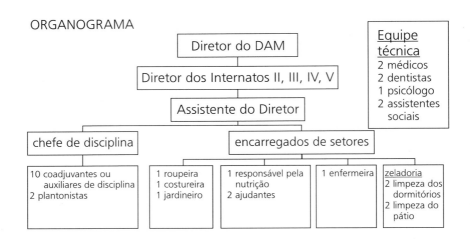

ORGANIZAÇÃO DO ESPAÇO

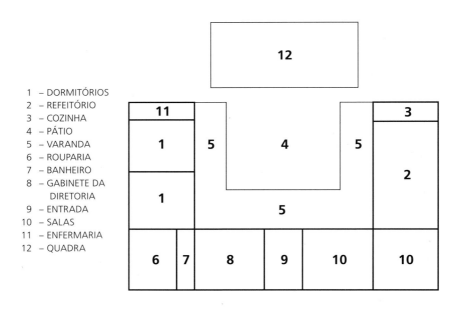

1 – DORMITÓRIOS
2 – REFEITÓRIO
3 – COZINHA
4 – PÁTIO
5 – VARANDA
6 – ROUPARIA
7 – BANHEIRO
8 – GABINETE DA DIRETORIA
9 – ENTRADA
10 – SALAS
11 – ENFERMARIA
12 – QUADRA

1. Introdução

O atendimento na terceira escola, como nas seguintes, se restringe ao interno do sexo masculino. A faixa etária atendida é de seis a oito anos. Os procedimentos disciplinares se confundem com a rotina do internato. Há um minucioso controle de tempo e de espaço. A criança é treinada a obedecer a uma rotina que vai se repetir nos próximos internatos com exigência crescente. As infrações são mais frequentes e também os castigos. Apesar da disciplina, acontece a brincadeira e algum espaço de liberdade que o brinquedo cria.

2. Obediência à repetição

Quando os meninos chegam no Internato III, na sua grande maioria eles já participaram da experiência de vida dentro do internato. Poucos vêm diretamente de casa. Eles vêm da Escola II e de outros internatos que não pertencem à Fundação. Até o Internato II o atendimento é misto: os meninos, ao completarem seis anos, são transferidos para o Internato III, e as meninas ali permanecem até 10 anos, quando são desligadas[1] ou transferidas para outros internatos que não pertencem à Fundação.

Assim, neste estabelecimento, o grupo de internados é mais homogêneo e, na sua grande maioria, está habituado à rotina do internato. Nesta faixa etária e nas seguintes, não há, por parte dos funcionários, qualquer preocupação com a adaptação das crianças novas. Elas chegam em pequenos grupos nos primeiros meses do ano, sobretudo em março, e, rapidamente, se inserem na disciplina imposta no novo estabelecimento.

Há uma diferença sensível na exigência dos procedimentos disciplinares do internato anterior para este. Existe, por parte dos adultos, a expectativa de que o treinamento anterior já tenha surtido o efeito necessário, no sentido de "combinar as forças para obter um aparelho eficiente" (Foucault, 1977). Já há a consciência nos funcionários de que podem agrupar as crianças em uma "massa", com a qual se deve trabalhar usando os instrumentos adequados para controlá-la. Nesta faixa, já se observa um sistema de comando mais preciso. O treinamento das crianças é feito com poucas palavras, nenhuma explicação e, como diria Foucault, "no máximo um silêncio total que só seria interrompido por sinais, palmas, gestos, simples olhar do mestre". Cada "tia" tem sua maneira de controlar as crianças, e estas conhecem bem a maneira de cada uma. O importante é que "dominem" as crianças, ou seja, que os meninos façam a atividade que devem fazer, dentro do tempo necessário, no espaço considerado adequado, sem que umas machuquem as outras. Vejamos algumas das técnicas de controle que as auxiliares de disciplina narram:

"Tem tia que trabalha de um jeito e outras de outro. Anete, por exemplo, só de olhar para os meninos, eles sabem o que ela quer – se levantar ou sentar. Outras já preferem falar."

"É um pouco difícil o trabalho. É necessário conquistar a turma. Tem que prometer castigo, mas tem que ceder também. Assim, explicar por que está internado,

---

1. Na grande maioria, os internos não são órfãos e, com 10 anos, as mães já os deixam ficar em casa enquanto vão trabalhar fora.

o porquê do castigo. Prefiro ficar a distância e olhar, a ficar no meio deles e ter que chamar a atenção toda hora. As crianças cansam de receber ordens e, então, é importante ficarem soltas e se entenderem."

"Tânia e eu sempre preferimos trocar de turma para poder ter domínio sobre todos os alunos. Lidando sempre com todos, todos me conhecem e me têm respeito. Se fico só com uma turma, depois, quando tiver que ficar com os outros, fica mais difícil deles obedecerem, de ter o controle, porque eles não me conhecem."[2]

As auxiliares de disciplina se dão conta da necessidade afetiva das crianças e de seus problemas, mas consideram que não há como atendê-los nem como dar uma atenção especial. E elas sabem que a atenção individual faz com que a criança, naquele ambiente, tenha maior dificuldade de fazer parte da "massa" e de obedecer às ordens dadas. Quando pergunto o que acham mais difícil no seu trabalho, dizem:

"No lidar. O mais difícil é compreender as crianças, cada uma nos seus problemas. Quando voltam de férias, começa tudo de novo. Tem criança que se adapta rápido. A criança que vem de casa com a mãe, com o pai, é diferente. Ela dá mais trabalho. Ela não se adapta aos colegas, às tias, não quer se alimentar. Mas a atenção tem que ser igual para todo mundo. Se eu der atenção àquele que chegou de casa, e os outros?"

"Criança nenhuma deveria ser internada. Por melhor que seja o internato não é igual aos que são criados em casa. Têm mais contato com os pais mesmo que eles sejam muito rígidos. Aqui, como uma tia pode dar atenção para 100 garotos?"

"Quem trabalha aqui gosta de criança. Quem fala que não gosta tá ficando doida! Ano passado trabalhei quase o ano inteiro com 100 crianças dos pequenos! E não matei nenhum!"

Assim, a única solução possível é seguir as normas institucionais e enquadrar a criança na disciplina. Já nesta idade, cultiva-se neles o ideal de ser um bom soldado (Fig. 21).

Os procedimentos disciplinares se confundem com a rotina do internato. Existe uma rotina rígida a ser seguida para que se possa cuidar das crianças com o número de funcionárias disponíveis. Para duzentas crianças, há quatro de manhã e outras quatro à tarde, que trabalham diretamente com as crianças.[3] Segundo a diretora, não há possibilidade de que o funcionamento diário não obedeça a uma sequência de atividades iguais.

---

2. Nesta escola, existem dois dormitórios com 100 crianças e duas auxiliares com cada um, por turno. No dormitório dos pequenos, estas duas auxiliares preferiram se organizar desta forma para cuidar das suas crianças no seu turno. Conhecer aqui não implica em relacionamento mais próximo ou individual. Trocar de alunos é somente uma técnica de conhecer para melhor controlar.

3. O número de crianças que fica sob sua responsabilidade é 50. Quando eles têm aula, esta quantidade diminui, pois a inspetora fica somente com aqueles que não têm aula no seu turno. Aos domingos, cada "tia" fica com 100 crianças, ou seja, um dormitório todo, pois sua colega folga, e não há ninguém para repor a folga. As auxiliares têm direito a uma folga semanal, sendo que a folga no domingo é só uma vez por mês. Elas fazem, então, um acordo extraoficial para folgarem dois domingos por mês; quem trabalha fica responsável pelas crianças daquela que não veio, ou seja, o dormitório todo.

INTERNATO III

Figura 21. A única solução possível é seguir as normas institucionais e enquadrar a criança na disciplina. Já nesta idade, cultiva-se neles o ideal de ser um bom soldado.

Nesta faixa etária, oficialmente de seis a oito anos, mas que na prática é de cinco a nove anos, a diretora tem consciência de seu trabalho de treinamento visando a adaptação futura das crianças nas outras escolas.

> *"É uma faixa etária fácil de se lidar, entendeu? Acho que assimila mais as coisas, atende melhor, e daí que, nessa faixa, ele sendo bem orientado, eu acredito que na faixa dos 12, 13, 14 anos, ele não vai ter muitos problemas. Pegando assim dos 5 anos, né, porque a orientação realmente deve vir lá do berço, da creche. Mas eu ainda pego uma faixa boa para se trabalhar nela. E a gente procura dar aquilo que a gente tem, na medida do possível, porque trabalhar com massa não é fácil. A gente procura dar da gente, entendeu?" (Diretora)*

Como diria Foucault, no adestramento "reina a noção de docilidade" que une, ao corpo analisável, o corpo manipulável. É dócil um corpo que pode ser submetido, que pode ser utilizado, que pode ser transformado e aperfeiçoado" (Foucault, 1977). O que a criança mais assimila aqui no Internato III é a disciplina, a obediência à rotina, que vai se repetir nos próximos internatos com exigência crescente.

> *"Mudar uma rotina? Acho que não tem condições não. É um regulamento de internato. São muitas crianças e pouca gente que trabalha; horário, tudo né?...A gente acaba acompanhando a rotina, porque o horário que a gente tem é tudo espremidinho. Se às 7 horas as crianças têm que estar na escola, como é que eu*

vou, com 200 alunos, começar a levantar esses alunos, vamos supor, às 6 horas da manhã? Não dá tempo. Então é às 5 horas. E em todos os colégios o problema é o mesmo: o tempo. O fator tempo." (Diretora)

E, assim, toda tentativa de mudança de rotina acaba não se efetivando. Pessoas novas que entram, sempre que tentam introduzir alguma novidade, não têm sucesso. E para sair da rotina, como diz a diretora, a única coisa possível são os passeios, quando as crianças saem do estabelecimento e passam parte do dia fora.

As pessoas que ali trabalham, em geral, se dão conta das implicações deste sistema sobre a formação do indivíduo. Ao mesmo tempo, elas próprias estão ali e, apesar de discordar do sistema, não conseguem mudá-lo nem sair dele. É uma constatação que certamente torna difícil o convívio diário com o trabalho. Vejamos o depoimento da diretora:

"Eu sou contra o internato porque bitola muito a criança, tolhe muito, e isto é prejudicial. A gente não pode dar à criança a liberdade. No internato, ele não tem condição de ter iniciativa. Ele é tolhido, ele recebe tudo pronto, ele é uma pessoa que não se prepara para a vida. A gente não prepara um interno para a vida. Então ele vai cair no mundo perdidamente. É uma lástima. Nem a capacidade de se conduzir num emprego ele tem, pois ele nunca teve chance na vida de ter iniciativa, de ter opção. (...) Aqui tudo é determinado. Aqui não, em todo internato. Tudo é determinado! Tem um menino que vai aprender uma profissão no barbeiro. Você diz: 'Você coloca a máquina ali, você tira, limpa a máquina'. Então, se lá fora ele não encontra uma pessoa... e não vai encontrar, pois ele tem que ter iniciativa e responsabilidade. Ele não foi preparado para vida, para luta não!"

Aqui nesta escola, como nas outras, a criança não tem qualquer possibilidade de fazer escolhas, ter opções. Tudo lhe é fornecido na hora que o regulamento determina. Ela não pode desejar nada e expressar-se neste sentido, será novamente enquadrada. Dentro da turma lhe será mostrado que não pode fugir à regra e que não se pode privilegiar uns em detrimento dos outros. Sempre se pensa na "massa" e não no indivíduo. O regulamento é todo-poderoso.

Uma maneira de fazer funcionar o regulamento é o aprendizado da fila. Como já vimos, nos Internatos I e II, este aprendizado já foi iniciado, mas aqui sua exigência é máxima. Andar em fila – em linha reta – é uma técnica utilizada para que as crianças aprendam a sua vez sem confusão e sem empurrar, segundo diz a chefe de disciplina. Para que esse aprendizado seja mais facilmente assimilável, elas introduzem jogos, canto e conversa. Depois do banho, por exemplo, as crianças andam em linha reta, sobre o risco do chão, e a tia faz disso uma brincadeira. Todos devem, em fila, estender sua toalha no pé da cama. Vemos, a seguir, um exemplo da chefe de disciplina sobre a "técnica da conversa":

"Vocês deveriam sentir vergonha por bagunçar. Vocês são homens, rapazes, o que querem mais das tias? Que as tias façam doideiras com vocês? Vocês sabem que eu faço o que vocês querem de mim e peço que vocês respeitem as tias e as visi-

tas. Se chegar uma visita, não é para rodear, ficar agarrando, alisando, olhando. Continuem a fazer o que estão fazendo. Sejam educados! – Esta é a maneira que eu tenho para acalmá-los e discipliná-los."

Disciplina, então, está sempre associada, para as funcionárias, à docilidade das crianças, à obediência, ao respeito e à exclusão do afeto. Este é o treinamento importante: saber obedecer, estar calmo sem fazer perguntas ou demandas e aguardar a sua vez. Aqui, como em geral ocorre nos internatos de "menores", as crianças até nove, dez anos expressam sua demanda de afeto por meio do contato corporal junto aos estranhos que visitam o estabelecimento. Depois desta idade, eles ignoram ou se aproximam, podendo até tocar com as mãos, mas dificilmente seguram o corpo ou abraçam a perna do visitante como fazem até esta idade.

A expressão mais concreta da intensificação da ordem e da disciplina do corpo é o início de uma técnica disciplinar mais complexa – a "ordem-unida" (Fig. 22). É com seis anos – idade de entrada na escola primária que se inicia o seu exercício diário – logo após o acordar e antes do almoço – para que as crianças aprendam a controlar seu corpo, seus gestos, suas emoções e a responder com rapidez e presteza a voz de comando, articulando vários movimentos com ritmo em perfeita coordenação com a turma; a "ordem-unida" é feita da seguinte maneira: as crianças são "formadas" (várias filas por ordem de tamanho) na quadra e executam certos movimentos quando a inspetora ordena. Ao primeiro grito – "Cobrir" – as crianças esticam o braço direito até tocar no

Figura 22. Para os meninos, a técnica disciplinar mais complexa – a "ordem unida" – inicia-se aos 6 anos.

ombro do colega. Na segunda ordem – "Firme" – ficam em posição de sentido e os braços esticados junto ao corpo. Na terceira "Descansar" – podem relaxar sem sair de sua posição na fila. Antes de executar cada ordem, as crianças devem bater com as mãos na perna, todos ao mesmo tempo fazendo um som único. Esta sequência pode ser repetida várias vezes. Aqui, esta repetição se faz de três a cinco vezes. Nas escolas seguintes, veremos como sua utilização rotineira é muito mais frequente e a cada vez seu exercitar se repete inúmeras vezes.

Neste internato, como nos anteriores, a disciplina segue sempre na mesma direção, que é a da automatização e do aniquilamento do sujeito.

A observação detalhada de um dia de semana, que veremos a seguir, mostra com clareza o funcionamento institucional. Revela como os rituais disciplinares já se iniciam desde o acordar para bem marcar, a cada dia, que não há possibilidade de, no sono da noite, o sonho trazer alguma ilusão de que estão em um local mais acolhedor, onde há lugar para o carinho e o amor entre adultos e crianças.

Segunda-feira – 19/07/82

Chego às 5h 45 min e encontro as duas "tias" conversando com a roupeira que passava roupa na rouparia. Converso um pouquinho, elas falam que são as primeiras a chegar. Às 6 horas entram no dormitório, acendem a luz e alguns meninos vão logo se levantando, mas a grande maioria dorme profundamente. É um dia frio de inverno, apenas agora começa clarear. A "tia" chama um e outro e logo um "ajudante" começa a acordar os outros. Noto que tanto a "tia" dos maiores quanto a dos pequenos estão mal-humoradas, assim que entram em contato com as crianças. Hoje, tem duas com os pequenos e uma com os grandes. Quem fez xixi na cama tira o lençol, sem a "tia" mandar, já sabem que devem fazer isso. Assim que acordam, rapidamente trocam a sua roupa que ficou no pé da cama e vão se enfileirando sentados no chão do corredor que dá no banheiro. O chão é muito frio e muitos estão descalços. Faz muito frio agora de manhã, e eles, nesta hora, não têm blusa de frio. E saíram do cobertor! A "tia" mal-humorada os acorda e noto que a maioria deles levanta mal-humorada, expressão zangada. E rapidíssimo vão-se enfileirando. Só ouço a "tia" falar com eles para chamar a atenção. É horrível. Para alguns, assim que me notam ali, sorrio e eles sorriem, e seguem a fazer o que têm de fazer. A "tia" fala coisas do tipo: "Vamos acordar! Já é hora!" Na fila para escovar os dentes diz: "Meninos da escola estão moles! Psiu! Passa para trás! Estão falando demais! Muita conversa! Vocês dois, não mandei entrar no banheiro ainda, o que fazem aí?" O processo é assim. Eles se sentam e, depois que estão todos enfileirados, ela vai chamando alguns que, em pequenos grupos, entram para escovar os dentes, ela dá pasta na ponta do dedo e eles pegam as escovas lá dentro no armário – cada um tem a sua com nome.[4] Nesse meio tempo ela escuta

---

4. Algum objeto individual é preservado nos estabelecimentos desta Fundação.

alguns que se atrasam no dormitório e fazem alguma bagunça: "Não quero ninguém no dormitório!" E chama a atenção de um na fila: "Vicente, você está passando mal, é? Não estou gostando de seus modos!"

Banho: às 6h e 15 min, há 30 meninos enfileirados para tomar banho – o banho é frio. Faz um frio danado, e a água é gelada. E a "tia" olha para que todos entrem, ensaboa um a um e eles se enxaguam. Nesta hora, percebi melhor a reação à água fria, mesmo assim muito discreta: contorcem o corpo e esticam a mão para cima da cabeça, sem emitir qualquer som. Outras horas vi alguns pulando, a "tia" imediatamente dava um tapa na cabeça para que parassem. Observo que a maioria está de sandálias de borracha e alguns descalços. O chão está todo molhado e é de ladrilho escorregadio. Há cinco meninos que, na hora de se enxugar, não têm toalha, e a "tia" zanga, mas não vai pegar. Tudo tem que ser rápido agora para chegar a escola no horário. Saem dali para pegar roupa e lá terminam de se enxugar. Ganham toalhas os que não têm. Passam pelo vento frio do corredor aberto e se embolam na rouparia. A fala dos adultos é sempre para dar ordens ou zangar. Lá a "tia" dá roupa, uniforme, para esta primeira turma que vai para a escola, e ganham também uma blusa de frio azul-marinho. Saem dali em fila para o refeitório. O mesmo se passa com os meninos que vão para o grupo escolar. Quando os menores ainda estão na rouparia, eles sempre riem e brincam um pouco, vejo muitos tremendo de frio, mas ninguém reclama. Vestem o casaco para ir à escola – dois têm casaco de casa e pegam na sua "gaveta"[5] – um deles me mostra orgulhoso que tem também sabonete pessoal.

7 horas: os maiores estão enfileirados no corredor da pia externa, formam e andam para tomar café – todos estão ali, mas só têm casaco os que vão para o grupo, e faz muito frio.

Refeitório: os menores tomam café com leite e pão. Todos que vão para a aula têm casaco azul; os que ficam usam branco.[6]

7 horas no refeitório: os maiores rezam o Pai Nosso. As "tias" chamam a atenção a todo instante: "psiu". O café com leite é superdoce. A "tia" penteia os cabelos das crianças, enquanto elas tomam o café da manhã.

7h20 min: depois do café todos formam e fazem ordem-unida. Hoje, excepcionalmente, os menores não fizeram porque o tempo foi utilizado na distribuição de congas novos. Estes últimos se enfileiram perto do banco da roupeira – vejo a "tia" empurrando com força alguns deles e gritando para que sentem. Estou a distância, mas ela grita alto para qualquer pessoa ouvir. Seu mal-humor, pode-se notar, é horrível. Nenhuma paciência. Não havia motivo para gritar, a não ser no sentido de que os meninos se comportassem como bonecos.

---

5. Uma parte do armário que é de seu uso exclusivo.
6. É uma forma de diferenciar as crianças e agrupá-las em turmas.

Esta observação mostra de maneira exemplar a disciplina rotineira: a ordem, o silêncio e o cumprimento da sequência. A relação com o adulto se torna muito mais dura e pouco amistosa, apesar das inspetoras ainda serem mulheres. Esta relação habitual fazia contrastar, ainda mais, o que se passava entre as crianças e a pesquisadora. O fato de ser conhecida das crianças e a liberdade que, enquanto psicóloga e pesquisadora, podia ter com eles, me davam uma possibilidade de relação privilegiada. Sabiam que comigo eles podiam romper minimamente a rotina e, às vezes, me solicitavam muito. Eu procurava sempre responder a todos sem, entretanto, incentivar a quebra da rotina. Certas horas se tornava difícil dar atenção e, ao mesmo tempo, observar com detalhes o que ocorria. A minha presença me parecia sempre quebrar um pouco a austeridade da disciplina e era tolerada pelas "tias".

Um fator importante, do qual me dei conta na observação do café da manhã, é a questão do tempo. O café da manhã transcorreu em 10 minutos, marcados no relógio. Mas a sensação que tive foi de que tudo era por demais lento. Dez minutos não é muito tempo, entretanto me pareceu uma eternidade observando os movimentos rotineiros das crianças. Eram 172 atendidas e cada uma tinha que esperar pacientemente a sua vez. A sequência, a falta de imprevisto, o silêncio, a espera da ordem de comando, tudo isto parece dar uma vivência de algo irreal e sempre muito lento e demorado.

3. O ritual da alimentação

Como as outras atividades, a alimentação, aqui e em todos os outros internatos, também se passa dentro de um ritual de disciplina e constrangimento. O tempo todo as "tias" estão exigindo o silêncio absoluto das crianças e a paralisação de seus movimentos – "psiu!" "fique quieto", dizem repetidas vezes. As crianças têm que ficar na posição ordenada assim que se sentam à mesa: cabeça baixa sobre os braços cruzados, em silêncio, enquanto aguardam a chegada da comida e a ordem da "tia" para que então levantem o rosto. Entram no refeitório em fila, os menores primeiro, sentam-se seguindo a ordem e, após terminada refeição, saem em fila, dando lugar à outra turma que segue os mesmos procedimentos. Comem com colher, não há uso de faca,[7] a refeição é servida em pratos de alumínio e não há água. Os pequenos entram e sentam-se aguardando a comida que já vem servida. Os maiores, em fila, pegam seus pratos que são fartos, sobretudo no almoço, no balcão da cozinha e seguem para a mesa. Nada pode fugir à regra. A vigilância é constante, e as "tias" não param para comer. Em geral, comem com o prato na mão andando de um lado para outro vigiando as crianças. Elas não têm descanso de almoço.

Sob severa vigilância, as crianças comem rapidamente seu alimento. Quase não mastigam. O ritual da refeição certamente não permite um ambiente ameno, descontraído, de conversa, de troca, ou mesmo para saborear o alimento.

---

7. Em nenhum dos internatos é permitido o uso de garfo e faca sob a alegação de que podem se tornar instrumentos de agressão. Como vemos, às crianças internas, "menores", precocemente é atribuída a qualidade de violência descontrolada.

> *"Ah, eu fiquei até observando, é uma característica delas. Eu não sei por que, um tipo de ansiedade. Comem mesmo! São comilões e comem depressa. É difícil você controlar essas crianças. Você acaba de servir, quando você acabou de servir uma mesa, a outra já está raspando o prato. Sabe, aquela ansiedade de comer depressa, não sei por quê."* (Diretora)

A diretora revela um posicionamento muito comum entre funcionários e autoridades de internatos, no qual se atribui sempre às crianças certas características por exemplo, "comilões e ansiosos", como se esse comportamento fosse totalmente desvinculado da vivência institucional, eximindo, assim, o tipo de atendimento oferecido de qualquer questionamento. O dia a dia institucional é marcado por controle rigoroso, não sendo possível qualquer reconhecimento das demandas e necessidades individuais, sofrimentos e conflitos e gerando uma ansiedade enorme nas crianças, que têm no alimento uma tentativa de compensação de tantas frustrações e impossibilidades.

Mesmo durante a refeição, nada é permitido ocorrer fora da ordem das "tias". Há muita ênfase de que é preciso comer tudo que está no prato para se ter saúde. Muitas crianças repetem a fala das "tias", apesar de nem sempre gostarem do que lhes é servido. Vejamos a observação do almoço do grupo de crianças menores:

> *Muitos separam no prato o chuchu que veio junto com arroz e feijão e hambúrguer, que eles chamam de "bonzo" (comida de cachorro na propaganda da televisão). A regra é não fazer qualquer concessão, e a criança deverá se adaptar. Isto gera um problema enorme com choro e recusa a se alimentar, e raramente é contornado pelas "tias".*

Qualquer gesto que não deve ser feito é visto pela "tia" como uma afronta à sua autoridade, e ela reage com violência, sem se importar com a minha presença. Uma simples brincadeira, que observei, de bater com as mãos na mesa, enquanto esperam a refeição, podia ter uma reação violenta da "tia". Fiquei impressionada com os seus gritos e sua agressividade com dois meninos – gritava com um e outro para que saíssem da mesa e ficassem de pé perto da parede. Os outros, no maior silêncio, ouviam assustados. Eu estava ali o tempo todo e ouvira o leve barulho feito pelos dois meninos – um tamborilar na mesa. Fiquei muito surpresa com a raiva da "tia". E a sensação que tenho é que ficam ofendidas com qualquer gesto das crianças, que consideram como um desacato a sua autoridade, como se a criança o tivesse feito só para perturbá-la. Esta "tia", em geral, é muito mal-humorada. Mas, naquele dia, ela estava desde manhã ainda pior. Só soube brigar com as crianças. Não ouvi uma palavra de afeto. Aliás, o mau humor era também característica das outras duas que tomavam conta de outra turma.

A humilhação, a atitude agressiva, o descaso podem ser observados com frequência durante as refeições. E as crianças são de tal maneira tolhidas que, mesmo que precisem fazer uma reivindicação adequada, como vemos no exemplo abaixo, não ousam fazê-la.

> *17h 50 min: entro no refeitório e vejo um menino beliscando o prato com os dedos. Pergunto se não ganhou colher, mas não responde. Pergunto ao colega ao*

lado: *"acho que a tia não deu". Eles comiam separados em uma mesa. Dou a ele uma colher, e começa a comer logo. Comem canja bem grossa, sem caldo, com farofa por cima que sobrou do almoço. Quando vi de longe pensei que fosse queijo ralado.*

O comportamento das auxiliares de disciplina não varia muito quando devem fazer viger a disciplina diária. Mesmo a funcionária nova aprende com rapidez como deve agir, e é surpreendente que sua atitude, em poucas semanas de trabalho, se adeque tão bem ao sistema institucional. Aqui, como nos demais internatos, uma das regras básicas é o suposto tratamento igual para todas as crianças, sem admitir diferenças, o que implica no fato de a auxiliar de disciplina estar atenta para que nenhuma criança drible o sistema montado e possa fazer ou ter algo diferente dos outros.[8] Se a "tia" percebe que a criança driblou uma das regras, ela se sente enganada, desrespeitada na sua autoridade. O fato toma importância, pois a funcionária acredita que a criança vitoriosa pode espalhar a ideia entre as outras crianças, o que pode causar grandes problemas ao sistema montado. Ela acha que a criança também pode falar dela para os outros, no sentido de não ter capacidade de fazer obedecer regras, que são iguais para todos.

Parece que a autoridade das "tias" é muito frágil. Qualquer desacato pode ser o caos. Assim, essa autoridade tem que ser exercida a todo instante.

Frente a uma dada situação meu questionamento permitiu que, através do diálogo estabelecido, tudo isto se tenha aclarado. A minha pergunta de pesquisadora, querendo saber o que houve, gera desconforto, mas creio que devido à minha presença estar legitimada pela autoridade, a nova funcionária me responde como veremos a seguir na cena que observo ao meu lado:

Uma funcionária nova, "tia" dos mais novos, entra no refeitório para pegar uns retardatários. Vê um menino ao meu lado chupando uma laranja e fala em tom de brincadeira, mas alto e, no fundo é uma enorme bronca: "o que você está fazendo aí?" ele responde e continua a chupar a laranja avidamente. "Você está chupando laranja e comeu doce, hein?!" Ele balança a cabeça afirmativamente e continua a chupar, sem olhar para ela e muito sério. Ela: "engraçado você, né? Quer doce e laranja de sobremesa!" Afasta-se para pegar seu pão com carne no balcão e diz – "estou de mal com você!" Ele continua sem nada responder. Ela: "já para fora, seu feio!" Ele então guarda a laranja e sai em disparada. Pergunto então: "o que houve?" Ela: "por que eu disse que estou de mal com ele? Não foi nada, porque hoje eu escorreguei no chão no pátio e ele me olhou e disse bem feito! Por isto estou de mal." E ri querendo dizer que tudo era uma brincadeira. Digo que pergunto o que se passou agora. Ela responde: "Ah, ele comeu doce e laranja. Comeu duas sobremesas." Pergunto: "e daí?" Ela: "e daí que não pode. Você já pensou se todo mundo quiser

---

8. Como vimos no Internato I, esta questão é importante desde que as crianças começam a ter alguma autonomia com o aprendizado do andar.

doce e laranja? São quase duzentas crianças." Respondi que não daria, mas se ele conseguiu uma laranja e chupa, por que não deixar, afinal ele conseguiu. Não foi ela que deu. Ela então ficou danada, mas sempre rindo, me perguntou: "Você é filha única por acaso?" Respondi que aquilo não vinha ao caso, o importante era o fato dela não ter deixado ele comer e por quê? Digo que, se posso, se tenho em casa, e tenho vontade, eu como doce e chupo laranja e quantas eu quiser, se tenho possibilidade. "Você não chupa, se pode?", pergunto. Ela: "eu chupo também" (dando a entender a fartura na sua casa). Digo: "então o que é que tem o menino comer doce e chupar laranja?" Ela: "é que depois ele vai dizer que enganou a tia!" Pergunto: "e não pode? Você se importa com isso?" Ela: "é verdade, eu também já fui criança e já enganei a professora!" Mas ela estava muito sem graça. Pega os trabalhos de pintura e nanquim que faz com as crianças para me mostrar que estavam sobre a janela ao lado. Talvez para mostrar sua dedicação e o trabalho criativo, já que na rotina, a disciplina imposta tem que ser seguida sem deslize.

No segundo exemplo, a seguir, veremos como a regra de tratamento igual para todos funciona mesmo quando uma criança está em adaptação. Ou melhor, não há qualquer preocupação com a adaptação de uma criança que vem de casa e deve mudar completamente seu modo de vida para se integrar a um mundo coletivo que não conheceu antes. Apesar das "tias" perceberem que a diferença é significativa, elas não levam em consideração: talvez tenham levado, neste exemplo, devido à minha presença e ao conhecimento do funcionamento institucional e da possibilidade de seguir a regra, como já haviam feito horas antes com essas mesmas crianças, levando em consideração a ansiedade da criança ao chegar ao internato.

Observo os meninos novatos: eles ainda meio assustados não tomam leite com sabor morango que os meninos chamam de chiclete. E permanecem na mesa após os outros saírem. Uma "tia" vem ver por que eles não beberam, ela não sabe que são novatos e, neste momento, a "tia" da cozinha grita: "ah, esses aí são enjoados mesmo, não querem comer nada! Não almoçaram!" Ambas percebem que eu observo. A "tia" dos pequenos, Alzira, percebe que são novatos, fala com eles e logo diz para a "tia" da cozinha: "Vocês aqui têm que comer o lanche senão à noite, terão fome e não terá ninguém aqui para lhes dar comida!" Eles olham sem nada dizer. A da cozinha amacia a voz e pergunta, se aproximando deles, se querem café com leite. Eles, ainda meio sem saber o que dizer, logo dizem que não querem. Ela insiste, e o mais novo diz que quer. O mais velho, ainda perturbado, não responde e acaba aceitando. Ela vai para a cozinha arrumar o café com leite e o mais novo diz: "quero biscoito". A "tia" Alzira lhe diz: "Isto não tem não, só tem pão" (mas eles sabiam que tinha, pois tinham ganhado anteriormente). E a "tia" da cozinha, que deu o biscoito no almoço, logo diz: "Tem sim, vou-lhe dar." A outra "tia" sabia que tinha, pois sempre tem biscoito na cozinha. Sua expressão foi muito mais algo no sentido de que ele já estava pedindo demais. A "tia" da cozinha lhes dá biscoito e diz: "ah, é isto que você conhece na sua casa, não é? Mamãe lhe dá café, né?" E o menor responde afirmativamente. E eles começam a tomar café com leite vagarosamente. Entram, então, os maiores e a mesa se enche de meninos desconhecidos.

Apesar de farta, a comida é considerada pela própria diretora como não apropriada para a idade das crianças. Os funcionários comentam que o arroz vem tão mal cozido que não dá para comer. Eles, os adultos, não comem, mas as crianças comem pois não há outra coisa. O macarrão pode vir cru, ou muito grudento. As "tias" comentam que, mesmo assim, têm ordem para insistir para que as crianças comam. Falam que elas não têm nenhum poder para reclamar da comida, pois há pessoas para fiscalizar e nada fazem, nem mesmo a diretora. Mas para as crianças, que não têm opção de comer outra coisa ou de comer em horário diferente daquele em que é servido, muitas vezes no final da refeição querem mesmo assim um pouco mais de comida, querem o "repite" como dizem. Vejamos uma situação de um dia como muitos outros (Fig. 23):

Reina o silêncio no refeitório. Todos comem sérios e compenetrados. Não tem sobremesa. Só se ouve o barulho da colher no prato de alumínio. Um menino chora e abaixa a cabeça na mesa, mas a "tia" insiste para que ele levante a cabeça. Durante a refeição, quando comem, não devem colocar a cabeça na mesa. Mas ela não vai ver o que ocorre. No final, alguns querem repetição. Não há verdadei-

Figura 23. No refeitório, todos comem sérios, compenetrados e ligeiramente perturbados com a presença da pesquisadora.

ramente um pedido, é algo implícito de uma comunicação tácita. A "tia" pega a comida que sobrou, põe tudo em uma mesma panela (macarrão, feijão e ovo) e vai pela mesa dando um pouco para cada um que demonstre querer (demonstra oferecendo o prato, olhando para ela e alguns, creio que ela já sabe que querem e oferece). O mau humor da "tia" é enorme (aliás de todas as que observei hoje). Não há conversa entre elas e as crianças. Não há comida para dar repetição para todos e, assim, ela dá pouco e nem todos ganham (os menores pouco repetiram e os que repetiram só ganharam macarrão e feijão – alguns ganharam porque sobrou no final de tudo). A panela tem um aspecto pouco agradável – me parece mais uma lavagem – tudo aquilo misturado, e a "tia", com uma grande escumadeira, batendo-a no prato da criança, o que me pareceu muito agressivo.

As crianças, em geral muito sérias, de cara amarrada, sorriem se lhes sorrio. Mas as "tias" estão com cara zangada, o que parece influenciar a expressão dos meninos.

O que falamos aqui sobre a disciplina na hora da refeição espelha o que ocorre com todos os internatos. É sempre um ritual tenso, no qual a vigilância dos adultos não é abrandada. Nos Internatos I, II e VII não há mesa distinta para os funcionários fazerem suas refeições. Mas existe em todos os outros. Eles nunca comem junto com os internos. Além desta separação, o que mais humilha e revolta o interno é a diferença que existe no próprio alimento. Em geral, a comida é a mesma, porém feita de maneira distinta. Por exemplo, a galinha é frita ao invés de ser ensopada, ou tem algo a mais, como, por exemplo, uma salada, um suco. Além do que, na maioria das escolas (com exceção do Internato VII), os funcionários comem no prato com garfo e faca e podem repetir, pois o alimento vem para mesa, seu prato não é servido já feito. Essas pequenas diferenças exarcebam no interno o sentimento de desvalorização e discriminação, já acentuado nas outras atividades.

4. A criança culpada e o castigo

Segundo a chefe de disciplina, as "infrações mais comuns" são: fazer tumulto para ver televisão, trepar nas árvores, desrespeitar o funcionário, brigar e chutar o colega e colher fruta verde. As auxiliares enfatizam que a indisciplina é: não obedecer na hora, não fazer fila direito, falar sem ordem. A diretora vê a indisciplina como um comportamento de criança "levada":

"Olha; geralmente, aquele taxado de mais levado é o que não aceita [ri] a situação de regulamento, por exemplo: ele não aceita ficar numa fila, então sai da fila mesmo, então esse coitado, esse é que é o levado!..."

Sônia: *"E como ele é repreendido?"*

"Ah, força o bichinho a entrar na fila de qualquer maneira. Entra na fila e pronto. Ou então diz: Não vou deixar você brincar depois. Não brinca, tira o recreio dele, deixa ele sentado um tempo lá. Mas não tem nada assim de grave, devido à faixa etária."

Todas essas infrações merecem castigos e são admitidos pela chefe de disciplina: ficar em pé por 10 minutos; dormir mais cedo do que o horário previsto para se recolherem; ameaça de perder um passeio; uma palmada; ficar na hora da televisão à distância vendo ou sem ver, de costas; ver a recreação, mas não participar; e a ameaça constante de anotar o nome no papel para posterior castigo.

A diretora admite a existência de todos esses castigos e diz que frisa muito, com o novo funcionário, que não se pode bater nas crianças, mas sabe que tem uma palmada de vez em quando, na sua ausência. Afirma que "espancamento" não há, apesar de contar que presenciou uma plantonista "espancando" um menino porque ele não acordava, não se levantava para ir fazer xixi à noite. A plantonista gritava e batia no menino com um chinelo, as outras crianças ficaram muito assustadas. A diretora afirmou que imediatamente mandou a funcionária se retirar do dormitório e ficou lá com as crianças até de manhã.

Apesar de ter sido indiciada em um "processo interno"[9] por espancamento, a chefe de disciplina se vangloria de que já não ocorrem castigos como acontecia há dois anos, quando ainda não era chefe e sim auxiliar de disciplina. Ela cita os castigos que aconteciam:

> *"Bolo na mão, andar de joelhos, castigo a manhã toda. Havia liberdade para tudo ocorrer. Não havia com eles conscientização. Não havia atividade para eles – só castigo. Não tinha nenhuma bola, nada, tinha muito tumulto, quebravam muito a escola. O que as crianças faziam? Eles não são saco de pancada, então começamos a dar formatura, falar, cobrar, exigir o que foi dito, controlar o que se passava dentro do refeitório. Começamos a dar mais atividade, parando a brincadeira e dando palestra. Conscientizar que os maiores são a elite da escola e têm que dar exemplo."*

Na fala da chefe de disciplina, percebemos que, com o passar dos anos, a instituição descobre técnicas mais apuradas para controlar as crianças. Já vimos antes a "técnica da conversa", que é um mecanismo de controle e poder mais sutil. O outro é considerar o internato como "casa" e se colocar no lugar da "mãe" ou "tia". É uma forma de tornar natural a relação do adulto com a criança, como se esta relação fosse familiar. Mas, como vemos ao longo dessas três escolas, a vida no internato não tem nada que se assemelhe à vida em família.

> *"A vida da criança no internato é triste, a gente sabe que é triste. A gente sabe que é triste, porque fica separado da mãe. Não uso o termo internato para eles, uso só casa. Falo como se fosse a mãe. Será que meu filho vai ser bem tratado aqui? Digo que ele está em outro lar, aqui tem crianças, tem muita tia. Ele fica perdido, quando recebe uma ordem, não sabe por que estou falando aquilo. Tenho então que explicar: televisão só tem duas, então tem que ficar quieto devido ao colega do lado."*

---

9. "Processo Interno" – documentos que a acusam de maus-tratos à criança, assinados por ela e que podem ser usados pela administração para a sua demissão a qualquer momento por "justa causa".

As ameaças e os castigos ocorrem a todo instante. O castigo é dado por um pequeno desvio disciplinar do comportamento do interno – falar, não ficar na fila quieto, não ficar parado quando é exigido. Muitas vezes, a falta cometida era tão sutil, que, como observadora de fora, não era capaz de perceber. Mas a cada detalhe a "tia" observa, vigia e penaliza. As próprias crianças não se dão conta da indisciplina muitas vezes, sem que, no entanto, sejam poupadas do castigo para o qual não há escapatória possível. Como diz Foucault, "todo detalhe é importante, pois aos olhos de Deus nenhuma imensidão é maior que um detalhe, e nada há tão pequeno que não seja querido por uma dessas vontades singulares." (Foucault, 1977, p. 128.)

O que mais me surpreendeu foi descobrir que davam "castigo geral" por falta de funcionário ou simplesmente para poderem descansar após o jantar. Ao invés de recolher as crianças para o dormitório às 20 horas, conforme o regulamento, com enorme frequência recolhiam às 18h30 min para escovar os dentes, colocá-los sentados de castigo no corredor e para dormir. Parece que é um exercício cotidiano de submissão e de culpa – "sempre fazem algo errado que merece castigo". Percebemos também uma certa flexibilidade do regulamento, só ocorrendo, entretanto, quando favorece os funcionários. Pude observar que algumas crianças aprendem a lidar com o castigo através do que denomino tentativa de burlar a punição dada. A criança não leva a sério a repreensão e brinca sempre que escapa da visão do adulto que a puniu. Apesar de minoritária, esta é uma forma de resistência exercida por alguns. Quando vão em grupo para o castigo, alguns vão sempre rindo e arranjando situações que possam driblar o tédio do castigo. Mas a maioria, quando é castigada, parece sofrer muito – chora, tentando não fazer barulho ou fica com o semblante muito triste de quem foi castigado, injustiçado, ou de quem está recebendo castigo sem saber por quê, só por hábito das auxiliares de disciplina. Alguns reclamam baixo ou para mim afirmando que nada fizeram para merecer castigo. Mas não ousam se rebelar. Em geral, acatam as ordens. E, de qualquer maneira, por qualquer pequeno sinal de rebeldia são ainda mais ameaçados pelas auxiliares.

18 horas: estão todos sentados no chão vendo televisão.

18h 15 min: a "tia" chama 32 meninos pelos nomes, anotados no papel. Pergunto a três desses o que se passa: eles me respondem: 1. "castigo..." (muito triste, e com cara de desolado). Pergunto: por quê? "Não sei", responde; 2. "bagunça". Pergunto: aonde? "Aqui na televisão" (mas não houve nada de excepcional pelo que observei); 3. "castigo". Observo que uns riem e não ligam quando a "tia" chama, outros estão muito magoados e tristes. Eles entram no dormitório, e ouço de fora o maior silêncio. Depois a "tia" dá pijama novo e eles fazem a maior festa, vestem roupas que dariam em mim e comentam rindo muito: "parece saia", "é roupa de capoeira" e jogam capoeira. Soube pela roupeira que esta roupa veio pronta do Internato VII, feita pelas aprendizes de costura. "As que faço são menores, são do tamanho deles", diz ela.

Conversei mais tarde com a "tia" que levou os 32 meninos de castigo para o dormitório – ficaram sentados lá dentro no corredor e mais tarde foram dormir. Per-

guntei a ela por que eles entraram cedo e falei que muitos me disseram que isso era castigo. Ela explicou que havia falado em castigo para eles entrarem, mas que não era não. É que havia poucos funcionários e, então, elas preferem colocar uma turma para dormir cedo. Perguntei por que ela simplesmente não dizia isto para eles. Ela respondeu: "mas se eu disser isto, eles não entram e vão fazer a maior reclamação e confusão. Se digo que é castigo eles obedecem, porque sempre fazem algo errado mesmo". Então pergunto, claramente, se ela usa o castigo para contornar a falta de funcionárias. Ela admite que fazem isto com frequência, do contrário não o faria.

No pátio da televisão a "tia" chama a atenção toda hora por causa da conversa. A meu ver ela é de uma intolerância totalmente exagerada e despropositada. É severa demais e não para de ameaçar e de dizer: "psiu". A ameaça é colocar de castigo e para dormir.

Um comportamento que me pareceu comum, sobretudo nessa faixa etária de crianças internas, como temos no exemplo acima, é a capacidade de brincar e se divertir com pequenas coisas. Mesmo na situação de repreensão e castigo em que se encontram, caso ocorra algo que alivie aquela tensão, eles brincam e riem. Isto me fazia pensar que essas crianças ainda guardavam uma possibilidade de expressão frente às situações frequentes de repressão e angústia.

Vejamos um raro exemplo, no qual a criança não se cala frente a uma ameaça de violência do adulto.

18h 40 min: dormitório. Quando entro, vejo os pequenos com a "tia" Magda e estão todos sentados no chão de um lado e de outro, encostados na parede. A "tia" está zangada e quer que todos fiquem quietos e sentados. Há pouquíssima conversa ou bagunça. A "tia" diz: "não fiquem pensando que é porque a tia Sônia está aí que eu não vou dar uma palmada ou chineladas em vocês. Se for preciso eu vou dar." Logo depois ela diz ainda: "quem falou "duvido", quando eu disse que dava uma chinelada mesmo na frente da tia Sônia?" Ela ameaça e logo um pequenino diz alto e todos escutam: "duvido". Então ela ri e diz: "sabia, é logo você Pedro, não vou te bater porque é pequeno, mas não me diga mais duvido que eu te dou uma chinelada." Ela ri e todos riem descontraídos. Mas certamente foi um ato de coragem do menino – não me lembro de conhecê-lo anteriormente. Os meninos se aproveitam do momento de descontração e começam a fazer "mais bagunça". Pergunto a ela se é minha presença que os deixa assim, se quer que me retire. Mas ela diz que posso ficar, "que é todo dia assim", não é devido à minha presença.

Ela ameaça não dar merenda se continuarem a fazer bagunça e a conversar. E exige que fiquem quietos, encostados na parede. Logo começa a distribuição de biscoito e vai dizendo que aquele que não tiver de cabeça baixa não ganha, mas permite que eles abaixem quase na sua vez de ganhar. A alguns ela não dá. Pula sua vez dizendo que ainda não ficaram quietos. Mas no final volta a eles, que então abaixam a cabeça e ganham. Todos querem e parece que gostam muito do biscoito à noite.

Um dos pequenos, bem gordo, não ganhou, e ela, ao voltar a ele, pergunta se quer. Ele diz que sim e ela pega três biscoitos e lhe oferece. Mas, quando ele vai pegar, ela desvia a mão e ele faz várias tentativas sempre olhando para os biscoitos. Ela fica alguns minutos nesta brincadeira e todos passam a olhar e achar graça. Mas é uma brincadeira terrível! Às vezes, quando ele tenta, sempre com a mão esticada, ela lhe dá o dedo indicador, falando: "toma, pegue!" Ele, sem rir, não desiste, apesar de não segurar seu dedo, ele continua querendo os biscoitos. Finalmente, ela os enfia todos na sua boca, que ficava aberta, ao tentar pegar os biscoitos, e diz: "toma logo menino!" Ri e se afasta. O menino retira os biscoitos da boca e os come devagar. Ele é um menino muito gordo para sua idade, tido como "aquele que come muito".

Assim que eles acabam de comer o biscoito, vão ao banheiro, fazem fila e rezam dentro do banheiro em fila. Ela interrompe a reza, pois diz que tem gente conversando várias vezes. Às 19 horas, eles se deitam. Às 19h 15 min, está tudo muito calmo e silencioso. Quando os coloca para deitar, há um menino que canta (baixo, pois nem escutei!) e ela logo diz: "se tem cantor aqui, vá cantar lá fora, hein!" E ele fica de castigo em pé, não se deitando com os outros. Mas, depois de 10 minutos, ela o manda dormir: "volte para cama, mas, se não ficar quieto, você vai ficar de pé até eu sair!"

Conversando comigo, ela diz que na hora de deitar "é sempre assim, esse tumulto para dormir." Ela me fala que "às vezes realmente dá uma palmada numa criança" e que Rita (responsável pelos grandes no turno da tarde) também dá palmada.

O que parece ocorrer aqui é uma contraposição entre a humilhação e o desejo da criança mostrar que ainda tem dignidade. E a isto a "tia" responde com nova humilhação mostrando sua superioridade física.

Obter dados sobre castigos e repreensões não é muito fácil. Trata-se sempre de um assunto delicado, sobre o qual o entrevistado se recusa a dar informação, muitas vezes, negando o que ocorre. Nesta escola, entretanto, acabei obtendo um número importante de dados fornecidos pelos funcionários. Nas escolas seguintes, isso foi mais difícil, apesar de conseguir informações por intermédio dos internos.

A funcionária, ao bater, tem que estar atenta se bate na frente de colegas de sua confiança. Em geral, uma não "dedura" a outra, pois também sabe de coisas que a outra fez, proibidas pelo regulamento oficial. Uma "acoberta a outra". Este funcionamento torna muito difícil qualquer busca de melhoria no padrão de atendimento às crianças, pois quase todos acreditam que é preciso usar certas técnicas de castigo para manter as crianças sob controle. Assim, uma funcionária me disse que, quando eu fazia reunião de psicologia, quando ali trabalhei como psicóloga, era muito difícil falar qualquer coisa, pois abrir uma conversa implicava em todo mundo ter que se expor e expor o colega.

Apesar das ameaças de maior castigo para as crianças, que porventura ousem falar do castigo que lhes foi infligido, sempre existe algum novato, ainda sem conhecimento das regras, que denuncia ou acha um jeito da diretora ver o machucado no seu corpo e tomar providências. Os meninos que denunciam os maus-tratos são considerados pelas funcionárias como aqueles que "entregam" e, por isso, é preciso tomar cuidado com eles. São discriminados e "desprezados" por elas. Esta atitude, muitas vezes, não deixa alternativa para a criança, que se vê discriminada e tenta descobrir como sobreviver ali, muitas vezes se tornando, aos olhos dos funcionários, "uma criança levada". As próprias funcionárias tomam cuidado com as outras, pois podem ser acusadas de algo que não fizeram. Assim, na mudança de turno, as crianças que estão machucadas devem ser mostradas para a colega com explicação do que houve.

À noite também se observam muitos castigos, mas há a preocupação dos funcionários em se explicar quando alguma criança amanhece machucada, como veremos nos exemplos retirados do "caderno de plantão noturno".

> *"Domingo, 18 de abril de 1982: O menor JCM não deixou ninguém dormir. Não estava sentindo nada. Só pirraça, pois não queria botar as calças, parecia até que eu estava matando ele." (Plantonista)*

> *"21-04-1980: Encontramos o menor NKO com hematoma na altura dos olhos. Levamos ao conhecimento da coordenadora. Foi às 21h40 min, quando verificamos as crianças." (Plantonista)*

Quando este tipo de ocorrência não é registrado no "caderno de plantão noturno", a plantonista é chamada à atenção e é solicitado um esclarecimento. Este caderno diariamente recebe o visto e a assinatura da diretora.

> *"15-04-1980: O menor LCS amanheceu com o olho direito roxo e sangue pisado na vista direita também. Não houve observação no caderno de plantão. Por favor, não deixe de fazê-la num caso deste." (Assinatura da Diretora.)*

A diretora, apesar de parecer ter conhecimento de maus-tratos feitos às crianças, se diz impotente frente a esta situação, pois explica e pede, mas tudo continua ocorrendo. Entretanto, se ela toma conhecimento, pode adotar algumas medidas, que vão desde a repreensão (o mais comum) à demissão. As funcionárias então temem e, na sua presença, não fazem o que sabem que não deve ser feito.

5. Castigos não oficiais – o aprendizado do silêncio

As "auxiliares de disciplina" são as funcionárias que lidam diretamente com as crianças, portanto é com elas que ocorrem situações de castigar os internos. As outras funcionárias podem presenciar o que ocorre, mas, como regra geral, não interferem na atitude da "auxiliar". Na hierarquia, só cabe interferência por parte da chefe de disciplina e da diretora. Mas, na prática, quem mais observa o que se passa são as funcionárias que estão ali realizando algum serviço de limpeza, de enfermagem ou na rouparia. Essas pessoas presenciam situações ou ouvem a "tia" dando castigo ou batendo na criança, os gritos ou o choro, sem nada poder fazer, como dizem. Não cabe a elas falar, porque podem sofrer penalidades, que vão desde o desprezo das colegas até a demissão. Nem mesmo a diretora da escola ousa reclamar a seus superiores os maus-tratos à criança, sobretudo quando diz respeito a outra escola, como veremos no exemplo a seguir. Ela finalmente se coloca em uma posição em que perde a confiança da criança que convive com ela muito tempo, pois não toma qualquer atitude em defesa desta. Na sua escola, em geral, ela contorna o problema com a funcionária. São raros os casos de demissão. Só soube de dois por denúncias feitas por ela e encaminhadas a seus superiores. A diretora narra o depoimento de Fábio, 9 anos, que está na Escola IV:

> *"Você não é mais minha madrinha. Não adianta que não quero mais vir para sua escola. Como você foi me deixar ir para uma escola que o 'seu' me joga contra a parede de noite e eu fico pondo sangue pela boca."* "Não fico na sua casa nem um minuto. Só moro com você; se você morar fora daqui."

Duas funcionárias, que não são "auxiliares", me dão informações que estas não ousam dar. As "auxiliares" admitem que colocam de castigo ou que dão "uma palmada" e nada mais. E, quando admitem que o fazem, falam que a colega também faz, generalizando a responsabilidade como sendo de todas a prática que se referem. Mesmo assim, não falam nada que possa vir contra elas, ou que elas sabem não ser aceito como prática oficial do internato. A impressão que ficou é que todo mundo já bateu ou marcou uma criança. Poucas admitem ter feito algo como unhar uma criança na hora da raiva. O mais comum é uma acusar a outra ou se dizer sempre boazinha com as crianças. Obtive depoimentos mais significativos de outras duas funcionárias. Ouvi os depoimentos quase como um desabafo e também como uma forma de me informar sobre assuntos que elas consideravam importantes para minha compreensão da dinâmica institucional.[10] Sobretudo uma delas, que ficou surpresa quando lhe respondi que achava que esta escola parecia ser uma das que dava melhor atendimento às crianças. Ela me disse que "as aparências enganam" e junto com sua colega fez o seguinte relato:

---

10. A enfermeira parece ter melhor formação profissional. Talvez por trabalhar junto com o médico, um profissional dos raros na instituição, que tem respeito pelo seu trabalho e pelas crianças. Ele deve influenciar a enfermeira na sua visão. E também, como ela não lida diretamente com muitas crianças ao mesmo tempo, pode ter uma relação particular com elas e a situação de observadora de situação no grupo lhe permite uma posição mais crítica. Quanto à roupeira, que é amiga da enfermeira, tem amizade por mim por ter atendido ao seu pedido de orientar a filha, quando eu ainda trabalhava ali como psicóloga, uma adolescente que passava por uma fase difícil, a quem atendi algumas vezes. Em geral, eu me negava a atender os funcionários, mas não me negava a conversar informalmente com eles sobre os problemas que me traziam de sua vida familiar. Creio que o depoimento dela ocorreu por gratidão e pela confiança de que eu não falaria disto com a diretora ou outra pessoa, apesar de ficar hospedada na casa da diretora, ao lado da escola. Estas pessoas não gozavam de estima da diretora como outras funcionárias. Deve ser contrastada aí a relação pessoal com a ausência da relação com a criança, ou melhor, a relação de controle. A funcionária tem em relação a mim um traço pessoal (atendi a filha), coisa que não há nas relações institucionais.

"*Sônia, você, pensa que elas estão contentes que você esteja aqui? Não se engane, não estão não. Hoje ouvi comentários de Rita de que ontem você esteve aqui à noite vigiando o serviço dela. Você esteve aqui à noite?*"[11] *Digo que estive vendo as crianças irem para a cama e que a certa hora olhei para o pátio da televisão e vi que ela pegava um menino com força, obrigando-o a sentar-se em certo lugar. Apesar de estar bem escuro, vi que ela me viu. Ela diz: "Ah, pois é. E você sabe, né, Sônia, ela bate muito nas crianças aqui. Ela é terrível. E é mais nessas horas – após o almoço e na hora de dormir que elas batem nas crianças. Ameaçam e dão beliscões. Rita dá até chute com os pés. Pisa mesmo em cima das crianças (e mostra com gestos). Outro dia eu ouvi uma criança reclamando com ela, ela dizia: Nossa tia, a tia Rita nem sabe bater na gente. Ela não dá palmada. Ela dá chute com os pés e machuca a gente. A outra desabafa baixinho, fala rápido e emocionada, com medo de ser interrompida a qualquer instante, pois estamos na rouparia com a porta encostada. "Tem muita moça que bate aqui?" pergunto. "Nossa, Sônia! E fico sem saber o que fazer, porque com toda minha orientação lá na igreja, eu vejo isto aqui e não falo nada, não faço nada, fico com a consciência pesada. Afinal penso: é como se eu também fizesse, pois estou sabendo e não falo nada e fico quieta. Mas, se eu falar, sei que posso perder meu emprego e eu dependo disto aqui, Sônia. Como vou fazer? Teve um dia que eu e Luíza não aguentamos ver. Nós duas fizemos uma carta anônima à diretora, não colocamos nossa letra e ela nunca soube que fomos nós. É que uma funcionária, que não está mais aqui – até depois que ela saiu ela se suicidou – ela batia muito nas crianças e sobretudo num menino [nomeia]. Ela batia, dando socos nos lados e nos pulmões do menino. Até que um dia vi o menino botar sangue pela boca quando ia na pia. Aí, não aguentei. E o que fazer? Até que tive a ideia de falar isto por carta anônima, pedindo à diretora que investigasse. A funcionária foi mandada embora. Tem Tereza, ela também bate muito. Tem a Laís (as duas são irmãs), ela também é terrível. Com aquela cara sempre bonitinha e rindo, mas é um capeta aquela menina. Já vi, Sônia, gente pisando no pé da criança de sapato. Dando até uma rodada e rindo, cumprimentando outra pessoa como se nada acontecesse embaixo do seu pé. Já vi gente trazer agulha de casa para enfiar debaixo da unha das crianças como castigo. É terrível. E eu tenho que ver tudo isto e ficar quieta!"*

Sônia: "*E por que fazem isto? O que as crianças fazem?*"

"*Nada de mais, coisa de criança. A maioria é porque a criança não se comportou bem na fila, não ficou quieta, não teve boa disciplina.*"

Sônia: "*E por que as crianças não gritam, não choram, não reclamam?*"

"*Porque elas tapam a boca com um pano. Dizem também que, se ela chorar ou falar alguma coisa, será castigada em dobro. E, então, os coitados não falam nada, com medo. Outro dia aconteceu algo incrível. Uma criança chegou de noite com a mãe. Entrou e quando viu que seus colegas estavam de castigo e apanhando,*

---

11. Meu comparecimento ao internato quando ninguém costuma visitar – nas primeiras horas do dia e à noite – tornava minha presença e observação ainda mais indiscreta.

ele voltou correndo para a mãe e disse: mãe, eu não quero ficar não. A tia está botando todo mundo de castigo! A mãe ficou indignada e pediu satisfação a chefe de disciplina, Sandra. Ela falou: Que isso dona Fulana, seu menino está errado. Aqui as moças não fazem isto. Agora é hora de escovar dentes e ir dormir, é o que eles estão fazendo. E falou com o menino para entrar de novo e ver o que a "tia" fazia. Só que Sandra entrou com ele e, quando chegou aqui, deu-lhe uma bronca e disse que ele não podia dizer aquilo para a mãe dele e mandou que ele voltasse lá e dissesse que tinha mentido, que os meninos estavam mesmo escovando os dentes. Mas, como tinha-se ouvido uns gritos de criança, ela mandou dizer que aqueles tinham gritado, pois foram repreendidos porque não queriam escovar os dentes. O pobre do menino voltou lá e disse isso tudo para a mãe, porque ela o ameaçou que, se ele não dissesse, ia apanhar muito. A mãe ficou admirada com a mentira do filho e ainda zangou com ele porque, afinal, não era aquela educação que ela lhe dava, que ela o ensinava a não mentir. O menino começou a chorar porque, coitado, teve que passar como mentiroso para a mãe. E, no final, ele entrou e apanhou de duas "tias", que deram nele e, no dia seguinte, fulana também bateu nele. Porque, você sabe, elas deixam escrito uma para outra. E ele foi castigado três vezes (apesar de ter cumprido o que a Sandra tinha pedido)! E sabe por que Sandra acoberta tudo que elas fazem? Porque Sandra já tem aviso prévio. Ela já tem duas acusações contra ela por ter batido em criança. E as colegas a defenderam e ela não foi despedida. Agora elas sabem que podem fazer, pois Sandra não vai poder falar nada, senão elas também falam dela. É assim, é horrível. Sandra, quando entrou para cá, era da disciplina e era muito violenta no início. Ficou um ano e depois fez que fosse mandada embora a chefe de disciplina, que era muito boa. A Cristina protegia muito o funcionário. Quando acontecia algo, ela conversava e só na terceira falta do funcionário é que ela preparava a funcionária avisando que contaria à diretora. A Sandra viu isto e começou a contar as coisas antes à diretora, dizendo que a chefe da disciplina escondia o que acontecia. E houve um certo fato, que acabou causando sua demissão e Sandra entrou em seu lugar."

Apesar de todo tumulto, confusão e transtorno em que as crianças vivem, considera-se que a situação da diretora é sempre em defesa da criança. À noite, as plantonistas podem perceber como foi o dia da criança, conforme podemos ver no seu depoimento:

"A diretora dá em cima de quem bate em criança. Tem dois ou três anos que melhorou muito. Antes encontrava pau, vara, nas janelas, que as coadjuvantes faziam uso de dia. As crianças acordavam chorando à noite com frequência – não, não; vai me bater! As crianças eram muito mais sobressaltadas à noite, acordavam chorando." (Plantonista noite – 12 de julho.)

Durante o sono, quando as crianças estão mais relaxadas, expressam a tensão e a intranquilidade vividas durante o dia. Mas também a noite tem seus percalços. É sabido que à noite, nos dias de visitas e de muita expectativa de estar com a mãe, as crianças acordam sobressaltadas, falam durante o sono – "Oh, tia, olha aqui." "Cadê a minha tia?" "Mãeê." As crianças apresentam outros problemas como vômito e diarreia, sobretudo nas noites de sábado e domingo. Como consequência, as plantonistas têm que acordar as crianças e dar banho nelas.

Através das anotações do "caderno de plantão noturno"[12] de março, abril e maio de 1980 e março e abril de 1981, pude verificar que, à noite, sempre há muito choro, agitação, febre e crianças que se machucam. Constatei nestes cadernos que os plantões são "agitados", sempre com anotações das plantonistas sobre algum acontecimento que perturba a noite. Só verifiquei uma anotação de plantão regular onde não há nenhuma ocorrência registrada. É importante ressaltar que os meses acima indicados são os de ingresso de crianças no internato.

Um outro problema manifestado à noite é a enurese, sendo encontrado em todos os internatos. Mais uma vez, expressão de alguma perturbação do interno é vista exclusivamente sob o prisma disciplinar. E a medida considerada adequada é o treinamento do controle da vontade de urinar. Assim, desde o início do funcionamento dos internatos, segundo informações de funcionários antigos, a medida considerada apropriada e que foi determinada para sanar este problema é acordar os internos enuréticos de duas em duas horas à noite. O problema, entretanto, parece não ser resolvido e há um número considerável de "mijões", como são chamados nas escolas. No Internato IV, a listagem desses internos é assim classificada – "mijões" por dormitório. A escola tem em média 50 enuréticos para 200 internos. Foi nesta escola que descobri a existência desta questão, quando trabalhei como psicóloga, devido a um incidente. O diretor-geral pediu-me que atendesse um aluno que, pela segunda vez, havia amarrado o próprio pênis com barbante, o que provocara uma inchação séria, tendo sido necessário recorrer a médicos especialistas na zona sul do Rio de Janeiro, por duas vezes. O diretor me pareceu muito preocupado com todas as despesas que tal fato ocasionou e, como o médico só tratara do problema depois do ocorrido, pediu minha intervenção para descobrir por que este menino de 10 anos repetia tal atitude tão descabida. Na entrevista que fiz com o menino, este me explicou que ficava de castigo no pátio frio à noite por urinar na cama e, como não conseguia se controlar, teve a ideia de amarrar o pênis para assim resolver seu problema e não ser castigado. Fui, então, conversar com os inspetores para me inteirar da questão e descobri que cada pavilhão tinha uma fila de camas dos "mijões" ou "enuréticos" e uma listagem diária daqueles que tinham urinado. Fiquei muito impressionada que se tentasse lidar com a questão repetindo medidas ao longo do tempo – "se

---

12. No "caderno de plantão noturno" os seguintes registros: dia do plantão, número de crianças por pavilhão, medicação a ser dada, observação sobre o plantão; é assinado pelas plantonistas. O controle da diretora sobre o que acontece à noite, salvo algumas interferências pessoais, feito através do "caderno de plantão noturno", que também serve como veículo diário de comunicação entre a diretora e as plantonistas.

faz assim desde 1940" – sem qualquer questionamento que não fosse da ordem do treinamento e da disciplina corporal. Através das perguntas que eu fazia para entender como lidavam com o problema e dar alguns esclarecimentos, me dei conta mais uma vez de que era muito difícil, enquanto psicóloga, tentar mudar a abordagem desta questão específica, sem que todo o sistema disciplinar fosse passível de questionamento. Assim, consegui antes recolher mais dados sobre a questão do que sensibilizar alguns funcionários, sobretudo porque aqueles que trabalham à noite não tinham praticamente nenhum contato com meu trabalho. No Internato V, havia em média 60 enuréticos em 350 alunos; no VI, de 272 havia 32 enuréticos. Não recolhi dados dos Internatos II e VII. No Internato III, tive oportunidade de conversar com as plantonistas da noite que decidiram, por conta própria, não acordar as crianças, muitas vezes, à noite, fazendo isso no máximo duas vezes, pois tinham dificuldade de se levantar, choravam e acabavam acordando as outras. E com isto, descobriram que a enurese diminuía consideravelmente, tendo na época somente cinco crianças, em um total de 200 internos. Foi possível depreender através dos diversos depoimentos que a enurese noturna surgia inicialmente como uma expressão da angústia e das dificuldades vividas pela criança na sua primeira fase de internação ou nas mudanças de internato. No Internato III, verificou-se que este sintoma desaparecia com o tempo, o que não ocorria nos outros internatos, que pretendiam tratar a questão como um problema de treinamento e disciplina do corpo.

Isso mostra mais uma vez como em uma instituição total não há lugar para perguntas e indagações, mas tão somente para "cumprir ordens" e seguir a tradição. Não há mobilidade na dinâmica institucional. E mais uma vez a maneira de lidar com a questão não é a favor da criança, mas para discriminá-la e humilhá-la perante os outros.

6. Recreação vigiada

> *"Ao jogo não é possível impor modelos, em nome dos quais a ordem se legitima e aperfeiçoa seus meios de influência e produção. O jogo é uma via e no seu percurso se constituem as significações do sujeito. O jogante, mesmo seguindo regras e estando referido a algo externo, o brinquedo, se dispõe à incerteza, à possibilidade e ao risco."*
>
> *(Navarro Vital Brazil, 1987, p. 79)*

No internato, toda hora é hora da criança estar atenta a alguma ordem dada. Na recreação, que pode ser "dirigida" (as "tias" orientam alguns jogos ou alguma atividade) ou "livre", as crianças têm sua hora de maior relaxamento. Mesmo assim, como veremos a seguir, elas estão o tempo todo sob o olhar da "tia". Não há chance da criança estar só, ter seus segredos, escapar da vigilância dos funcionários. A recreação, como talvez não possa deixar de ser em um ambiente deste tipo, tem suas regras e condições. Não é livre. Livre só se é na fuga, atividade impossível para as crianças dessa idade. Elas começam a fugir a partir de 8-10 anos, no Internato IV.

Durante a semana o horário de recreação é pela manhã, para as crianças que vão para a escola à tarde, e à tarde, para aquelas que vão de manhã.[13] A recreação tem a duração aproximada de três horas com um lanche no meio. O espaço pode ser: o pátio de cimento ligado ao estabelecimento, mais utilizado para jogos dirigidos; o parque, atrás dos dormitórios, que tem alguns brinquedos do tipo gangorra, escorrega, balanço, para a chamada "recreação livre"; o pátio da "escolinha", um espaço fechado como muitos; e o chamado "campão" ou "grêmio", onde há um campo de futebol. Este é um local inteiramente aberto sem qualquer cerca e muito amplo. Os lugares mais usados são a "escolinha" e o parque. Aparentemente dão menos trabalho para as "tias", pois elas não dão brinquedos para as crianças. Eles brincam com o que encontram – folha de árvore, papel do chão, pau etc. Em geral, sempre há brinquedos guardados, o que ocorre em todos os internatos, mas que não são usados, sob a alegação de que são logo quebrados. Os brinquedos são de baixa qualidade, frágeis e de plástico, como em todos os internatos desse tipo. A escolha do local da brincadeira é feita pela "tia". Não é dada chance às crianças de escolherem o local, o que determina as brincadeiras possíveis. A vontade da "tia" é todo-poderosa e aparentemente aceita pelas crianças como algo natural. Se há resistência, só a notei expressa de maneira passiva, sem reivindicar claramente um pedido, como, por exemplo, todos têm que ver televisão se assim é determinado, mas aqueles que não têm vontade se distraem conversando, quando a "tia" relaxa sua vigilância, apesar de permanecerem sentados nos seus lugares.

Veremos a seguir algumas observações comentadas dos diferentes tipos de recreação nos locais de que falamos acima.

> *"Recreação Dirigida"*
>
> *7 horas: as 100 crianças que não foram à escola formam em fila, na quadra e, sob as ordens da "tia", fazem "ordem-unida". Depois, então, estão livres para brincar. A "tia" conversa com todos e o resultado é a separação em turmas para jogar bola. Outro grupo bem maior prefere pular corda com a "tia". Um terceiro grupo pega um boliche e logo joga animadamente – eles me pedem para ajudar a separar o time (mas eu não o faço, creio que o pedido foi só para pedir atenção, eles já estavam organizados).*
>
> *Corda: a "tia" segura de um lado e outro menino do outro, muitos querendo pular. Toda hora a "tia" faz uma repreensão: "espere, não vá agora", "um de cada vez ou dois", "bate direito", "assim não" – sempre com cara zangada, querendo ordem. Os meninos, por sua vez, pareciam não se divertir muito, com cara triste.*

---

13. Visitei algumas vezes a pré-escola e o grupo escolar que os internos dos Internatos II e III frequentam. Como notei que a exigência de comportamento das crianças era muito semelhante ao sistema disciplinar do internato, perdi todo o interesse em explorar melhor o que este ambiente pudesse oferecer de novo e diferente nas aventuras possíveis da descoberta da leitura e escrita. Ver as questões referentes à escola formal em Internato VI, item 4a.

Esta *"tia"* larga a corda e vai até o gol (não vi ninguém chamando) e organiza como *"deve ser"* o jogo – uma fila para chutar e um goleiro. Briga com um deles que está no gol e não deveria estar.

Noto que há maior relaxamento entre as *"tias"*, mais descontração, estão mais soltas. Conversam com um e outro nos pequenos grupos. A maior parte de suas intervenções é no sentido de organizar algo ou resolver um problema para as crianças. Uma *"tia"* pega giz e marca a área do gol; outra faz uma *"amarelinha"* no chão.

Moisés vem toda hora subir no meu colo, me agarrar. Acabo zangando com ele. Pergunto de que brincou. Ele diz *"de nada"*. Estimulei-o a brincar e ele se foi, mas não brincava, vagava entre uma e outra turma, olhando, mexendo com algum colega, mas sempre disperso, sem conseguir brincar, e ninguém lhe dava confiança.[14]

Olho de novo para o pessoal da corda. A *"tia"*, que voltou para lá, manda o tempo todo ou zanga porque alguns atrapalham. As crianças me parecem mais descontraídas e riem mais. Eu me chego e digo que vou pular. Eles riem muito e torcem por mim, até que erro. Hoje não havia nenhuma *"tia"* brincando com eles, o que pode eventualmente ocorrer. Fico olhando e começo a contar alto quantas vezes cada criança é capaz de pular. Eles logo se animam: uns contam errado, mas o coro aumenta rapidamente. A *"tia"* também conta com todos: *"um, dois, três..."* Suando, saio dali e o grupo continua se amontoando, sendo difícil a entrada na corda. A *"tia"* finalmente para e exige fila.

Ando pelo pátio. Uns vêm orgulhosos mostrar que têm pião e como sabem fazê-lo rodar. Converso com eles.

Três crianças continuam ao meu lado. Seguram na minha roupa e, quando estou parada, um passa a mão no meu cabelo acariciando-o suavemente. É um gesto que as crianças internadas gostam muito de fazer. Ando até três crianças que estão sentadas na quadra. Uma tem um astronauta de plástico com balas dentro. Logo alguém se dispõe a explicar que *"o astronauta é de Marco"* e tem balas dentro. Um menino interfere: *"Marco me pediu para tomar conta, não é meu."* Ninguém mexe no boneco, mas explicam que tem bala. E vão chamar o dono para me apresentar. O dono então pega, come algumas balas e distribui com os outros. Os que me acompanhavam oferecem bala e fazem questão de me dar na boca. Mas não ficam em cima do colega pedindo, eles são muito *"educados"*. Ando e paro em outros cantos. Outros vêm conversar. Estou sentada no chão, um tenta me levantar e diz: *"vou morrer com você"*. Este menino, pouco antes, havia dito que queria se casar comigo e perguntou se podia. Eu disse que sim, todos em volta riram, falan-

---

14. É uma criança visivelmente problemática, que muito sofre com a vida institucionalizada. Tem sempre uma enorme demanda de afeto, o que o torna "chato". Não consegue brincar ou se interessar por nada. É um exemplo típico de criança que vaga no ambiente do internato e precisa de ajuda de especialista sem, no entanto, receber qualquer atenção da direção e dos "técnicos" (psicólogos e assistentes sociais).

do que nós dois iríamos nos casar. Outro disse: "mas ele é muito pequeno e quando ele tiver grande, você será muito velha". Eu brinquei então dizendo que estava velha e triste, pois meu namorado, por quem tinha esperado tanto tempo, não mais queria se casar comigo. Eu estava feia, com rugas etc. Eles riram muito. Mas o menino disse: "eu quero me casar sim, mesmo com você velha!" Eu disse: "você quer? Pode ser, mas é mais certo que você conheça muitas mocinhas, novinhas, bonitas e se apaixone por elas. E nem queira saber de mim". Ele riu como se vislumbrasse a possibilidade e eles se olhavam rindo muito.

Era muito comum que as crianças viessem me perguntar se eu era a mãe de fulana, porque me parecia muito com ela. Outros diziam: "ela é minha mãe" ou "tia" ou "irmã". E me perguntavam de novo para confirmar para os colegas que não haviam dado crédito. Em geral, eu dizia que era sim, entrando na brincadeira, e as crianças ficavam muito satisfeitas. Os outros no fundo achavam que era mentira, mas ficavam na dúvida. Essa era a maneira mais comum das crianças, nesta escola, falarem da mãe ou perguntarem sobre ela. A busca da mãe é muito presente e insistente nas crianças internas.

Temos acima um exemplo no qual o brincar é a expressão do desejo, sem entretanto a ameaça da realização do desejo. O importante, como diz Winnicott (1975), é que o indivíduo crie e vivencie o espaço da ilusão como ilusório.

Outra coisa importante e muito frequente nos dois primeiros dias de observação: muitas crianças vinham me perguntar se eu sabia o nome delas; se não sabia, me diziam seus nomes completos e o dos colegas em volta. O nome é muito importante para elas. É o que as diferencia e as nomeia como únicas.

9h 55 min, no refeitório: a televisão está ligada para os mais novos (os maiores veem televisão no pátio). Eles estão de casaco, sentados nas duas mesas em frente à televisão. Passa um desenho com Popeye. Todos se interessam, o silêncio é total. Mas quando há um comercial eles falam. Muitos falam, fazendo aquele burburinho de crianças. São 10h 10 min. A "tia" acha que "é bagunça demais", abaixa o som da televisão e fala com eles para se calarem. Só depois, então, ela aumenta o volume. Mas não é desenho e eles voltam a conversar. Ela volta a abaixar o som e a falar com eles: "vocês não estão ouvindo nada. Assim é melhor abaixar mesmo". Assim que se calam, ela aumenta de novo. 10h 12 min: ela abaixa de novo: "como podem saber uma história assim. Ninguém ouve! Comentar é uma coisa. Falar é outra!" E novamente volta o som.

É importante a descriminação que as crianças fazem entre o filme que lhes interessa e os comerciais, ao invés de assistirem passivamente a tudo que aparece. Mas a não passividade das crianças incomoda muito a "tia" que considera qualquer expressão das crianças uma questão disciplinar – mau comportamento. Ela é incansável na tentativa de aquietá-los e enquadrá-los no ideal disciplinar da instituição.

Comentar com os colegas o que veem é uma forma de se relacionar ativamente com a televisão. Como é possível comentar sem falar? Mais uma vez predomina a incongruência autoritária do adulto. E como vimos nos Internatos I e II, esta atitude não é particular das "tias" deste internato. Nem nesses nem nos demais se permitem a conversa na sala de televisão. Todos devem receber as mensagens televisivas sem reagir, seja dançando, cantando, se mexendo ou conversando, sob pena de serem castigados. Em todo funcionamento institucional, mesmo na hora da recreação, as crianças parecem viver sob ameaça, como diz Navarro Vital Brazil (1987): "no imaginário dessas crianças a morte ronda de perto, na forma de carência e de repressão que se cristaliza na insensibilidade do sistema".

7. Recreação livre: parque, "escolinha" e campão

13 horas: aqueles que não dormiram à tarde estão no parque. Brincam nos brinquedos (balanço, escorrega etc.), conversam em pequenos grupos, desenham na terra com pauzinhos e dois grupos jogam futebol com um carrinho de plástico, que serve como bola. Depois comentei com a diretora a falta de brinquedos e citei este exemplo. Ela falou que eles têm duas bolas novas e que eles brincam com bola.

O que se passa é que no parque não é para jogar bola e, por isso, elas não dão. Só vejo os internos jogarem bola na parte da manhã, e só quando estão na quadra. Novamente se tem hora determinada para o que deve ser feito, prevendo a brincadeira e o local. Mas alguma improvisação e liberdade é permitida; as crianças se aproveitam desta possibilidade e inventam o jogo de bola com o carrinho (Fig. 24).

Figura 24. No recreio da "escolinha", brincam sem brinquedos, mas alguma improvisação e liberdade são permitidas.

No recreio da "escolinha", eles brincam sem brinquedos. Apenas com o "zum-zum-zum" com botão e um pedaço de linha – feito pela "tia". Mesmo no lazer a "tia" ocupa o tempo fazendo fila.

Ela gosta de trazer as crianças para a "escolinha" ou vai "passear com eles na estrada, ensinando a andar de mãos dadas". Ela me mostra um interno que tem muito "senso de direção" e que vai na frente da fila. "Quando a gente pede para parar, ele para. Assim, a fila forma-se de novo bem. Ele desenvolve seu senso de direção e os outros também. Isto é muito bom. E, quando vou para o campão com eles, é bom também, porque tem muito espaço e eu gosto de ensinar a eles a fazer forma."

Mesmo dentro da precariedade da organização do brinquedo oferecido, as crianças não são livres para inventar. Por outro lado, percebe-se que dentro de um sistema tão organizado não há uma organização do brinquedo para acontecer a ação do brincar, como vamos observar quando as crianças frequentam o campão.

O campão é mais frequentado pelos meninos do Internato V. Os dos Internatos IV e III utilizam este espaço às vezes, aos domingos, em dia de festa ou para alguma atividade especial no auditório denominado "grêmio".[15] As crianças gostam muito de ir para o campão, porque o espaço é aberto e porque se encontram com meninos das outras escolas e pessoas da comunidade. É pouco usado aos domingos, entretanto, porque o campo de futebol é sistematicamente alugado para times de futebol – muitas vezes um time composto de funcionários ou filhos de funcionários e um time de fora. Por este motivo, em geral, as crianças ficam presas no internato aos domingos. Observei, entretanto, um domingo em que as diversas escolas foram para o campão e também a Escola III. É neste local que os meninos mais novos se relacionam, têm oportunidade de conhecer os maiores e de encontrar seus irmãos e primos. É também aí que começam a participar da disciplina dos maiores, não só por observar os castigos dados ali – ficar em fila imóvel sob o sol – como efetivamente por ter que obedecer a uma voz de comando do adulto de outra escola – a imobilização pelo apito.

7 horas: no grêmio – a "tia" forma os maiores e avisa que não podem ir para certas áreas, senão serão castigados. Os mais novos não formam nem são avisados.

8h 20 min: chegam as crianças do Internato IV. Ficam à minha volta e querem dar a mão. Vêm em fila, mas muito à vontade. Conversam com a "tia" e contam suas histórias. Estão contentes. Gostam de sair do estabelecimento. Um menino se aproxima, pergunta se conheço alguns termos e se orgulha de poder me explicar: "chepa – é roubar coisas; esparar – é ficar se pendurando nos outros".

Um dos meninos do Internato IV vem com um pandeiro e toca muito bem. Um "tio" me mostra e o elogia. Outros vêm ao seu lado e um deles faz som em uma lata. Logo chega ao grêmio uma turma de 20 que fica em fila de castigo.

---

15. Antigamente funcionava como um grêmio, com muitas atividades esportivas, culturais e musicais.

Os meninos falam que os do Internato V lhes tiram a bola. A "tia" me diz que eles se espalham enquanto não há meninos grandes; depois só ficam perto dela. Os meninos pequenos lancham biscoito e voltam para o internato. Os maiores ficam. A "tia" me informa que os leva de volta porque havia muita criança no campo e muito carro. Ficaram com medo de que ocorresse algo.

8h 40 min: um inspetor do Internato IV apita e todos que ali estão ficam imóveis, olhando para o "tio". Ele fala que os alunos que estão no tronco da árvore devem sair de lá. Em seguida todos se descontraem. Os meninos me perguntam "se vai ter festa porque veio todo mundo para cá" e explica que não vêm todo domingo. Vejo muitos irmãos de escolas diferentes andando juntos e alguns me mostram seus irmãos (Fig. 25).

Em meio a tantas tensões no cotidiano do internato, é na recreação que há maior possibilidade de diminuir a tensão nas relações entre as "tias" e as crianças. Apesar das funcionárias sempre exercerem seu papel de vigilância e controle, é nessa hora que se pode observá-las mais disponíveis para estar com as crianças e escutá-las, como também acontece entre os inspetores e meninos do Internato IV e V (Fig. 26). Pode mesmo acontecer alguma troca de carinho, como, por exemplo, uma criança deitar a cabeça no colo de uma funcionária. No jogo propriamente dito, entretanto, elas dificilmente conseguem ser intermediárias nas relações de conflito. Em geral, interferem para brigar ou para organi-

Figura 25. No "campão", meninos de diferentes internatos encontram-se – é uma alegria para os que tem irmãos!

Figura 26. Na recreação, há maior possibilidade de um relacionamento amável e divertido entre o adulto e os meninos.

zar o jogo sem ouvir o que se passa. Foi na recreação nesta escola, como nas outras, que pude melhor perceber os internos, como se eles se humanizassem, à medida em que era possível uma relação com os funcionários, na qual era atendido algum de seus anseios individuais.

Como pesquisadora, preferi ter uma atitude participante, mesmo que isto pudesse me impedir de observar outras situações que ocorriam. E por estar mais disponível, as crianças sempre me procuravam em busca de atenção. O pedido, em geral, era para ajudar a resolver uma situação de conflito no jogo, para contar algum feito (um gol, por exemplo), para mostrar algum objeto do qual se orgulhavam (o sapato dado pela mãe). Notei também que as funcionárias, algumas vezes, deixavam as crianças inteiramente soltas e elas tinham a maior dificuldade de se organizarem para brincar. A impressão que me causou foi muito parecida com aquela narrada quando dei água para as crianças no Internato I sem exigir fila. Aqui também, na área livre do pátio de cimento entre as varandas, as crianças pareciam ficar muito ansiosas sem o controle explícito das funcionárias. Corriam de um lado para outro, chegando a se atropelar ou a bater com a cabeça na coluna de cimento. As brigas e disputas eram muito mais frequentes sem um clima calmo para brincar.

Nesta escola, como nos internatos do gênero, a escassez de brinquedos e a falta de organização da brincadeira dificultam a ação de brincar. Vimos nos internatos anteriores que esta situação é semelhante. O brinquedo não é utilizado para favorecer a criança em sua livre expressão. Sabe-se que é por intermédio do brinquedo e do jogo que a criança se aventura na experiência de constituir-se sujeito singular e diferenciado. Mas, como o jogo favorece sua autonomia progressiva, ele não serve aos interesses institucionais, na medida em que não permite agrupamento e controle das crianças como "massa" indiferenciada. E, como diz Navarro Vital Brazil (1987, p. 80), "no ato de jogar, encontra-se o espaço atualizado da diferença onde se realiza o sujeito. O brincar é o espaço criativo que existe entre as pessoas, é uma forma original de expressar o desejo. Sem o espaço da diferença, a comunicação é doutrinação e produz aquiescência e obediência."

INTERNATO IV

CAPACIDADE: 400 INTERNOS

FAIXA ETÁRIA: 8-10 ANOS (SEXO MASCULINO)

Tia, quando eu ficar homem igual ao seu Luis, onde é que me vão colocar?
                                                          Perereca, 10 anos

ORGANOGRAMA

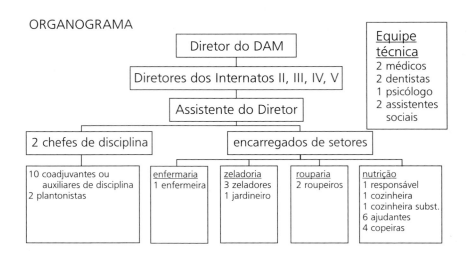

ORGANIZAÇÃO DO ESPAÇO

1 – DORMITÓRIOS
2 – REFEITÓRIO
3 – COZINHA
4 – PÁTIO
5 – BANHEIROS
6 – VARANDAS
7 – SALA DE TV/MISSA
8 – ROUPARIA
9 – SALA DA ASSIST. SOCIAL
10 – ENTRADA
11 – SALA DA INSPETORIA
12 – GABINETE DA DIRETORA
13 – ENFERMARIA
14 – QUADRA

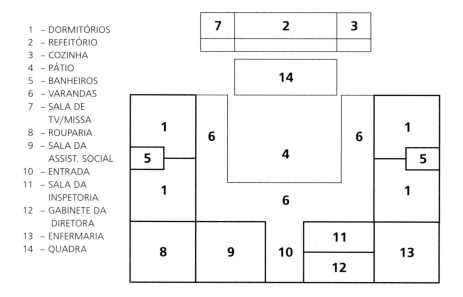

1. Introdução

Neste internato para a faixa etária de 8 a 10 anos, a disciplina atinge seu ponto alto e pouca diferença haverá nas outras escolas. Somente no Internato VII, novas mudanças ocorrem. O treinamento da "ordem-unida" se inicia no internato anterior mas, neste e nos internatos V e VI, é feito inúmeras vezes durante o dia como um instrumento de treinamento, submissão e controle dos internos. O apito é introduzido pelos inspetores para imobilizar e comandar. A exigência da boa postura e da exatidão dos movimentos em grupo atinge seu ponto máximo. A expectativa institucional é que a obediência cega à autoridade já esteja bem inculcada nos garotos. Surge a figura do monitor para ajudar no controle. Em meio a tanta disciplina, observa-se, entretanto, que o interno se sente perdido, desprotegido, abandonado e aprisionado. Este sentimento de desproteção e abandono perpassa todo o seu cotidiano de diferentes formas. Ao invés de amigos e algum adulto de referência a quem possa pedir apoio, o interno depara-se cotidianamente com o castigo, a humilhação, o constrangimento e a violência física e sexual. A saída possível é a fuga, que se inicia com tentativas ainda tímidas.

2. A "massa" disciplinada

Nos Internatos IV, V e VI (8-10 anos, 10-12 anos e 12-14 anos) não há grande diferença quanto à exigência de disciplina e ao castigo, que se acentuam sempre, mas a disciplina já está estruturada desde a faixa etária de 8 anos. Uma alteração importante: os inspetores deste internato e dos próximos são homens. Não há mais mulheres lidando diretamente com as crianças e os adolescentes. Não há nenhuma justificativa oficial para esta mudança. Percebe-se, entretanto, o surgimento da ideia de masculinidade, e isto significa no modelo disciplinar maior severidade e castigos mais duros (Fig. 27).

A disciplina rotineira de fazer "formatura" e se locomover em fila torna-se muito mais rígida, exigente e frequente. E, assim, o grupo de alunos castigados por falta disciplinar aumenta muito. Todo dia são castigados à noite, pelo menos 15% deles. O castigo mais comum é ficar em pé no dormitório ou no pátio durante o dia e a noite.[1]

Um novo instrumento disciplinar passa a ser usado com frequência – o apito. Ao som do apito, usado pelos inspetores, as crianças se imobilizam onde estão e aguardam a voz de comando.[2] Pode ser um aviso, uma repreensão ou uma ordem para fazer "formatura" por diversos motivos. O apito é também usado nos Internatos V, VI e VII.

A "formatura" pode ser entendida como o perfeito alinhamento dos alunos por tamanho, por turmas de dormitórios, em fileiras. Para que a "formatura" esteja bem organizada, segundo exigência dos inspetores, se faz sempre a "ordem-unida", algumas vezes ou

---

1. Em um dos dias em que fiquei até a noite no internato, a diretora passou e comentou com os 28 meninos que estavam de pijama formados de castigo no pátio: "Vocês estão de vigia junto com os inspetores?" Eles nada responderam à ironia da diretora.
2. Um antigo inspetor do Internato VI, ao saber que eu iria defender a tese na França, encomendou-me um apito por considerar que lá se fabricam os melhores.

Figura 27. Aqui, a disciplina atinge seu ponto alto. Espera-se que, com 8 anos, a obediência cega à autoridade já esteja bem inculcada.

muitas, dependendo da vontade do adulto que comanda.[3] Além das horas normais, previstas na rotina diária, a "formatura" também é feita sempre que o inspetor assim o deseja. Os motivos mais frequentes são: chamar a atenção se há muita desordem na atividade que realizam (entrada no refeitório ou no dormitório, por exemplo); recolher algum objeto proibido na recreação (pedaço de pau ou pipa, por exemplo); dar bronca pela bagunça no recreio, por não andarem em fila direito ou por conversarem após ter feito a "formatura", por não obedecerem à voz de comando do inspetor após o apito, quando o inspetor dá mostras de sua autoridade. Outras vezes a "ordem-unida" me pareceu não ter qualquer motivo aparente. Desta maneira, é comum que eles façam "formatura" pelo menos 10 vezes durante o dia em momentos diferentes, e esta é sempre repetida várias vezes.

A "formatura", além de ser feita antes de qualquer locomoção dos internos, também pode acontecer em diferentes lugares, só para exercitar a obediência à voz de comando do inspetor. Assim, uma vez formados e alinhados, são ordenados a formar em outro local próximo e lá repetem a "ordem-unida". Desde o Internato II, a espera para realizar uma atividade é sempre em fila, sentados ou em pé. Por exemplo, quando todos estão no dormitório e aguardam a sua vez de entrar no banheiro, devem estar sentados em fila dupla ou tripla, com braços e pernas cruzados e rosto inclinado para o chão. Para entrar

---

3. O aprendizado da "formatura" e da "ordem-unida" ocorre no Internato III.

no refeitório, aguardam em fila a vez de sua turma, formados e alinhados do lado de fora. Aqui o inspetor controla esta organização de maneira extremamente rigorosa.

A exigência de boa postura, posição do corpo e dos movimentos, exatidão do ritmo e perfeição dos movimentos de cada aluno e da turma como um todo atinge seu ponto máximo. Qualquer falta implica em repetição para levar ao aprendizado correto. A qualquer desvio à ordem de comando, a turma toda é castigada, repetindo 30 vezes, em média, para "aprender a fazer corretamente"; também são retirados os mais "rebeldes", "insolentes", os que não querem obedecer a voz do inspetor. São retirados para castigo imediato ou "anotados" para posterior castigo. Vejamos o exemplo de uma "ameaça", prática também muito comum. Na "formatura" o inspetor fala alto:

"Vamos tomar uma atitude drástica agora. Eu e os outros inspetores. De amanhã em diante, quem não souber fazer formatura aqui em cima (perto do dormitório), vamos pôr num castigo daqueles! Vai ficar 15 dias de castigo direto e os piores ficam até um mês."[4]

A exigência da postura do corpo, dos braços cruzados e da posição das pernas se faz não só na "formatura" e na fila, como também quando estão sentados em ordem, esperando para realizar alguma atividade. As palavras são, em geral, ásperas, sobretudo dos inspetores mais novos na função e que se enervam com facilidade, temendo perder a autoridade sobre as crianças. Pode-se observar também alguns safanões naqueles considerados mais desrespeitosos. O uso de uma vara também ocorre, e com ela o inspetor assusta as crianças, batendo na mesa ou no banco e encostando neles, intimidando para que façam o que lhes é pedido. Observei este procedimento adotado com firmeza por um inspetor novo. Não observei esta atitude nos inspetores antigos.

Espera-se que a disciplina e a obediência cega à autoridade já estejam bem introjetadas pelo interno. A tolerância é pequena, para um observador de fora como eu. A autoridade é daquele que tem as "certezas", como disse um aluno. Tanto as certezas sobre o que é melhor para eles, sem lhes dar qualquer opção, como de saber as atitudes dos garotos, prever seu comportamento e seus desvios. Eles não escapam do olhar disciplinador do inspetor praticamente em momento algum. Olhar de presença física e que também atua sobre os internos, mesmo quando o inspetor não está presente ou se encontra distraído com alguma coisa. E alunos que já se identificam com os inspetores, com a sua autoridade. Vejamos como isto se passa no exemplo de observação abaixo, quando o inspetor faz uma advertência aos internos formados no pátio sob o sol:

"Tenho certeza de que na merenda vocês vão conversar e, então, vou pôr vocês aqui de novo. Um pouco de sol não faz mal para ninguém. Sei que vocês sabem dessas coisas que falo. Se eu não conversasse! Não quero ninguém no banheiro. Se fizerem isto vou ficar com vocês ali dentro (sala de televisão) de boca

---

4. A diretora da Escola III já havia comentado comigo sobre os castigos em dias consecutivos como sendo uma prática comum neste internato e não aprovada por ela.

calada." Um menino ao meu lado diz: "Este é o seu que tem mais certeza aqui. Tem certeza de que o aluno vai estar ali, lá" (ri). O seu continua: "sei que depois que liberar vocês vou encontrar gente no muro, no banheiro!" E faz três vezes "ordem-unida" "Vamos ver se vocês agora vão saber fazer!" E às 2h37 min os libera. Um menino me fala: "O inspetor fala, fala, mas os meninos fazem. Então ele chama atenção. Ele só põe de castigo em último caso."

A identificação com os inspetores se constrói também por meio da figura do monitor, que surge nesta faixa etária (Fig. 28). Neste internato, no V e no VI, é muito valorizada pelos inspetores esta função dada aos meninos. O monitor, em geral, é escolhido pelo inspetor para ajudar na vigilância dos colegas. É frequente observá-lo com lápis e papel na mão anotando o nome dos faltosos para posterior castigo. Pode substituir inclusive o inspetor em diversas tarefas, como também na "ordem-unida".[5]

Os alunos mais novos são recém-chegados neste internato. Eles têm mais dificuldade de seguir a disciplina rígida. Quando são chamados à atenção com muito rigor, ficam muito amedrontados e se estão em fila ficam parados como estátuas, apavorados. Os ins-

Figura 28. "Saia rápido! Primeira fila com braço para trás" ordena o inspetor que grita para o monitor: "Anota José".

---

5. Os internos podem chamar os inspetores de "tios", mas é mais frequente chamá-los de "seu", uma abreviação de senhor.

petores, em geral, dizem não gostar de trabalhar com os novos, porque não são levados a sério quando dão as ordens, o que implica em um desgaste maior para eles, inspetores. As crianças brincam muito, não escutam, é difícil "dominar o grupo". Eles estão se adaptando ao novo regime. Apesar de a maioria vir de um internato, ainda não está acostumada a uma disciplina rígida como esta. E o inspetor pode ser extremamente severo com eles, exigindo que se adaptem rapidamente ao sistema do internato.

Um outro tipo de controle explícito e mais rígido que surge é o controle do tempo. O inspetor determina quanto tempo deve ser gasto em uma atividade. Vejamos algumas descrições de observações diretas, realizadas em agosto e setembro de 1982, no dormitório dos mais novos, que tem 50 meninos (Fig. 29).[6]

> *10h15 min: Durante o banho, como de costume, os garotos se sentam em ordem no chão "na posição", e o inspetor vai mandando para o banho. Ninguém pode falar, o inspetor[7] chama à atenção e admoesta o tempo todo. Só fala para*

Figura 29. Em silêncio e sentados no chão, aguardam ser chamados para ir ao banheiro antes de dormir.

---

6. Em cada dormitório há um inspetor responsável por turno de 8 horas de trabalho, mas, no domingo, eles "dobram", isto é, trabalham de 5 horas às 21 horas, para substituir o colega e, assim, todos poderem ter uma folga quinzenal aos domingos.
7. O inspetor informa que tem 20 anos, só tem 6 meses de trabalho, é cunhado de um chefe de disciplina.

zangar e dar ordens. Seu tom é sempre enérgico, ríspido e de superioridade. Os meninos estão completamente aquietados, submissos e tristes: "Fulano, você já está errado porque perdeu o conga; a segunda vez, porque falou; e a terceira, porque está falando de novo. Está anotando este pessoal que está falando aí, Nestor? Já falei que não é só para passar sabão na cabeça, é no resto do corpo também. Tem muito pouca gente sentada aqui pelo número que saiu do banho, anote quem está andando aí". *Estão em volta das camas e se demoram a voltar para a fila, sentados no chão.* "Enrole esta toalha direito! Segue outra fila! Cuidado! Não precisa empurrar. Quem está falando aí, está errado! Não dei ordem para falar, quem está falando?" *Uma criança vem reclamar algo.*

"Quem está de anel e colar de galalite pode guardar no armário. Na missa[8] não pode ir com isto."[9]

"Como é, Pachequinho? Isto não é hora de brincar com pedra agora. Não autorizei ninguém a falar aí, é para ensaboar, enxaguar e pronto", *diz para os que estão no chuveiro.*

"Não esqueci da rapaziada do campo não, hein. Toalha não é para ficar no chão, Isaias. E não sei por que o Noel, ao invés de estar tratando de suas coisas, está com a saboneteira! Quem não arrumar a toalha direito também está errado, hein? Vou dar um prazo de 5 minutos [para os que trocam de roupa] para sentarem aqui, hein." *Eles demoram um pouco, evitando entrar na fila.*

Um menino chora em prantos e diz: "ele xingou a minha mãe." *O inspetor ajuda dois a vestirem a camisa que estava apertada.* "Vou contar até dez. Quem não conseguir, já estou com e papel na mão" – *diz, advertindo-os. O papel é para anotar os nomes dos retardatários, mas os meninos não correm, fazem no seu tempo. Conta alto e no final:* "nove e meio e mais um bocado; nove e meio e mais um bocadinho, e mais um bocadão, dez!" *Os alunos riem, acham graça e relaxam finalmente.* "Quem está em pé vai dançar." *Os colegas falam o nome de mais um de pé.*

10h 35 min: "Agora vamos organizar isto aí (as filas sentadas)." *Tira um aluno para recolher a roupa da escola do armário e pôr na trouxa. Outro para arrumar as toalhas que não estão bem colocadas na cama. Vários pedem para fazer algo, levantam a mão, só é chamado mais um para separar os shorts das camisas.*

10h 37 min: Expliquei que no dormitório não é para conversar. Eles falam muito baixo. "Na posição! Perna cruzada! Luís, pode anotar quem tiver falando! Cadê os dois garotos que estavam elogiando a mãe um do outro? Chega mais!" *Eles explicam, e o inspetor diz que ambos estão errados e podem sentar.*

"De noite vou tirar meia hora de sono de cada um. Não se deve xingar a mãe do outro, eu não gosto que xingue a minha!"

---

8. Aos domingos, de 15 em 15 dias, todos são obrigados a ir à missa.
9. São objetos pessoais que eles fazem de um material plástico ao qual dão muito valor.

"Quem perdeu o lugar é porque errou, se mandei sentar." Um diz que o outro tomou o lugar e, por isso, um xingou a mãe do outro.
"Última chance para quem está com a gola torta, hein." O inspetor sai penteando o cabelo de cada um. "Deixa eu ver se tem cabelo nesta careca!" Riem bem humorados. "Se o padre falar que vocês estão feios, pode mandar falar comigo. Pode continuar anotando, Luís, não autorizei ninguém a falar não. Vamos seguir para a igreja. Quem vai fora da posição pode levantar o braço! Ninguém levantou, então ninguém vai errar! Na igreja não pode conversar, nem com os colegas de outra escola. Conversar sobre brincadeiras. Vou anotar. Bom lembrar que estou aqui até às 9 e meia da noite. Posso tirar meia hora de sono, já tem uma massa aqui anotada. Quem está falando aí, Luís? Pode anotar. Quero uma lista bem grande."
"Saia, rápido, primeiro com o braço para trás." São 11 horas. O inspetor vai gritando o tempo todo: "Anota X." Pergunta para um deles: "Está quente? Por isso está com a mão na cabeça?"
Saio para almoçar e quando volto eles estão de castigo no sol. Logo que o inspetor me vê (não sei se foi mera coincidência) desloca as crianças para a sombra. Após 30 minutos, as crianças são liberadas.

O cotidiano dos garotos, como se pode observar, não permite que eles deixem de fazer "tudo conforme o regime." Eles recebem ordem o tempo todo, não podem discordar de nada e só falam nos minutos que o inspetor permite. Certamente, de um inspetor para outro há diferença nas atitudes ou na maneira de conseguir que os meninos sigam as normas da escola, mas estas são seguidas sem variação. Neste internato, os inspetores antigos, em geral, têm mais tranquilidade para lidar com os meninos; os novatos se desgastam mais, ficam mais nervosos e brigam mais, como vimos na longa observação acima. Mas nem todos os novatos têm as mesmas atitudes. Conversei com um outro que trabalha no mesmo dormitório que o acima mencionado e vi que ele tentava um relacionamento mais humano, mais próximo com os meninos, não castigava com frequência e, por isso, também enfrentava outras dificuldades. Dizia ele:

"Não é fácil trabalhar com os pequenos. A gente fala, mas eles nem ligam. Os maiores já se retraem, se a gente falar mais alto com eles. Senão o que fazer? Bater não pode. No dormitório eles fazem muita bagunça comigo. Eles falam que eu sou devagar."

"Ser devagar" é uma referência que os meninos fazem aos inspetores mais tolerantes com os pequenos atos de indisciplina, que ameaçam e castigam menos. Os meninos aproveitam, então, para se soltar mais. Mas os meninos veem o inspetor como não sabendo manter a disciplina, não sabendo ser duro como os outros. Talvez, como mencionei no exemplo da fila para beber água no Internato I e da recreação no Internato III, aqui também os meninos precisam de alguém que os controle de fora. E isto acaba gerando um ciclo vicioso na relação dos meninos com os inspetores, como se impelissem os inspetores a agir de forma extremamente autoritária e brutal, muitas vezes.

3. Sentimento de desproteção e abandono

Com um número elevado de crianças para cada inspetor,[10] a atenção que ele pode dispensar a cada criança é pequena e, em geral, inexistente. Só na hora de maior quietude é que os inspetores dão alguma atenção individual à criança como, por exemplo, atendendo a uma reivindicação, ajudando a vestir uma roupa apertada, fazendo um afago para que a dor de cabeça passe, ouvindo alguma história familiar. O que se observa no contexto geral, entretanto, são as crianças abandonadas à sua própria sorte. Nos horários livres em que os internos estão no pátio, é frequente encontrarmos uma ou mais crianças chorando sem que ninguém delas se aproxime para perguntar o que se passa. Os motivos mais frequentes que as crianças apontaram quando lhes perguntei foi: briga com outro colega, privação de alguma coisa pelo inspetor (tal como o lanche), um colega que "arrasa" (pega) o pão ou biscoito de outro ou qualquer outra coisa que lhe pertença. A impressão que essas crianças transmitem é de forte sentimento de abandono e desproteção. O número excessivo de crianças ao seu lado, o tempo todo, não facilita a amizade. Além disso, o funcionamento desumano de que falamos no decorrer de todo este trabalho não favorece que a criança estabeleça relações de confiança, a não ser em raras exceções. A instituição atende esses meninos "carentes" ou "abandonados" com o objetivo de minimizar, com a internação, a situação em que se encontravam, mas isso não ocorre. O sentimento de desproteção e abandono os invade de diversas formas, como podemos ver no depoimento contundente de um menino de nove anos.

> *Há um menino no castigo que chora e outro, no fundo da sala, que chora muito. Pergunto a este o que se passa, e ele diz: "Um menino me bateu, me deu um chutão aqui. Eles me batem, e o tio nem esquenta." Fala isso várias vezes. "Meu pai não vem mais me ver. Não saí nas férias. Minha mãe não gosta de vir aqui. Não gosto daqui, é muito ruim. Eles [os colegas] me batem."*

4. "Achado não foi roubado, quem perdeu foi relaxado"

Também aqui os internos não têm praticamente nada de pessoal que possam manter junto de si. Mas, eventualmente, há uma peça de roupa (camisa, meia ou cueca) ou um objeto (cordão, saboneteira) que eles guardam com cuidado para não sumir. E, para que não suma, é comum vê-los carregando consigo para todo canto os "seus pertences". Pereca, um interno conhecido meu, carrega uma saboneteira. Quando lhe pergunto por quê, ele responde:

> *"Porque ontem, quando fui à missa, eles pegaram tudo meu. Hoje estou carregando para não roubarem"* (ri). *Depois amarra na cintura com barbante, para deixar as mãos livres.*

---

10. No dormitório 1, há 50 meninos; no 2, 100; no 3, 95; e no 4, 95. Em cada dormitório há um inspetor responsável pelos internos. Dados coletados em setembro de 1982.

Quando some algo, alguns meninos ficam completamente desesperados e choram muito. Não poder ter nada em seu poder que lhes confira qualquer identidade é terrível, fortalece o sentimento de abandono e desproteção, pois, quase sempre, o inspetor não consegue tomar qualquer atitude que faça aparecer o que foi perdido, ou não leva a sério a reclamação dos garotos. Vejamos a seguir o depoimento de um menino de 10 anos, que encontrei na secretaria. Ele tentava conseguir que alguém o escutasse e lhe dei atenção. Ele estava muito angustiado.

> "Quero sair daqui porque um menino dali só vive roubando as minhas coisas. Eles viram a meia nova, aí eu queria mudar de roupa para merendar e o senhor Milton disse: vai lá mudar de roupa. Fui e mudei e até hoje a meia não apareceu. E no mesmo dia que ganhei! Foi ontem. Os meninos foi e roubaram de noite, roubaram à tarde. Eu quero sair daqui porque fica a maior confusão, ainda o seu, o diretor ali não resolve nada. Eu mando ele formar os alunos todos para tirar a meia, mas não, ele não forma não. Então eu prefiro sair daqui do que ficar aqui sofrendo nas mãos dos adultos." Então ele me descreve como é a sua meia que perdeu; fala desesperado. Diz que não tem como achar mais a meia e explica o que os colegas dizem: "Achado não foi roubado, quem perdeu foi relaxado."[11]

Não há a quem recorrer, a quem pedir ajuda. E mesmo que consiga falar, não há funcionários que resolvam a situação. Ele se sente, portanto, só e completamente indefeso junto a tantos outros garotos de sua idade. A disciplina, a forma e a autoridade dos funcionários não valem de nada, não são acionados a seu favor. Percebemos, nesta escola, que as crianças internas começam a diferenciar a disciplina que facilita a convivência e a relação entre eles, no sentido de colocar regras e haver respeito mútuo e a disciplina repetitiva, automática, mas que não organiza o seu convívio.

Talvez a melhor saída que eles encontram para situações como esta, na qual a intermediação do funcionário é necessária, mas muito precária ou inexistente, é levar as coisas na brincadeira e achar graça no que ocorre. Vejamos nesta entrevista com três alunos de 10 e 11 anos:

> "O que acontece mais é roubar. Quando a gente tem visita e ganha coisa, a gente vai e guarda na cama. Tudo bem. Chega de manhã não tem mais nada do que a gente ganhou."
>
> "... Eu fui para a missa e deixei a peteca, chaveiro, tudo em cima da minha cama. Quando eu cheguei lá e olhei embaixo do colchão – cadê? Sumiu!", conta um rindo.
>
> "E meu irmão tava descalço, só de short porque o inspetor mandou, e depois quando ele chegou na cama fiu [assovia], largou [sumiu] o conga dele." Todos riem da história do outro.

---

11. Ao comentar esta história com o chefe de disciplina, ele me disse que este menino é "maluco", perturba muito a rotina e deveria ir para uma escola especializada.

Em alguns dormitórios, há armários para que o interno guarde as coisas, mas não em todos (Fig. 30). Ali a criança só guarda aquilo que pertence ao internato: uniforme, conga, pijama. Mesmo assim as coisas somem. O aluno é sempre chamado à atenção quando perde algo. Nunca ouvi nenhuma conversa dos inspetores com as crianças no sentido de mostrar a importância do respeito pelas coisas dos outros. O tom é sempre de bronca ou incriminação individual ou grupal. Não ficou claro se o dito – "achado não foi roubado, quem perdeu foi relaxado" – surgiu entre as crianças ou entre os inspetores. Mas certamente é útil para os funcionários, na medida em que responsabiliza o indivíduo e exime a organização do internato, em particular dos dormitórios, de qualquer possível intervenção. A culpa do indivíduo é sempre utilizada em um sistema de funcionamento de instituição total como esta, gerando situações complicadas, nas quais a criança é marcada e estigmatizada. Esta é uma das situações que se presta para que algumas crianças sejam desde aqui já marcadas como desviantes, no caso, como "ladras". Vejamos a narrativa espontânea dos meninos:

"Ih, tia, ele é lalau. Pega as coisas de todo mundo no dormitório." O acusado responde emburrado: "Eh, cara, não!..." Continua: "O seu diz que quando sumir algo no dormitório é ele que pegou. O seu disse que é para a gente malhar ele." Ele então diz: "Eu dou para pegar mesmo."

Falei que não achava justo pensar que sempre era ele, pois outros podiam pegar e sempre pôr a culpa nele. Ele ficou me ouvindo. O "culpado" parecia contente ao ouvir que havia outra possibilidade.

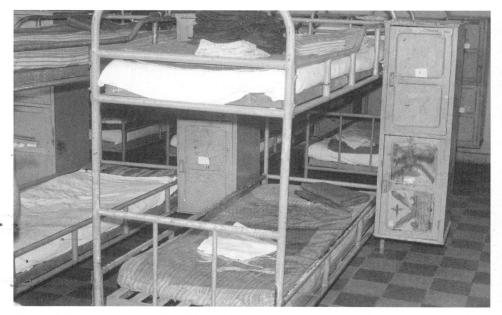

Figura 30. Em alguns dormitórios, há armários para que o interno guarde suas coisas, mas é difícil preservar objetos pessoais.

Outra forma de tirar algo do colega é "arrasar" a comida do outro, algo que ocorre muito. Comida extra não se tem. Assim, quando alguns deles, sobretudo os mais novos, "estão de bobeira" com algo de comer na mão, biscoito, pão ou doce – é comum que outros tentem tirar um pedaço. Isto acontece sempre no pátio quando estão dispersos e em pequenos grupos. As crianças são duras umas com as outras, e as menores e as mais frágeis levam a pior. Sair do refeitório comendo é ter o prazer de saborear devagar o alimento, mas podem ocorrer cenas como a que vi após o lanche – uma briga feia de 15 meninos contra um que chorava e tentava se livrar daqueles que o atacavam. Ninguém foi em sua defesa, e um menino me esclareceu: "estão arrasando a merenda dele, porque ele saiu com doce". Vi, então, os meninos se dispersarem com as mãos sujas de doce. A criança que me explicou o ocorrido, disse que isto é comum. Em um outro dia observei outra criança chorar e os meninos me explicaram: "eles estão querendo arrasar a merenda do outro. Aí tem muito menino grande que é ruim, que bate nos pequenos. É sempre assim". As crianças relatam sua realidade em uma visão crítica, porém é estranho. É como se aprendessem muito cedo que ali não têm proteção dos funcionários e que eles têm que aprender a se virar como podem, cada um por si. Tudo isto ficou mais claro ainda quando resolvi intervir em uma situação já criada, como segue:

> *Depois do jantar, estou andando no pátio quando vejo uma criança que chora muito e bate o pé no chão. Não há inspetor por perto. Pergunto o que houve e logo outros correm e dizem que pegaram o pão dele, por isso ele chora.*
>
> *Chamo-o e falo que darei outro pão que não precisa chorar mais. Vou até o refeitório e consigo o pão. Os meninos que o acompanham dizem: "você deu sorte, cara! Se não fosse a tia, tu não tinha ganhado outro pão!" Ouvindo isso, trouxe o menino pelo braço e falei que comesse o pão perto de mim. Ele comeu e, quando terminou, perguntou se poderia ir brincar. Seu rosto transmitia enorme medo.*

O inspetor não só não protege os meninos como acha que deve haver um acerto de contas entre os meninos, como se fosse possível uma lei justa entre eles. Esta questão tem a simplicidade dos exemplos acima citados. Poderíamos pensar em uma certa desatenção dos inspetores, mas, com o exemplo da "malha", vemos claramente que é uma atitude não só intencional como incentivada pelos funcionários. Esta situação muda de figura quando se considera que o interno fez algo errado. Então não há proteção, pelo contrário, há estímulo para que uns batam nos outros. Veremos isto com maiores detalhes mais adiante. Se a criança tenta se proteger em algum lugar, o funcionário pode intervir, não para ser intermediário na situação de conflito criada, mas para deixar que eles acertem as contas uns com os outros. Alguns funcionários não concordam com esta atitude dos inspetores e tentam dar proteção às crianças. A roupeira, em particular, é procurada porque sua sala, em geral, está aberta para o pátio. Ela me narra um exemplo de sua discordância quanto aos inspetores deixarem as crianças à sua própria sorte.

> *"Eles vêm se proteger aqui. Outro dia eles vieram. Quatro queriam pegar um menino, mas o inspetor mandou sair todo mundo e disse: Se querem bater nele é porque fez algo que não devia. E tivemos que soltar. Não sei o que houve depois."*

Este sentimento de desproteção e abandono marca todo o cotidiano de diferentes formas nos diversos internatos. No lugar da atenção do adulto, de que a criança necessita, ela encontra a disciplina, a "formatura", a "ordem-unida", o castigo, o aprisionamento de seu corpo e dos próprios gestos. A relação pessoal e individualizada, salvo exceções, não ocorre nem nos internatos das crianças pequenas nem nos dos meninos maiores ou dos adolescentes. O sistema institucional, ao contrário, parece estar sempre atento para desfazer esta possibilidade quando ela surge.

5. "A cabeça não pensa, o corpo sofre"

As crianças, aqui, em maior número, perdem mais do que nos internatos anteriores, seu referencial de identidade. São vistas e denominadas pelos inspetores com frequência como uma "massa" que é preciso "dominar e controlar". Além da "formatura", realizada com uma frequência impressionante, observam-se outros tipos de punição:

a) o castigo oficial, que consiste em ficar em pé por minutos ou horas seguidas, em exclusão das atividades, em não permissão para ver os pais no dia de visita, ou para sair com eles:

> 19h 40 min: eles saíram do dormitório onde estavam em pé e agora estão formados no pátio de castigo. São 72 alunos. Faz frio e eles ainda estão sem camisa. Uns cruzam os braços pelo frio. Estão no sereno. Os meninos falam para mim: "tia, coloca aí Escola mendiga. No almoço só dá uma colher de arroz." "É mentira, tia." E o inspetor escuta e diz: "Ô rapazinho, pare com essa conversa aí." Mas eles continuam: "O feijão é azedo, a cama é de pedra, o vaso está quebrado."

b) o castigo não oficial, mas usado com frequência segundo os alunos, é a malha, como também o uso da força física do inspetor para bater no menino com correia ou com a mão. Essas punições são geralmente negadas pelos funcionários, que acobertam uns aos outros, mas são reveladas pelos meninos, mais assustados com estas práticas, ou por confiança no seu interlocutor (funcionários da escola anterior). Veremos mais adiante alguns exemplos.

Nesta escola, encontramos uma situação particular que se enquadra também dentro das práticas de controle, submissão e constrangimento das crianças. É o uso da sala de televisão. Esta sala fica do lado esquerdo do refeitório e tem um aparelho de televisão no alto. Não há nenhuma cadeira ou qualquer conforto. As crianças sentam no chão para ver os programas, segundo as determinações dos inspetores. É sobretudo usada como sala de castigo ou, sempre que acham necessário, para conter a "massa" de crianças e controlá-la com um ou dois inspetores.

Justificam o uso da sala em situações não justificáveis como, por exemplo: confinar todas as crianças ali para separar quem vai almoçar ou passear. O habitual, entretanto, dentro do funcionamento da escola, é fazer esta separação colocando os meninos em forma no pátio. Constrangê-los dentro de um espaço tão pequeno me parecia um castigo a mais para todos, houvesse ou não motivo. Outra justificativa alegada pelos inspetores é que "facilita o seu trabalho", eliminando qualquer possibilidade de descontrole. A "massa" comprimida no menor espaço possível, com vigilância e coerção severa, é mantida quieta em situações ou dias em que os inspetores preveem que possa ocorrer qualquer tumulto. A observação a seguir ocorreu em um domingo em que os meninos recebiam visita dos pais. Segundo os inspetores, eles recebem ordens para manter os meninos comprimidos na sala, pois a direção do internato considera que, como só alguns recebem visita,[12] é melhor que não vejam e não participem da visita os que não as recebem. Não só estes ficam chateados e tristes como podem "aprontar" algum tumulto junto ao portão, na frente dos visitantes.

Domingo – 17 de outubro de 1982 – 13h 45 min: estou sentada junto aos meninos, no fundo da sala. Chega mais um inspetor. Agora há dois. Eles recolhem aos poucos os pedaços de pau que os meninos têm na mão. Põem de castigo dez alunos, alguns em pé, de frente para a parede, só escutando a televisão, sem poder ver as imagens. Abaixam o som para fazer isto e, depois que põem "tudo em ordem", aumentam novamente. Vez por outra, o inspetor manda outro interno para a parede: "Vá para a parede! Você não quer ver televisão". Isto quando o menino está inquieto ou mexendo com o colega, nada de importante para mim, coisa que ele poderia chamar a atenção e pronto; ou então diz: "você estava colocando alguma coisa no colega". O menino insiste que não fez nada, mas o seu manda para a parede, sem conversar, sem apurar o que ocorria. O seu, que está perto da televisão, tem uma vara grande na mão e, com a vara, empurra o menino deitado no chão e bate em outros para se comportarem. Não podem deitar, nem dormir ali. É um menino que me mostra: "olha lá, batendo!" Eu não percebi, estava atenta ao outro lado. Faz um calor horrível. A sala é cheia demais. É muito estranha esta atitude de prendê-los aqui com o pátio grande lá fora. Alguns querem ir ao banheiro e esperam sentados na porta. O seu libera aos poucos, quando alguns voltam ele libera outros. Isto pode ser um recurso dos meninos para sair da sala. O banheiro é do outro lado do pátio. O seu foi colocando mais meninos de castigo. Futuca a criança com a vara e manda ir para a parede. Já há 16 de castigo!

2h 10 min: finalmente o inspetor diz: "quem não quiser ver televisão, pode sair". É o maior tumulto, a maioria sai para o pátio. No final, conto uns trinta que ficam vendo televisão e mais os que estão de castigo. O seu separa oito meninos porque considera que "estão querendo fugir". Vejo dois que chupam o dedo.

2h 15 min: o seu organiza os de castigo tocando-os com a vara: todos de frente para a parede bem perto uns dos outros – é assim que ele quer que fiquem.

No mesmo dia, observo às 7h30 min e também mais tarde, às 17h20 min: os meninos são recebidos por um inspetor, que coloca todos na sala de televisão;

---

12. Somente 1/4 dos meninos recebe visitas ou sai quinzenalmente.

ficam absolutamente comprimidos e logo faz um calor infernal. Cheiro de suor, "murrinha", como dizem. Parece uma sauna. Com os que não querem entrar, o inspetor insiste. Apesar de firme, sorri e é simpático. Pergunto por que os coloca assim comprimidos. Diz: "quem apitou é que mandou entrar; é para separar os que querem jantar" [sopa e pão].

Quando pergunto ao inspetor por que comprime os meninos na sala de televisão, ele parece se dar conta do absurdo que exige dos meninos. E, como não é possível justificar o injustificável, diz então que "cumpre ordens". Assim se exime de responsabilidade ao executar esta prática de coerção, de cuja insensatez ele se dá conta. E tal prática vai além da ordem, porque é desnecessária para mantê-la. É o que poderíamos denominar tortura branca.

a. "Lei do oeste"

O castigo se acentua nesta escola. Há um marco que vai se repetir nas próximas escolas – a rigidez da disciplina com a consequente repetição incansável da ordem-unida. Isto não é considerado pelos inspetores como castigo, mas assim é vivido pelos internos.

Entrevista com três internos: Wagner (W), Perereca (P), Carlos (C). Pergunto sobre a fila e se gostam de fazer:

(em coro): "Não!". P: "Ainda mais no sol". W: "Na quadra". P: "Na quadra, quando tá quente mesmo, a gente está descalço e fica queimando nosso pé". C: "Nossa pele". P: "Ele faz tudo isto".

Eles (em coro): "Faz". P: "Ele não faz de propósito não – é que a gente não consegue formar. Quando a gente forma, ele também tem que ficar descalço lá na quadra. Ele fica calçado e a gente fica descalço". W: "A quadra quente, e ele forma, ele fica de sapato. Seu Edir é de fazer isto, mas os inspetores têm pena de fazer isto. Seu Edir é um inspetor". C: "Aquele que me deu um chute aqui". P: "Todo banguela, chato pra caramba".

Os meninos narram a nova-velha forma de castigo com base na busca da disciplina pelo cansaço e repetição contando com o humor-negro do inspetor.

W: "Dá licença para os caras que bagunçam na escola. Agora sabe o que tem para eles? Lei do oeste. É para o pessoal que bagunça. Recolhe e fica até a noite".

P: "Seu Gama que inventou tudo isto. Falou: vai ter uma lei do oeste agora".

W: "É, sempre teve, agora este ano vai ter. A lei do oeste é para o pessoal que bagunça a escola toda e bota de castigo de manhã, começando de manhã até a noite, até 9 horas".

P: "Em qualquer lugar".

Narram também outros castigos mais severos:

"Aviãozinho, de costa [os dois braços para cima e uma perna encolhida, de pé]¹³ Tem de cócoras também. Ajoelhados de braço para cima." P: "Deixa em lugar que tem terra e fica a marca aqui [no joelho]" W:. "Deixa de pé, braço para trás. Onde que fica assim? Na sala de televisão – em qualquer lugar!". P: "O seu Carlos José um dia botou todo mundo de castigo. Escolheu uma turma, botou de joelho e braço para cima". C: "O motivo é bagunça". W: "Motivo é que eles bagunçam e depois eles pagam. O seu mesmo fala, quando eles estão correndo: galinha de casa não se corre atrás... a cabeça não pensa, o corpo sofre. O seu mesmo diz".

O inspetor, mesmo o mais inexperiente, percebe que para manter as crianças dentro da disciplina exigida pela escola é importante ter ascendência sobre elas, ter "domínio". Assim se justifica o castigo:

"Se a gente não dominar eles agora, eles tomam conta da gente. Eles se juntam, por exemplo, para não fazer formatura, fazem mais bagunça. Uns falam para os outros e todos falam. A gente pode dar uma hora de castigo que eles não ligam. Outra bagunça é no refeitório (Fig. 31) – sujam tudo, jogam comida no chão. Mas eu não sou rígido com a disciplina. Eles não têm nada, e se ficar só castigando, eles se viciam também; depois temos que castigar todo dia."

O inspetor percebe aqui a resistência das crianças ao controle rígido a que são submetidas. Os inspetores, por sua vez, são vigiados por seus superiores e percebem a atitude dos meninos como falta de cooperação.

"Para atrapalhar o serviço da gente eles mijam no pijama, andam devagar para atrasar. Sabem que o chefe de disciplina vai chamar a atenção da gente."

"Os meninos não têm culpa, mas a gente se atrapalha. Aquele ali é difícil. Já quebrou a cabeça de dois, com a vassoura. Estavam de briga com ele. A gente faz o que pode com eles, mas eles não cooperam com a gente. Fazem pirraça, não se comportam. Se é passeio, eles formam rápido, e abaixam a cabeça. Esses meninos só fazem o que é do interesse deles. Não cooperam com a gente. Tem alguns que são bons, a gente tem confiança. A única coisa que posso fazer é recolher após a janta. Ficam de pé aqui. Falo com eles que a gente não tira eles da cama para dar castigo. Eles é que procuram. A gente só castiga porque fizeram algo."

---

13. Segundo depoimento de um ex-aluno da Funabem – dado às minhas alunas da Universidade Santa Úrsula – ele também foi castigado com o "aviãozinho", com a seguinte diferença: em cada mão tinha que segurar um tijolo e se deixasse cair ou abaixasse o braço, aumentava o castigo. A chamada "malha" ele conheceu como "corredor polonês". E falou também de outro castigo chamado de "agulhinha", que consiste em ficar apoiado na parede com a ponta do dedo indicador durante um longo tempo. Se se apoiasse com a mão toda, apanhava.

134　INFÂNCIAS PERDIDAS – O COTIDIANO NOS INTERNATOS-PRISÃO

Figura 31. No refeitório, eles entram em fila e são servidos no bandejão pelos funcionários da cozinha, sob o olhar do inspetor.

Os movimentos de resistência dos meninos são sutis, segundo o inspetor, mas perceptíveis, entretanto, a todos eles que fazem parte do sistema.

> *"Você, de fora, acha que não é bagunça. Mas a gente vê. E se a gente não der uma tranca de vez em quando eles tomam conta da gente."*[14] *(Inspetor)*

A obediência à disciplina deve ser cega. Quando não é, os inspetores dizem que os internos "buscam" o castigo, que são culpados de serem castigados. A situação é invertida, como se os inspetores não fossem os algozes. Vejamos o que diz um inspetor aos internos formados para retirar os castigados:

> *"Na hora de cobrar todo mundo esquece. Ninguém lembra o que fez. Seu Jair, (chefe de disciplina) ainda tem gente para tirar de ontem! A gente avisa duas ou três vezes. Não vejo inspetor falar para vocês ficarem errados depois cobrar de vocês. Vocês poderiam estar brincando e agora estão aqui na formatura."* (Inspetor)

Entretanto, para um espectador de fora como eu, o que se observa é que as crianças têm um cotidiano constrangedor o tempo todo, como se delas só se esperassem gestos e

---

14. Este comentário do inspetor pode ser uma justificativa por se sentir constrangido, vigiado ou desaprovado por mim, que tudo observo e anoto. Como pesquisadora, meu comportamento se assemelhava ao que ali acontecia diariamente – um vigia o outro que vigia o outro etc.

movimentos suspeitos. Estar conforme a regra implica em funcionar dentro de uma faixa tão estreita, que facilmente os meninos são considerados "infratores". Para os inspetores, entretanto, esta obediência cega à disciplina é como se fosse natural; se as crianças não obedecem, é porque "querem ser castigadas".

Dentro desta lógica a culpa é do interno que busca o castigo. O tempo todo o inspetor lhe diz isso. E a outra face desta mesma moeda é que o inspetor "prevê" que a criança vai cometer uma infração. A previsão marca nos meninos a certeza de que seu comportamento é "infrator" por intenção, pois foram avisados. Mesmo que se encontrem alguns críticos em relação a esta colocação do inspetor, a maioria parece não conseguir se safar da previsão, como se só restasse ser realmente infrator, sem poder escapar da faixa extremamente estreita, onde lhe é facultado viver.

b. Malha – uma prática covarde de punição

A malha é a prática mais covarde de punição. O principal é que os inspetores não "colocam as mãos" no menino para bater. Eles usam os próprios garotos. Como foi dito anteriormente, os meninos não têm sentimento de proteção e conforto no internato, pelo contrário. A prática de malha é um incentivo à violência entre eles, incentivo à identificação com o inspetor, aquele que castiga. Ajuda a esfacelar qualquer sentimento de solidariedade entre colegas. Fortalece o conceito de disciplina, do certo ou errado e de que aqueles que erram devem ser punidos. A malha é uma prática comum e antiga, mas, em geral, feita de maneira discreta. Quando trabalhei como psicóloga, nunca percebi sua existência. Nas observações de pesquisa, entretanto, pude constatá-la diversas vezes e tive informações de seu funcionamento pelos internos. Quando perguntei a um inspetor conhecido meu, ele admitiu sua existência, mas tentou disfarçar e desculpar os colegas, como se isso ocorresse só por gosto e agressividade dos meninos. Disse que não concordava com esta prática. Apesar de se eximir de qualquer responsabilidade, os meninos deram exemplos citando esse mesmo inspetor. E, quando o inspetor fica constrangido com a pergunta e diz que não gosta desta prática, fica muito claro o quanto ele tem consciência de seu ato.

Descobri a existência da malha ao perguntar a um aluno o que se passava com um menino que segurava um galho de árvore no meio do pátio das 18h 30 min até às 20h 30 min. Muitas vezes eu não perguntava ao funcionário e preferia pedir informação aos alunos, pois notava que ficavam muito perseguidos com qualquer pergunta sobre a situação de castigo ou punição. Vejamos na observação feita:

> *20h 30 min: o menino de castigo segurando um galho de árvore no meio do pátio continua lá (desde às 18h 30 min). Os meninos implicam com ele e me mostram: "Hi, depois o seu manda malhar quando tira galho da amendoeira. Todo mundo bate na cara, dá soco, machuca ele." Depois pergunto ao menino o que ocorreu, e ele me diz que estava brincando e foi pegar algo que caiu na árvore e o galho cedeu. Não foi de propósito, mas foi castigado. Ele teve que ficar segurando o galho, como se fosse ele a árvore, para dar exemplo aos outros. Os coadjuvantes se justificam dizendo que se não cuidarem bem não cresce nenhuma árvore no pátio.*

Fiquei, então, atenta à questão que me passara despercebida até aquele momento. Em uma rodinha espontânea que se formou no pátio com três meninos de 10 e 11 anos, obtive informações mais detalhadas, sem qualquer demonstração de constrangimento.

> *Eles: "Malhar é dar na cara." Outro: "É dar pontapé, dar soco na boca, dar qualquer tipo de soco nos olhos."*
> *Eu: "Quem é que dá?"*
> *Eles: "Nós mesmo! A turma faz aquele túnel, aí manda o garoto entrar...*
> *Às vezes ele manda a gente formar assim em duas filas e separa, aí manda o cara correr e vai malhando."*
> *Eu: "E todo mundo malha?"*
> *Eles (em coro): "Malha! Alguns... Seu Antonio Luís fez isso esse ano. Ele pegou, disse: Sá Carreto vem cá. Aí ele não veio, ficou demorando. Disse: Quando eu apitar o pessoal que estiver no pátio pode malhar ele." Chegou, piiii, apitou e todo mundo ficou brincando e depois malhou ele, aí todo mundo ficou malhando, aí depois ele mandou largar.*
> *Eu: "E machuca?"*
> *Eles (em coro): "Machuca! É para valer. Tira sangue. Tiraram sangue do Sá Carreto."*
> *"Eu acho que esses alunos que são tão bagunceiros poderiam passar para outra escola e ficar aqui só aqueles que sabem mesmo brincar. Os quietos."*
> *Eu: "E vocês acham certo esse negócio de malhar?"*
> *Eles (em coro): "Não. Não podia existir isso na escola não."*
> *Eu: "E por que o inspetor manda fazer isso?"*
> *Eles: "É porque eles fizeram coisa errada. Quando um garoto faz uma coisa errada. Qualquer coisa. Quando está lá em cima no pátio, manda descer e não desce. Chama e bota de castigo."*
> *Eu: "Se vocês não acham certo, como é que vocês também batem?"*
> *Eles: "Porque o inspetor manda! É, ele manda. Mas para mim isto é covardia. Acho também." W: "Mas você bate" (ri). C: "Eu malho". W: "Eu malho. Mas eu tenho pena de malhar; aqueles dias eu não malhei nenhuma vez". C "De noite eu choro. Eu sinto pena deles". W: "Eu mesmo peço perdão. Xingo eu mesmo".*

Alguns depoimentos são dramáticos e mostram o sofrimento agudo vivido pelos meninos nos internatos. Aliadas ao sentimento de desproteção, de não ter a quem recorrer, abate-se sobre eles a ameaça constante e a impossibilidade de se livrar desta situação ou das pessoas que os perseguem, colocando em questão a sua própria vida. Vejamos o depoimento a seguir:

> *Eu: "E o que tem de bom aqui?"*
> *Ele: "Só tem é... Não tem nada! Hum...*
> *Eu: "E a escola?"*

Ele: "A escola é boa, o inspetor é que é ruim. [Chora.] Mas eu quero sair daqui! Eu sei, o Sr. João fica falando aí que ele vai ficar aqui para sempre. Eu quero sair daqui!"

Eu: "O Sr. João disse que não vai sair não?"

Ele: "Não. Ele nunca vai sair daí não. Ele vai ficar de vez aí. Dali, ele manda Roberto José ajuntar uma turminha aí e ele fala assim: "quem tiver falando assim, dá malha!" Não precisa falar mais, por mim pode dar malha até morrer. Pode falar com quem for. E eu fui e falei agora com a senhora para ele ser expulso."[15] "Eu quero que esse homem sai daqui" [chorando]. "O cara aí só vive batendo uns nos outros. Eu não aguento! Só sofrendo aqui mesmo que eu fico, daqui a pouco, desses inspetores aí, dá um soco assim no peito de um menino pequeno, nem aguento! Vai morrer direto. Ainda manda o Sr. João falar mesmo assim: o último a correr pode dar malha. Aí eu tava correndo e os caras me deram tapa no meio das costas [chorando]. Não pode nem correr para a escola para chegar primeiro para recreação que ele manda malhar. Então quero sair daqui!"

Eu: "Você reclama com o diretor que o seu João bate em você e ele não faz nada?"

Ele: "Ainda o diretor não resolve nada. Se falta com a disciplina, então, é malhado. Ainda mais que eu sou doente da cabeça. Os doentes não fica lá no hospital? Então, eu sou doente também, que nem o Jorge, ele é doente. Ele também tem que ficar lá. Essa doença aqui, se eu ficar e os caras me malhar, a crise vai aumentando e eu vou morrendo, e dali a crise fica muito difícil para sarar! Dali quem vai pagar o caixão? Quem vai pagar o caixão?"

---

15. Eu própria presenciei cenas como esta narrada por ele, na observação do dormitório 1 como também em outro pavilhão – meninos dando malha no colega.

INTERNATO V

CAPACIDADE: 360 ALUNOS

FAIXA ETÁRIA: 10-12 ANOS (SEXO MASCULINO)

Quando eu vim para cá, eu vi o inspetor batendo nos alunos, aí fiquei meio assustado e falei que eu ia fugir e peguei e fugi. Cheguei em casa meu pai me falou por que eu fugi... Depois voltei para o colégio e não gostei e continuei a fugir de novo. Já fugi três vezes.

Carlos, 14 anos

ORGANOGRAMA

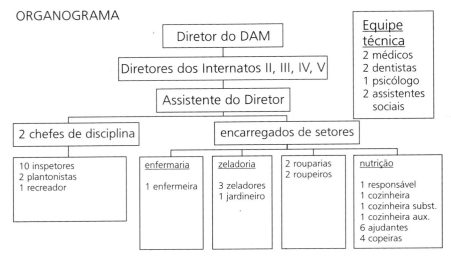

Nota: Dos 38 funcionários, 10 moram em casas cedidas pela Fundação.

ORGANIZAÇÃO DO ESPAÇO

1– DORMITÓRIOS
2– REFEITÓRIO
3– COZINHA
4– PÁTIO INTERNO
5– PÁTIO EXTERNO
6– CIRCULAÇÃO
7– BANHEIROS
8– ROUPARIA
9– GABINETE DO DIRETOR
10– ENTRADA
11– ENFERMARIA
12– SALA DE TV/MISSA

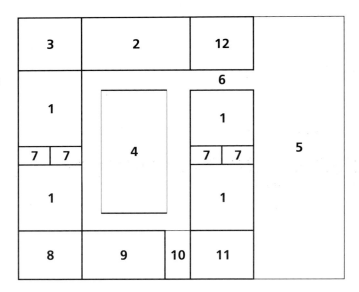

1. Introdução

Nesta faixa etária (10-12 anos) a disciplina é muito semelhante àquela da escola anterior, sendo os castigos igualmente severos. Há, entretanto, maior violência física dos funcionários contra os internos. A justificativa exemplar que surge para a exigência disciplinar é a preparação para o "quartel", caminho futuro para os internos, segundo os funcionários. A resistência do interno se expressa pelos desvios às regras disciplinares, pela vontade de voltar para a casa de seus familiares e, sobretudo, pela fuga.

2. A rigidez disciplinar – preparação para o quartel

No Internato V, os internos são mais desenvolvidos fisicamente e têm uma variação maior de idade, podendo haver vários alunos com 14 anos, sobretudo quando estão atrasados na escolaridade. Nesta faixa etária, já se evidencia um significativo atraso escolar. Os inspetores dizem que os internos são "homens", e não mais se verificam as atitudes paternalistas encontradas na escola anterior. São muito exigentes na disciplina e nos seus comandos, são econômicos na palavra, usando frases mais curtas ou somente o gesto e o apito. Falam pouco e não se explicam. Quando os alunos são vistos como passíveis de punições, o inspetor "põe a mão" no aluno, agredindo-o fisicamente.

Os funcionários, como no Internato IV, raramente admitem que batem nos alunos, a não ser por alusões ou admitindo que "às vezes é necessário dar umas palmadas" e que o farão sempre que necessário, para manter a ordem e educar o aluno, justificativa dada pelos inspetores em resposta à pressão de seus superiores, informados pelos alunos. Os internos falam claramente que são "espancados". Nenhum aluno o nega; são práticas realizadas dentro dos dormitórios e preferencialmente à noite. A cumplicidade entre os inspetores ocorre aqui, como nas demais escolas. É importante não deixar marca no corpo do aluno. Caso o inspetor cometa "excesso", o que significa que "não sabe bater", o interno sente-se mais seguro em denunciá-lo, sujeitando-o, neste caso, a punição superior ou mesmo a demissão.

Aqui se supõe que o aluno já tenha incorporado as normas disciplinares próprias à instituição total. Não se vê o interno como sujeito. Desta forma, seguir a disciplina inquestionável parece ser algo tão evidente e naturalizado, que a não submissão do interno a este sistema não é pensada como possível. Por meio do exercício disciplinar, das ordens formuladas, força-se o aprendizado da submissão e sua consequente interiorização.

A justificativa exemplar que legitima o "excesso disciplinar" é reafirmada com vigor – trata-se de preparar os internos para seguir as Forças Armadas no futuro próximo. Há um consenso entre os inspetores de que este é o caminho possível para os internos trilharem ao sair do internato.

"Se não acata a ordem, chega no quartel e não vai saber. A maioria deles aqui vai para o quartel! A disciplina para eles lá, então, vai ser moleza em comparação com os que não passaram em internatos. Os meninos são preparados, apesar de não haver ordem da direção, pois que outra coisa esses meninos podem fazer?" (Inspetor Rodrigo).

Este ideal começa a ser cultivado nos alunos com seis anos de idade (Internato III) e tem aqui uma constante reafirmação. Nas vésperas de sair do internato, a maioria (90%) dos alunos diz ter como ideal seguir as Forças Armadas.

O Internato V é visto pelos internos como uma prisão, onde há muita violência por parte dos inspetores. A qualidade e a quantidade da alimentação não são satisfatórias. Falta água, a distribuição de roupas é inadequada e há poucas opções de lazer, principalmente nos domingos, dia de maior tédio. Alguns meninos dizem gostar da escola e dos inspetores, mas nos depoimentos, colhidos aleatoriamente e de maneira reservada, é transparente a representação dos atos truculentos e da violência generalizada.

A rotina diária não se modifica muito de um internato para outro. Ocorrem apenas mudanças de ênfase na rigidez disciplinar e no cumprimento das regras. A partir dos próximos depoimentos pode-se afirmar que o mais significativo é o treinamento, o exercitar dos corpos dóceis, a permanente submissão à autoridade, que os subjuga a uma disciplina rígida, onde qualquer pequeno desvio é motivo para uma "micropenalidade" (Foucault, 1977, p. 159). O interno se dá conta de que se encontra "preso numa universalidade punível – punidora". (Foucault, 1977, p. 160.)

> *"Tem vez que enseba muito na formatura. Fica demorando, ao invés de debandar logo. O Sr. Marcelo já disse que podia vir andando, mas tinha que ser um pouco mais rápido para não atrasar a turma. Mas alguns não querem correr, fica num enseba, enseba, lendo revista, andando devagarinho. Aí, então, por isso, o seu deixa em pé mais de uma hora." (João Carlos, 13 anos, 1ª série.)*

> *"Os garotos saem da escola sem permissão, fica de briga no recreio, desobedece... o chefe de disciplina, automaticamente, ele forma e deixa de castigo. Deixa formado e só assim não dá jeito de ninguém sair do recreio e de ninguém brigar. Por isso que eles deixam formados a maioria das vezes." (Jerônimo, 15 anos, não estuda, está internado há 6 anos).*

Há determinação no regulamento dos horários de que se deve fazer "formatura", mas os inspetores usam-na como instrumento de expressão de sua autoridade a qualquer momento que considerem necessário. Não há impedimento superior neste sentido. É uma maneira do inspetor mostrar, para os alunos, para si mesmo e para os colegas, que ele tem domínio sobre a sua turma e que pode exercer este domínio por qualquer motivo que achar justificado. O exercício da "formatura" tem seu ponto mais alto aqui (Figs. 32 e 33). Os alunos já estão bastante treinados e, ao mesmo tempo, têm uma idade que ainda permite ao inspetor usar seu poder sem ameaça de ser desobedecido. Vejamos um exemplo:

> *"Seu Rodrigo, quando ele manda fazer formatura e os caras vêm conversando, aí ele manda formar no outro lado, só fica fazendo isto: forma ali, forma ali, ali, toda hora. Fica trocando de lugar até os outros fazer certo." (Ricardo, 14 anos, 2ª série, foi internado com nove anos, já passou por três escolas.)"*

Figura 32. O exercício de "formatura" tem seu ponto mais alto nessa faixa etária.

Figura 33. A "formatura" ou "ordem unida" é usada como instrumento de expressão da autoridade do inspetor, podendo ser repetida inúmeras vezes.

"Eu não gosto muito de colégio interno não. Quero sair porque isto aqui está ficando muito ruim. Porque os inspetores estão batendo, estão ensebando muito na formatura. Fica toda hora pondo a gente para cobrir, firme e a gente nem pode coçar a perna senão bota de castigo, bate. Eu fico muito nervoso quando ele tá formando assim só para tirar castigo, fica batendo na gente. E também fica ensebando para tirar a turma de setor." (Marco Antonio – 13 anos, 2ª série, foi internado com 10 anos, passou por cinco escolas.)

Já no Internato I, como vimos, os internos são unidades em uma "série". A vigilância permanente e o controle sobre a vida dos internos, não permitindo que se constituam enquanto sujeitos, impedem também a formação de "grupos". O que temos nos internatos é a "serialidade", a massificação, que dificulta atos de resistência ou contestação às normas impostas do exterior.

Algumas "brincadeiras" frequentes no cotidiano acentuam características específicas nos internos capazes de diferenciá-los dos outros colegas, mas sob a forma de humilhação, depreciação e de maneira preconceituosa:

O chefe de disciplina chama um menino no pátio: "Magrela, magrela! O puro osso! Vê se o barbeiro está lá!" E o menino não atende, creio que de propósito. Ele fez cara feia e se afastou.

Os meninos me pediam para que tirasse uma foto deles e a enfermeira disse: "É vou tirar uma foto sua e levar lá para casa, pendurar na parede. Tá dando muito mosquito. Só assim vai espantá-los [ri]." O menino negro, que se aproxima, inicialmente sorri e depois, visivelmente aborrecido, diz para enfermeira: "Ih, dona".

O recreador olha o jogo de futebol enquanto um aluno fica de juiz. Os meninos comentam a arbitragem e o recreador critica: "Levo vocês no Maracanã e mesmo assim vocês não aprendem. Não adianta, vocês nunca vão aprender mesmo não!"

Nos depoimentos dos internos nota-se ressentimento pelo que consideram injusto, excessivo, mas não parecem considerar que o inspetor está abusando de sua autoridade ou que não deveria agir como age. Eles explicam a repetição excessiva da "formatura", por exemplo, pelos desvios disciplinares cometidos por eles mesmos. Isto me leva a pensar que o interno vai, ao longo do tempo, percebendo a disciplina como "natural", algo inevitável, parte da vida institucional. Sua longa aprendizagem lhe ensinou que não há como vencer esse poder, que paira como algo dado, contra o qual ele é impotente. Como escreve Moore: "Aquilo que é ou parece ser inevitável para os seres humanos deve também de alguma forma ser justo." (Moore, 1987, p. 101.)

Viver dentro do internato é submeter-se. A fuga surge, neste momento, como uma resposta e como expressão da não aceitação do sistema institucional. É a única opção possível como recusa à submissão às regras disciplinares da instituição. Mas se constitui sobretudo em um ato isolado.

3. Fuga – possibilidade de escapar aos maus-tratos

A reclamação mais frequente dos internos é que "se bate muito". A disciplina, como nos outros internatos, faz com que os alunos infrinjam muito as regras. Os castigos são frequentes e, mais do que isto, em relação à escola anterior, se bate com mais facilidade no aluno. Os funcionários, como sempre, não admitem que batem, mas os alunos falam disso a toda hora. Nas entrevistas e conversas foi a questão mais considerada por eles. Vejamos alguns exemplos:

> *"Aqui o inspetor dá porrada ao invés de avisar."*
> *"Aqui o inspetor bate, dá banda e sai sangue. Dá soco no estômago, nos rins."*
> *"Sr. Martins foi expulso porque ele me deu um soco no estômago. Foi bom ele sair, ele é ruim mesmo."*
> *"Eles batem pra valer, batem até nos meio-doentes."*
> *"O inspetor aqui é bom. Mas tem uns que é pior do que o outro. Tem uns aqui que bate, dá cascudo, dá tapa. Um dia um inspetor foi expulso por isto. Deu paulada na cabeça do garoto."*
> *"Andam descendo a mão! Sou do 4º dormitório. Tem seu Martins e seu Rodrigo. Todos dois batem na gente como se a gente fosse homem. Dão tapa no pé do ouvido. O diretor pensa que não dói. Se a gente se queixa não liga ou diz que se eles dessem soco na gente de verdade eles quebravam a gente."*
> *"Deixa eu falar, tia. Por que agora o colégio tá tudo bom? Porque saiu dois inspetores daqui – Carlos e o seu Martins. Agora no colégio tá tudo bem. Seu Carlos batia para caramba, era carrasco. Isto aqui dele abriu e ele operou e agora ele está calmo e o seu já conversou com ele para não bater estúpido; só botar de castigo e depois avisar." (Internos de 12, 13 e 14 anos.)"*

Conforme depoimento de internos, nesta escola e na anterior, de pouco adianta reclamar com a autoridade superior. Nunca se admite que batem, ainda que se tenha conhecimento de que os inspetores estão batendo; mesmo quando se tomam medidas para puni-los e até demiti-los, isto nunca é admitido para o aluno. O aluno não deve saber que a autoridade vê falhas no inspetor. O aluno nunca tem razão e, na falta de apoio da autoridade superior, os meninos têm que descobrir por conta própria como se livrar dos maus-tratos recebidos. E a única opção que resta é a fuga ou a tentativa de ir para casa, o que nem sempre conseguem.

> *"Ah, ele [inspetor] é duro o tempo todo. E bate para valer! Outro dia, seu Martins me bateu e eu ia fugir, depois pensei e fiquei. Não tenho para onde ir. Ainda não tive visita aqui. Moro no Vidigal. Sei ir lá, mas não tenho o endereço.*
> *Já pedi à assistente social. Ela diz que vai resolver, mas até hoje nada. Se eu não tiver visita até domingo, juro que fujo para ir em casa. Não tenho dinheiro para a passagem e se ir vou conseguir carona ou a pé. Não tenho mãe, só irmão, mas não me querem em casa. Minha tia me internou quando eu tinha sete anos." (Osimar, 14 anos.)*

Como o seu sucesso não é garantido *a priori*, a fuga, apesar de pensada, não é tentada por muitos, principalmente aqueles que não estão habituados à vida na rua: neste caso, a única perspectiva possível é a volta para casa. E muitos sabem que não terão apoio dos seus familiares, se fugirem.

> *"Tia, quando eu fugi para Central, aí um dos garotos lá me fez cheirar cola à força e eu não gostei. Aí eu gritei lá. O garoto que eu briguei chamou patotinha, aí eu quebrei o vidro das Sendas. Peguei um canivete e fiquei rodando assim, e aí veio a polícia e me pegou." (Carlos, 14 anos.)*
>
> *"Eu entrei na Funabem com 12 anos, mas nunca fugi do colégio interno. Minha mãe falou que se eu fugir do colégio interno, eu e meu irmão, ela vai bater em nós. Por isso não estou fugindo mais. Eu não gosto muito de colégio interno não. Quero sair daqui, porque isto aqui está ficando muito ruim." (Luís, 14 anos.)*
>
> *"Fugi desta escola aqui porque os inspetores me dava porrada por motivo de nada. Seu Martins dava soco aqui. Ele já foi embora agora. Por isso que eu fugi para outra escola que eu tava – a Romão Duarte." (Jaime, 12 anos de idade e interno há doze anos.)*

Muitos alunos chegam ao internato por terem fugido de casa ou porque "bagunçavam", e a família então os internou. Também existem aqueles que não recebem visitas e nem saem para casa, tornando a volta à casa através da fuga muito difícil, pois não sabem mais como localizá-la. Mas mesmo assim alguns fogem, ficam pela rua algum tempo e depois voltam para o internato. O exemplo de Jaime, menino órfão, não é raro. Órfãos ou não, mas ali esquecidos pelas famílias, os internos, sobretudo quando estão mais insatisfeitos com a vida no internato, saem para as ruas em busca de liberdade e de divertimento, mesmo que passem privações e perseguições.[1] É a única maneira que têm de se defender dos espancamentos ou da brutalidade dos inspetores, em geral impunes.

> *"Eu fugi sete vez desta escola porque batia, botava de castigo, pulinho de galo (pulando com a mão na nuca, até cansar). Aí depois eu fugi e fui para a Central e meti a mão nuns negócios lá, porque eu tava com fome e não deu certo, e a gente voltamos para a escola de novo. Aí a gente fomos e fugimos de novo e não deu certo e ficamos cinco meses lá na Central, dormindo na Cinelândia, depois fomos para Copacabana, e voltamos para a Central e passando uns meses a gente voltou para o colégio; aí eu ganhei um soco na boca do estômago e na barriga e não gostei e fugi outra vez. Aí, agora, eu fugi mais de três vezes."*
>
> Sônia: *"Por que você apanhava muito na escola?"*
>
> Jaílson: *"Porque eu fazia bagunça, quebrava o vidro, xingava palavrão, jogava comida para o alto. Fazia isto porque ficava nervoso, os outros mexia comigo. Eu quebrava a cabeça dos outros aí."*

---

1. "O que eu via nos olhos de cada criança era revolta, angústia e vontade de sair dali. Cada cabeça, ali dentro, só ficava fazendo planos de fuga. Os funcionários só faziam espancar." (Collen, 1987, pp. 50 e 123)

INTERNATO V

Sônia: "Ficava nervoso por quê?"
Janson: "O inspetor me bateu e eu estava todo marcado, todo dia a mesma coisa, me chamavam para o mutirão. Aí eu não gostava. Eles davam soco na boca, soco de mão fechada, chute e ponta-pé. Eu não gostava. Nem precisa caguetar que não adianta nada. Só fugindo, aí adianta." (Jaílson, 12 anos, 1ª série.)

Um dos motivos principais que levam à decisão da fuga (sair do internato sem intenção de voltar no mesmo dia) são, como vimos através da fala dos internos, os maus-tratos recebidos no internato, o espancamento, a disciplina muito severa ou o "mutirão, como os meninos denominam o castigo em grupo, sistemático e exagerado (Fig. 34).[2]

"Um dia eu fugi daqui porque eu ficava muito no mutirão e eu não gostava e fugi. Se a gente não ficasse certo lá ele botava mais cruz e aí, aí eu fugi até o morrinho ali e voltei. Fui castigado mais cinco dias. É ruim. Eu apanhei." (André, 12 anos.)

Figura 34. Um dos motivos que levam à fuga do internato é o mutirão – castigo em grupo, sistemático e exagerado.

---

2. "Pelo menos, na rua, há uma possibilidade de fuga ao castigo imoderado, sevícia, à corrupção. Entre as paredes do internato, não há fuga possível" (Cavallieri, 1987, p. 64). Este comentário torna-se mais interessante e significativo por ter sido feito por um dos mais conhecidos juiz de menores do Rio de Janeiro. Como se sabe, os juízes de menores são as autoridades que mais têm responsabilidade pela internação de crianças.

"Lá no Internato VI tinha uma diferença. Quando o inspetor perguntava quem estava conversando na fila, acusavam. Aqui não, quando o inspetor pergunta, ninguém fala. Então o justo paga pelo pecador. É castigo geral. Ninguém tem culpa disto. Quem veio quieto paga até pelos bagunceiros." (Jonas, 13 anos, 3ª série.)

A fuga representa escapar aos maus-tratos, possibilidade de sair do ambiente no qual não tem qualquer liberdade, e também é a busca do lazer e da aventura. Mas a vida na rua não é fácil, e a maioria dos que fogem acaba voltando ou é trazida pela polícia.

A fuga é vivida pelos inspetores como uma questão pessoal. É uma insubordinação sobre a qual, uma vez realizada, eles não têm controle. Mas, quando os internos retornam, tomam suas medidas repressoras, aplicando castigos severos, como, por exemplo, "pagar" (ficar) uma semana de castigo em pé, o dia todo, na sala dos inspetores, só podendo sair para as atividades como aula, banho e refeição.

Um dos cuidados que os inspetores tomam para evitar a fuga é a proibição do uso da roupa trazida de casa, que é individual. Se o interno foge com o uniforme do internato é mais fácil sua identificação e prisão.

Os meninos que fogem aprendem a burlar a vigilância e acabam sempre levando outros colegas consigo. Para os inspetores e funcionários que ocupam posição hierarquicamente superior, a prática da fuga não levanta questões sobre o tipo de atendimento institucional oferecido, mas trata-se simplesmente de uma expressão de rebeldia do interno. Os funcionários não gostam dos que fogem e consideram que aqueles que fogem com frequência devem mudar de internato, pois a escola não é capaz de submetê-los, visto que dominam os esquemas criados para mantê-los disciplinados no seu interior. E se há fugas, há burla das regras de vigilância – sinal grave de desobediência e desacato à autoridade local. Quem recorre às fugas deve, portanto, ser afastado. Tal indisciplina também pode contaminar vários internos e inviabilizar o sistema de internatos. Fugir é recusar-se claramente a aceitar as regras de convivência e disciplina, é negá-las. E isto não pode ser permitido, sob pena de desorganização geral.

"Não sei como a polícia não o matou ainda [Cláudio, 10 anos]. O juiz tirou ele daqui. Ele liderou a fuga de quatro crianças. Menino que foge mais de três vezes não pode voltar para a mesma escola." (Inspetor)

A fuga não deixa de ser uma busca do lazer, mas é sobretudo uma recusa, que se pretende definitiva ou temporária (às vezes, eles voltam por livre vontade) à vida no internato. É no Internato IV[3] que se inicia a prática da fuga sem ser ainda tão significativa como no Internato V e nos internatos seguintes, de faixa etária acima de 12 anos.

---

3. O Internato IV sofreu mudança de direção em 1981 e, pela primeira vez, uma mulher assumiu o posto de assistente de diretor. Isto gerou muitos conflitos e mal-entendidos entre os funcionários, sobretudo os inspetores, que são todos homens. O diretor anterior era muito estimado e estava no cargo há muitos anos. Esta mudança desorganizou o funcionamento, gerando situações de conflito entre os funcionários e a diretora, o que se refletia no aumento de tensão entre funcionários e alunos, ocorrendo com mais frequência situações de maus-tratos e fuga de alunos.

A fuga de internos é uma questão importante não só porque é realizada em grande número e pode virar notícia de jornal[4] tornando transparentes os maus-tratos, mas também porque é motivo para que o Juiz de Menores se comunique com a direção-geral para pedir esclarecimentos, o equivalente a uma "repreensão" da autoridade jurídica sobre as autoridades da Fundação. Nota-se aí que o Judiciário goza de um relacionamento íntimo com as autoridades da Fundação (o contato é feito por telefone), usando esta possibilidade para enrijecer a disciplina.

Com mudanças ocorridas no quadro de direção do conjunto dos quatro internatos, algumas técnicas novas foram sendo inseridas durante os anos de 1981 e 1982, para melhor reprimir as fugas. O novo diretor havia trabalhado por 20 anos em diversos internatos da Funabem, sendo considerado um profissional muito experiente pela direção central. Este diretor começou a aplicar novas técnicas, utilizando suas "boas relações" com as autoridades dos Juizados de Menores, dos internatos da Funabem e da Polícia Militar.

Uma das novidades, criticada em voz baixa pelos diretores e funcionários em geral, se referiu à presença de carro da polícia perto das escolas, inclusive nos dias de visita dos pais, "para maior segurança" de todos. Começavam, então, a se intensificar as relações com a polícia, prática mais comum nos internatos da Funabem e da Feem. Com o conhecimento dos recursos da Funabem, este diretor também começou a fazer uso dessas possibilidades, sobretudo devido ao seu relacionamento pessoal e direto com os funcionários da Funabem. Trata-se de enviar os internos para a "casa de correção" da Funabem, internato para acolher "menores infratores". Trata-se de fazer uso de recursos externos, antes não utilizados, para resolver situações de conflito neste conjunto de quatro internatos.

> "E o diretor tem boas relações com o pessoal do "Padre Severino". Ele usa isto para ameaçar os meninos. Por exemplo, se o menino foge três ou quatro vezes vai para lá. Ele avisa à turma toda "se fugir vai para lá". E, quando manda, ele forma e avisa quem foi. Então isto amedronta, eles têm que andar certo. E você sabe, é horrível! É uma prisão mesmo. E quem entra lá muito macho de manhã, de tarde é mulherzinha. Eu fui lá. Não sei como o Estado permite. Quem entra lá tá perdido. Aquilo não é casa de correção. O menino que sabe uma coisa ensina para o outro e assim eles aprendem mais." (Inspetor Rodrigo)

4. "Escamar" – busca de lazer e aventuras

Em termos da arquitetura, a Escola V é a mais fechada, cercada por grandes muros, e não permite a visão do que se passa fora. O prédio forma um retângulo com um pátio de cimento no centro. Existe um outro pátio, externo, no lado direito do prédio, mais espaçoso,

---

4. Reunimos alguns exemplos de fugas de internatos que não são da Fundação, que ganham destaque na imprensa diária: "Menores fizeram armas para fugir da Funabem" (O Globo – 10/07/85); "Internas da Feem fogem por buraco na Ilha do Governador" (Jornal do Brasil – 19/11/85); "Total da fuga da Febem foi de 124 menores" (Folha de São Paulo – 03/04/85); "Funabem culpa juízes por fuga em massa de menores" (O Globo – 14/01/86).

usado para jogos de futebol. A ocupação deste pátio é considerada "recreação" e os alunos não têm livre acesso a ele. Nas outras escolas não há esta separação e os alunos podem, com maior frequência, usar o pátio como um todo. Nesta escola, a utilização do recreio interno, de cimento e com poucas árvores, circundado pelo prédio, é o mais frequente (Fig. 35).

Os alunos se sentem presos ali, o que os leva a se referir à escola como sendo "uma cadeia" ou "uma cela". Se não há uma recreação organizada (ex., jogo de futebol), os internos estão sempre neste pátio fechado. Mesmo vindo de outros internatos eles se ressentem fortemente deste fechamento, sobretudo no verão, quando faz muito calor. Além disso, como no Internato IV, é comum que aos domingos os alunos não saiam deste pátio, seja porque há visita dos pais para alguns, porque há missa à tarde ou porque faltou inspetor e fica mais fácil mantê-los ali. Tudo isso favorece que o aluno queira "um pouco de ar", um pouco de liberdade, o que ele procura ao sair para dar um passeio pelas redondezas. "Escamar" é um termo usado pelos alunos de todas as escolas para se referir à saída para um passeio fora dos muros dos internatos, sem a permissão das autoridades. É um recurso menos radical do que a fuga, em busca de algumas horas de liberdade e divertimento.

Trata-se de um passeio no terreno da própria Fundação, em locais já conhecidos dos meninos – a beira do rio é um dos lugares prediletos, e gostam também de apanhar alguma fruta nas árvores. Eles sabem que, se os inspetores perceberem sua ausência, na volta haverá punição. Mas isto não os inibe de, vez por outra, "dar uma saída", a hora do lazer verdadeiro. "Escamar" é também busca da privacidade, momento de intimidade com seus atos,

Figura 35. Nesta escola, a utilização do recreio interno, de cimento, com poucas árvores, onde não se vê o lado de fora, é o mais frequente.

sem a mediação de terceiros. Não estão sob a vigilância dos adultos, podendo descobrir situações novas e enfrentar alguns riscos. É comum que saiam acompanhados de um ou dois colegas. Vejamos no exemplo a seguir como os meninos explicam um dos principais motivos que os incentiva a "escamar" e como eles diferenciam esse ato da fuga:

> *O inspetor Eduardo do Internato IV traz três meninos e diz: "Converse com ela".[5] "Esses três fugiram." Os meninos: "eh, seu! Fugimos não! A gente escamou. Estávamos passeando lá em cima, depois vimos um pouco o jogo no campão. Nós saímos depois do bolo."[6]*

Os meninos diferenciam a fuga do ato de "escamar" pois, ao fugir, há a intenção de não voltar mais. A fuga é considerada como um ato grave de infração e a punição é sempre mais dura. "Escamar", em geral, é entendido pelos inspetores como uma "coisa de menino querendo se divertir". Mas mesmo assim eles castigam e chamam a atenção, porque acreditam que se não o fizerem os meninos se sentirão estimulados a repetir o ato.

Os alunos não consideram "escamar" como uma infração:

> *"Aqui, tia, eles ficam muito preso. Aqui não tem espaço. Lá em Santa Cruz (Internato VI) era diferente. Lá tinha espaço, eles não escamavam, só ficava dentro do recreio. Mas aqui não. Aqui não tem espaço nenhum; aí eles querem ficar livre, ficar solto. Eles saem da escola sem permissão. Lá eram poucos os alunos que escamavam, por causa do coco, para subir no coqueiro, essas coisas. Aqui é para pegar jaca, pegar coquinho, coco-manga." (José Carlos, 13 anos, 1ª série.)*

> *"Tia, aqui podia ter esses negócios que lá em Santa Cruz tem. Piscina, porque quando tem um sol quente e não tem passeio, a gente podia ir na piscina. Aqui não tem nada disso, tia. Tem que ficar todo mundo isolado assim. Onde quer ir, tem que ir todo mundo a pé, senão os garotos escamam lá para o rio, lugar onde tem muita cobra, lá no pé do morro. Fica caçando. Aí os garotos escamam para lá para tomar banho. Quando tem passeio e barra o garoto, ele vai e escangalha toda a roupa de cama, e rouba se vê alguma coisa de bobeira, três assalta negócio do garoto, pega no armário, pega tudo lá." (Ubirajara, 11 anos, 1ª série.)*

Todos os funcionários reconhecem as falhas da escola no que se refere a recreação, passeio, lazer e esporte. Mas mesmo assim os alunos não devem ter vontade de sair e pas-

---

5. Sou chamada a intervir na situação pelo inspetor, como um pedido de auxílio profissional. Esse pedido, aliás, foi feito em outras situações durante a pesquisa. Isto me pareceu revelar confiança na minha pessoa e também expressar como os inspetores estão sós para resolver situações que gostariam de ver resolvidas sem ser por disciplina ou castigo.
6. Devido à festa de aniversário do mês, ninguém pode sair da escola naquele dia, ficaram o dia todo trancados no pátio interno, fazia muito calor e não tinham nada para fazer ali. Aliás, é comum que não saiam aos domingos. Há menos funcionários e maior movimento de gente de fora, o que torna mais difícil tomar conta deles. Por isso, muitas vezes, ficam trancados dentro do pátio do internato, confronte observei e me foi relatado pelo chefe de disciplina.

sear. A escola deve bastar no que lhes oferece. A regra de não ir para fora dos muros deve ser obedecida. Os funcionários eventualmente podem compreender que os meninos queiram passear, "escamar" e "fazem vista grossa".

Na falta do que fazer no domingo, "escamar" é uma opção, senão a única, de lazer (Fig. 36). A semana é mais animada, com mais atividades do que no domingo. Durante o ano somente 30% dos internos saem com os pais ou têm permissão para sair nos fins de semana. Quando tem passeio no Maracanã ou na praia, dificilmente há condições de todos irem. Se a escolha fica com o inspetor, que trabalha diretamente com o aluno, não se torna necessariamente mais fácil, entre 75 meninos, o inspetor escolher uns 30 – e sempre pode haver interferência da direção.

O problema se coloca porque são muitos meninos e também porque não há uma preocupação legítima das autoridades responsáveis no que se refere a lazer e recreação dos internos. Os funcionários que trabalham diretamente com os internos não têm autonomia para organizar atividades de lazer.[7] Eles têm consciência da importância da diversão no final de semana para manter a disciplina durante a semana – o clima geral da escola fica

Figura 36. Na falta do que fazer no domingo, "escamar" é uma opção, senão a única, de lazer e de aventura.

---

7. Funcionários dos internatos conseguem, através de contato feito por sua própria iniciativa, ônibus ou ingressos para levar os internos para se divertirem e, com frequência, são impedidos pelas autoridades superiores.

menos tenso, há menos brigas e mais facilmente os meninos se submetem à disciplina dos horários e atividades.

Nas férias, a grande maioria dos alunos sai para passar um mês com os pais ou responsáveis. É comum que fiquem na escola de 80 a 100 alunos. Eventualmente nas férias, podem incluir passeios quinzenais feitos no ônibus da própria escola ou em ônibus da Funabem. No entanto, pode ocorrer que fiquem durante as férias sem nenhuma atividade. Ano após ano, a situação não se modifica. O discurso de melhorias existe, tal como o da falta de recursos financeiros. Os funcionários participam da venda de terrenos valiosos da Fundação, mas não há qualquer benefício para as escolas e para a melhoria do atendimento ao interno. Os funcionários fazem reivindicações antigas, como a reforma do ginásio de esportes, que já funcionou, a construção de uma piscina que poderia ser aproveitada pelas quatro escolas, a compra de ônibus para a realização de passeios, sem qualquer sinal de resposta das autoridades.

Uma das possibilidades, no domingo, de fazer algo diferente do resto da semana, é ir à missa.[8] Esta escola é a única do conjunto que decidiu dar ao interno a opção de ir ou não à missa. Segundo informação dos inspetores, esta decisão partiu do fato de muitos internos não quererem ir e do padre perceber que a missa não deveria ser mais uma obrigação do internato. Então, no sermão, ele falou que deveria ir à missa quem quisesse. Assim, esta escola passou a seguir a orientação do padre. Mas esta liberdade de culto não durou muito, sobretudo por ser uma exceção à regra da Fundação, confessadamente católica.

Em novembro de 1982, quando fazia a pesquisa em um domingo, houve a seguinte ordem: missa geral. Ou seja, todos os alunos deveriam comparecer à missa. Isto gerou um rebuliço na escola, os meninos se espantaram com a ordem e diziam que não podia ser dada aquela ordem "já não é mais obrigatório, o padre disse que não era". Mas, como disse o chefe de disciplina, "é ordem". E, sem mais conversa, exigiu que todos tomassem banho e se arrumassem para ir à missa. E, porque a missa era às 16 horas, os meninos ficaram no pátio interno após o almoço. Como havia muitos, eles se chocavam uns com os outros. Segui as crianças até a missa. Todos foram em fila e comportadamente ocuparam os bancos a eles destinados. A igreja estava repleta, com outros internos das escolas vizinhas, funcionários e moradores (Fig. 37). Na hora da comunhão o padre chamou quem estivesse preparado para comungar. E muitos foram, mesmo aqueles que ainda não haviam feito a primeira comunhão. O inspetor não esqueceu seu caderno, anotava aqueles que considerou faltosos no comportamento e mandou trocar de lugar aqueles que conversavam. Acompanhei a saída e a volta para a escola, e participei, então, de uma conversa entre eles.

Um menino diz: "Joguei fora a hóstia."
Um outro responde em tom ameaçador: "Jesus Cristo vai mandar todo mundo formar e você vai ser mandado para o inferno!"

Não há escapatória possível para a forma, a fila e a punição. Nem no Céu!

---

8. No Internato VII, a missa é obrigatória duas vezes por semana.

Figura 37. No domingo, uma "missa geral" é a ordem que todos devem acatar.

A falta de lazer, a não visita dos pais, a rígida exigência da disciplina, certamente colaboram para o clima tenso encontrado nesta escola durante o ano. O atraso escolar já se faz sentir com clareza; a insatisfação e o desinteresse aumentam em uma atividade que deveria ser uma das principais dentro do internato.[9]

5. "Pinel", "gabalão" e "píssico"

Nesta escola, como na anterior, há um número significativo de meninos considerados problemáticos. Estes alunos são chamados pelos demais de "pinel" ou "gabalão".[10] No Internato VI, o diretor os chamava de "píssicos". Em geral, recebem um acompanha-

---

9. Vemos no Quadro 6-1 como se distribuem 22 alunos escolhidos aleatoriamente:

Quadro 6-1. Alunos escolhidos aleatoriamente

Série/idade	10 anos	11 anos	12 anos	13 anos	14 anos	total
1ª	1	–	4	2	–	7
2ª	–	–	2	1	2	5
3ª	–	1	3	1	1	6
4ª	–	–	2	1	1	4
Total	1	1	11	5	4	22

Obs.: Estes dados foram retirados de entrevistas com os alunos.

10. Referências aos nomes de um hospital psiquiátrico e de um remédio, respectivamente.

mento psiquiátrico; têm grande dificuldade de aprendizagem e de seguir a rotina do internato, atrapalhando o andamento das atividades e a disciplina, como também causando muitos problemas. Implicam com os colegas e são alvo de ataques, como se pode ver no seguinte exemplo:

> *Na saída da igreja, os internos andam para o internato em fila, sem muito rigor. Um menino apanha muito de vários colegas, grita e chora tentando se defender. Os colegas me dizem – "é maluco". Ninguém interfere em sua defesa.*
>
> *No pátio, observo brigas frequentes e muita gozação com os colegas. Os alunos que têm problemas apanham muito. Atualmente, é o Alcenir que é visto como o maluco exemplar – eles implicam e batem nele o dia inteiro. Ele é gago e não frequenta as aulas; fica o dia todo sem fazer nada. Mas, quando atacado, se defende, parte para cima do colega e, às vezes, chega a machucá-lo. Nos últimos dois meses, ele abriu o peito de um colega, o braço de outro e dois pulsos de outro, com caco de vidro. Os meninos mostram-me o colega com os dois braços cortados. Um deles me explica: "ele queria rasgar um outro colega e o seu me mandou segurá-lo. E quando segurei ele me cortou". Os funcionários são de opinião que este aluno, que tem 14 anos, não deveria estar ali e sim em uma escola que tivesse tratamento adequado. Só no Internato V, há pelo menos cinco casos semelhantes, crianças que não aprendem a ler nem a escrever, são muito imaturas e perturbadas emocionalmente.*

Se esses meninos "malucos" são vistos como problemáticos pelos funcionários, não há qualquer atitude no sentido de olhá-los com um cuidado maior. Pelo contrário, são, em geral, também descriminados pelos funcionários, no dia a dia como também nos passeios, porque "atrapalham".

> *"O inspetor nunca deixa o Alcenir ir nos passeios porque ele é maluco. Quando alguém bate nele e ele grita, o inspetor esquenta ele mais." (José, 12 anos.)*

Por parte dos técnicos também não há um atendimento especializado, a não ser medicamentoso, feito pela Funabem. Em geral, os funcionários reconhecem que não têm competência para atender a esses meninos, e que, com o grande número de alunos na escola, não é viável que eles estejam internados. Mas a direção principal, apesar de informada, não toma nenhuma providência junto aos órgãos de convênio, mostrando os limites de sua competência no atendimento a essas crianças.[11] E eles ficam nos internatos ano

---

11. Quando trabalhei na Feem, em 1985, encontrei uma situação ainda pior. No estabelecimento que funcionava como recepção e triagem, havia cem crianças consideradas excepcionais (retardadas) misturadas com outras trezentas na faixa etária de 4 a 16 anos, de ambos os sexos. Algumas delas tinham atendimento especializado fora do estabelecimento, mas ali dentro não havia qualquer cuidado especial, o que significava muito mais abandono do que não segregação. O próprio órgão estadual não tinha, na época, atendimento adequado para as crianças ditas excepcionais e, por isso, elas acabavam ficando no local de triagem, sem ter para onde serem encaminhados.

após ano, como que perambulando até que se crie alguma situação considerada intolerável ou que algum responsável resolva desligá-lo. Segue outra observação:

> Um menino, do meu lado, mostra outro que chorava antes do almoço: "Ele rasgou a camisa porque os meninos bateram nele, porque ele é pinel. Olha, ele come papel!"

A agressão não se limita a ataques aos meninos "malucos". Entre eles a tensão é grande e as brigas no pátio interno são frequentes. E a briga pode ser tão feia, que o índice de "acidentes" é significativo nesta escola, segundo dados da enfermeira. Não foi possível, entretanto, aferir se esses acidentes só ocorrem por brigas entre os colegas ou se também se devem a agressão dos inspetores. Segundo o médico e a enfermeira "há épocas em que não tem nenhum e semanas com três a quatro fraturas". Certamente, a dinâmica institucional colabora para que exista este nível de tensão e agressão, concorda comigo o médico, mas evita qualquer esclarecimento.

Mesmo no jogo surge a agressão entre eles. Os meninos narram que uma das regras do jogo pode ser a seguinte: "o perdedor é malhado pelos outros". Tive oportunidade de observar esta situação diversas vezes. Ao comentá-la com os inspetores, me disseram que isto deveria ser proibido, mas nada é feito nesse sentido. Entendi que eles me falavam da proibição por se darem conta de que não deveriam fomentar a agressão entre os alunos, mas na verdade parece que isto está em concordância com todo o sistema ali existente.

6. "Histórias de sacanagem e saliência"

Aqui vamos encontrar o mesmo sentimento de desproteção e de abandono que abordamos no Internato IV, não só em relação aos meninos com problemas psicológicos acentuados ou retardo mental. Aqui, também, como vimos no Internato III, eles ficam à mercê dos atos arbitrários dos funcionários, da violência física dos inspetores, sem que nada possam fazer para defender-se. Se tentam denunciar os maus-tratos, são ainda mais castigados.

Uma questão que começa a existir no Internato IV e ganha vigor no V é a sexual. Os funcionários se referem como "pederasta" ao menino que mantém relações sexuais com os colegas. Na Escola V, a repressão é intensa, e este problema é considerado de difícil solução. Mas, antes de abordá-lo, é importante considerar uma situação criada na época da pesquisa, que revelou esta mesma situação entre funcionário e alunos, no Internato IV.[12]

A situação se revelou no Internato IV, porque um menino novato falou para o pai que estava sendo abusado sexualmente por um inspetor. O pai, segundo a diretora, era alcoó-

---

12. Quando trabalhei no educandário de meninas "infratoras" da Feem, tomei conhecimento de que esta situação também ocorria ali. As funcionárias, entretanto, consideravam difícil a apuração de fatos, pois para que o funcionário fosse acusado deveria haver um flagrante, a denúncia da menor não era suficiente para a incriminação.

latra e "fez o maior escândalo" em um dia de visita, exigindo esclarecimentos da direção. A secretaria central tomou conhecimento do fato e despediu o inspetor.[13]

Inicialmente, fui informada pela nova diretora que estava muito preocupada com a descoberta da situação, embora esta já fosse do conhecimento do anterior diretor, como também do diretor-geral das quatro escolas, sem que tivessem tomado qualquer atitude.

O abuso sexual é uma dessas situações de violência contra a criança que todos conhecem, mas ninguém menciona. Só um fato novo pode revelá-lo, mas, mesmo assim, poucos funcionários admitiam falar a respeito. Quando perguntados indiretamente por que o colega fora demitido, os inspetores negavam saber o motivo. O silêncio possivelmente se explica por estarem todos implicados na mesma situação e, como já vimos anteriormente, a cumplicidade esconde sempre outros fatos cometidos por eles. Os internos, entretanto, abordaram esta questão sem tantos rodeios, apesar do aparente constrangimento por falarem a uma mulher.[14]

Um dos meninos se aproximou de mim no pátio e insistiu para que falasse com ele. Sentamos no chão para conversar e mais 15 nos rodearam. Começaram a contar histórias da escola e da vida deles – eles sempre tinham o maior interesse em que alguém os escutasse – e, logo, um grupo diz que queria contar "histórias de sacanagem e saliência". E falaram de várias histórias que se passaram entre os alunos e o inspetor demitido. Falaram o nome dos meninos que eram abusados sexualmente e descreveram como alguns deles iam até a sala de onde tudo se passava, olhar a cena pelo buraco da porta. Vejamos um dos relatos anotados:

> *"Se o menino não desse, tia, ele deixava de castigo e ameaçava bater. Ele só fazia isto com branco, tia. Ele dizia: fique de quatro. E ele ficou fazendo aquele movimento... Saliência, tia. Aí eu joguei uma pedra nas costas dele e corri."*

Os outros escutavam atentamente as histórias. Falaram que os meninos não podiam reclamar senão apanhavam. Comentei com eles a minha surpresa, pois me parecia que aquele inspetor era bom para os alunos. Eles riram e disseram:

> *"É bom na frente dos adultos! A senhora achava que ele era bom? Pois batia na gente e não dava moleza não. Com os adultos ele era legal, simpático. É assim que eles são!"*

No relato, fiquei sabendo que um dos meninos, abusado sistematicamente pelo inspetor, era um interno que eu havia entrevistado e que sempre me procurava para conversar. Ele tem outros irmãos nesse mesmo conjunto de escolas. Falei em particular com ele sobre o assunto e, após breve resistência, me relatou que a situação perdurara, pois não

---

13. O inspetor foi despedido sem que fosse indiciado criminalmente. Tudo se resolveu dentro da Fundação. O pai dele é antigo funcionário e mora com a família nos terrenos da Fundação.
14. Creio que a condição feminina dificultou a obtenção de informações sobre questões sexuais, tanto junto aos funcionários quanto aos internos.

sabia o que fazer. Inicialmente, falou com o diretor-geral da época, que lhe disse que tomaria providências e não tomou. Falou com sua mãe, mas os dois chegaram a conclusão de que ele poderia ser expulso, como também seus irmãos, e tiveram medo de fazer a denúncia. Disse que, quando entrou um colega novato que passou a fazer parte dos meninos escolhidos do inspetor, ele lhe confidenciou que deveria "caguetar" logo, pois, com o passar do tempo, tudo ficaria mais difícil. Falamos nessa ocasião sobre a questão da pederastia entre os meninos nos internatos, distinguindo funcionários e internos.

a. *"Aqueles que dão têm uma fila querendo"*

A "transa" sexual entre os meninos se inicia no Internato IV (meninos de oito a dez anos), se intensifica no V e VI e no Internato VII ganha alguns aspectos novos e violentos.[15] A pederastia é um assunto pouco falado. Os funcionários admitem que existe com frequência e atribuem, em grande parte, à ociosidade dos meninos. Na falta de lazer, de jogos, sobretudo nas férias, "o único divertimento acaba sendo a pederastia", me disse um inspetor antigo. Não ter o que fazer é uma constante em todos os internatos, mas, segundo os funcionários, torna-se especialmente crítico depois dos 10 anos de idade. Se não se ocupa o interno, ele "apronta": "escama", foge, arranja briga, cria hábitos homossexuais. Tudo isto torna mais difícil manter a ordem diária e a disciplina rotineira que lhes é cobrada.

A pederastia é um problema de difícil abordagem, e muitos funcionários não sabem o que fazer. A solução frequentemente encontrada é bater no aluno. Eles também são "barrados" (impedidos) nos passeios, não só como castigo, mas também para preservar o conceito público da escola. Vejamos como os inspetores lidam com a situação:

> *"Eu aviso para eles: se eu pegar vocês vão apanhar, e muito [ri]. E nunca peguei nenhum até hoje!"*
>
> *"Veja se estou certo: eu não bato não; se pego em flagrante, como peguei, eu deixo eles terminarem, não interrompo e depois chamo-os e digo que não devem fazer isto. Se pego eles se masturbando, deixo terminar e digo que isto não faz bem, que eles têm um desgaste de energia enorme e que não leva a nada e que isto faz mal ao futuro deles."*

Os funcionários tratam a questão segundo seu ponto de vista, e a atitude mais comum é a repressão e o castigo. Mesmo assim, os meninos falam com frequência que são importunados de noite por colegas. Alguns dizem que permitem "para se verem livres" dos colegas que ficam insistindo. Outros tentam algum jeito de se defender:

---

15. Antigo funcionário da Funabem, que ocupou o cargo de diretor por alguns meses, me contou que isto também ocorre com frequência nas escolas da Funabem, e deu exemplo de uma escola, que, na época, tinha 800 internos de 14 a 18 anos. Um dos funcionários antigos dessa escola lhe teria dito: "Bom, professor, aqui o negócio é o seguinte: metade da escola dá e automaticamente metade come."

"Tem aluno que tem, no pavilhão, coisa assim canivete, para se algum aluno tentar fazer alguma coisa com ele na noite, maldade, ir na cama do outro fazer safadeza." (Jocenir, 12 anos.)

Neste Internato V os pederastas, que também passaram a ser chamados de "gays" pelos colegas, sempre foram discretos, temerosos de se exibir; mas, durante a pesquisa, observei que havia um grupo de cinco ou seis que, claramente, assumiam a sua condição através de gestos e voz. Segundo os inspetores, eles eram em número de dez no ano de 1982. Era frequente vê-los cantando e dançando com muito rebolado ao som do rádio no pátio e, liderados por Pedro, ensaiavam números de dança. Essa expressão aberta, através da dança, foi uma novidade que surgiu com a vinda de maior número de alunos e a situação de certa confusão que se colocou naquele semestre.[16] A expressão "descarada" dos internos na dança gerou reação de outros internos do Internato VII que por ali passavam:

"Que pouca-vergonha! Veja aquele pirralho! Só matando esses caras. Ah, se esses caras fossem para... (Internato VII) eles entravam no cacete. Eles aprendiam rapidinho!"

Pedro, 13 anos, nascido no hospital psiquiátrico onde vive sua mãe, doente mental, é o líder do grupo de dança. Vejamos como ele defende sua posição e preferência sexual:

"Eu tenho problemas. Eu mantendo relações sexuais com outro homem, sabe? E eu sou contra a mulher, não gosto de manter minha relação sexual com mulher. Prefiro manter com homem porque, quando fui criança, fiquei internado numa escola que tinha garota e lá comecei a aprender a dançar, rebolar. Essas coisas todas. Mas eu fiquei acostumado com garota aprendendo a cozinhar, de panelinha, a fazer aquilo, sabe? E acostumei com aquilo. Muita gente olha para mim e diz: ih, aquele garoto está imitando viado, que coisa feia. E eu falava: toma conta de você, é o melhor que você faz. Deixa a minha vida que eu sei o que estou seguindo. E eles não gostavam que eu falasse isto. Preferiam que eu virasse homem. Está certo, Deus me colocou no mundo para eu virar homem. Mas acontece que a mania que eu peguei ninguém vai tirar, a não ser meu pai, Deus. Aqui no colégio eu rebolo, danço e nenhum funcionário tem nada a ver com isto que eu já falei. Eles me ajudam, gostam de mim. Eu não sou um garoto que demonstro muito o que sou. Gosto. Tem muita gente que gosta de mim. Tem uns garotos que não gosta, é problema deles. Não estou me oferecendo para ele gostar e quero ficar assim mesmo. Para mim esta vida está boa. Ninguém está me perturbando. Não ando levando esporro. Para quem não sabe ser o que eu sou, sempre tem que sofrer, porque eu sei ser e entendo muito bem o que estou fazendo. Quando eu era daqui, eu apanhava

---

16. Com o fechamento do Internato VI, no início do 2º semestre de 1982, os meninos foram acolhidos sobretudo pelo Internato V, havendo superlotação.

muito dos inspetores, sabe? Mas eu apanhava porque eu era assim, tipo isto que eu estou falando, sabe? Mas eles queriam me bater para eu ser homem, mas não adiantava nada. Apanhava muito. Mas chegou num próximo dia que eu fui para o (Internato VI) e quando voltei nenhum deles mais está me batendo. E nem vai me bater. Porque se me bater agora eu sei falar. Antes eu não sabia falar nada." (Ele segue falando dos colegas que são barrados no passeio por serem pederastas.)

No Internato VI, bem como no Internato VII, a prática da pederastia é intensificada entre os garotos, segundo informações dos funcionários. Alguns conversam com os internos, mas o castigo é a atitude mais frequente para punir aqueles que são pegos em flagrante. No Internato VI, consideram que o problema diminuiu com a lotação mais reduzida da escola nos últimos anos. Os meninos não falam abertamente nesta questão, mas quando ali trabalhei como psicóloga em 1980-1981, durante o atendimento, alguns reclamavam de que eram importunados à noite. O funcionário que mais conversou comigo sobre a questão disse, justificando: "até no Exército tem, aqui também tem".

Consideravam muito difícil vigiar, pois com apenas dois vigias noturnos (internato VI), os meninos se "aproveitavam" quando eles não estavam por perto. "Aqueles que dão tem uma fila querendo", me disse um deles.

A preocupação do recreador – ele próprio negro – era: "quando os meninos crescerem, se casarem e tiverem filhos, como vão explicar para estes sua prática de pederastia no internato?" Apesar de acreditar ser uma fase pela qual o menino passa, ele não é tolerante e seu "método de lidar" é dar uma bronca, falando em grupo, induzindo os colegas a dedurarem os "namoradinhos" e dando um "sacolejão" no menino. Diz que "antes" batia, mas agora todo adulto tem medo de por a mão no menino, então ele não bate, "só uns tapas e sacolejões".[17] Falava também que "imprensava" muito mais os negros que começavam a "ser bichas" do que os brancos – "preto por natureza é todo macho, grosso; não tem lábios, tem beiço; não tem nariz, tem narinas, e o cabelo é horrível". E, rindo, me disse: "não vai pensar que sou racista!" Para melhor justificar sua perseguição aos negros "bichas", ele explicou: "afinal já são nego e ser bicha é o fim do mundo! Branco ainda pode ter jeito de mulher, mais delicado, tem a pele fina. Os homossexuais que os garotos mais gostam são os que dão, são os que têm a bunda lisa".

No Internato VII, os funcionários quase não falaram de questões sexuais, e os adolescentes riam e desconversavam quando eu tocava no assunto. Um dos comentários foi: "faz bem para a saúde, dona!" Pelos comentários que ouvi de funcionários e de internos, tive a impressão que não se considera, nesta escola, o homossexualismo como um pro-

---

17. Quando ali trabalhava como psicóloga, certa vez, flagrei este funcionário, que é ex-aluno da Fundação, mandando um menino tirar a roupa na sala onde é guardado o material esportivo. Este menino estava jogando bola em uma hora que ele considerou inadequada e, aos tapas, mandou o menino entrar para sua sala. Ele não percebeu que eu observava e lá dentro ameaçava bater no menino e mandava tirar a roupa. Entrei e perguntei o que ocorria. Ele ficou muito assustado e disse que só fazia isto para intimidar o menino.

blema a ser combatido expressamente. Parece ser aceito como parte daquele ambiente de convívio masculino. Os adolescentes que demonstram pelos gestos ou voz que são "viados", como os internos os denominam, têm uma vida difícil. São frequentemente provocados e humilhados com brincadeiras. Em geral, são discretos. Jamais se verificam cenas de exibicionismo como as do Internato V. Uma outra expressão que se observa, à noite, quando eles veem televisão, é a troca de carinho entre um aluno mais novo e outro mais velho – ficam juntos, de braços dados e não são importunados. Pelas informações obtidas, os mais velhos protegem algum menino mais novo, de sua escolha, da violência de outros internos, em troca de uma relação afetuosa. Ninguém admitiu que, nesses casos, houvesse relação sexual entre eles.[18]

b. Curra

É no Internato VII que se encontram situações de violência sexual entre colegas. Os funcionários falam sobre esta questão, sobretudo o diretor; ao consultar os documentos, detectei o termo "curra". A "curra", muitas vezes, é acompanhada de "sevícia", ocorre nos arredores do estabelecimento, não havendo uma caracterização do tipo de menino que comete estes atos. Tanto pode ser um que já cometeu outros "atos antissociais" como roubo, furto ou um interno que até então era considerado como de ótimo comportamento, não tendo praticado nenhum ato que merecesse registro. O procedimento da direção do internato em relação aos adolescentes que têm a "ficha disciplinar" sem "ocorrências" é chamar a atenção, comunicar a família e castigar. A título de ilustração, vejamos um desses casos narrados em documento oficial – trata-se de um "sumário social" escrito pela assistente social do internato.

> *SUMÁRIO SOCIAL*
>
> *"Caso do menor com 17 anos de idade, filho de família legalmente constituída, porém desagregada pelo falecimento do genitor' (sic). É uma informação que contradiz o sumário social enviado pelo Juizado de Menores da comarca da capital do Estado do Rio de Janeiro e no qual conta ter sido a família abandonada pelo genitor do menor.*
>
> *É um aluno que, pela primeira vez, se envolve em violência sexual como também com más companhias dentro deste educandário. Segundo informações colhidas através de técnicos e funcionários deste estabelecimento, foi-nos colocado possuir o aluno ótimo comportamento disciplinar, tendo inclusive autorização de sua mãe para saídas regularmente.*

---

18. No internato de meninas infratoras da Feem é comum a organização de "famílias", onde algumas adolescentes com maior liderança assumem o papel de "pai" e "mãe" e outras, suas protegidas, são as "filhas". Pode haver troca de carinho e sexo entre elas, mas não necessariamente com todas as que participam da "família". Constituem, assim, um grupo que se protege contra outras "famílias" ou lideranças. Herzer também narra no seu livro a organização de "famílias" nos internatos da Febem-SP. (Herzer, 1982, p. 90.)

A responsável pelo menor foi notificada através de seu irmão (...), também interno neste estabelecimento de ensino, do fato ocorrido com o menor em questão, o que deixou-a muito preocupada, fazendo com que a mesma procurasse a administração da escola no domingo próximo passado (11/04/1982).

Declarou-nos o menor que fora severamente repreendido por sua mãe com alegações de que a mesma não esperava tal comportamento desabonador por parte do filho.

Declarou-nos o menor que está arrependido e envergonhado pela atitude impensada e preocupado com a decisão que será tomada pela MM. Juíza desta comarca.

13 de abril de 1982.

Assinatura da Assistente Social"

Os adolescentes reincidentes em atos de violência sexual ou que cometeram outros atos considerados "graves" são levados à secretaria do diretor do Departamento de Assistência ao Menor para que seja formalizado seu encaminhamento, através da Funabem, a uma de suas escolas de "regime fechado". Considera-se que esses alunos não podem permanecer no internato. Devem ser isolados e reeducados na escola para adolescentes "infratores". Vejamos abaixo dois documentos que descrevem situações deste tipo. No primeiro, temos os dados principais do interno, com a solicitação de encaminhamento feita pelo diretor por meio de um ofício. No segundo, temos uma ocorrência, redigida pelo assistente do diretor, narrando com detalhes a situação de envolvimento de três alunos na "curra" de um interno. Esta "ocorrência", juntamente com outros documentos pessoais dos alunos, é enviada à Funabem com solicitação de transferência desses alunos.

(INTERNATO VII)
"10/05/82
Of. Nº 343/82
Do Diretor da Escola (...)
Sr. Diretor do Departamento de Assistência ao Menor
Assunto: Menor – encaminhamento

De acordo com a orientação recebida do Juizado da Comarca (...), através da Dra. (...), estamos encaminhando a Vª Sª o menor JLB, RG. (....), estando cursando a 5ª série, tutelado da Funabem, para as providências cabíveis, com relação à sua remoção para uma escola de regime fechado, por motivo de conduta antissocial, conforme relatórios apresentados pela equipe técnica, em anexo.

Os documentos pessoais seguirão 4ª feira, dia 12 próximo.

O citado menor constou da relação dos alunos que foram enviados a MM, Dra. (...), no dia 24 pp. conforme Of. Nº 292/82 encaminhado a esse Departamento por ter participado da curra ao menor JML.

Atenciosamente,
(carimbo e assinatura do diretor)"

"(...) OCORRÊNCIA

Os alunos supracitados participaram de espancamento e curra do menor O. de S. L., RG (...), hoje no horário compreendido entre 11 e 13 horas. O aluno R. agrediu O. a socos e pontapés amarrando-o a seguir, sob ameaça de um facão com o qual causou-lhe vários ferimentos, conforme comprova o exame médico da Dra. (...) (anexo). O. ficou amarrado no mato durante mais ou menos três horas, sempre vigiado por R., que não parava de ameaçá-lo com o facão. O. foi impedido de vir para o local onde R. os aguardava, R. exigiu de O. uma quantia em dinheiro, para não voltar a agredi-lo e até mesmo matá-lo como confirmam O. e os dois parceiros de R. Acontece que o caso se agrava, porque não ficou só nas agressões físicas (ferimentos corporais), O. foi barbaramente seviciado pelos três, conforme informações do próprio, embora A. negue haver participado deste ato (sexo). O. ao ser examinado pela Dra. (...), teve confirmadas as suas denúncias, quanto à prática de sexo a que foi submetido.

Segundo informações colhidas pelo Coadjuvante de Disciplina Sr. (...) (sendo informantes A. e B.) R. queria matar O., só não o fazendo graças à recusa dos parceiros que ainda tiveram de impor sua força física para impedir maiores violências sobre sua vítima.

Acareados que foram por nós, o único que negou ter participado sexualmente deste caso foi A., porém, O. alega ter sido vítima de todos, sempre sob a ameaça do facão de R. Acusa, ainda, O. que R. o soltou condicionado a uma indenização de três mil cruzeiros (Cr$ 3.000,00), dentro de um prazo de dez dias.

Durante nossa participação de apuração dos fatos, neste caso, tomamos conhecimento de que R. já praticou ato idêntico com outro aluno fisicamente menor no dia 24.04.82, ocasião em que serviu-se do mesmo facão e praticou todos os atos de violência corporais no aluno N.S.S., RG (...), e que por medo não nos procurou para as devidas providências que o caso exige. Da mesma forma que O., N. também se viu ameaçado de morte (por facadas) se não lhe apresentasse os Cr$ 3.000,00 (três mil cruzeiros), ao retornar da primeira saída que tivesse para casa. Procuramos N. para a apuração e ele relatou-nos que foi vítima de espancamento, foi amarrado e ferido (na mão) com o facão, porém nega ter sido seviciado, apesar de ter chegado ao nosso conhecimento que houve sevícia, realmente (supomos que o menor se sinta envergonhado em confirmar).

(Carimbo e assinatura do assistente do diretor.)"

Os funcionários do internato não dão qualquer explicação para a prática de violência sexual, considerada simplesmente como uma "conduta antissocial" do interno, que não é admissível naquele local. Nestes casos, os "técnicos", psicóloga e assistente social – são chamados para falar da personalidade e da situação social do adolescente, com a finalidade de reunir um conjunto de dados que reforcem o encaminhamento do interno para outro estabelecimento. Esses "técnicos" não são chamados a atuar diretamente junto ao adolescente no sentido de lhe oferecer um atendimento. A violência sexual entre os internos, bem como os outros atos "antissociais" são sempre considerados como atos individuais, praticados pelos internos, sem qualquer ligação com a situação de violência que esses adolescentes vivem dentro do internato. Nosso estudo, não se propõe a analisar a personalidade desses jovens que permanecem muitos anos no internato, mas busca analisar as situações institucionais existentes e que repercutem na socialização do indivíduo. Como temos visto neste estudo, os internos vivem uma ruptura entre o mundo do internato e o mundo real. Suas possibilidades de relacionamento, portanto, são restritas às relações institucionais, que, por sua vez, não possibilitam a troca afetiva e o estabelecimento de relações de confiança. As interdições são inumeráveis e, particularmente, após oito anos de idade, os internos são submetidos a situações de violência física das quais não têm como escapar – como espancamento, malha e inclusive situações de violência sexual por parte de funcionários. Esperar que todo este sistema de violência não repercuta nos indivíduos, tornando-os violentos contra os próprios colegas mais frágeis que eles, é fechar os olhos à realidade institucional e se eximir de qualquer responsabilidade, preferindo, como sempre, qualificar e catalogar o indivíduo.

INTERNATO VI

LOTAÇÃO: 250 INTERNOS

FAIXA ETÁRIA: 12-14 ANOS

A polícia não dispensa nem menor. Às vezes, quero mudar, mas penso naquele dia que a polícia me bateu, me enjaulou e me deixou dormir na cadeia. Quero mudar, mas não consigo. Não me quero acostumar com a rua, porque senão eu vou ser ladrão. Quero ficar aqui na escola, quero me preocupar com os estudos. Estou gostando daqui agora. É ruim ficar na escola, porque a gente não vê ninguém da rua, não vê os parentes, só alunos. A gente fica enjaulado aqui. Mas agora quero ficar aqui. Só quero que minha mãe venha me visitar. Às vezes, penso que uma pessoa é amiga, mas me ensina o mau caminho. Tem gente que é escolhido para sofrer, né? Dizem isto. É verdade, não é? A gente já nasce com pecado, né? Eu antes não acreditava em Deus, agora acredito.

Luarlino, 14 anos, 2ª série

INFÂNCIAS PERDIDAS – O COTIDIANO NOS INTERNATOS-PRISÃO

ORGANOGRAMA

ORGANIZAÇÃO DO ESPAÇO

1 – DORMITÓRIOS
2 – REFEITÓRIO
3 – COZINHA
4 – BANHEIROS
5 – VARANDAS
6 – PÁTIO INTERNO
7 – SALAS DE AULA
8 – SALAS DA ASSIST. SOCIAL
9 – SECRETARIA
10 – SALA DE TV/MISSA
11 – SALA DE JOGOS
12 – DEPÓSITO
13 – GABINETE MÉDICO
14 – ENFERMARIA
15 – PISCINA
16 – QUADRA COBERTA
17 – COQUEIRAL
18 – CAMPO DE FUTEBOL

1. Introdução

Este internato, que abrange a faixa etária de 12 a 14 anos, mostra de maneira contundente outros pontos de estrangulamento do sistema de internação ora examinado. Tal evidência se manifesta, sobretudo, a partir de articulações entre este referido sistema e outros adotados em instituições governamentais congêneres. Haja vista que grande parte da clientela aí registrada é chamada de "refugo da Funabem", ou seja, internos que dão mostras de graves complicações geradas a partir da própria internação. Trata-se de situações que emperram o funcionamento do sistema que as produz. A própria Funabem não consegue assimilá-las harmonicamente. Diante desta incapacidade, busca repassá-las a outras instituições como a Fundação. Tem-se um efeito irradiado das tensões geradas e um concomitante agravamento das distorções verificadas naqueles organismos.

Com este componente, algumas questões, que já se delineavam nos internatos anteriormente analisados, ganham realce aqui e revelam de maneira diáfana o sujeito que a Fundação forma. Além de adolescentes com grande atraso escolar, constata-se o enfraquecimento marcante ou a perda total dos laços familiares preexistentes, assim como uma representação de trabalho que consiste na negação do indivíduo e dos direitos individuais. Pode-se alinhar, ainda, o predomínio de práticas que burlam sistematicamente as regras instituídas, desenhando um quadro deveras sombrio.

2. Teoria do castigo crescente

Este internato não difere dos outros no que concerne à estrutura básica de atendimento da Fundação. A disciplina também obedece aos mesmos princípios de "regime militar", como diz um coadjuvante.

O que sempre me pareceu muito positivo nesta escola é a área belíssima que a cerca, com amplo gramado e coqueiros muito altos. Esta aparência sugere que o funcionamento deste internato não é da mesma natureza que os demais e, ao observador desatento, pode impedir de perceber o que se passa de fato. A construção, em formato de cruz, não transmite a mesma impressão de enclausuramento perceptível nas escolas anteriores, ainda que a utilização do espaço seja tão restrita quando nas demais, com seus limites invisíveis sendo acionados a cada momento da vida cotidiana:

> *"Tem jardim, mas a gente não pode ficar ali na sombra. O coco, se a gente pegar, tem castigo. Aqui na quadra, podemos ficar, no campo e sala de jogos. Não pode passar da sala de pingue-pongue. A sala de pingue-pongue tá de enfeite, só tem rede." (Carlos, 12 anos.)*

As outras escolas são cercadas por muros altos, apesar do terreno da Fundação continuar para além deles. Nesta escola, a fuga é relativamente fácil, pois os limites reais são mais distantes do estabelecimento, e a cerca alta é fácil de ser transposta. Situada muito perto da estrada, com muitas moradias e transporte fácil, favorece também a saída ou a "fuga". Sendo uma escola com espaço mais amplo e diversificado e tendo, na época da pesquisa, quase a metade (250) dos alunos que atendia anteriormente (400), tornava-se possível aos internos se agruparem de acordo com sua preferência, não havendo grande concentração em um espaço único, como nas duas últimas escolas observadas. Nas anteriores – Escolas I, II e III – o espaço também é mais variado, mas, como as crianças são menores, para elas é mais difícil escapar da vigilância da inspetora. Assim, a organização espacial da Escola VI nunca me pareceu tão aprisionadora como as outras, onde as crianças pareciam estar sempre amontoadas. Foi possível observar que antes também não havia falta de espaço real, mas, não sendo ele diversificado, os internos eram obrigados a estar uns com os outros, ou pelo menos sob a vista de alguém e, de alguma maneira, se agrupavam com mais frequência, parecendo amontoados. Apesar da sensação mais agradável, a disciplina nesta escola tem todas as características apontadas nas anteriores, sendo considerada, na opinião dos alunos, ainda mais rígida tanto pelos alunos que estavam na escola, quanto por aqueles que estavam na Escola VII ou tinham voltado para a Escola V, por ocasião do fechamento da Escola VI. Na Escola VII os alunos entrevistados sugeriram que uma das minhas perguntas fosse: "qual a escola que você menos gostou?". E a resposta mais frequente se referia à Escola VI, devido ao rigor disciplinar. Alguns alunos, entretanto, defendiam a escola como sendo "a melhor" e, com referência à disciplina, mencionavam a maior organização entre os alunos e sobretudo os poucos "roubos" lá ocorridos.[1]

Nas outras escolas, a disposição das dependências obedece claramente aos princípios da arquitetura típica das instituições totais. Nesta, a desconsideração destes princípios é compensada pela eficácia na imposição da disciplina. Os efeitos imobilizantes estão mais claramente colocados no nível da hierarquia. O rigor disciplinar pressupõe menor tolerância, e a disposição de aplicar castigos sucessivos aos internos levada ao extremo. O controle do tempo também atinge o auge. Após o primeiro apito imobilizador, a ordem é dada, e os internos devem fazer a formatura em um ou dois minutos, conforme a vontade do inspetor.

O castigo mais frequente nesta escola é aplicado aos que conversam no refeitório. Não se admite qualquer conversa e, por isso, o "castigo geral" é frequente. Alguns alunos, já na Escola VII, lembram que, quando ali passaram, a disciplina era tão rígida que o inspetor não admitia ouvir sequer o raspar de uma colher na bandeja, aplicando imediatamente um castigo. Trata-se de um mecanismo de controle do som, não bastando para tanto impedir a conversa. Dentro das normas repressivas da instituição total, qualquer ruído é interpretado como indisciplina.

> *"Porque aqui (V) se eles deixam de castigo, não é mais de um dia. Lá (VI) eles encaminha um dia, dois, três e assim por diante. Lá o castigo era como o daqui: fica de pé olhando para a parede ou então de joelhos, essas coisas assim." (Renato, 13 anos.)*

---

1. Esta opinião pode significar que estes meninos já internalizaram a violência e a rigidez disciplinar. É importante ressaltar também que eles admitem a possibilidade de que a ordem disciplinar possa organizar seu convívio e permitir menos agressão entre eles.

O castigo após o jantar é tão frequente que passa a não ser mais associado à conversa proibida. Observo os alunos rezando uma Ave-Maria após o jantar. Um ajudante de cozinha me explica que não precisa rezar porque trabalha, mas que os demais rezam todo dia.

> *"Mas de que adianta rezar, se depois todo mundo vai para castigo? Nem tem graça rezar. Você vai ver como vão para o castigo se conversar." (Pergunto: "Quantos?") "Se todo mundo conversar vão todos para o pavilhão logo depois da janta. Dia sim dia não, pelo menos, tem castigo." (José, 13 anos.)*

Apesar de haver repressão igual para todos, há uma maneira diferente desta afetar o indivíduo. O aniquilamento do sujeito não se dá com a mesma intensidade. Os internos vão percebendo, através da prática cotidiana, as diferenças que ocorrem nas relações entre eles e os funcionários. Isso permite, em certa medida, uma percepção crítica desta realidade.

O castigo que se prolonga exageradamente afeta muitos deles, de maneira que não se importam com o fechamento da escola. Um grupinho, em conversa comigo após o almoço, falava sobre o castigo, sendo que um deles afirmava:

> *"Ah, é bom esta escola acabar mesmo."*

Ele falava seriamente, com certa tristeza e desânimo. Perguntei-lhe o motivo. Ele e outros mais próximos atribuíram esse desejo às punições severas. Há muitos castigos e, muitas vezes, se ocorre uma bagunça, a turma toda é punida: o "castigo geral". O castigo mais prolongado é aquele dos sábados, quando não há atividades obrigatórias:

> *"Deixa das 13 às 19 horas e não pode se mexer. Se a gente se mexe, às vezes porque se coça, então o inspetor bate. Eles não batem com pau porque não pode, mas batem dando soco. Aqui [na barriga] e nas costas. Dão chute também no aluno. E, às vezes, a gente tem que repetir o castigo." (Carlos, 14 anos.)*

Dizem também que há muitos mosquitos à noite, que deixam umas feridinhas nas pernas e que, quando estão de castigo, não podem coçá-las. O tom da conversa é calmo, e a expressão do rosto é de sofrimento e resignação, de quem está acostumado a que as coisas sejam assim. Indaguei sobre o que poderia acontecer caso mudassem de internato. Eles disseram que não sabiam, mas que não queriam ficar ali. A impressão que ficou é que, embora soubessem que provavelmente não encontrariam nada melhor, também não tinham razões para ficar ali, e que talvez fosse preferível mudar mais uma vez, para ver o que poderiam encontrar pela frente, porque sabiam que dali nada tinham a esperar.

A diferença mais importante que pude perceber entre este internato e os anteriores é que aqui já não se repetem a forma e a "ordem-unida" até o acerto. A disciplina implementada não pressupõe a repetição indefinida até levar ao acatamento da norma, mas sim à punição pura e simples.[2] O castigo é o instrumento saneador. Poderíamos dizer que aqui se evidencia uma teoria do castigo crescente, que é o castigo dentro do castigo, implementada pelos inspetores.

Nesta teoria, o castigo qualitativamente é o mesmo, mas aumenta em quantidade e intensidade. É a lei de eficácia do internato, percebida aqui com maior clareza, mas que está disseminada por toda a vida da criança no internato.[3] O inspetor, entretanto, como nos Internatos IV e V, vê a repetição do castigo, ou o castigo crescente, como um desejo dos internos:

> "Se os que estiverem de castigo hoje repetirem [a bagunça] vão para o castigo amanhã o dia inteiro. É o que nós não queremos, mas é o que vocês querem." (Inspetor)

De acordo com esta teoria do castigo crescente, qual seria o limite possível? O inspetor que pune é prisioneiro desta teoria, pois sua "autoridade moral" (Moore, 1987, p. 144) fica por um fio, ou seja, a ponto de romper-se, se ele leva o mecanismo de punição ao máximo. Aqui, no Internato VI, os internos parecem viver a repressão no seu limite e, quando chegam no Internato VII, desorganizam o sistema disciplinar.

> "Os meninos que vêm da Escola VI são péssimos, não obedecem. Sabe o que ocorre? É que lá o cacete come pra valer. Batem mesmo! E os meninos só sabem obedecer no cacete." (Assistente do diretor – Escola VII.)

O assistente do diretor do Internato VII, após citar o exemplo do aluno que levava uma surra todo dia, tenta explicar por que aqueles alunos são tão difíceis:

> "É que lá tem um problema muito grande, com muitos meninos de idade alta e escolaridade baixa, como também a falta de atividade e de algum trabalho."

Mesmo considerando que a percepção que os funcionários têm desta interligação entre as escolas é parcial, observamos, nos capítulos anteriores, que desde a Escola IV os alunos reclamam frequentemente de que "se bate muito" nos internatos.

3. Toque de briga

a. Clientela

A rotina desta escola não difere das demais quanto aos horários e à programação de atividades. O que se nota, entretanto, através da rotina diária, são os problemas que, ape-

---

2. Um exemplo desta punição quase automática me foi relatado por um aluno, quando lhe perguntei por que estava com a mão machucada. Ele disse que no dormitório o inspetor ordenou "cobrir" e, como ele não escutou, o inspetor derrubou-o deixando-o nervoso; como ele não podia bater no inspetor, deu murros na parede e machucou a mão.
3. Poderíamos dizer que os primeiros indícios de fatos que confirmam esta teoria aparecem desde o Internato II, pelo registro de várias cruzes no nome do interno, indicando a intensidade do castigo.

sar de não serem específicos desta escola, muitas vezes, ganham aqui um destaque maior, devido à faixa etária e à clientela atendida, considerada pelo diretor como "refugo da Funabem". O que se entende por "refugo" são aqueles internos sob a responsabilidade da Funabem que, por já estarem com 12, 14 ou 15 anos de idade e por terem muitos problemas, não conseguem mais se encaixar na rotina de um internato comum sem atrapalhar o funcionamento deste em relação ao conjunto dos meninos internos. Então, busca-se como solução a concentração daqueles em uma escola designada pela Funabem entre suas conveniadas, sem, no entanto, avisá-la ou oferecer-lhe recursos técnicos adequados.

Este "refugo" são os meninos que, em geral, estão internados há muitos anos e que, por diversas razões, sofreram muito, não atingindo o mínimo desenvolvimento necessário para poder responder ao que lhes é exigido dentro da organização de um internato com 200 a 500 internos. São problemas de ordem psicológica, que se refletem especialmente na sua aprendizagem, mas também no seu comportamento. Poucos dentre eles poderiam ser considerados "desviantes". O "refugo" é constituído, sobretudo, por aqueles que ficam deprimidos, sem interesse por nada, com aparente retardo mental, ou que perturbam mais ativamente o andamento da rotina, sem, entretanto, cometer atos considerados "delinquentes".

Há um consenso geral entre os funcionários e o diretor de que a clientela do internato estava mudando muito, e de que era mais difícil trabalhar com esses meninos, uma vez que não se submetiam à disciplina tradicional e exigiam uma preparação dos funcionários que estes não tinham e nem poderiam alcançar, já que não lhes era oferecido qualquer curso. O diretor depõe sobre a diferença entre a clientela da época em que foi aluno e a de agora:

> *"Naquela época, o atendimento era mais orientado para o trabalho. Juntando-se a isto, havia mais civismo. Era importante que o menino tivesse uma ocupação. Não havia quase castigo. Eles sentiam a necessidade da escola. Sabiam que os funcionários gostavam deles. Tinha confraternização, muitos de nossos funcionários eram ex-alunos carentes – eles podiam sentir o problema do menino. Hoje é outra finalidade – o menino é pago, tem convênio. O menino mudou – hoje não se pode mentir, ele tem outra vivência, vê televisão. Não é possível confinar o menino no internato. Hoje ele tem mais consciência. Fica difícil ter o mesmo tratamento daquela época. Tem que dialogar mais com ele e fazer ele sentir a realidade da vida. A gente fala para ele: Você vai se libertar daqui. Mas, na realidade, não há condição do menino se libertar. Fica muito tolhido aqui, inclusive no fim de semana."*

A clientela enviada pela Funabem, segundo o diretor, mudou muito, sobretudo nos últimos três anos – para cada quatro meninos que chegavam, dois eram chamados "píssicos". O recreador também considera que seu trabalho tornou-se mais difícil, pois segundo assevera: "só chega no internato preto, bicha e maluco".

Outros funcionários dizem que os alunos são mais "complicados", sem outras explicações. O diretor diz que o problema sociofamiliar é maior.

"Hoje a família se esconde e exige tudo da escola. Antes dava mais orientação ao menino e contribuía mais com a escola."

O diretor responsabiliza também a Funabem por reter o menino muitos meses na triagem, antes de transferi-lo para uma escola. Na triagem, o menino não tem o que fazer e lhe é dada pouca orientação sobre a vida no internato para o qual será enviado. Ele não tem motivação para o estudo e, com todos esses problemas, o internato acaba por ser "um confinamento", segundo afirma o diretor.

O internato, sem muitas atividades para oferecer além da escola, faz com que o garoto "fique de boresta" (à toa, no ócio) grande parte do dia. Cerca de 90 a 100 alunos passam o recreio, à tarde, sem fazer nada. Não há trabalho profissionalizante, mas apenas pequenos trabalhos para ocupá-los, principalmente os serviços de limpeza e de cozinha.

Há um consenso entre os funcionários sobre a necessidade de se fornecer ensino profissionalizante para a faixa etária atendida (a maioria tem de 13 a 16 anos, com escolaridade muito baixa), mas esta decisão não depende deles, uma vez que são impotentes para influenciá-la. O diretor advoga a existência, sobretudo, de trabalho e ocupação para os meninos com "problemas" e que não se interessam pelos estudos.

b. Rotina

No início de um dia de semana rotineiro, os alunos acordam às 5h e 30 mim. Alguns fazem ginástica, todos se banham, tomam café e depois aguardam no pátio o apito para a formatura. Nesta primeira formatura da manhã, os alunos fazem "ordem-unida" e cantam o Hino Nacional. A introdução do hino, como atividade rotineira, ocorre nesta escola e se repete na Escola VII. Esta hora é chamada pelos inspetores de "toque de briga". Eles explicam que assim a denominam porque marca o início das atividades. Eles devem "obrigar os meninos a irem às aulas e ao serviço geral, pois sempre tentam escapar".

A organização dos inspetores é muito eficiente, e o chefe de disciplina tem uma ascendência clara sobre eles, não se limitando a fazer relatórios e trabalhos burocráticos, como, às vezes, acontece nas escolas anteriores. Nestas, o chefe atua mais junto à burocracia e aos inspetores. Aqui, na Escola VI, ele está mais próximo do inspetor e dos alunos, para melhor impor a disciplina. Quase sempre é o chefe quem organiza e dá as ordens para que os alunos façam a "ordem-unida". Eles se organizam para fiscalizar os diferentes espaços em que os alunos circulam: durante o dia, dois inspetores ficam no corredor do grupo escolar para atender à escola; um fica na sala de televisão; outro, perto da sala da banda de música (na parte de trás do prédio) e um, bem no centro, em frente à secretaria.

A título de ilustração, vejamos abaixo a descrição de uma observação de formatura feita pelo chefe de disciplina:

Agosto – 1982 – 16h 55 min. Após apitar, o chefe de disciplina grita: "Banho! Formar! Rápido, rapazinho! Ande!" Os alunos formam e fazem a "ordem-unida". Repetem cinco vezes o exercício até que a formatura esteja realmente bem-feita.[4] Então, o chefe se dá por satisfeito – filas bem alinhadas, silêncio, corpo ereto. O chefe continua dando ordens: "Pare de falar. Na formatura não se fala!" Depois exibe uma caixa (de sardinha) e pergunta: "Quem tem uma caixa como esta?" Três alunos respondem que têm. "Não podem ficar com vocês. Têm que entregar!" (Eles entregam sem protestar.) "Vocês podem se machucar" – explica.

Enquanto isso, dois inspetores, que também estão ali, anotam em um papel os nomes dos alunos que não estão se comportando como deveriam. Os inspetores anotam em silêncio, sem fazer repreensões. Os alunos cujos nomes foram anotados receberão um castigo: ficar de pé, após o jantar. De repente, o chefe, que estava mais calmo nos últimos instantes, começa a gritar enfurecido: "Você último, está de brincadeira?" (Ele havia chamado um interno de "último", e este não lhe respondia.) "Olhe para trás, têm alguém? Então você é o último!"

O que provocou sua irritação foi a demora do aluno para responder-lhe. Os inspetores ficam indignados quando os alunos não respondem prontamente e do modo como eles exigem, mostrando submissão irrestrita.

Agora, tudo está organizado e silencioso. O chefe libera uma turma, que segue em fila para o dormitório e o banho. Em seguida, outra turma é liberada, restando duas filas no pátio. Ele chama a atenção de uma delas, comanda novamente a ordem-unida. Antes de liberar as duas últimas filas, grita: "Vestir blusa de frio e sapato". Depois, os alunos seguem em fila para o dormitório.

Às 17h 30 min: formatura – o chefe de disciplina exige rapidez e faz a "última forma". Insatisfeito, repete-a várias vezes até que os alunos estejam bem alinhados e possam debandar. A "última forma" é mais um exemplo de situação em que o que é dito não corresponde ao que se faz, perdendo-se, assim, o seu significado.

c. Tensões características

Este internato, entre todos os que compõem a Fundação, mostra com clareza alguns pontos de estrangulamento gerados pelo sistema atualmente existente no Brasil. O que se chama "refugo" é um bom analisador do que este sistema provoca, pois aos 12 anos de idade e, portanto, seis anos antes de ser "desligado", o interno já apresenta complicações tão graves que emperram o próprio funcionamento da máquina. Assim, segregá-lo em uma escola separada permite que as outras possam seguir sua rotina comum sem qualquer questionamento ou reflexão sobre o resultado do trabalho de atendimento em internato.

---

4. Nos Internatos IV e V, a repetição se dá entre 5 e 30 vezes.

A esta altura, algumas questões já se delineiam com clareza:

a) o atraso escolar significativo (em geral de quatro a cinco anos) e o desinteresse pelo estudo;
b) o desamparo completo em que essas crianças se encontram, perdendo, ao longo dos anos, os laços afetivos com seus familiares ou parentes e os órfãos permanecendo sem conseguir qualquer relação substituta para minimizar a inexistência dos laços familiares;
c) a ideia de trabalho é transmitida ao interno como uma atividade desinteressante, uma ocupação qualquer, em oposição ao ócio completo; uma atividade obrigatória incapaz não apenas de ensinar, como também de permitir que se estabeleçam relações afetivas mais duradouras com os adultos;
d) a prática de recreação e de esportes por parte dos jovens internos é problemática, não permitindo que sejam elementos recreativos, criativos e formativos, pela quase inexistência de tais atividades.

Todos estes pontos são objetos de reflexão elaborados a seguir, e são abordados nesta escola porque, apesar de serem questões que permeiam todas as escolas anteriores, aqui se expressam com maior clareza.

Nesta escola, os internos terminam uma etapa do caminho que têm que percorrer antes de seu desligamento. O que se nota, de maneira gritante, é que este sistema não está inculcando nos adolescentes nenhum dos valores básicos da sociedade. As tensões e os conflitos se avolumam quando os próprios internos se autorrepresentam como à margem da vida social: sem domicílio, sem família, sem profissão. Parecem antever o futuro próximo de maneira temerosa e inconformada.

Na Escola VII, algumas situações novas surgem, em especial o ensino profissionalizante e a nova expressão da disciplina.

Citarei alguns depoimentos dos alunos que corroboram as análises. Estes depoimentos foram anotados em 1981, quando ali trabalhei como psicóloga. Portanto, são comentários feitos durante entrevistas com os internos que me procuravam na condição de psicóloga e funcionária do internato:

> *"Todo mundo tem endereço e eu não tenho. Por que não tenho endereço? Ela esqueceu de dar? Não tenho um irmão chamado Eduardo, lá da escola de Caxambu? Não fui batizado? Não tenho madrinha?"* (Cláudio – 14 anos, 1ª série, interno desde bebê.)

> *"Quero ir para lá [Internato VII]. Aqui é chato. Já trabalhei na capina, mas quero trabalhar para aprender uma profissão. Tenho amigos lá de infância de outras escolas. Quero estudar mecânica."* (Luis Cláudio – 15 anos, 3ª série, tem visita.)

As tensões também se adensam na vida cotidiana do internato. Não só as regras são percebidas como injustas, mas se generalizam as propensões a confrontos com os funcionários, no desempenho de diferentes atividades.

"Tia Helenir, da cozinha, não é justa na divisão. Ela parece que tem medo. Quando vou pedir repite, ela me responde: quer mandar recolher esta dendeca, Sr. Ademar. Eu tenho vontade de dizer: vou mostrar esta dendeca para a senhora, o tamanho desta belezinha." (Dimitrios – 15 anos, 2ª série.)

"Os maiores têm mais regalias, comem mais, veem televisão. Por que esta diferença? Os pequenos são mais castigados. Os maiores, pela mesma coisa, são só avisados. Os maiores têm camisa de jogo. Jogam mais futebol."

"Eles têm mania de trancar o aluno para bater. Sr. José é legal, conversa com a gente como se fosse com o filho dele. Tinha bicho na comida, a tia falou que é assim mesmo. Tem pouca comida. Estou gostando daqui. Não reclamo com o inspetor para ele não levar carão do coordenador." (José Amâncio – 13 anos, 2ª série, tem mãe, tem irmão no internato.)

"Não tenho saída, posso sair com colega? Já tenho 15 anos, quero sair, passar o fim de semana fora. Não aprendo na escola, não sei somar nem diminuir. Trabalho na limpeza do banheiro. É bom trabalhar. A gente também sente falta de casa. Tá fugindo nego prá caramba porque querem ir em casa. Foge, não volta mais não. Ficam em casa. Quero ir para o GI – lá é bom, pode sair na rua." (Celso 15 anos, 1ª série.)

"Sr. Ademar põe a escola inteira de castigo porque a gente conversa. Tem que ficar em pé igual estátua. Só num sentido. Deixa de meia hora a duas horas. Não gosto da escola. Quase ninguém gosta de mim aqui." (Blen Keller – 14 anos, 3ª série.)

"Quando tem filme bom e o inspetor apaga a televisão, se a gente reclama, fica de castigo. Castigo também por conversar no refeitório. Se você não falar o que você caguetou para a psicóloga, vou te bater e colocar de castigo, me ameaçou o inspetor. Tem castigo das 5 às 8 horas em posição de sentido olhando para a parede. Barra de tudo: piscina, televisão, passeio. Quando ele (Sr. Ademar) tá com raiva, por uma palavrinha à toa, fica todo mundo de castigo. Os menores pagam mais, não sei por quê. Dorme-se mais cedo – 19 ou 20 horas. Acaba a janta e vai-se para o castigo." (Kung-Fu – 14 anos, 2ª série, interno nesta escola há sete anos.)

4. Escolaridade

a. O atraso esperado e fabricado

O ensino formal oferecido às crianças e adolescentes internos é dado pelas professoras do estado ou do município, conforme convênio realizado com a Fundação. Com exceção do Internato VI, que nos últimos anos de funcionamento (após 1979) contratou professoras porque o município não quis dar continuidade ao convênio anterior. Nos Internatos VI e VII, o prédio do grupo escolar é contíguo ao prédio do internato.[5] Nas outras escolas ele se situa no mesmo terreno, mas localiza-se de 300 metros a 1 quilômetro de distância dos pré-

---

5. Para evitar confusões, sempre que me referir neste texto à escola estarei falando do grupo escolar e nunca do internato.

dios dos internatos. Os prédios onde funcionam as escolas são de propriedade da Fundação. De acordo com o convênio, a Fundação se obriga a receber alunos da comunidade.

O número de alunos externos ou da comunidade não é expressivo nas Escolas II, III, IV e V. No Internato VII, entretanto, é muito significativo, totalizando 200 alunos de ambos os sexos. Isto ocorria também no Internato VI, quando este estava incluído no convênio. Sendo o grupo escolar de responsabilidade do Estado ou do município, a direção dos internatos não tem ingerência direta na sua direção e funcionamento. O diretor do Internato VI considera ser este um ponto negativo do convênio, porque limita sua atuação. A ingerência, entretanto, se faz de maneira sutil, estando presente apesar de a diretora ser uma autoridade distinta da direção dos internatos. A direção da escola é chamada a conversar e participar de reuniões com as autoridades do internato, mas ela mantém sua autonomia. Isto, aparentemente, é muito interessante, mas logo nota-se que esta autonomia é relativa e não favorece o aluno. É novamente a questão básica do sistema disciplinar que perpassa as duas instituições. Os inspetores dos internatos ficam à disposição da escola para executar as medidas punitivas. Ou seja, se a professora tem um problema dentro de sala de aula com o aluno, ela recorre ao inspetor para retirá-lo de sala ou para puni-lo posteriormente no internato com os castigos rotineiros – ficar em pé, perder o passeio ou a saída. Ela também pode enviar "ocorrências" ao chefe de disciplina ou ao diretor do internato, para que providências sejam tomadas com relação àquele aluno. Portanto, a autoridade da escola, em relação ao interno, não reside na figura de autoridade desta instituição escolar.

A escola poderia ser uma instituição diferenciada, com suas regras e normas próprias, onde o interno pudesse experimentar um outro tipo de funcionamento institucional e escapar da autoridade única do internato. Mas esta não é a realidade. Portanto, em relação ao aluno, a autonomia relativa da escola não representa um benefício. Se a direção do internato interfere na disciplina de seus alunos na escola, ela não se sente no direito, e nem a escola lhe permite, de reclamar da qualidade do ensino ou, no caso mais flagrante, da habitual falta de professores para atender aos alunos, seja no quadro da escola, seja no dia a dia quando as professoras não comparecem.

Durante a pesquisa, e quando trabalhei nas Escolas II, III, IV e V, era comum que os alunos saíssem uniformizados para a escola e voltassem devido à falta de professor. Os inspetores ficavam furiosos com os professores, pois percebiam a frustração das crianças que retornavam para o pátio do internato e para o tédio e ócio costumeiros. Eles sabem que a escola representa, para os meninos, o estímulo ao novo e a aventura do conhecimento. Apesar de serem geralmente discretos na crítica a situação era tal, em 1982, que eles se organizaram para conseguir professores para a escola, pois, no final do primeiro semestre escolar, menos de metade dos alunos dos Internatos II, III, IV e V não frequentavam as aulas, por falta de professores. Segundo eles, era ano de eleições, e havia uma disputa política entre o estado e o município que provocava o descaso com o funcionamento da escola. Havia também outras justificativas, como a de que a escola se situava muito longe do local de moradia dos professores, ou de que não havia professor querendo dar aula para alunos internos. Os inspetores, então, conhecendo as pessoas da comunidade, conseguiram professoras interessadas no trabalho, mas a Fundação não as contratou, esperando que o estado ou o município tomasse as decisões quando pudesse. Isto gerou uma situação especial, naquele ano de 1982, mas que mostra com clareza o descaso e a negligência das autoridades competentes, tanto da Fundação quanto da Secretaria de Educação estadual e municipal.

Referindo-se à desorganização escolar, um inspetor do Internato VI diz:

"Muitos meninos não aprendem. Tem menino que está há três anos aí não sabe nem escrever nem contar. Ninguém se interessa! Se se interessassem pelos meninos mesmo, teriam conseguido professora!"

Um outro dado para se entender a repetência dos alunos é a transferência de internato durante o período letivo. Em geral, quando a criança chega ao novo internato e à nova escola, seu aprendizado não corresponde ao programa da série de seu boletim e ela é rebaixada de turma. Por intermédio da fala da diretora da escola do Internato VI, temos um exemplo claro deste problema.

"Tem casos de alunos que chegam na 4ª série, mas não sabem ler e têm que voltar para a 1ª série. Em 1981, de 27 alunos que vieram da Escola V, após os testes, todos tiveram que ser rebaixados da 2ª e 3ª série, como veio indicado nos seus boletins, para a 1ª série, pois eram totalmente analfabetos. Este ano (1982) vieram 17 alunos na 4ª série e só quatro permaneceram. Cinco alunos foram para a 2ª série e oito para a 3ª série."

Quanto às transferências no meio do período letivo, fato que ocorreu no caso de fechamento do Internato VI, comenta:

"São manipulados como animais, e depois não conseguem acompanhar, e dizem que não aprendem. Além dos programas diferentes das escolas, muitas vezes, há falta de professores, ou seja, o menino está matriculado, mas, às vezes, passou o semestre todo sem ter aulas."

"... Eles manipulam o menino como querem e depois querem que seja alfabetizado. O menino perde o interesse pelos estudos e não quer mais estudar."

Como vemos, mesmo o funcionamento da escola, que deveria promover o aluno, age muito mais como um elemento estigmatizador. Ou seja, seu funcionamento, na prática, tenta provar que o interno não aprende porque lhe falta inteligência, capacidade, atenção e interesse. A escola não age no sentido de promover a criança, de dar-lhe uma oportunidade de se instrumentar com um bom ensino formal para, no futuro próximo, se inserir no mercado de trabalho. E os meninos começam a acreditar que são realmente "burros". Na adolescência, alguns percebem as dificuldades institucionais, mas, quando a apontam, podem ser alvo de críticas por parte dos colegas, como vemos no exemplo abaixo, na Escola VI, quando já havia uma certa confusão no funcionamento da escola devido à possibilidade de fechamento do internato.

>João: *"Tia, segunda, terça, quarta e quinta-feira tem uma turma que não tem aula depois da merenda. Na sexta-feira tem missa (na hora da aula). Então é melhor ficar no recreio de vez. Depois a gente não passa de série!"*
>
>Carlos: *"Aqui nenhum aluno pode falar mal da escola. É a tua mãe que faz as coisas para você? A tia não explicou por que tinha que terminar a aula?"* João: *"Eu sei, mas..."*
>
>Carlos: *"Você está há 10 anos aqui e ainda está reclamando?"*

Com o funcionamento do internato nos moldes que vimos ao longo deste trabalho, constata-se que não há nada que possa motivar e incentivar as crianças a aprender. Não somente há pouco tempo de lazer, poucos brinquedos e jogos, como não há acesso a jornais, revistas, livros ou qualquer outro material que mostre às crianças a importância da comunicação e as possibilidades de troca de informação que funcionam como um estímulo à leitura e à escrita. Quando ali trabalhei, havia proibição de entrada de jornais, como censura clara para que os meninos não tivessem acesso às informações. Mesmo o noticiário da televisão, só recentemente havia sido liberado para ser assistido pelos alunos nas escolas de adolescentes. Não há falta de livros ou de espaço para uma biblioteca. Inclusive, nos dois últimos internatos, havia bibliotecas montadas, às quais, porém, os alunos não tinham acesso. Na Escola VI, os alunos ainda as usavam durante o período de aula junto com a professora. Na Escola VII, nem isso. A razão oficial para seu fechamento é a falta de um funcionário disponível para dela "tomar conta". A sugestão de que os próprios alunos se encarregassem desta tarefa não foi aceita pela direção, sob o argumento de que o mais importante era preservar os livros (como os brinquedos, no que se refere às crianças mais novas). Não se admitia o risco de que os livros sumissem ou fossem estragados.

Quando trabalhei na Escola VI, tentei convencer os professores a criarem um incentivo para que os internos escrevessem cartas, mas nada aconteceu. Tive, então, a oportunidade de eu mesma criar este "correio", quando, depois de alguns meses, passei a fazer um trabalho direto com os internos, e estes souberam que eu trabalhava nos diversos internatos da Fundação. Queriam que eu desse recados e levasse mensagens aos amigos, parentes ou funcionários. Aproveitei a ocasião para pedir que o fizessem por escrito, pois não me lembraria de tantos recados, e a quem não sabia escrever sugeri que pedisse a ajuda de um colega. E, assim, se estabeleceu o funcionamento do que eles denominaram "correio". Quando eu chegava nos internatos, eles se aproximavam dizendo: "o correio chegou". A ida e a vinda das cartas incentivava-os a escrever mais e, em pouco tempo, eu levava e trazia em média 20 cartas a cada vez. Isto ocorria nos Internatos V, VI, VII e, com menos intensidade, no IV. Os alunos, inclusive, me pediam para colocar cartas no correio para seus pais, recusando-se a entregá-las à secretaria do internato, com receio de que não fossem enviadas. A direção do Internato VI não interferiu nesta atividade, apesar de me perguntar se eu censurava as cartas (algumas seguiam lacradas, outras só dobradas).

O diretor fez um comentário que me pareceu exemplar. Brincou comigo que não sabia por quê, no dia em que eu ia ao internato, havia sempre muitas cartas para serem colocadas no correio. Ele dizia que aprovava o incentivo, porém considerava excessivo o dinheiro gasto, pois mesmo os alunos que recebiam visitas escreviam cartas para seus parentes, o que lhe parecia desnecessário. Os argumentos do diretor eram de natureza orçamentária, com uma preocupação administrativa burocrática. E querer censurar as cartas significa que ele tentava manter o controle das relações. É como se a cada canal aberto houvesse algo a ser fechado. Esta possibilidade de comunicação foi importante, pois, mesmo quando voltei para a pesquisa, fui muito solicitada a colocar cartas no correio ou a entregá-las em outros internatos. Depois de minha demissão, não houve continuidade nesta atividade. Enfim, o que vemos mais uma vez é que a comunicação, a possibilidade de manter e estreitar laços e ter uma rede de relações sociais mais ampla não pode ser absorvida pela instituição. É uma atividade considerada perigosa em último grau, como também o foi a minha atuação como psicóloga, promovendo reuniões e permitindo o diálogo entre os funcionários dos vários internatos. Ocasiões em que podiam falar e pensar em seus problemas enquanto funcionários e no atendimento às crianças e adolescentes. A comunicação pode permitir a formação de esquemas de resistência e, portanto, não deve ocorrer.

No ambiente dos internatos, é muito raro que as crianças tenham acesso a folhas de papel e lápis, seja para desenhar ou para escrever. São raras as atividades deste tipo, e o que o justifica, segundo os funcionários, é a falta de material. Quando perguntei a alguns meninos do Internato IV se tinham acesso a papel, eles me contaram o que ocorre no cotidiano:

> *"Tem quando a tia dá. Às vezes, a gente pede e ela dá. Dá não, empresta, a gente desenha, pinta e entrega a ela. A nossa folha verdadeira é o chão que a gente desenha, escreve e desenha no chão."*

Fala-se, também, vez por outra, em se organizar um grupo de estudo após a aula com os próprios inspetores ou estagiárias, mas isso nunca acontece. Até o Internato V as crianças não têm permissão de entrar no internato com seus cadernos. Estes ficam guardados na escola. Não há "dever de casa", nem atividade escolar além das horas passadas na escola. Vejamos como os internos entendem esta proibição, mais uma vez indicando algo de negativo neles mesmos:

> *"O caderno fica com elas mesmo, numa sala que elas colocam!"* (Por que não pode trazer para casa?)
> *"Não pode porque a gente rasga, fica com orelha."*
> *"Eles pegam, quebra o lápis. Não pode não, têm que ficar guardado com elas. E no final do ano eles pegam e botam dentro da prova e a gente pode levar." "Tiro zero, zero, zero [riem]."*
>
> *(Meninos do Internato IV.)*

Outra questão que sempre me pareceu muito importante é o preconceito das professoras da escola pública ou aquelas contratadas pela Fundação em relação ao "menor" interno. Elas também trabalham com a criança internada com todo o estigma existente dentro e fora do internato, como o "menor" é representado. É considerado pobre, perigoso, desinteressado, ruim, tem pouca inteligência, não aproveita aquilo que o internato lhe dá de bom grado, nem a oportunidade de estudar e melhorar de vida. Ele representa sempre algo negativo. É claro que também há professoras que, individualmente, conseguem fazer um trabalho eficaz com os alunos, e que têm sensibilidade para ensinar. Muitas delas, principalmente as diretoras das Escolas VI e VII, se empenham muito em suas tarefas apesar de se sentirem pouco recompensadas.

> *"A criança internada reclama de tudo, sobretudo da comida. Está sempre insatisfeita. Parece que vem de nascimento. Dá angústia na gente, pois a gente faz o máximo."* (Diretor do grupo escolar do Internato VI.)

Elas ficam, em geral, envolvidas na trama do internato, que é a da representação do "menor" sempre como um jovem difícil, problemático, que não coopera, que não é disciplinado. A falta de compreensão da problemática da criança institucionalizada é um dos elementos que favorece maior confusão. Foi neste sentido que concentrei meu trabalho com as professoras da escola do Internato VI, única escola onde pude fazer um trabalho junto ao professorado[6], questionando a visão dos internos não como "menores", mas percebendo-os antes de tudo como crianças e adolescentes pobres com uma experiência de vida por demais dramática.

Vejamos abaixo algumas das queixas sobre os internos que os professores e alguns funcionários me traziam, na condição de psicóloga. Elas revelam como eles representam o interno e como, muitas vezes, os comentários mais se parecem com uma lista de estigmas, excluindo tudo o que se passa na relação deles com os meninos:

> *"Não se relaciona com o grupo, se isola o tempo todo."*
> *"Menino que se autoagride e destrói o que gosta [planta, gato]." "Menino que não obedece a horários para nada, mas depois volta a obedecer."*
> *"Menino que não pode ser contrariado, agride as pessoas que mais gosta."*
> *"Menino que mente muito, malandro e acomodado."*
> *"Não acata o que a professora diz, quer ser mais autoritário que a professora."*
> *"Briga com os colegas em sala."*
> *"Não copia dever, não quer fazer nada, fica, então, à vontade em sala." "Muito menino não gosta de ir para aula."*
> *"Criança que tem boa aprendizagem, mas não conversa com ninguém, apática, só faz o que a professora manda, é como se não existisse."*

---

6. Justamente por serem contratadas da Fundação, não se negaram a realizar um trabalho com uma psicóloga, como ocorreu nas outras escolas após algumas reuniões iniciais, quando ficou claro que eu não compartilhava da ideia de que todos os problemas estavam colocados nos meninos.

"Criança superagressiva, vai mal na aprendizagem."
"Menino que dorme em sala, repetente, pela terceira vez, da 3ª série." "Tem vontade, mas não consegue nenhum aproveitamento em sala." "Menino que foge muito e depois volta."
"Criança que não aceita tomar os remédios."
"São agressivos uns com os outros – é devido à faixa etária?"
"Menino que chega com diploma de 3ª série, mas não sabe ler ainda." "Menino que fala palavrão em sala e desrespeita a professora – o que fazer?"
"Garoto que se frustra rapidamente – não sei, não tento."
"Adolescente (é) retardado, não aprende."
"Garoto que faz gesto imoral para a professora."
"Menino cínico, bom aluno, ruim em conta, fala sempre em fugir."
"Menino muito agitado, levanta toda hora, só obedece se for por favor."
"Menino que só copia do quadro, mas não entende nem lê."
"Aluno que come folha, se pinta de giz, estraga seu material." "Garoto bom, normal, mas tem crises de choro, quer saber da mãe."
"Aluno que tem períodos de progresso no aprendizado, mas depois regride."
"Aluno que estoura à toa quando frustrado, agride, quebra. Não fica no recreio, fica iscando por aí. Todo mundo faz muito sua vontade. Ele faz cena para conseguir o que quer. Já correu muitas escolas da Funabem. É um espinho na garganta da escola."
"Menino que não dá valor às coisas do internato e quebra as coisas. Antigamente ele tinha que pagar."
"Não há motivação para esporte que não seja futebol."
"O aluno não valoriza o que recebe na escola porque recebe tudo na mão, porque não tem inteligência para valorizar."
"Menino do internato é um eterno menino descontente."
"Escola nunca presta quando o aluno está aqui, depois que sai vem visitar."
"Menino que rouba muito."
"Menino abusado com todo mundo."
"Muitos meninos são pederastas. O que fazer?"
"Menino que tem mania de perseguição."
"Todo mundo já sabe quando o aluno chega na escola eles já se conhecem."
"13 anos, 1ª série, não conversa, presta atenção, muito quieto, triste, não consegue discernir nada de letra, caderno limpo, educado. Conta que o pai matou a mãe e ele não tem ninguém."
"Ótimo aluno, briga com ele mesmo, se deprime. Chamam-no de mongoloide."
"Aprende e esquece tudo em seguida, interessado e esforçado."
"Bom aluno, mas fica muito nervoso e não consegue ler, apesar de saber. Não tem muitos amigos."

Vários adolescentes percebem com clareza o preconceito das professoras, sendo que alguns enfrentam o problema, enquanto outros perdem o interesse e passam a faltar as aulas. Na Escola VII, a presença de alunos da comunidade torna esta questão ainda mais flagrante. Vejamos:

> "Não gosto das professoras daqui não. Gosto de poucas. Não de todas. Porque sinto que tem professora aqui que dá mais atenção a externo do que ao interno.[7] A pessoa que está com dificuldade, ela vai lá e explica. A gente vamos lá e ela dá um fora. Fala que não aprende porque não quer, porque está brincando. Fala se a gente está com a letra ruim, para a gente consertar a letra. Se for assim não vai corrigir nosso caderno. Só depois que estiver com a letra boa. Aí não corrige, deixa sem corrigir." (16 anos, interno há 15 anos.)

> "Vou explicar, dona, que não é nada disso. É porque o professor de Educação Física aqui só sabe ensinar às garotas que são externas, dá mais apoio a elas. Agora, aos alunos que pretendem aprender vôlei, aí ele não ensina, só quer dar bola, e os outros enjoa não é? E as meninas, ele pega umas 60 e pega mais vinte bolas assim e dá na mão das meninas que começam a treinar. Enquanto os meninos que querem aprender, na natação, handball, vôlei e outras coisas mais que ele não ensina. Aí acontece isto que ninguém não vai, e acontece isto que a senhora está falando aí (20% dos alunos do internato foram reprovados por frequência)." (Helcenir, 16 anos.)

b. Defasagem escolar

A análise que fizemos até agora do funcionamento institucional dos internatos e a situação específica em que está inserida a escola formal nos indica que as crianças internas têm todas as chances de serem mal sucedidas no aprendizado. O que se constata através das estatísticas é que a escolaridade regular é um problema relevante dentro dos internatos.[8] Esta defasagem surge desde os primeiros anos de estudo.[9] E o mais interessante, ou estarrecedor, é que a Fundação, assim como as escolas da Funabem, parecem não considerar a possibilidade dos internos seguirem uma escolaridade regular, pois não oferecem estudo além da 8ª série do 1º grau. Isto significa que a quase totalidade dos alunos que são desligados aos 18 anos, quando bem-sucedidos, termina somente a 8ª série. Em uma escolaridade regular, o adolescente estaria terminando o 2º grau ou entrando para a universidade.

---

7. Alunos que moram na comunidade.
8. O internato não minimiza o alto grau de repetência existente nas escolas públicas, cuja clientela é da mesma origem social.
9. Em uma pesquisa realizada por várias entidades (Inplan, Ipea, Unicef, Sudene) percebe-se claramente o atraso escolar é uma constante no funcionamento do sistema educacional. Pois, em 1986, só 45,4% das crianças da 1ª série do 1º grau tinham sete anos; só 8,6% das que cursavam a 8ª série do 1º grau tinham 14 anos de idade. Isto mostra, além do ingresso tardio, que as crianças acumulam muitas repetências, não conseguindo progredir regularmente através das séries.

Pela faixa etária que o Internato VI atende, podemos ver com surpreendente clareza a distorção entre idade e escolaridade existente entre os internos. Podemos ver estes números oficiais nos Quadros 7-1 e 7-2:[10]

Quadro 7-1. Quadro Geral de População por Idade e Escolaridade (1978)

ANO DE NASCIMENTO	ANALFABETOS 1ª série	ALFABETIZADOS 1ª série	2ª série	3ª série	4ª série	TOTAL
1971	05	-	-	-	-	05
1970	01	-	-	-	-	01
1969	17	02	-	01	-	20
1968	32	07	14	03	-	56
1967	11	04	18	21	02	56
1966	12	06	16	18	12	64
1965	11	02	18	30	21	82
1964	-	04	20	34	25	83
1963	-	01	03	10	11	25
TOTAL	89	26	89	117	71	392

Quadro 7-2. Quadro de População nas Escolas por Idade e Escolaridade
Escola: Internato VI Mês: Novembro Ano: 1981

SÉRIE ESCOLAR	ANO DE NASCIMENTO 1964	1965	1966	1967	1968	1969	1970	1971	TOTAL
1ª (analfabetos)	-	03	04	12	32	02	-	-	53
1ª (alfabetizados)	01	02	01	06	12	02	-	-	24
2ª	-	07	18	24	12	01	01	-	63
3ª	-	06	17	28	11	02	-	-	64
4ª	-	13	26	24	03	01	-	01	68
TOTAL	01	31	66	94	70	08	01	01	272

---

10. Em 1978 ainda havia o convênio com o município e a escola recebia alunos externos. A clientela da escola era considerada regular, e não "o refugo da Funabem", como depois de 1980.

Um dos dados gritantes que podemos observar no Quadro 7-1 é quanto à alfabetização dos internos. Em 115 alunos que estão sendo alfabetizados (1ª série, analfabetos e alfabetizados) há somente 6 alunos com sete ou oito anos, o que é considerado idade regular para estas séries. Os outros 109 têm de nove a quinze anos.

No Quadro 7-2, estes dados ainda são mais graves, pois há apenas 1 aluno dentro da escolaridade regular (1 aluno com dez anos na 4ª série). O restante, na sua grande maioria, tem de quatro a sete anos de atraso escolar.[11]

Em documento que mostra o quadro geral da Fundação, verificamos como este problema da escolaridade atinge todos os internos. Nunca percebi nenhuma preocupação por parte dos dirigentes quanto a estes dados, que mostram uma falha gritante no que pretende ser um dos objetivos principais e justificativa importante para a internação das crianças "carentes" – dar-lhes possibilidade de estudo. É verdade que quando lhes asseguraram o direito aos estudos não esclarecem a sua qualidade. Assim, não há preocupação real com uma escolaridade que as prepare para enfrentar a competição quando de sua reinserção na sociedade. Veremos mais adiante, na Escola VII, que também não há esta preocupação em termos de oferecer um ensino profissionalizante que prepare os internos para a competição no mercado de trabalho com chance de serem bem-sucedidos.

5. Família – laços que se perdem

"Tia, você é bom de vida? Parece assim como rico, tem dinheiro, para cuidar dos filhos, tem casa...!" (Ivan, 11 anos, Internato V)

A grande maioria das crianças, ao ser internada, tem algum vínculo familiar. Em geral, a mãe, o vínculo mais forte é a "responsável" que visita a criança.

O ato de internação marca o início de um distanciamento dos vínculos afetivos existentes que, na maioria dos casos, vão se enfraquecendo na proporção dos anos que a criança fica internada. O que se observa no estudo dos sete internatos desta Fundação é que as visitas dos pais escasseiam à medida que a criança cresce. Ou seja, nos internatos de faixa etária baixa, o número de crianças que recebem visita dos pais ou saem no final de semana[12] é grande, e este número decresce, sendo muito significativa esta redução quando a criança atinge a idade de oito anos (Internato IV). Esta situação perdura nos internatos subsequentes que atendem até a faixa etária de 14 anos. Nestes internatos (IV, V e VI),

---

11. Em documento com dados coletados somente entre os alunos da Funabem (a pedido desta), selecionei 32 alunos – todos com mais de 10 anos de internação na Fundação – e verifiquei que o atraso escolar é de três a cinco anos.
12. Os livros de registro de "visitas e saídas" do Internato I mostram este quadro. Vejamos a título de ilustração o mês de outubro de 1981: do total de 76 crianças internadas, 25% receberam visitas semanais, 65% saíram com os responsáveis nos finais de semana e somente 9% não receberam visita ou teve saída.

menos de ¼ dos internos recebe visita ou tem permissão de saída. Muitos só veem os pais nas férias de verão.[13] Esta questão se atenua no Internato VII, pois os alunos conseguem permissão para ir em casa de 15 em 15 dias. O número de visitas dos pais neste internato é insignificante, segundo informações do diretor. Nesta faixa etária, o adolescente tem autonomia para aprender a andar nos transportes públicos e, se os pais consentem, a escola dá permissão para sair só ou com os colegas. É do interesse também do internato que os vínculos familiares se fortaleçam, ou, ao menos, sejam reconhecidos, para que a família receba o jovem de volta à casa ao completar 18 anos. É verdade que, nesta época, se intensifica o trabalho das assistentes sociais na localização das famílias cujos endereços encontram-se nos prontuários dos internos.

Este trabalho, mesmo quando "bem-sucedido" – o que as assistentes sociais denominam de "reintegração familiar" – não significa que consiga resgatar a possibilidade de uma ligação afetiva do interno com sua família. No documento "Relação dos alunos em situação de desligamento", feito pela assistente social do Internato VII, encontramos uma relação de 93 alunos, com nome, número de registro, data de nascimento e o item família. Encontramos 27 internos sem qualquer referência que permita a localização da família, o que significa 29% do total de internos em "situação de desligamento". Rizzini (1985, p. 19) fez um estudo com o objetivo de mostrar que há uma relação entre a prática de internar crianças e o consequente abandono das mesmas. Neste estudo, são feitas algumas constatações que mostram uma situação semelhante a encontrada na Fundação. Ela considerou que a criança internada era "desassistida" sempre que seu contato com algum membro da família fosse esporádico ou assistemático – de uma amostra de 363 crianças abaixo de cinco anos, 58% foram consideradas desassistidas. Isto mostra que crianças em uma faixa etária bastante baixa já começam a perder os laços familiares e a viver no internato em estado de abandono.[14] Constata-se que já na triagem, no estabelecimento que recebe a criança para em seguida determinar o local de internação, os laços familiares tendem a se enfraquecer. Na triagem da Feem, localizada em Niterói, que atende a crianças de quatro a dezesseis anos, somente 20% recebem visita quinzenalmente.[15]

O distanciamento da família traz conflitos e profundo sofrimento à criança. Autores célebres, como René Spitz, John Bowlby, J.J. Robertson e Ana Freud, desenvolveram pesquisas envolvendo crianças internadas, tendo apontado que os bebês adoecem como uma forma de expressão deste sofrimento, como vimos neste estudo, no Internato I. Quando começam a falar já reclamam, choram e chamam pela mãe. E assim se passa também

---

13. Os dados se invertem nas férias de verão – somente 1/4 dos alunos não sai para passar, pelo menos, uma semana na casa dos familiares.
14. "Atribuir-se-á ao termo abandono neste artigo um sentido social e psicológico mais amplo, que engloba situações comuns na prática; sentido este capaz de expressar o estado de abandono no qual vive uma criança. Assim sendo, uma criança que é internada em um estabelecimento de menores e não é assistida pela família, ou seja, que não tenha uma relação de continuidade com a família, será considerada abandonada, ainda que não o seja em termos jurídicos." (Rizzini, 1985, p. 25.)
15. "Uma Proposta de Mudança" Feem, 1985 p. 23.

nos outros internatos, variando esta expressão com a idade e o relacionamento existente com a família. Eles se expressam dando mostras de depressão, ressentimento, revolta ou desculpando os pais por colocá-los no internato.[16] O clima geral nos internatos é de busca da família, sobretudo da mãe.

Até os 12 anos é mais frequente ouvir as crianças se queixarem por não verem os pais. Elas dão alguma mostra de ressentimento de estarem ali, largadas, abandonadas no internato.

> *"Eu mesmo pensava que eu era jogado no colégio interno sabe. E muita gente falava de mim e judiava de mim. Mas eu não ligava, sabe?"* (Pedro, 13 anos, 2ª série, interno desde bebê.)
>
> *"Tem seis meses que minha mãe não aparece. Se ela não liga de vir aqui, por que eu vou telefonar para ela? No fim do ano eu vou para a casa de minha tia. Ela sabe. Vou de qualquer jeito. Não fico mais. Meu irmão, não sei; quando foi para (Internato V), ele fugiu. Ficou na rua e agora o Sr. Tião (funcionário), meu padrinho, disse que ele está lá."* (Henrique, 14 anos, 3ª série, Internato VI.)

Após a idade de doze anos já surge nos depoimentos mostra de raiva dos pais por não visitá-los nem retirá-los daquela situação.

> *"Sabe tia, minha mãe me deixou 12 anos aqui e agora que estou grande, estudando, ela quer me tirar. Agora eu não quero. Fiquei interno desde a creche. Ela é cínica!"* (Robson, 13 anos, 4ª série.)

Outros suspeitam que os pais querem que saiam para trabalhar e ajudar nas despesas e ficam indignados. Preferem permanecer no internato e terminar seus estudos. Outros ainda dizem que quando a mãe estiver velha vão colocá-la no asilo "para ela ver como é bom ficar internado".

Muitos internos consideram que seus responsáveis não vêm visitá-los por falta de dinheiro e dificuldade econômica. Estes parecem ter menos ressentimentos dos pais, buscando compreender a razão de serem deixados no internato. Tendem a valorizar o internato como sendo um bom lugar que os acolhe e lhes dá chance de ser alguém na vida:

> *"Mas tem vez que não saio nas férias. Sabe por quê? Porque tem dia que minha mãe não tem muito dinheiro não. Ela busca a gente para passar o fim de semana lá e volta e fico aqui no colégio."* (Rosa, 10 anos, Internato II.)
>
> *"Eu queria falar para a França, lá onde a senhora vai levar nossa entrevista, se lá tem muitos garotos desamparados, e não tivesse colégio interno, pede para pelo menos criar um. Porque colégio interno não é ruim. É só saber escolher as*

---

16. Campos também fala destas questões no seu estudo sobre "A Visão da Família" pelos internos. (Campos, 1984 p. 82.)

pessoas para cuidar dos alunos. Porque as mães que não têm condições, bota os alunos no colégio interno para estudar, para se formar alguma coisa, algum dia. Como eu, que pretendo ir para a aeronáutica. Se não conseguir passar, faço curso e trabalho em algum lugar." (José, 14 anos, Internato V.)

O dia de visita é um dia de alegria e tensão entre os alunos. Alguns internos sabem que podem contar com a visita do "responsável", mas a maioria fica sempre na expectativa.

Muitos internos se preocupam com os colegas que não têm pais e nunca saem do internato. Quando há permissão do internato muitos levam um amigo para passar o fim de semana em sua casa.

"Aquele nunca saiu dona. Quero levar ele para minha casa, mas a assistente social disse que não pode. Coitado, nunca saiu! Nem conhece o metrô." (Interno da Escola VII.)

No Internato VI, a psicóloga afirmou que o motivo mais importante para a busca de atendimento espontâneo é por "problemas com famílias: vontade de estar em casa, pedido de permissão para saída nos fins de semana, pedido de transferência para outro internato mais perto de casa ou onde tem um irmão. Também pedem para serem desligados por insatisfação geral com o internato".[17] A psicóloga considera que os internos não têm clara compreensão de seus problemas, mas afirma que os conflitos familiares são enormes. E conclui: "Todos os meninos deveriam ter um acompanhamento, como também a família. A própria situação de estar longe da família traz problemas. Nesta fase, parece que eles têm mais consciência do abandono e isso angustia muito todos eles." Neste internato, o aluno tem grande consciência da falta de perspectivas de futuro, da perda de tempo e perda da "mocidade". Tudo isso parece influenciar para que adquiram uma aguda consciência da falta dos pais, talvez como sendo a única possibilidade de saírem do confinamento involuntário.

Segundo informação do diretor, em 250 internos, somente 40 tinham saída (semanal, quinzenal ou mensal) e menos de 10 recebiam visita aos domingos. Ele afirma que houve uma redução na saída dos internos a partir de 1981, após a exigência de maior controle feita pelo Juiz de Menores. A permissão de saída não mais poderia ser dada pela escola, mas teria que passar por sua decisão. Tornou-se, então, necessária a atuação da assistente social, junto ao "responsável", para elaborar um "sumário social" para o Juiz ter dados para tomar a sua decisão. O "sumário social" é feito por apenas uma assistente social, tornando o trabalho extremamente lento, o que não só dificulta, como impede a realização da saída. Segundo o diretor, o objetivo seria "ver se a família tem condições de receber o aluno, para não desfazer todo o trabalho que se faz com ele na escola". Apesar

---

17. Estas informações coincidem com os dados que obtive quando ali trabalhei como psicóloga. Durante as entrevistas feitas podia ouvi-los com calma e individualmente. Surgia, então, toda a angústia por estarem ali, abandonados, ou pela relação conflituosa com a mãe.

de reconhecer que com menos burocracia seria mais fácil a manutenção de laços afetivos com algum parente do interno, o diretor expressa o pensamento institucional não só da Fundação, como também dos juízes, que consideram que internar a criança é protegê-la dos males e vícios das famílias das quais se originam. Neste internato como nos outros, entretanto, os funcionários afirmam que os alunos que recebem visitas regularmente (seja de pais, tios, avós, irmãos ou madrinha), em geral, causam menos problemas durante a semana. Como dizem alguns, "eles ficam pianinho".

Na escola dos adolescentes, Internato VII – é difícil encontrar internos que, ao falar de seus pais, demonstrem ter uma boa relação com eles. É frequente que a visita aos pais nas "saídas" seja pautada por conflitos. Muitos pais são separados e casados novamente, tendo outros filhos. Os internos falam do padrasto ou da madrasta dando mostras de uma relação cheia de conflitos, sentem-se rejeitados e discriminados:

> *"Não tenho ido mais para casa, pois meu padrasto disse que aluno de colégio interno é marginal. Por isso não volto mais lá. Vou construir uma casa com mais dois colegas para morar e vou tentar ir para os Fuzileiros Navais."*
> *(Fábio, 16 anos, Internato VII.)*

Alguns internos, entretanto, não querem voltar a casa ou saber dos pais, devido aos maus-tratos recebidos. Temos situações também em que os pais não querem mais ver os filhos. No Internato VII, as assistentes sociais trabalham mais intensamente para localizar os pais para que possam receber o interno de volta a casa quando estes completam 18 anos. Nestes casos pode-se, inclusive, pedir ao Juiz de Menores que faça uma intimação aos pais para que visitem os filhos ou assinem sua "permissão de saída". Em outras situações, os internos reivindicam a busca de seus pais e acham que as assistentes sociais não fazem nada para resolver seus problemas:

> *"A assistente social não resolve nada. Minha família ainda não veio."*
> *(João, Internato VI.)*

> *"Tem muita kombi aí. Bem que podiam procurar a família do aluno."*
> *(Rodrigo, 15 anos, Internato VII.)*

As assistentes sociais, por seu lado, se sentem "impotentes" para resolver tantos problemas – a proporção é de 200 internos para uma assistente social. Além disso, o trabalho de localização dos pais não é uma tarefa fácil, nem rápida. A assistente social é uma figura controvertida entre os internos. Muitas vezes, no Internato VII, eles chegam a temer que ela visite seus pais, pois, "se tiver televisão em casa", isto significa para ela que podem receber o filho de volta. Eles temem sair da escola antes de completar seus estudos. Em outras horas temem que a assistente social impeça sua saída do internato, ao invés de facilitar sua volta para casa:

> *"Minha mãe vai me tirar. Não sei se a assistente social vai deixar."*
> *(Robson, 14 anos, Internato VI.)*

Os funcionários consideram as famílias muito "problemáticas" nos últimos anos:

"Não dão apoio à criança, manda eles se virarem para ter o ganha-pão". E, com isto, "tem piorado muito o tipo de criança que vem para cá. Antes era difícil encontrar um que tivesse roubado. Hoje, entre eles, é fácil encontrar."
(Inspetor do Internato VI.)

Collen na sua autobiografia nos fala da situação dos internos na Febem de São Paulo:

"A partir do momento em que um menino não sabe onde está o pai e mãe, deixa de dar valor a si mesmo. Quando sabe, a maioria das vezes é como se não soubesse: o pai está na penitenciária, é passador de fumo, a polícia matou. A mãe cata restos de frutas e verduras nas feiras e leva para a favela para os irmãos pequenos."
(Collen, 1987, p. 123.)

Por parte do internato, não há qualquer preocupação com a família. Exceto pela assistente social, que a procura para recolher dados para o Juiz de Menores. Eventualmente, se faz alguma reunião com os pais nos dias de visita. Todo o funcionamento institucional, entretanto, aponta no sentido de distanciar os pais e considerá-los incompetentes para cuidar dos filhos.

Se a internação das crianças pode ocasionar maior descompromisso dos pais em relação aos filhos, é verdade que a instituição fabrica muitos impedimentos que ampliam as dificuldades desses vínculos se manterem.[18] Uma questão da responsabilidade dos órgãos de convênio é a prática de internar crianças em internatos que ficam muito distantes do local de moradia dos pais: muitas vezes, se situam em outra cidade, ou mesmo em outro estado. No âmbito da organização dos internatos como a Fundação, regras e normas que mostram claramente como se limitam as possibilidades do contato da criança com os pais:

a) o dia de visitas é estipulado pelo internato – no I, VI e VII a visita pode ser feita todos os domingos; no II, III, IV e V é no 1º e 3º domingos de cada mês. Se a família vem no dia errado, eventualmente poderá ver o filho se o funcionário tiver boa vontade, mas é a regra que prevalece;
b) se os pais retirarem o filho para passar o fim de semana e não o devolverem no dia estipulado, o internato não recebe o interno e o responsável tem que ir a secretaria central para se desculpar e depois trazer, então, a criança (isso implica em enorme gasto de tempo e dinheiro com o transporte);
c) a transferência da criança de uma escola para outra pode ser feita sem aviso prévio ao "responsável", que descobre o ocorrido quando vem visitar o filho; muitas vezes, os funcionários não sabem para onde a crianças foi; os pais têm que ir à sede do órgão de convênio para se informar;

---

18. Altoé e Rizzini analisam esta questão no artigo "Sobre as Relações Afetivas nos Internatos para Menores" (1985, p. 111).

d) como forma de castigo por alguma indisciplina durante a semana, o aluno pode ter as saídas "cortadas" ou não ter permissão para se encontrar com os pais no dia de visita.

"Barra visita, barra! Até ir embora para casa eles barram! Mas não barram todo dia não. Barra assim num dia que o seu quer." (Perereca, 10 anos, Internato IV.)

e) os pais não podem levar nada para seus filhos, porque o internato deve prover tudo. Alguns meninos burlam estas regras e os funcionários fazem vista grossa, sobretudo quando é material que sempre falta no internato (blusa de frio, sapato, pasta de dentes).

A instituição, que idealmente fortaleceria os laços familiares, suprindo necessidades que, porventura, não possam ser satisfeitas pelos grupos domésticos, acaba por propiciar um enfraquecimento, quando não uma ruptura destes vínculos. Generaliza-se, em decorrência, uma espécie de negação da família, por parte dos internos, implicando em uma visão positiva da falta de vínculos, no contexto da atividade escolhida para a sua inserção na vida social. Ao afirmar que desejam fazer carreira militar, autoqualificam-se como preparados para enfrentar a rudeza das provas, posto que se veem como indivíduos que atravessaram sozinhos as agruras da infância e das adolescências, sem as facilidades que assinalam para os que chamam de "filhos de papai". Afirmam-se enquanto indivíduos isolados e passam a interpretar isso como uma qualidade que os habilita para instituições congêneres.

Do mesmo modo se percebe isto quando afirmam que vão se reunir em grupo para construir uma casa e morar juntos. Desenha-se um ideal de vida em conjunto que implicitamente suprime a referência às figuras básicas da família nuclear. Autorrepresentam-se, neste sentido, como à margem de uma das mais caras instituições da organização social: a família não aparece delineada em suas projeções futuras. E esta imagem nutre práticas que reforçam outras modalidades de coesão e solidariedade entre os ex-internos, tanto em domínios socialmente definidos como de manutenção da ordem apoiados em instituições totais, quanto naqueles outros classificados como de marginalidade e banditismo. Tem-se o verso e o anverso de uma mesma moeda, cunhada nas pesadas engrenagens de uma fundação que a todo instante desdiz o que se propõe, mesclando filantropia com tragédia.

6. Monitor e ajudante

Denomina-se "monitor" aquele interno que presta serviços ao inspetor na tarefa de vigilância dos colegas. É um aprendizado do papel de inspetor, que se inicia na Escola II com as mais velhas dentre as internas, que já passam dos oito anos de idade. Nas Escolas II e III, essas crianças que ajudam a manter a disciplina não sempre chamadas de "monitoras". É mais comum serem chamadas de "ajudantes", denominação específica para aquelas que ajudam em uma parte do serviço. A partir do Internato IV, esta distinção será mais nítida, como veremos adiante. Em todos os internatos, o "ajudante" que trabalha como auxiliar de um funcionário na realização de uma tarefa participa de uma "escala". Algumas crianças se candidatam, outras são escolhidas pelo inspetor ou funcionário com o qual vão trabalhar, durante a manhã ou a tarde, quando não estão em horário escolar. A falta ou a recusa em realizar a atividade é passível de punição e castigo. O interno é incluído em uma "escala" que determina quem vai trabalhar em cada um dos diversos setores – na rouparia, limpeza de banheiros, pátio, refeitório, dormitório e também como ajudante de cozinha no caso dos maiores de 10 anos. Nas escolas de adolescentes (Internato VII), há também o trabalho na horta, na coelheira, na capina, entre outros (Figs. 38 e 39).

Figura 38. O trabalho de "ajudante" é uma maneira de ocupar o interno e de iniciá-lo no aprendizado do trabalho.

Figura 39. No internato VII, os adolescentes realizam trabalhos na horta, na coelheira, na capina, na limpeza, entre outros.

O trabalho de "ajudante" é uma maneira de ocupar o interno, de iniciá-lo no aprendizado do trabalho e também de aliviar o serviço do funcionário, às vezes, até substituindo-o, como acontece com o trabalho dos adolescentes. Serve, portanto, à instituição de maneira eficaz. Para as crianças, é uma forma de iniciá-las em trabalhos que provavelmente poderão oferecer, quando saírem dali com 18 anos, no mercado de mão de obra não qualificada. O mais importante é o treinamento dado, bem como os valores que se inculcam desde cedo, quando a criança aprende qual é o seu lugar na pirâmide da hierarquia institucional e posteriormente na sociedade. Uma das questões que se pode levantar, a partir desta prática institucional, é se um dos objetivos da formação do sujeito, nesta experiência pedagógica do internato, seria, como diz Moore: "Do ponto de vista do grupo dominante, a tarefa fundamental é inibir qualquer forma potencialmente perigosa de autoestima, e desviar todas as tendências inatas de tal tipo, para sentimentos como o orgulho em realizar trabalhos humildes, que vão servir de sustentáculo à ordem vigente. (...) Uma variedade de coerção difusa e informal que se inicia precocemente na infância pode ser o instrumento mais efetivo para tal propósito." (Moore, 1987, p. 119.)

O trabalho de ajudante, ou assistente e monitor na Escola II reflete claramente o papel da inspetora (Fig. 40). Ali, além de manter a ordem e a disciplina, a inspetora cuida da criança pequena que ainda não tem inteira autonomia nas atividades diárias, como se vestir e ir ao banheiro. A menina aprende, assim, a disciplinar e a cuidar dos colegas mais novos. Vejamos uma observação:

Figura 40. As meninas maiores aprendem, como monitoras, a disciplinar e a cuidar das colegas mais novas.

"18h 40 min – Nos vários dormitórios, noto que os pequenos grupos, sentados no chão em fila dupla, recebem escovas e vão ao banheiro escovar os dentes. Uma menina maior ajuda a "tia" recolhendo as escovas e zelando pela ordem dentro do banheiro. Após todos se deitarem ela distribui a coberta numerada. A "assistente" zanga como faz a "tia", para que as crianças durmam: "anda, fechem os olhos, quietos".[19]

Como nas demais atividades, também no trabalho a criança não tem qualquer autonomia e depende quase completamente do adulto. O "trabalho no setor" é mais uma atividade que faz parte do funcionamento institucional sem maior interesse para a criança, pois esse mesmo funcionamento se encarrega de transformar todas as atividades em tarefas a serem cumpridas como atividades burocráticas. Isto se deve sobretudo ao fato de que a vontade da criança não é reconhecida, e o objetivo único reduz-se a submetê-la ao adulto. Vejamos no exemplo abaixo:

"As tias são mais ou menos, porque, eu sei lá, a gente pede as coisas a ela e tem uma que não deixa. Peço para pôr prato na mesa e ela pede para esperar, mas na hora de botar ela não deixa. Ela manda outra no lugar da gente." (Rosana, nove anos.) (Você escolhe onde você quer trabalhar?)

"Não, a tia que manda. E se não quiser ajudar, a tia manda forçada. Aí a gente não ajuda direito e a gente fica de castigo. Na minha casa não é assim não. Se eu não quiser, eu não faço, minha mãe faz. Minha mãe não liga. Sabe por quê? Ela diz assim: você faz se você quiser, se você não quiser você não é obrigada a fazer aquilo. Mas eu sinto pena de minha mãe e faço. Para não prejudicar a minha mãe; naquele tempo já tinha meu irmão que morreu e eu não queria que minha mãe pegasse peso, que ela não podia; minha mãe não trabalhava. Quem ficava com a gente quando a minha mãe ia trabalhar? A gente ficava sozinho; eu tomava conta de meus irmãos, meu irmão de 11 anos vai uma vez por mês para casa. Tomava conta de minha irmã de quatro anos, de meu irmão de cinco anos, e de meu irmão de dois anos." (Conceição, 10 anos.)

Percebe-se, através da fala desta menina que vive pela primeira vez a experiência de vida no internato, o quanto sua participação no trabalho de casa tem significado dentro de um contexto de relações familiares, do qual ela faz parte. Se, por um lado, na família

---

19. A monitora aprende com os funcionários a controlar o sono dos internos. Este controle é realizado com os internos de todas as faixas etárias. Collen nos fala de um internato de adolescentes da Febem-SP: "Era uma vida difícil. Em um lugar assim esquecemos até que Deus existe. Com todos os meninos dormindo, os inspetores ficavam a noite inteira assistindo tevê e ouvindo rádio, e de meia em meia hora passavam com as lanternas, para ver se tinha alguém acordado. Era esquisito isso, pois depois que entrávamos no quarto, não podíamos mais falar e éramos obrigados a fechar os olhos para dormir. Eles tinham poder até sobre nosso sono." (Collen, 198, p. 82.)

lhe cabiam responsabilidades grandes, no internato ela não as tem absolutamente, e sua participação depende da vontade arbitrária da "coadjuvante de disciplina". Esta situação difere muito da relação estabelecida com a mãe, que é de confiança e solidariedade. No internato, quando estes sentimentos surgem, são barrados pela burocracia e pelas relações hierarquizadas.

Desde a Escola II as crianças realizam o trabalho de "monitor", ajudando as "coadjuvantes de disciplina" a manter a ordem dos internos nas tarefas rotineiras. Nas escolas seguintes, sobretudo III, IV e V, a figura do "monitor" é muito importante. Como vemos no exemplo a seguir, as crianças que fazem o trabalho de monitor aprendem desde cedo a se identificar com a posição de mando dos inspetores e a almejar esta posição.

"A coisa que eu mais gosto é tomar conta das crianças. O dormitório mesmo que eu gosto de tomar conta é o 3 [são os meninos maiores], porque o 3 não faz bagunça, não faz pirraça."

(Qual é a pirraça que fazem?)

"Pular na cama. Um dia eu cheguei no dormitório e eles estavam bem assim: ieh, eh – brincando nas camas em cima da cama do outro em tempo de cair [riem] e quebrar os ossos. E aí a gente fala assim: vai sentar na tábua. Aí um sai correndo e vai lá para o parque, para o balanço. Aí nós tem que correr atrás deles. No refeitório ficam batendo na mesa, conversam. Não pode! Dá o prato para o outro botar comida, joga o prato no chão. A gente fala assim: para de fazer isto. E a gente bota de pé de castigo." (Meninas da Escola II, 10 e 11 anos.)

A menina que colabora na manutenção da disciplina aprende a dar significado àquilo que se denomina comportamento "certo" e "errado" das crianças e a castigá-las devidamente. Assim, todas as crianças vão se identificando com as inspetoras, tanto aquelas que exercem a função de monitoras, como as outras, que passam a almejar serem também merecedoras desta posição. As crianças costumam aprender bem esta tarefa, e são consideradas pelas funcionárias dos diversos internatos como sendo mais duras do que elas próprias na exigência de bom comportamento e na aplicação do castigo.

A punição da monitora é disciplinar, mas certamente também podem estar em jogo outros fatores, como raiva do colega ou brigas de turma:

"Aí, a Danúbia falou para a tia: A Conceição está conversando. Aí a Erika foi, anotou meu nome e eu fiquei de castigo. Era dentro do refeitório. Danúbia, que é irmã da Erika, falou que eu estava conversando. Aí a Erika foi e colocou três cruzinhas. A gente bota cruz no nome e quer dizer que a gente vai ficar mais tempo de castigo. Eu tenho três cruz, aí eu vou ficar três dias de castigo. Fico de castigo, de noite na hora de dormir. A gente fica de pé, braço cruzado, virado para a parede, no dormitório. E quando a gente não quer ficar direito a tia põe lá perto da Irmã (na sala da direção) ou no banheiro."

Pode-se pensar, aqui também, que existência do monitor é mais um elemento que vem dificultar a relação de confiança, amizade e solidariedade entre os internos. Como o monitor ocupa esta posição por um tempo provisório, e logo outro toma seu lugar, os internos nunca sabem quem será o próximo – ou seja, todos podem sê-lo. Uma vez monitor, ele pode se valer de informações e segredos do colega para castigá-lo ou denunciá-lo ao inspetor. Isto constitui, talvez, um forte fator de bloqueio à confiança mútua.

A monitora tem permissão do adulto para castigar os colegas, embora com ressalvas: "A gente só pode bater na poupança, a tia disse" conta uma aluna. Esta permissão, como sabem os funcionários, possibilita que atos mais agressivos ocorram e, por isso, os inspetores dizem que é preciso estar atentos ao trabalho da monitora.

Na posição de monitor, a criança interna tem a possibilidade de revidar aquilo que ela sofreu na posição passiva, sob o mando do inspetor, como também de exercer seu sadismo infantil exacerbado pela situação masoquista, que lhe é imposta pelo adulto, como vemos no exemplo a seguir:

(Você também ajuda a tomar conta das crianças pequenas?) "Às vezes." (Você gosta?) "Gosto." (Como você toma conta deles?) "Mando eles ficarem quietos. Mando eles abaixarem a cabeça no refeitório. Ajudo a trocar a roupa deles. Tem uns que são bons e tem uns que são abusados." (Danúbia, 10 anos.)

"Aqui, a Joelma do meu tamanho, ela bate no Gugu, um garotinho do dormitório 3, coitadinho, Eduardo o nome dele. Ela bate nele. Uma vez ela levou ele para o banheiro e deu três chineladas no bumbum dele, apertou a barriga dele. Ele ia fazer cocô, ela apertou o bumbum dele, ele não fez! Aí ela deu uma palmada nele, e o garoto fez xixi e cocô. Ela falou assim: Viu, você estava com vontade de fazer... Aí deu umas palmadas nele!" (Erika de 10 anos.)

Nas escolas dos meninos maiores (Internatos III, I V e V) também é comum que os monitores batam nos colegas:

18h 52 min – Entro no pavilhão 2 para ver o que ocorre: há três meninos de cara para a parede com os braços para trás. Os outros estão sentados com os braços cruzados e cabeça baixa. "Os monitores podem ir para trás" ordena o inspetor. Eles obedecem. Barreto chora e o inspetor manda que o deixem em paz.

O inspetor volta-se para o grupo e diz "O garoto que estiver se mexendo na posição dele eu vou botar o nome dele aqui, e vamos fazer uma recreação aqui depois do jantar." Observo o "monitor" dar vários tapas em um menino de castigo. Ele chora. O inspetor finalmente manda deixá-lo em paz. Três minutos depois, repetindo-se a situação, o inspetor manda que pare novamente.

Mas nem todos os gestos das crianças para com as outras que são de severidade e castigo. Na Escola III, pude observar um "ajudante" acordando os outros colegas que dormiram o sono da tarde, ora com agressividade, ora com delicadeza. A "tia" que o acompanhava acordava os que dormiam com carinho, enquanto o ajudante acordava seus colegas aos empurrões, gritando "acorda". Mas quando foi acordar dois irmãos que tinham chegado naquele dia ao internato, em sua primeira experiência de separação da família, ele os acordou com carinho, fazendo cócegas e brincando com delicadeza. Ele parecia discernir com clareza o sofrimento dos novatos, que estavam muito assustados, tensos e acordaram chorando. Era solidário com eles. Os mais antigos ali internados, entretanto, ele tratava com a dureza frequentemente observada nas inspetoras.

Ajudar na vigilância da disciplina, nas Escolas II e III, não é uma atividade tão organizada como nas escolas seguintes. Nestas é comum que a "auxiliar de disciplina" chame um interno para ajudá-la, por alguns minutos ou horas, e depois dispense-o. Escolhe um menino ou menina de sua preferência, ou seleciona-o entre os candidatos que aparecem quando ela faz uma requisição. Sempre há muitos candidatos para "ajudar a olhar". O selecionado assume uma posição de destaque como, por exemplo, sentando-se na única cadeira existente na sala de televisão, onde todos os seus colegas estão sentados no chão. O ajudante é requisitado nas situações em que a "tia" está muito atarefada ou sem a colaboração de uma outra coadjuvante que, por algum motivo, não está presente. Na hora do banho, é muito comum que ela requisite uma criança para "dar uma cobertura" e impedir que haja tumulto. Os monitores também são chamados quando ela quer se desimpedir da tarefa de vigiá-los por algum tempo, como, por exemplo, quando quer conversar comigo ou com outra colega, ir ao banheiro ou realizar alguma coisa de seu interesse fora daquele local. As crianças não podem ficar sem um "vigia", senão "fazem muita bagunça", "fazem algazarra", segundo dizem as "auxiliares". Se um dos internos assume o posto de "vigia", passa a fazer as advertências e anota no caderno o nome dos faltosos para depois entregar à "tia". Neste caso, todos lhe obedecem e ficam em silêncio em seus lugares, sem ousar contestar o colega que assumiu a autoridade do adulto. Eles reconhecem esse colega como autoridade legítima, sobretudo nos Internatos II e III.

Nestes internatos, por outro lado, o trabalho das crianças como "monitoras" não é encorajado oficialmente, mas é tolerado pelas diretoras. A posição da direção é sempre ambígua, segundo me parece. Sobretudo na Escola III, onde a diretora se pronuncia mais claramente contra este procedimento das coadjuvantes, embora elas o adotem na sua ausência. Pude perceber esta situação em um dia em que, ao entrar no dormitório às 13 horas, – próximo do horário da troca de plantão das coadjuvantes encontrei três "ajudantes" tomando conta da turma, que estava sentada no corredor do dormitório em fila tripla. Um dos ajudantes, com papel na mão, anotava o nome dos que lhe pareciam perturbar a ordem. Todos três estavam muito sérios e compenetrados na sua tarefa, sem se deixar perturbar pela minha chegada. Todos permaneciam em silêncio e quietos. Assim que a "tia" percebeu que eu havia entrado, aproximou-se correndo e se desculpou, dizendo que eles estavam ali apenas um instante, enquanto ela conversava com a chefe de disciplina. Ela se justificou: "logo vai mudar de turma [plantão], e eles estão descansando 30 minutos do almoço enquanto a outra tia não chega". Expliquei-lhe que só queria observar como os ajudantes trabalhavam, e ela então, mais tranquila, saiu novamente do dormitório para continuar sua conversa. Assim que a "tia" entrou, os ajudantes reclamaram com ela do comportamento de seus colegas. Uma das reclamações era que um menino conversara, e outra que um menino olhara em direção a uma exposição de artesanato feita por eles próprios. A "tia", na minha frente, entretanto, não lhes deu atenção e não puniu os "faltosos". Podemos ver que a exigência dos ajudantes quanto à boa disciplina é de uma severidade impressionante. Na posição de monitores, as crianças revivem, de forma invertida, a relação de disciplina existente e do lugar do funcionário que detém a autoridade para fazê-la viger. A criança, antes punida, pode agora punir. E, na medida em que não deixa de ser um interno e uma criança, ela aprende, ao mesmo tempo, a ser um alcaguete ou delator oficializado.

Os internos aprendem não só a cuidar das crianças como fazem as funcionárias, mas também a vê-las sob a mesma ótica. É um aprendizado eficiente, pois são submetidas à prática de submissão diária e têm oportunidade de ocupar o lugar da "tia", aprendendo a comandar, disciplinar e castigar.

A diretora e outras coadjuvantes me falam especialmente de um menino com admiração – "ele sabe controlar mais de 50 colegas". Elas me narram o que ele diz frente aos colegas:

"Não pensem que estou aqui como colega de vocês. Agora eu não sou colega não, e vocês têm que me obedecer."

Elas acham graça da "precocidade" do menino, e outra coadjuvante comenta que, quando precisa de um "reforço", chama este menino, pois sabe que ele "dá conta da disciplina", muitas vezes melhor do que ela.

A organização da "escala", ou "trabalho de setor" tem mudado ao longo do tempo. No ano em que realizei a pesquisa na Escola V, o inspetor muitas vezes determinava qual aluno deveria trabalhar em cada setor, e o tempo, que antes era de meses ou um ano, passou a ser de um mês. Estas mudanças influenciaram a organização do trabalho e a relação das crianças com os funcionários com os quais eles trabalhavam, conforme veremos no depoimento a seguir:

"A assistente social me levava os piores. Eu tratava eles com carinho. Eles ficavam mais tempo na escola naquele tempo. E não trocavam a escalação. Agora todo mês é uma criança nova. É difícil de trabalhar com ela, não há tempo suficiente para fazer amizade. Os meninos levam mais problemas para a gente que para o inspetor. Têm mais confiança. A gente sabia quem era bom, quem tinha mal costume. Isto antes, porque agora a gente não tem tempo para conversar, para saber da vida dele durante o trabalho e também porque eles ficam só um mês aqui. Eles gostam de ficar aqui, eles não saíam daqui. Principalmente no sábado, quando se aproxima das 12 horas, eles sabem que a gente vai e só volta na segunda-feira. É o maior problema para tirar eles daqui." (Roupeira, Internato IV.)

É interessante mais uma vez notar que a direção determina e os inspetores, assim como os funcionários, cumprem as ordens sem que nem a eles, nem às crianças seja perguntado se esta nova maneira de funcionar é a melhor. Como bem observa a roupeira, que ali trabalha há 20 anos, este rodízio imposto pela nova organização da "escala" só faz perturbar as relações que poderiam se estabelecer na relação de trabalho. Parece que a modernização do internato tornou-o mais desumano, não dando oportunidade à criança de estabelecer relações estáveis nem mesmo no trabalho. O objetivo parece ser sempre o de dividir e compartimentar e não permitir que elas estabeleçam vínculos. Assim, a criança torna-se solitária, perdida na massa, sendo mais facilmente submetida aos desmandos dos funcionários.

Nas Escolas II e III, as crianças ganham algum doce, pão ou biscoito como recompensa pelo trabalho. Nas escolas seguintes, há também uma pequena remuneração em dinheiro. Só que esta remuneração, cujo objetivo é estimular o aluno, ocorre de maneira muito desorganizada e pouco pontual. Os meninos mais uma vez se sentem ludibriados na sua relação com os adultos, que são seus educadores, o que faz com que muitos internos não queiram trabalhar. A relação de trabalho, que se inicia entre seis e oito anos, é feita de uma maneira que, poderíamos dizer, perverte seus objetivos mais elementares, quais sejam a disciplina do trabalho implicando em uma relação estável com o funcionário com o qual o menino trabalha, o gosto pela execução da tarefa recebida, e a remuneração adequada como recompensa pelo seu esforço. Esta é a maneira mais frequente pela qual se estabelece a relação de trabalho nos internatos. Nesta Fundação, é sobretudo uma forma de ocupar o interno. Não é propriamente uma forma de pedagogia do trabalho. Pedro Pellegrino, psicanalista, faz uma reflexão importante sobre esta questão, observada no internato de adolescentes "infratoras": "Uma outra coisa que me impressionou muito foi a relação da pedagogia instituída com o trabalho, porque é curioso que o trabalho seja transformado em uma forma de castigo. Se você pensar o que isso significa, vai ver que é algo muito sério, porque o homem se conhece através do seu trabalho. A gente se resgata à medida que a gente transforma o mundo – a consciência nasce deste processo. Contudo, a instituição pune exatamente transformando em castigo alguma coisa que pode ser a própria possibilidade da solidariedade, do ser humano se resgatar, se diferenciar, exercer sua singularidade." (Pellegrino, 1985, p. 155.)

Os adolescentes das Escolas V e VI, que percebem esta relação com mais clareza, se ressentem e passam a questioná-la embora sem ter ainda um comportamento que expresse sua indignação, como ocorre na Escola VII. Muitas vezes, os adolescentes contam com o dinheiro para ir para casa de ônibus nos dias em que podem sair e não recebem o dinheiro prometido pelo trabalho. Isso implica em ficar retidos no internato. Muitos deles já passaram por outros internatos, e sabem que há outras formas de funcionamento. É comum que as escolas administradas diretamente pela Funabem paguem uma quantia maior, o que as torna, aos olhos dos alunos, mais valorizadas.

> *"Queria saber o motivo por que a gente recebe só 300 cruzeiros e, ainda assim, descontando. Por que esta miséria? [riem] Porque nas outras escolas aí, ganham mil cruzeiros quando o cara não faz nada. No Batlet James é a maior bagunça, e os caras recebem parece que é 12 mil, acho que é 3. Aqui para a gente ir para casa a gente depende do pagamento. E quando recebe pouco, quase ninguém vai para casa por causa do dinheiro. Ainda mais que a passagem do ônibus aumentou. Aí até agora nem deu pagamento. O pagamento é de três em três meses. É só. Quem que pode ir? A gente é duro e fica dependendo do pagamento que ainda vem descontado. É*

mensal, mas a gente não recebe não. Para ir para a casa, a gente pede emprestado. Vai na secretaria. Acho que eles já fazem isto mesmo para a gente ter que pedir emprestado à secretária, aos inspetores. É a maior bagunça isto aqui."
(Jorge, 13 anos, Internato V.)

Podemos concluir, mais uma vez, que também as atividades de trabalho, que deveriam ter como objetivo formar a criança e o adolescente, e neles inculcar valores para que participem dessas relações posteriormente na sociedade, são malsucedidas. Os internos são desrespeitados em seu direito, dentro das normas estabelecidas pela própria Fundação. Os internos se dão conta, mais uma vez, de que as leis não existem para serem cumpridas, sobretudo quando lhes trazem algum benefício.

A ideia do trabalho aqui veiculada é também uma negação do indivíduo e dos direitos individuais. Não favorece que o interno tenha uma interpretação positiva do trabalho, ao contrário das concepções do capitalismo. Portanto, nem esses valores da sociedade estão sendo inculcados nos meninos.

7. Monitor – treinamento para ser inspetor

A escolha do "monitor" é sempre feita pelo inspetor. Ele seleciona os meninos que considera os melhores na disciplina e que são capazes de ter alguma ascendência sobre os outros. Algum inspetor pode permitir que a escolha seja feita através de eleição entre eles. Mas os candidatos devem receber primeiro sua aprovação. Os meninos percebem bem os critérios empregados, como se pode ver no depoimento a seguir:

"O seu Gama, inspetor, vê o garoto que está quieto, sabe ser monitor realmente, sabe concordar com as coisas. Aí ele escolhe." (Jorge, 10 anos, Internato IV.)

Ao perceberem os critérios, os meninos também compreendem com clareza a posição que devem ocupar, e qual seu papel a desempenhar:

"Como monitor a gente dá ordem, avisa o garoto para guardar o material, avisa o que é certo o que é errado, quando eu mesmo falo com outro que ele não obedece, pego um papel, anoto e boto de castigo, e entrego ao seu Gama, ou senão, faz hoje mesmo e entrega amanhã ao seu Gama. Assim faz com todos os inspetores."
(Jorge, 10 anos, Internato IV.)

Mas nem todos os meninos concordam com os critérios aplicados, e acham que os escolhidos são "peixinhos" do inspetor. Esta opinião expressa uma relação caracterizada pela troca de alguns favores entre o inspetor e o "monitor" de sua escolha. Os "monitores" gozam de algumas liberdades não desfrutadas pelos outros internos; podem, por exemplo, não fazer a formatura com os outros, podem ganhar algum presente, ou ter alguma regalia, como, por exemplo, ganhar alguma coisa para comer; e ainda podem se distinguir do grupo, usando camisa quando todos estão só de short.

Alguns meninos, apesar de não escolhidos, gostam de ocupar a posição de monitor e agem como se o fossem, mesmo não tendo autoridade para tal. Os internos os chamam de "engregeiros". É interessante perceber como é forte a identificação dos meninos com a posição de mando. Talvez seja a única possibilidade que vislumbrem para sair da posição em que se encontram. Estas crianças só têm duas opções: mandar ou serem mandadas. Assim, é inevitável a identificação com os funcionários. Só eles detêm o poder sobre as crianças. Elas não têm como escapar de suas mãos.

O monitor torna-se ainda mais importante quando falta um funcionário. Seu trabalho é valioso para o inspetor que tem responsabilidade sobre duas turmas. Geralmente, quando um funcionário é despedido, a contratação de um substituto não ocorre rapidamente.

Apesar do entusiasmo de muitos internos para ocupar a posição de "monitor", nem todos o desejam. Um dos motivos que faz com que os meninos não gostem de ser monitores é a falta de autonomia e de respeito por parte dos colegas. O inspetor não lhes delega poderes, apenas ordens de mando.

Na Escola V (faixa etária de oito a dez anos), observei mais claramente algumas situações narradas acima pelos meninos. Um dos motivos pelos quais o trabalho de monitor não é muito bem-sucedido pode ser, como dizem os meninos, a falta de respaldo do inspetor para que ele realize sua tarefa. Outro pode ser por não haver, em muitos meninos desta idade, uma identificação muito intensa com a figura do inspetor. É difícil, entretanto, situar esta questão na faixa etária. Um dos resultados positivos desta identificação é, com certeza, a existência de alunos que se tornam inspetores – são os funcionários ex-alunos da própria Fundação.[20] É comum que os próprios inspetores, como também diretores (ex-alunos) valorizem o trabalho dos inspetores que são ex-alunos. Consideram que isto é uma "vantagem".

> *"Tem muitos funcionários bons e muitos que não servem. Não é só um problema de disciplina. Os ex-alunos, com poucas exceções, são os melhores. Ele viveu, tem tarimba, viveu na pele. Não adianta só estudo. Tem que ter vocação. Muitos trabalham por necessidade e não por vocação. O ex-aluno conhece os segredos dos meninos, sabe descobrir certas faltas, qual menino fuma ou pratica pederastia. Conhece a maneira de mentir. Aquele que não é ex-aluno muitas vezes não sabe conversar, não sabe como resolver os problemas. Os funcionários ex-alunos são, em geral, os que se destacaram, os mais disciplinados, que davam mais cooperação e melhor desempenho como monitores. Esses demonstravam vocação."* (Diretor do Internato VII.) (Grifo meu.)

A partir dos dados disponíveis neste estudo pode-se reconhecer alguns pontos que permitem e estimulam a identificação da criança ou do adolescente com o inspetor.[21] Não se pode esquecer que, neste estudo, o sujeito que se identifica é uma criança em crescimento e formação, portanto em fase propícia para que as identificações ocorram.

---

20. É comum que se encontre também, nas outras instituições que atendem a "menores", funcionários que foram internos daquele mesmo internato ou de outro.
21. Moore, no seu estudo sobre campos de concentração, analisa a "aceitação aparentemente estranha e paradoxal da autoridade moral do opressor" nos casos dos prisioneiros que se identificavam com os SS (Moore, 1987, p. 114).

Estas vão acontecer certamente com as pessoas com as quais convive. Vejamos alguns pontos que podem favorecer esta identificação: o inspetor, ou inspetora, é a pessoa adulta que lhes assegura os cuidados básicos de que necessitam para a sua sobrevivência – alimentação, roupa, sono. É com essas pessoas que eles têm um contato íntimo, frequente, e com quem algum relacionamento afetivo se dá. Na posição de monitor, o interno desfruta de algumas vantagens e liberdade, como também de uma relação privilegiada e de cumplicidade com o inspetor. E, por último, dentro do confinamento do internato, ser monitor é a única possibilidade de escapar das arbitrariedades do inspetor e do castigo.

8. Brincadeiras, jogos e passeios

Como já vimos, o horário rotineiro dos internatos não prevê muito tempo para divertimento, brincadeiras ou jogos. Há muito tempo livre, ocioso, de espera, não utilizado para recreação. Os alunos conversam entre si, brigam, divertem-se com alguma brincadeira, mas nada é feito com o incentivo do internato. Não há falta de local adequado; quanto aos recreadores, ainda que seu número seja pequeno em alguns internatos, há pelo menos um ou dois, mas que pouco fazem e não se dizem em condições de fazer. Por parte dos recreadores, há uma reclamação justa de falta de material adequado, como bolas, rede etc. Mas há também um desânimo, característico do funcionamento institucional, que prega que não é possível fazer nada. Não há praticamente nenhum esporte organizado. Somente na Escola VII, há alguns times de futebol, organizados pelos próprios alunos ou por um coadjuvante que se interessa em fazê-lo. Eles chegam a realizar algumas disputas com times de fora, mas jogam sobretudo entre eles próprios (Fig. 41).

Figura 41. O futebol é o esporte favorito. Os alunos organizam times e disputam entre eles.

A disciplina referente ao esporte não é utilizada neste ambiente de internato. E por quê? Além de causar mais despesas "os meninos teriam mais fome e comeriam mais", como ouvi muitas vezes. Não interessa ao internato uma disciplina que forme o sujeito, que lhe dê capacidade de liderança, de decisão, de competitividade, na qual ele descubra suas potencialidades. É assim também em relação a toda atividade recreativa. Não há qualquer incentivo. E, como dizem alguns funcionários ex-alunos, esta atitude parece fazer parte de uma estratégia mais ampla:

> *"Eles nunca gostaram que o aluno se saísse bem. Não podia ser esperto para não saber seus direitos. Eu era bom no futebol e comecei a jogar num clube e me saí bem, aí logo me proibiram de ir."* (Inspetor do Internato VII, ex-aluno da Fundação.)

Os funcionários, muitas vezes, tentam tomar iniciativas, mas seus esforços são, em geral, insuficientes e impotentes frente ao descaso da direção. Não sei se há uma estratégia premeditada por parte da direção central, mas certamente há uma consciência dos efeitos multiplicadores que ocorreriam, se houvesse alguma atenção ao esporte e ao lazer. A infantilização e a submissão quase total dos internos não seria viável.

Durante minha pesquisa,[22] pouca coisa pôde ser observada no que se refere ao esporte e ao lazer. O que se verifica, em geral, nos internatos, é a falta de organização para promovê-los.[23]

Normalmente, as crianças jogam bola, boleba, brincam de pique, soltam pipa, jogam marimba (uma pedra amarrada em um fio é jogada em cima de uma árvore), jogam bola de papel, leem revistas, tocam pandeiro, desenham no chão, brincam de "agarramento", polícia-ladrão, de dirigir carro, de piquenique, de "conversas sobre as coisas de casa". Uma das brincadeiras que observei no Internato IV uma única vez foi a roda de capoeira (Fig. 42). Os meninos que entravam na roda pareciam estar bem treinados, e havia um grupo animado de admiradores, onde se ouviam comentários sobre quais eram os melhores. O fato de nunca ter observado este jogo antes me leva a crer que, se não há uma proibição explícita, não se permite que ocorra com frequência. É um jogo e, ao mesmo tempo, uma luta, na qual se afirmam os melhores. Um dos grupos me contou os apelidos que os internos colocam, como sendo algo que faz parte do humor e da brincadeira: "Boneca, Grilo, Peteca, Frankstein, Gabalão, Belas-Coxas, Baleia, Pai-Herói, Lampião, Neguinho do Morro, Boi Neguinho, Bicudinho, Palito, Viva o Gordo, Bolão 81, Cocudo, Kung-Fu, Perereca, Leopardo, Olho de Boi, Pelé, Coelho, Zé-Galo, Cavalo, Cocho, Stop". Os internos contaram também histórias que circulam entre eles. Primeiro contaram "histórias de

---

22. Não me preocupei especificamente em estudar jogos e brincadeiras. Este assunto me parece, entretanto, merecer um estudo mais aprofundado.
23. Dentro de minha experiência de trabalho e inúmeras visitas a internatos, nunca conheci algum que tivesse um funcionamento melhor, em termos de esporte. O mais frequente é que tenham ainda menos atividade e um pátio muito mais reduzido, onde os internos são obrigados a permanecer.

Figura 42. Há poucas atividades esportivas organizadas. A capoeira é jogada espontaneamente, mas não é estimulada.

saliência e sacanagem" e, em seguida, muitas histórias sobre "bandido e polícia". Depois uma história sobre "disco voador" e uma brincadeira que o inspetor fez com eles – colocou uma bala sob o travesseiro de cada interno para que a encontrassem na hora de acordar, o que lhes proporcionou muita alegria.

Ao falarem sobre as coisas "engraçadas" que ocorrem no internato, me relataram:

> *"Teve um menino que o marimbondo mordeu no piru e ficou muito inchado; outro foi chupar o mel de abelha e inchou o lábio; tem menino que finge desmaio para ficar internado uma semana no hospital".*

Através desses relatos, eles falam de suas vidas no internato, e uma das coisas mais interessantes que incluíram nesses depoimentos foi a da "marca de amigo". Eles explicam: "a gente corta o braço e fica a marca; para ficar a marca tem que raspar com vidro ou esfregar com cuspe e água". Disseram que, no ano anterior, mais de 100 alunos se marcaram desta forma, e me mostraram as marcas no corpo. É muito significativo que a "a marca de amigo" se inscreva no corpo. Como temos visto ao longo deste estudo, a dinâmica institucional funciona de maneira a impedir o interno de criar vínculos afetivos, quaisquer que sejam. Eles descobriram, então, uma maneira de expressar um vínculo que conseguiam estabelecer no internato, cujo significado nos dá Pedro Pellegrino ao analisar questões do internato de meninos considerados "infratores": "Ao invés de haver uma inscrição psíquica dessas referências básicas, o que havia era uma inscrição a nível corporal" (Pellegrino, 1985, p. 147.)[24]

No Internato V, os jogos e brincadeiras sofrem as mesmas restrições que no IV. O futebol é o jogo predileto, e sempre que conseguem uma bola se mobilizam para jogar, seja no pátio ligado ao prédio, o que é mais frequente, ou no "campão" (Fig. 43). Nesta escola, há um recreador que organiza estas atividades, sobretudo quando se passam fora

Figura 43. No "campão", o futebol é o jogo predileto, mas a falta de material esportivo dificulta a sua prática.

---

24. Este tipo de marca no corpo existe também em outros internatos. Pellegrino fala sobre o internato Santos Dumont, que atende a adolescentes "infratoras" no Rio de Janeiro: "... acredito que, nessas escolas, praticamente o que sobra para as crianças é o próprio corpo, porque tudo mais lhes é tirado. O eixo básico sobre o qual a instituição trabalha é o tempo. O que eu quero dizer com isso? Por exemplo, a criança, quando é internada, nunca tem uma referência, perde o contato com a família, ficando sem passado, nem futuro. Na instituição em que trabalhei, as meninas viviam um eterno presente. O tempo só existia a partir da instituição, com sua palavra ordenadora. Como é que as internas exprimiam isto? Elas quebravam os vidros e começavam a inscrever no próprio corpo o nome do pai, da mãe. Porque elas sabiam que não podiam perder essas referências fundamentais, pois, se perdessem a memória, elas estariam definitivamente impossibilitadas de ser. Então, o espaço onde elas marcavam as memórias fundamentais que as constituíam enquanto sujeito era o próprio corpo, elas o cortavam, marcavam, faziam cicatrizes." (Pellegrino, 1985, p. 153.)

do internato. Mas a sistemática falta de material esportivo dificulta enormemente a prática de esporte com os internos.[25]

Uma das atividades que o recreador ajuda a organizar são os passeios aos domingos, sobretudo nas férias. E, mesmo na brincadeira, se expressa a introjeção de uma punição que implica na agressão ao colega, prática que se inicia no internato anterior. Um dos jogos que observei aqui consistia em rodar, ao nível do chão, uma corda com um pau ou sapato amarrado na ponta. Os alunos pulam; aqueles que erram o pulo são "malhados" pelos colegas. Eles me contaram que, também em outras brincadeiras, usam a "malha" como punição.

No Internato VI, a novidade é a sala de jogos com quatro totós e quatro sinucas que, segundo o chefe de disciplina, é aberta aos sábados, domingos e feriados, além de alguns dias da semana após o jantar, quando algum inspetor está disponível para tomar conta das crianças. No Internato V, também há uma sala de jogos, mas dificilmente é aberta, devido à falta de manutenção. Aqui, entretanto, é bastante usada e disputada pelos meninos. Segundo o inspetor, nunca sai briga ali dentro, desde que um funcionário esteja presente para intermediar os conflitos. Pergunto ao chefe de disciplina se, entre os meninos, há uma escolha daqueles que são os melhores em determinado jogo. Ele me esclarece que eles só escolhem "os melhores na disciplina". A televisão aqui, como no Internato VII, fica no mesmo local onde é rezada a missa e, por isso, para ver televisão, os alunos sentam-se nos bancos de madeira, típicos de igreja. Sempre está presente um inspetor para vigiar seu comportamento e postura, uma vez que, segundo o regulamento, ninguém pode se deitar ou colocar o pé sobre o banco.

Devido à ação individual de um recreador, esta escola era a que mais passeios oferecia aos meninos. Sair do internato é uma das coisas que os internos mais apreciam como forma de lazer, e o diretor sabia disto. A posse de um ônibus possibilitaria que os passeios fossem feitos com frequência. Entretanto, quando surgiu a oportunidade de um ônibus ser doado pela Funabem, as autoridades superiores da Fundação preferiram a construção de uma piscina.[26] Vejamos o que o diretor disse sobre isso:

---

25. No verão de 1984 estive na escola, e tudo continuava como antes, como me disseram os alunos e funcionários. Um funcionário, que foi durante muito tempo recreador, contou que pediu para ser inspetor, pois se cansou de não ter o que fazer com os alunos por falta de material. Seu tom é de resignação quando fala da situação da escola nestas férias. Não houve nenhum passeio, a televisão esteve quebrada por muitas semanas, a sala de jogos fechada por falta de material e também não houve esporte, por falta de bola. Se o número de alunos fosse bem reduzido, em torno de 120, facilitaria, dizem eles; o relacionamento entre eles se acalmaria. Os alunos também parecem resignados com a situação. O desânimo é da parte de todos. A esperança de que as coisas mudem parece se esvair a cada ano que passa. O inspetor falou também da "ociosidade completa" em que os alunos se encontravam diariamente, concluindo que isso facilitava o surgimento da pederastia (esta é uma opinião geral), que alcançara um índice muito alto, jamais visto antes. Mostrou-me os meninos brincando no pátio, uns com os outros, sem qualquer brinquedo ou bola, e disse-me que eles passaram as férias de verão assim.
26. E o mais curioso é que há muito tempo já se falava na possibilidade de fechamento deste internato, cujas terras já tinham sido vendidas – mesmo assim se construiu a piscina e, dois anos após suas obras estarem concluídas, o internato foi fechado.

"Os meninos, os mais rebeldes, ficam bons durante a semana se no fim de semana eles têm uma hora de esporte, se saem um pouco da escola. Quando se construiu a piscina, eu preferi o ônibus – com a mesma despesa poderia ter comprado um ônibus que poderia passear todo domingo com os meninos. Mas o diretor da escola nunca é ouvido! No inverno, a gente não usa a piscina, e a sua manutenção é bastante cara. Por tudo isso, o ônibus era melhor."

Aqui, como em todos os internatos, é a vontade do inspetor que orienta o local e os jogos possíveis. Mesmo uma ida ao Maracanã só é oferecida se o time de futebol agrada ao recreador. Tudo funciona como em uma instituição total – o que existe e que poderia oferecer distração e prazer aos internos serve muito mais para ser exibido aos visitantes do que para a satisfação dos internos. Muitos meninos percebem isso com clareza:

"Ligam a televisão de vez em quando, quando tem inspetor sobrando. A sala de jogos só abre à noite. De dia, quando está chovendo. Abriram hoje, tia, porque tem visita. Aí eles abrem para mostrar que a escola tem tudo. A piscina também é assim." (José, 12 anos, Internato VI.)

"Ontem, a gente via um filme e os inspetores mudaram o canal. Mudaram de propósito. E a gente gritou, e então ficamos 45 minutos de castigo, em pé. Eles é que escolhem o canal. Garoto não tem vez!" (Jorge, 14 anos, Internato VI.)

O Internato VII é o que melhores possibilidades oferece para a prática de esportes – há um campo de futebol, uma quadra de futebol de salão, uma quadra coberta para vôlei e uma piscina. Os rapazes se organizam e jogam. O futebol é o jogo predileto, seguido do vôlei. Apesar de existirem recreadores e professores de ginástica, eles não aprendem nenhum esporte. O futebol é o único em que times foram organizados, pois é um esporte que os rapazes conhecem muito e os inspetores se interessam ensinando e organizando jogos. É a única escola que tem uma discoteca e que é controlada por internos. Eles controlam seu funcionamento e a música é ouvida na quadra coberta.

Conversando com um grupo de adolescentes, fui apresentada ao "campeão de jazz". Os colegas pareciam ter orgulho, apesar do "campeão" desmentir envergonhado. Para confirmar, disseram: "Todo mundo para para ver no baile". Em outra oportunidade, me apresentaram um colega que era um bom flautista. O que notei neste internato de adolescentes é que, apesar dos esforços institucionais, alguns jovens conseguiam se sobressair, exercitando suas aptidões e criatividade para admiração e orgulho dos colegas. A música é uma atividade valorizada pela escola, havendo uma banda que se apresenta sempre nas festas comemorativas da Fundação (Figs. 44 e 45). Devido a essa valorização e à dedicação de alguns funcionários, foi organizado um grupo musical que toca músicas populares e carnavalescas. Nas melhores fases desse grupo, eles se apresentam em festas e bailes da redondeza.

Uma outra curiosidade que só foi observada nesta escola é a criação de animais. Em um feriado, observei um grupo de seis adolescentes conversando entre si, em roda, e

Figura 44. A música é uma atividade valorizada, havendo uma banda que se apresenta nas festas comemorativas.

Figura 45. Estudar música e participar dos ensaios regulares é motivo de orgulho para os internos.

observando seus pássaros, que pegam nos ninhos das árvores. Eles trocavam ideias sobre os pássaros e sobre os cuidados de que necessitavam. Depois que crescem, eles os vendem para apurar algum dinheiro. Eles explicam que, oficialmente, é proibida esta atividade, mas que nem sempre há muito rigor. Criam também cachorros, apesar de haver um controle maior da direção:

> *"Esses são para caçar tatu, ouriço, lagarto. Depois a gente faz uma gororoba para comer no mato. A gente também faz bolinho com trigo, açúcar e água".*
> *(Internos da Escola VII.)*

Fazer comida no mato é uma diversão importante que, segundo os funcionários ex-alunos, sempre foi muito apreciada pelos internos.

Para concluir, posso dizer que, se o jogo e o esporte não são incentivados no internato, isso não ocorre por questões materiais, mas pela estrutura da instituição, que não pode permitir e incentivar atividades como o jogo, uma vez que esta é "uma atividade descompromissada, em que o indivíduo se empenha numa criação particular, aberta ao possível" (Navarro Vital Brazil, 1987, p. 90). Nada pode ocorrer no internato que escape ao controle institucional. Como diz Navarro, "fora do jogo, os homens pretendem que o sujeito esteja determinado pela história de sua vida, numa situação que não é mais objeto de sua escolha. Aí o caminho é estreito em termos de novas possibilidades. A norma espreita, a lei preside, o social produz" (Navarro Vital Brazil, 1987, p. 90).

INTERNATO VII

CAPACIDADE: 460 INTERNOS

FAIXA ETÁRIA: 14-18 ANOS (MASCULINO)

Ao completarmos 18 anos, somos enxotados, rejeitados, os políticos não precisam mais de nós para se promoverem: é só chegar neles todos sujos, com fome, sem moradia, sem trabalho, sem instrução, para ver isso. Se nos perguntassem: quantos anos de Febem vocês tem? Uns diriam dez, oito, outros, dezoito. Se nos perguntassem o que a Febem promoveu, a resposta seria: mendigos ou bandidos. Esta seria a verdadeira resposta. Comida, tevê, dentista, médico, psicólogos, escolas inadequadas, prisão infanto-juvenil. Ah! Isso não nos prepara para uma vida digna.

Paulo Collen

ORGANOGRAMA

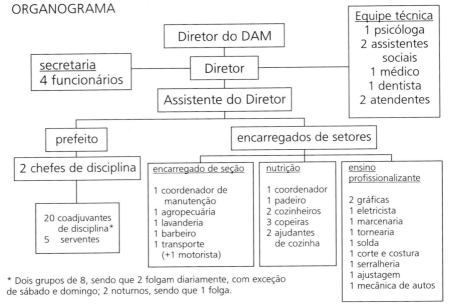

* Dois grupos de 8, sendo que 2 folgam diariamente, com exceção de sábado e domingo; 2 noturnos, sendo que 1 folga.

Nota: Dos 63 funcionários, 5 moram em casas cedidas pela Fundação e 11 são ex-alunos, ocupando os cargos de diretor, chefes de disciplina (2), coadjuvantes (3), mestres de ensino profissionalizante (2), enfermeiro, cozinheiro e padeiro.

ORGANIZAÇÃO DO ESPAÇO

1 – DORMITÓRIOS
2 – REFEITÓRIO
3 – SALA DE TV/MISSA
4 – ENFERMARIA
5 – GABINETE MÉDICO
6 – VARANDA
7 – SALAS DE AULA
8 – SECRETARIA
9 – REFEITÓRIO
10 – COZINHA
11 – DEPÓSITO
12 – SALAS DE ENSINO PROFISSIONALIZANTE
13 – HORTA
14 – ESTÁBULO
15 – PÁTIO
16 – QUADRA DE FUTEBOL DE SALÃO
17 – CAMPO DE FUTEBOL
18 – PISCINA

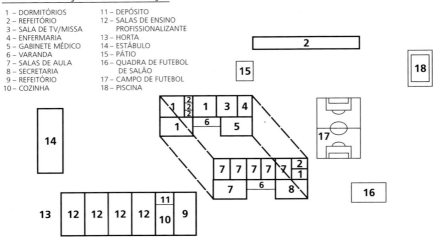

1. Introdução

Na sequência de escolas desta Fundação o Internato VII é o último pelo qual os alunos passam antes de retornar ao convívio familiar, à comunidade, e de ter atividade remunerada e vida própria. Neste internato, a questão disciplinar enfatiza aspectos que, até então, apenas se esboçavam. Os atos de disciplina que analisamos até a Escola VI, que têm como principais instrumentos a repetição da fila, da "formatura" e da "ordem-unida", buscando o treinamento do corpo, dos gestos e a submissão automática, aqui já são feitos sem maior insistência. A ênfase dada é quanto a cumprimento de horários e comparecimento às diversas atividades programadas. Neste internato, tem-se a preocupação de remontar a sociedade em escala microscópica e, assim, preparar os internos para o reingresso na vida social. Ao mesmo tempo que é uma preparação para a saída da instituição total, é também a última fase para treinar, conforme os ideais institucionais. A ocupação do aluno com atividades de trabalho é perseguida com tenacidade, em oposição ao ócio quase completo a que estavam condenados até então. O interno tem uma rotina a cumprir que não lhe deixa muito tempo livre. Além da escola do 1º grau, há também o aprendizado em oficinas profissionalizantes e o trabalho em "serviços gerais". Na escola formal, como nos outros internatos, é privilegiado o bom comportamento, o comparecimento à aula, sem haver preocupação significativa com as dificuldades de aprendizagem dos internos, considerando-a sempre como uma questão do indivíduo.

O que distingue e traz alguns aspectos novos é a utilização do tempo no ensino profissionalizante e em ocupações ligadas à manutenção do estabelecimento; os chamados "serviços gerais".[1] Pela participação nestas atividades de trabalho, o interno ganha um "estímulo" que se constitui em uma remuneração mensal em dinheiro.[2] As novas características institucionais se refletem na relação do interno com os funcionários e provocam o surgimento de novos focos de tensão. Um deles é a inexistência de liberdade de opção quanto à escolha de um ofício determinado. O que seria uma apresentação dos ofícios acaba por ser uma imposição, contrariando-se o modelo da vocação ideal. Um outro foco ocorre dentro da própria oficina ou nos "serviços gerais", pois os mestres ou instrutores necessitam de alguns alunos para que possam obter a produção exigida pela Fundação. A mão de obra dos alunos é necessária não só para manter o estabelecimento ("serviços gerais"), como também para produzir serviços para a Fundação como um todo, como, por exemplo, o trabalho na gráfica. Assim, não só os alunos não têm livre opção, como o mestre tem de atender à demanda da Fundação em detrimento do ensino ao aluno iniciante. Dessa forma, acaba por

---

1. É equivalente ao trabalho do "ajudante" nos internatos anteriores. Só que aqui a organização é mais rigorosa e as atividades se constituem em um trabalho mais árduo e com horários mais rígidos.
2. Existe desde 1981 o Senai Serviço Nacional de Aprendizagem Industrial – que se destina ao ensino profissionalizante de jovens na área industrial. Para cada aluno, o Senai dá uma bolsa de estudos. O valor desta bolsa é regulado pela CLT (Consolidação das Leis do Trabalho). Já os internos do VII não ganham semelhante bolsa pelo seu aprendizado profissional, mas pelo conjunto de atividades que desempenham no internato – dentre elas o ensino nas oficinas. E o valor do "estímulo" é muito inferior ao da bolsa de estudos do Senai, que girava em torno de meio salário mínimo, na época.

impor um mundo de trabalho sob severa coerção, não oferecendo opções como idealmente um "trabalhador livre" teria na sociedade capitalista, ao mesmo tempo que subverte o objetivo pedagógico que se propõe. As tensões se ampliam entre os funcionários e os internos, sendo, entretanto, sempre vistas pela direção como problema disciplinar. As punições impostas passam a ser econômicas – desconto no "estímulo" – e não somente corporais.

O controle do indivíduo no tempo e no espaço é perseguido através das múltiplas punições. Ao longo do dia, todo aluno tem alguma atividade rigorosamente cronometrada a realizar em algum local. Portanto, não pode estar transitando livremente pela escola, sob pena de ser repreendido. O ensino profissionalizante realiza este controle concretamente, havendo cadeados nos altos portões de ferro para que nenhum aprendiz escape de onde deve estar no tempo que lhe foi determinado. A disciplina torna-se mais presente dentro de cada atividade desempenhada.

A relação de convívio com os colegas, com os mestres, professores e funcionários, em geral, é considerada também uma questão disciplinar, quando, por exemplo, o interno falta com o respeito à autoridade, reclama ou não aceita alguma ordem. São feitos registros de diversas ordens, centralizados na secretaria sob a guarda do assistente do diretor e do diretor. Aqui, a burocracia toma uma forma até então não existente nos outros internatos. A sua função se atualiza através de "relatórios", "mapas", "prontuários", "pareceres psicológicos e sociais" e registros, como "ficha de disciplina" e "ocorrência", registro de transgressão de regras nas oficinas e na sala de aula. Nesta escola, temos o ponto alto da exigência disciplinar aplicada ao trabalho, ao estudo e submissão aos adultos, que se pretende irrestrita. É ao mesmo tempo uma verificação do aprendizado anterior da disciplina e uma correção do que não foi aprendido. Aqui, o aluno deve ativar sua "recuperação" e estar pronto para o convívio em sociedade. Aqui também se delineiam com maior intensidade as perspectivas futuras. Não só pela idade dos alunos, que já estão em plena adolescência, pelo aprendizado de um ofício e pelos caminhos que se delineiam para o futuro fora do internato, mas, sobretudo, pelo tipo de tratamento dado aos alunos, que marca fortemente um caminho, paradoxalmente esperado por todos os funcionários, que é o da marginalidade.

2. Clientela

Os internos são jovens de 12 a 18 anos, havendo, entretanto, um número significativo de alunos com mais de 18 anos. É o que mostra a tabela de idade por série escolar existente em março de 1982. Notei que em tabela semelhante, do mês de julho de 1981, há um número significativo de internos que permaneceram no internato após completarem 18 anos – em 1981, há somente sete alunos com mais de 18 anos e, em 1982 eram 49. Isto significa que os adolescentes, ao completarem 18 anos, permaneciam no internato, ao contrário das previsões.

A clientela que a escola recebe anualmente se compõe de jovens que vêm dos Internatos V e VI, como também de adolescentes que a Funabem encaminha. O número médio de alunos na escola é de 400. Em novembro, quando realizei a coleta de dados, havia 460 internos. Nesta época, segundo informações das duas assistentes sociais, alguns dados básicos caracterizavam a clientela. Vejamos:

- 90% dos alunos internos moram em favela ou zona urbana mais carente. Somente 10% dos alunos poderiam ser assistidos em suas casas, por suas próprias famílias.
- 36 alunos não têm certidão de nascimento (é providenciado um exame para se saber a idade óssea dos mesmos). São filhos de mães presidiárias – Presídio Talavera Bruce (três ou quatro adolescentes) – ou filhos de mães com problemas psiquiátricos internadas na Colônia Juliano Moreira (dois ou três adolescentes) e 30 adolescentes órfãos vindos do Educandário Romão de Mello Duarte;[3]
- Sete alunos ainda não têm sobrenome;
- Quatro internos com menos de 18 anos estão trabalhando na Fundação, em Bonsucesso, e cursam o 2º grau à noite;
- Um interno cursa o 2º grau em uma escola próxima e permanece morando no internato. Tem 17 anos e é abandonado.[4]

É importante ressaltar alguns dados observados na maioria dos internatos de "menores". Crianças internadas, muitas vezes desde pequeninas, quando chegam à adolescência, com cerca de 17 anos e não tendo certidão de nascimento, possuem somente uma idade aproximada. São submetidas, então, a exame para verificação da idade óssea, para que se regularizem seus papéis antes de sua saída definitiva do internato. Uma outra questão, que também demonstra o descuido e o pouco-caso com a identidade dessas crianças, é a não existência de sobrenome. O interno passa toda sua infância e adolescência assinando somente seu primeiro nome. Na ficha identificatória, consta, por exemplo, "José de Tal", ou "Jorge Fulano de tal".

Uma demonstração impressionante do caos da burocracia e do desrespeito ao interno é o caso de um adolescente da Escola VI que nasceu dentro do hospital da Funabem, filho de uma moça menor de idade e interna da Funabem que tinha nome e sobrenome. Aos 14 anos, esse rapaz ainda não possuía um sobrenome legalmente registrado. Dias após seu nascimento, fora separado da mãe, tendo sido enviado para internatos diferentes, prática comum até o início dos anos de 1980. A dúvida sobre o nome permanecia, supostamente, porque a mãe usava dois nomes diferentes (fato frequente entre os "menores" para tentar confundir os órgãos de registro, quando são pegos na rua depois de uma fuga) e cabia a uma autoridade jurídica tomar a decisão.

---

3. Estabelecimento fundado em 1739; é um dos mais antigos do país, funcionando no início com a "roda" e acolhe até hoje, sobretudo, crianças recém-nascidas. Essas crianças, muitas vezes, têm o consentimento das mães para a adoção, mas, infelizmente, não há um encaminhamento neste sentido e acabam passando toda sua vida de minoridade dentro dos internatos. Até 1988, a questão da adoção no Brasil não era objeto de maiores reflexões e pesquisa. Com a mudança da lei (ECA – 1990), o processo de adoção tornou-se uma alternativa importante.

4. O trabalho das assistentes sociais se iniciou em 1980, devido à pressão da Funabem para que houvesse um trabalho organizado que facilitasse a saída dos internos quando do seu desligamento. As assistentes sociais, em 1982, já possuíam algum trabalho organizado em termos de dados estatísticos, mesmo que ainda precariamente. Um dos motivos alegados para a imprecisão é o constante movimento de entrada e saída de alunos devido ao "desligamento" e à transferência em qualquer época do ano.

Quanto aos dados de escolaridade questão que já abordamos na Escola VI – somente 1 aluno do internato em 460 cursava o 2º grau. Quanto aos alunos que trabalham na Fundação, dentro da cidade do Rio de Janeiro, é uma facilidade que oferece a alguns escolhidos, considerados "bons" alunos, permitindo-lhes cursar o 2º grau tendo moradia, alimentação e um reduzido pagamento em troca de seu trabalho diário.

Segundo a visão do assistente do diretor, a clientela da escola é a seguinte:

"Dos novatos que recebemos em 1982, 50% são apanhados na vadiagem. Em 1981 foi 70%. Vadiagem é o menino biscateiro, limpador de carros, menino que faz carrinho na feira. O garoto é acostumado com total liberdade e desregrado. E aqui, na escola, tem horário para tudo. Ele fica doido. Olha para os lados e só vê morro, pensa que vai morrer e foge logo."

"Ano passado recebemos 40 alunos do Internato V e 40 do Internato VI. Os do VI são uma barbaridade: ladrões e bagunceiros. Mandamos vários embora. Em geral, a Funabem mandava para o Internato VI o seu refugo – aluno de idade alta com escolaridade baixa."

O assistente do diretor entende que a Funabem é responsável pela seleção desta clientela e que a direção da Fundação aceita-a sem questionar:

"O convênio da Funabem com a Fundação visa meninos de várias idades. Mas isso nunca aconteceu. A Funabem prefere mandar para cá os grandes, os de 17 anos. A Funabem só quer garoto escolhido. Os meninos que são bons (Escolas IV e V) vão para lá. O diretor geral faz um favor à Funabem e um desfavor à gente. Tem alunos que vêm da Funabem sem dados para não mostrar que é aluno-problema".

O primeiro dado que se constata é que o garoto que trabalha na rua para ajudar a manter a si próprio e a sua família, bastante comum na cidade do Rio de Janeiro, é considerado pelo assistente do diretor, pejorativamente, como "vadio e desregrado".[5]

---

5. Esta concepção pejorativa sobre os meninos de rua marca a filosofia das escolas, desde sua fundação, iniciada na década de 1930, onde não só os meninos que ficam nas ruas, como também os mendigos, eram considerados como uma ameaça social. No livro de Pondé sobre a Fundação e seu provedor vemos com clareza essa concepção:
"Na década de 1930, no Rio, o centro da cidade era o paraíso dos mendigos. Impressionavam pelo número avultado e pela maneira insólita com que exibiam suas úlceras e deformidades. Havia uma classe, porém, à qual traziam mais preocupações por se sentir diretamente atingida pelo transtorno que sua presença causava: a dos comerciantes. Principalmente aos sábados, invadiam os estabelecimentos comerciais, perturbando as atividades dos seus donos e importunando a freguesia." (Pondé, 1977, p. 73).
"No decorrer de 1935 era impressionante o número de meninos vagando na ociosidade pelas ruas da cidade. Os jornais chamavam a atenção para o fato e denunciavam que, já feitos vadiagem, muitos se recolhiam à noite, nas estruturas dos edifícios em construção na esplanada do Castelo. Estimava-se, então, em cerca de cem mil os 'menores abandonados' na Cidade do Rio de Janeiro." (Pondé, 1977, p. 142).

São meninos que, distintamente daqueles que estão há anos internados (como os que vêm das Escolas IV, V e VI), não estão submissos e treinados dentro de uma disciplina rigorosa de obediência cega e automática ao adulto. Justamente por viverem na rua, descobrem diferentes maneiras de se relacionar com o mundo adulto. Estão inseridos no mercado de trabalho (como "menores trabalhadores"), têm autonomia e aprendem a sobreviver por seus próprios meios e iniciativas.[6] O biscate é um trabalho "livre", onde o menino tem o controle do tempo e trabalha para quem ele quer. Quando entra no internato, só encontra elementos compulsórios e obrigatoriedade todo o tempo. O grau de percepção desses alunos não é só dado pela escolaridade, mas pela sua experiência anterior de vida, que é marcante. Especialmente quando se trata do "menino de rua".[7] Quando são internados na Fundação, recebem pela atividade de trabalho um "estímulo" que é fatalmente considerado insuficiente, principalmente se comparado a ganhos anteriores advindos de trabalhos feitos na rua. Então, reagem ao mundo do trabalho coercitivo, colocado pelo internato. Isso, aliado ao rígido regime disciplinar, ao qual têm que se submeter de imediato, faz com que estes jovens mais facilmente se rebelem contra o regime, fujam e sejam rotulados de "rebeldes e insubordinados".

O segundo dado é que o assistente do diretor acredita que os meninos das escolas próprias da Funabem são garotos "escolhidos", mais adaptados ao regime de internato. A ele são enviados os mais difíceis e insubordinados. A opinião do diretor sobre os internos coincide com a de seu assistente e é reiterada diversas vezes para que todos saibam o que ele pensa sobre seus alunos. Certa vez, estando eu na secretaria, para colher material de pesquisa, entrou um inspetor para resolver com o assistente do diretor a respeito de roupas rasgadas e desaparecidas.[8] O diretor, então, pronunciou-se de forma entusiasmada:

---

6. Em "A Geração da Rua" – pesquisa realizada por Irene Rizzini em 1985 – foram entrevistados 300 meninos de rua e verificou-se o seguinte:

Quadro 8-1. Atividades dos Menores nas Ruas

ATIVIDADES	**Nº DE MENORES**	**%**
engraxate	83	27,6
venda (balas, doces, chicletes, frutas etc. nos sinais de trânsito e nas ruas)	79	26,3
carreto (nas feiras, supermercados etc.)	68	22,6
esmola	54	18,0
guardador de carros	09	03,0
várias	07	02,3

7. Esta denominação surgiu com a publicação do livro "Meninos de Rua" de Rosa M. Fischer Ferreira, 1979.
8. Segundo o diretor, 10% dos alunos levam roupa de cama nova para casa. Ele considera esse número muito elevado.

> *"Sônia, isto é importante para sua pesquisa! Você sabe, 50% dos alunos que temos são ladrões, vêm de meio ambiente de favela, onde quem não rouba é roubado. Aqui eles roubam não só as coisas da escola, mas também dos colegas. Um dos maiores problemas é a roupa. Eles destroem com instinto de perversidade, sem nenhum proveito para eles, só por destruir. Outros roubam para ter algo. E outros roubam porque foram roubados, ou seja, por vingança."*

O diretor acredita não só que os meninos são destrutivos por "instinto" e devido ao meio ambiente onde foram criados, mas também devido à facilidade e ao tipo de educação que existe nas escolas da Funabem:

> *"Na Funabem, eles não têm controle de despesa. Se um aluno destrói, eles dão outro. Eles vêm para cá com esses hábitos. Eles destroem muitos objetos da escola. Destroem sobretudo vidros, parte elétrica (lâmpadas, tomadas, interruptores) e parte hidráulica (vasos e pias). É um problema! De cinco em cinco minutos, algo é quebrado. Quando não é por desgaste normal e comprovado que foi determinado menino, eu cobro multa individual ou grupal para pagar a despesa."*

Enquanto falava sobre esta questão, o diretor escutou no pátio um aluno batendo com uma caneca de uso do refeitório. Chamou-o imediatamente e da janela mesmo repreendeu-o, gritando e ameaçando a cobrança de cada caneca danificada. Disse então:

> *"Em sete anos sumiu uma caneca e agora de três anos para cá, de quatrocentas canecas, só restam cem semidestruídas. Isto já é instinto do brasileiro. Veja nos trens, nos ônibus. Destroem tudo!"*

Vemos aqui algumas afirmações importantes que mostram com clareza como a direção da escola vê os seus internos. A ação de depredar o estabelecimento é vista como uma ação homóloga àquela que o diretor imagina ser a destruição de todos os bens de uso coletivo na sociedade brasileira. Quer dizer, ele possui uma visão extremamente racista e colonizadora da sociedade. E, de acordo com essa perspectiva colonizadora, os alunos só podem ser concebidos como pessoas treinadas para servir. Se não cumprirem esse objetivo, também não servirão à sociedade. É uma situação-limite. Os mecanismos coercitivos são vistos como naturais para assegurar esta condição. Isto, em uma concepção da vida social, em certa medida escravocrata. O discurso do diretor subentende que esses meninos que depredam a escola já são "delinquentes" e que, ao entrarem para o mundo da delinquência fora do internato passam a destruir todos os bens coletivos que utilizam.[9] Ele procura mostrar que toda essa camada pobre da população, oriunda das favelas, traz consigo, para dentro do internato, um elemento destrutivo. Por isso, quando diz aos alu-

---

9. Segundo informação dos alunos, este era o discurso mais frequente do diretor aos domingos quando, após cantarem o Hino Nacional, formados em frente à bandeira do Brasil hasteada, eram obrigados a ouvir a "palestra" de orientação.

nos que gostaria que fossem bons cidadãos, bons profissionais e que seguissem uma carreira militar, mas, ao mesmo tempo, afirma que são incapazes para tal e que o seu destino é a delinquência, está insinuando que esses alunos já possuem uma dívida para com a sociedade. Nesse sentido, o que está presente é uma visão penal a respeito dos internos, sustentada pelo diretor, já que a própria instituição é concebida de forma semelhante ao modelo penitenciário, procurando punir e reformar aqueles que por ela passam.

Um dos instrumentos de que o diretor se utiliza para falar dos problemas que encontra na escola é o relatório anual. O relatório é sigiloso, mas ele me permitiu ler o relatório de 1982 e ainda teceu breves comentários sobre o mesmo. Uma das questões mais importantes ali tratadas é a da clientela atendida pela escola e de como esta se encontra sem recursos para atender estes meninos nos "últimos anos". Ele fez também algumas sugestões:

"Dos alunos acima de 16 anos, 50% são ladrões, delinquentes, curradores. É preciso enviá-los para outras escolas. Esta não pode atendê-los. Eles desviam os alunos bons. São alunos que vêm de outras escolas da Funabem. Permanecem ociosos até chegarem aqui, onde se concentra todo o trabalho de dar-lhes uma disciplina, o que se torna muito difícil. É preciso dar trabalho manual para os alunos. Nossa escola visa o aluno regular, mas existem muitos que precisam de atendimento psiquiátrico. Quinze deles vão semanalmente ao psiquiatra. Aqui há muita mistura de idade, o que dificulta o trabalho. Eles precisam (estes últimos) de uma escola com menor número de alunos. Falo até na bandeira para eles."

O diretor continua o relatório dizendo que é importante fixar uma faixa etária para a entrada do aluno na escola e que os alunos com idade elevada e escolaridade baixa devem ser mandados para outra escola que lhes ofereça o ensino supletivo. O diretor também vê o problema segundo o ponto de vista da necessidade de maior vigilância e controle. Assim, pede uma guarita na entrada da escola e a contratação de maior número de coadjuvantes. Nesse sentido, ele critica a Funabem, que impõe uma clientela mais problemática sem dar condições de terem maiores gastos. Cita como exemplo duas escolas pertencentes à Funabem: a primeira atende a uma clientela semelhante à de sua escola, "Escola XV de Novembro", que tem 500 alunos com 45 coadjuvantes, sendo 15 por turno. A segunda Escola "João Luís Alves" ("escola fechada" para atender ao "menor" considerado "infrator") tem 200 alunos com 15 coadjuvantes. Na sua escola, entretanto, com 460 alunos, tem somente seis coadjuvantes. A solução do problema sendo quase que exclusivamente maior controle e vigilância sobre os internos, fica evidente a representação do diretor sobre o funcionamento do internato. O que está em jogo, entretanto, não é a relação de quantidade entre o número de internos e o de inspetores, mas, sobretudo, a natureza da instituição, questão jamais formulada pelas autoridades competentes da Fundação. Adiante, analisei o regime disciplinar deste internato e muitos outros dados serão acrescentados para refletir sobre essas questões, aqui apenas esboçadas.

Antes de analisar, com mais detalhes, o discurso do diretor da escola, vejamos o depoimento de uma mãe de aluno,[10] que também traz alguns elementos críticos e de insatisfação em relação ao funcionamento deste internato.

> "Foi muito ruim. Ah, meu Deus, se eu pudesse voltar atrás ele não iria para lá. Mas como é que eu ia saber que ia acontecer aquilo? Ele ficou louco lá. Agora está ficando bom. Lá no Norte souberam o que ele passava na escola, e eu fiquei muito mal com minha família por isso. Mas você sabe como é, a gente estava em situação difícil. Eu sempre dizia que não era bem assim como meu filho falava. Eu dava razão à escola, dizia que acontecia aquilo porque ele devia ter feito algo. Sabe como é, né, eu trabalhava aqui e não podia ser contra a Fundação. Eu tinha que defender a Fundação. Mas foi horrível! Ele dizia que o diretor pegava ele na frente dos outros e dizia: Você é um futuro marginal!" Você não presta! E raspava a cabeça dele. Uma vez eu soube que foi porque ele roubou uma lata de goiabada. Sônia. Você imagina, por isto! E ele nem para ver o que se passava com o garoto, nem para conversar. Um dia ele veio aqui no abrigo e me falou na frente dos outros que meu filho era um futuro marginal, que não tinha jeito. Você imagina! Fiquei horrorizada! Um diretor falando isso! Achei que ele era meio maluco. Meu filho depois foi ao Norte e disse lá que ele ficou maluco por causa daquela escola, que ele passava coisas horríveis. Tenho tanto arrependimento de tê-lo deixado lá."

Segundo esse depoimento, podemos dizer que a escola não preenche seus objetivos devido aos maus-tratos aos alunos; segundo o diretor, isto se dá porque o aparato de controle e vigilância são insuficientes. O diretor diz aos domingos para seus alunos que eles são todos delinquentes, mas, ao mesmo tempo, relativiza esta colocação e se refere sobretudo aos que chegam com 16 anos, oriundos da Funabem. Vejamos a primeira colocação – "todos são delinquentes". Se ele admite isso como um fato, então admite a falência da própria instituição a ineficácia do método pedagógico e a impossibilidade de um trabalho positivo desenvolvido pela Fundação. Por conseguinte, o seu papel como diretor seria inútil. Na segunda colocação, em que há uma relativização, ele distingue os alunos que passaram pela seriação da Fundação daqueles que vieram da Funabem. Com isso, pode estar implícito no que ele diz que aqueles indivíduos que passam pela Fundação têm êxito e apreendem as normas de disciplina, enquanto aqueles que vêm da Funabem não incorporam essas normas e, então, perturbam o trabalho. Outro argumento presente é que os "menores" oriundos da Funabem acabam trazendo as atividades de delinquência àqueles alunos que já haviam passado pela seriação da escola. Então, ter-se-ia, como na primeira situação narrada, uma absoluta ineficácia na aplicação dos métodos pedagógicos da Fundação. Para todo esse conjunto de tensões, a solução proposta pelos diretores consiste apenas em um aumento do número de coadjuvantes e no aprimoramento das formas de vigilância e controle. Portanto, a única resposta que a instituição poderia dar às

---

10. Abrigada, trabalha no Internato I e mora na Fundação.

tensões que surgem seria a aplicação da teoria do castigo crescente, ou seja, a ideia de que só se resolvem as tensões aumentando-se as punições. Essa é a regra do jogo e esse diretor é formado na mesma escola daquele outro – a escola dos ex-alunos. Dessa forma, só se combate a transgressão com o aumento da repressão e não se vai fundo nos próprios pilares da transgressão e nas causas que levam os alunos a transgredirem. É justamente neste ponto que se coloca o presente esforço de análise e investigação.

A socialização se faz sempre por meio de mecanismos coercitivos, que penalizam consecutivamente os alunos. A saída dos alunos para fora dos muros da Fundação é inteiramente mediada por esses mecanismos repressivos. O último estágio é aquele em que a repressão ainda é vista como alternativa eficaz para resolver os conflitos e as transgressões.

O que se pode entender, portanto, é que esse tipo de discurso do diretor faz parte dos mecanismos coercitivos e da crença de que, desqualificando, reprimindo, humilhando e subordinando, força-se o indivíduo a uma socialização servil e harmônica. Isso constitui, na verdade, a essência da ação pedagógica institucional. Faz parte do aparato de coerção dizer que os alunos transgridem as regras e que eles não são cumpridores dos seus deveres, como se os meninos já entrassem para a sociedade devendo a esta uma disciplina que idealmente transgrediram. Desta forma, eles entram como delinquentes potenciais.

Está claro que é uma maneira de pensar pelo contrário, uma vez que o diretor poderia dizer: "vocês estão saindo daqui todos bonzinhos, bons rapazes, vão para as carreira militar". Mas isso seria um modelo por demais transparente e sem incongruências. Aquilo que o diretor imagina que faz e o que nós supomos que ele faça seriam a mesma coisa, quando não são. Porque nesta outra situação – de desqualificação – há uma contradição entre o que ele diz e o que a instituição pretende. Aqui, a contradição está nitidamente marcada. O que estou visando é realizar uma análise para mostrar nesse capítulo que esta contradição pode ser artificial.

3. Rotina

> *"Porque eu sempre digo para eles mesmo: aluno é igual a boi – passa aqui hoje, amanhã, e depois você não precisa falar mais – eles já vão sozinhos passar naquele lugar que você falou!"*

Inspetor

Através da rotina do internato percebemos mudanças importantes nesta escola em contraste com as demais. Esta é a única que possui ensino profissionalizante, além de oferecer o ensino completo do 1º grau. Se nas escolas anteriores, o interno não tinha praticamente nenhuma outra atividade para além do horário escolar, nesta, há uma tentativa de disciplinar-se o aluno pela ocupação, por intermédio do controle do tempo das atividades e da coibição da mobilidade. O espaço é mais compartimentado, diversificado, e o interno tem por obrigação estar em um certo local dentro do horário determinado. É considerada falta disciplinar não cumprir estas determinações. Há uma preocupação secundária com o que o aluno faz ou com o que lhe é oferecido nestes locais; em compensação, há uma grande preocupação com a sua presença no local da atividade, preestabelecido pela rotina diária. O controle feito por meio da chamada dos nomes, da vigilância dos inspetores e da grade fechada a cadeado nas oficinas, que impede a saída dos alunos. A sequência dos horários e das atividades deve ser rígida, para que se possam controlar 460 jovens, assevera a direção. A falta à aula, à oficina ou aos "serviços gerais" implica em castigo. Após o jantar, os alunos são colocados em pé, na varanda, até as 20 horas. Através da "ocorrência" é feita uma comunicação por escrito ao chefe de disciplina, que repassa a informação ao assistente do diretor.

É importante que os alunos estejam sempre ocupados durante o dia. Assim, se eles não estão na escola ou na oficina, têm alguma ocupação nos "serviços gerais". A principal atividade é limpar o gramado, a praça dos esportes, os dormitórios, ou seja, a limpeza geral da escola. Trabalham, também, como ajudantes nos serviços de estábulo, com os suínos, com os coelhos e na horta. Fazem reparos e consertos em geral. Trabalham como ajudantes na enfermaria, copa e padaria. É também, na secretaria, na prefeitura e na escola. Os meninos dizem que quem trabalha nestes últimos lugares é "assim com os homens" ou é "assim com as mulheres", o que quer dizer que há uma grande cumplicidade nessas relações. O serviço geral é obrigatório, e quem falta ao mesmo pode ficar sábado e domingo de castigo, "preso em uma sala de aula". Alguns alunos acham tal castigo uma "moleza" e sugerem um outro: que o aluno se ajoelhe no caroço "para ver se toma vergonha na cara".

O assistente do diretor esclarece:

> "A primeira coisa que se organiza são as oficinas. Trabalham lá um dia e no dia seguinte é serviços gerais. Faz-se um rodízio de escala por semestre, mas este ano ele não foi feito. O rodízio deve ser semestral, com o objetivo de que eles tenham a chance de variar, de fazer algo que gostem. Há setores pesados – estábulo, manutenção – e outros leves, e achamos de certa forma covardia ficar o ano inteiro numa pior. No rodízio ficam 50% dos alunos que o mestre quer para que se mantenha a produção do setor –, em geral, aqueles que já sabem executar a tarefa. Não se dá opção nos serviços gerais – só para o trabalho no gabinete do diretor (secretaria) e barbearia. Nos serviços gerais mais pesados, permitem a opção de ficar, mas nos leves não, pois todos querem ficar. No início, pergunto quem quer qual setor, e depois preencho as vagas."

a. Sanção econômica

A título de "estímulo", é dada mensalmente aos internos uma quantia em dinheiro pelos trabalhos prestados na escola. Nesse sentido, analisei um documento, elaborado a cada mês, denominado "Estímulo Concedido aos Alunos". Adotei, como exemplo, o documento de outubro de 1982 e pude observar que cada atividade realizada corresponde a um determinado percentual. A soma dos vários percentuais determina a importância que o aluno receberá no fim do mês. Vejamos, então, a que correspondem esses percentuais: atividades extraclasse (20%), escolar (30%), comportamento (25%), aproveitamento profissional (25%). E é a partir dos mesmos, portanto, que se calcula a quantia final que o aluno receberá e que se denomina "importância a receber". O aluno poderá sofrer descontos em cada um desses itens, como também poderá ter descontada alguma quantia por danos causados ao patrimônio da escola. No mês em que verifiquei os "estímulos concedidos", somente dois alunos haviam ganho 100% da quantia que deveriam receber. Todos os outros tiveram um desconto significativo. Por parte dos internos, o que se evidencia aí é uma recusa do princípio da rotina e do trabalho compulsório. A direção alega que faz os descontos cumprindo ordens superiores, pois discorda de fato de que a "quantia a receber" seja calculada levando-se em conta as atividades que não sejam de trabalho. Para eles, o que está em jogo é o menor gasto possível com os alunos, o que é fonte de mais um problema, na medida em que, ao serem descontados, os alunos se zangam e reagem.

Mais uma vez, observo que de fato ocorre uma superposição de punições. A partir de uma mesma "falta" cometida, o aluno é punido de diferentes formas. Por exemplo, quando falta ao ensino profissionalizante, pode ser castigado no final do dia ou no fim de semana e, além disso, poderá ser punido no final do mês, com a redução do "estímulo" que deveria receber. Vemos aqui a aplicação da teoria do castigo ou punição crescente, sendo que a novidade que se coloca é a da punição econômica.

Apesar de toda a confusão que a concepção de "estímulo" gera, este dinheiro é bem-vindo e valorizado pelos alunos, pois representa para muitos a possibilidade de sair do internato e ir para casa no final de semana, pois com ele é possível pagar os gastos com o transporte de trem e de ônibus.

Uma outra punição econômica é a multa. O aluno que pisar na grama do jardim, por exemplo, recebe uma multa, cujo valor é descontado, no final do mês, daquilo que ele deveria receber como "estímulo". Outro desconto é aquele feito por conta de algum dano causado ao patrimônio da escola. Estes dois descontos são de ordem "educativa", como diz o diretor. O problema, entretanto, é que sendo descontado no "estímulo", cujo valor já é pequeno, e, em princípio, dado para incentivá-lo no trabalho, o aluno sente-se verdadeiramente "desestimulado", pois incidem sobre o "estímulo" faltas que são de outra ordem que não a da dedicação ao trabalho. Isso confunde o interno, que, muitas vezes, se sente injustiçado pelos descontos feitos. Uma das formas de mostrar sua revolta é, justamente, danificar o patrimônio da escola. O exemplo mais comum é jogar pedras nos vidros. Por este ato ele recebe uma "multa", que será descontada no "estímulo" do próximo mês, dando mostras evidentes de que o sistema disciplinar funciona à exaustão. Isto certamente traz enormes dificuldades ao funcionamento institucional, porque acaba-se chegando a situações insolúveis.

Uma novidade importante que aqui ocorre é que os alunos passam a operar um cálculo econômico próprio, para se situar dentro do internato. O seu modelo de relacionamento com o internato e com a burocracia passando por "estímulos" pressupõe os cálculos. Essa operação contábil, que não aparecia até a Escola VI, onde o interno era punido dentro da violência da própria punição, aqui aponta para uma dimensão econômica do ato de punir. A recusa do acatamento da regra implica na redução da quantia disponível para o transporte e outros pequenos gastos pessoais nos fins de semana em que são liberados para visitas a parentes e afins. A punição econômica está incorporada à rebeldia dos internos. Mesmo reconhecendo-se penalizados monetariamente, os internos não abrandam os denominados "atos de indisciplina". Vemos claramente que o sistema disciplinar na Fundação é tão repressor que ele reprime dentro da repressão; há sempre mais punição dentro da punição. Trata-se de um sistema que está sempre buscando o seu ponto-limite. Leva sempre os alunos ao seu ponto terminal. E, como o sistema funciona à exaustão, também conduz os funcionários e diretores a um estado de constante desgaste e esgotamento.[11]

b. "Permissão de saída"

Como uma instituição total exemplar, há sempre vigilância e punições no que diz respeito à mobilidade, ao "ir e vir" dos adolescentes. Para que possa sair do terreno da escola, o aluno precisa ter em mãos uma "permissão de saída" (papel datado e assinado pelo chefe de disciplina), não importando se vai para perto ou para longe. Seus passos são controlados e vigiados, e ele tem que se submeter a esta regra sob pena de castigo. São regras de imobilização do interno, justificadas por uma forma de dívida que as autoridades institucionais acham que ele contraiu. Este é um dos elementos mais essenciais aos mecanismos repressivos. Sair sem licença, como nos outros internatos, possui uma denominação: "escamar". Os alunos tentam burlar esta regra sempre que podem, seja de dia, para dar uma volta, seja noite, para ir a um baile nos arredores. Mas se forem flagrados, serão punidos e a punição dependerá do que já constar como "faltas" na sua "ficha disciplinar". Vejamos um exemplo que pude observar na secretaria:

> *O diretor e seu assistente direto conversam sobre o anseio dos alunos por mais liberdade de sair da área da escola durante a semana (nos fins de semana isso já é possível), o que eles consideram excessivo. Nesse momento, entra na secretaria um aluno que ali trabalha, considerado "meio bobo". O assistente do diretor conta, então, em voz alta e rindo, a "esperteza" deste aluno que ele havia encontrado em frente à escola, do lado de fora da cerca, conversando com alguém. Resolveu pedir sua "permissão" e notou que o aluno havia alterado a data escrita pelo funcionário. Todos na secretaria riram bem humorados. O aluno, meio sem graça e envergonhado, nada disse. O diretor, que também ria, dirigiu-se ao menino: "Não faça mais isso, Odilon. Eu não estou sabendo disso oficialmente, logo não vou castigá-lo, mas não faça mais." Entretanto, o assistente disse que ele já*

---

11. O diretor e seu assistente moram em frente à escola e, assim, trabalham praticamente sem descanso, mesmo nos fins de semana. Eles, entretanto, parecem apreciar o que fazem. Já os inspetores, sobre quem recai o peso maior da tensão, frequentemente reclamam de estarem cansados, e chegam mesmo a sonhar com uma aposentadoria antecipada devido à extenuação causada pelo trabalho.

fora castigado – ficou em pé de castigo 15 dias, depois do jantar, pela falta cometida. Como vemos, a brincadeira e a gozação existentes entre os funcionários, a respeito dos internos, algo comum, que humilha o aluno e o leva a calar-se. Por outro lado, a concessão de perdão é um fato raro, e que, na maior parte das vezes, ocorre tardiamente, como no exemplo acima citado. Em geral, os "bons funcionários" cumprem à risca o que determina o regime disciplinar.

A permissão para sair nos fins de semana e feriados para passeios nas redondezas é algo novo na escola. Quando trabalhei em 1980 não havia esta permissão. Um inspetor me disse que o diretor está aplicando o que ele chama de "psicologia moderna", e que esta abertura diminui muito as fugas e o roubo na escola e melhora o comportamento em geral. Mesmo com estas mudanças, este inspetor teceu considerações afirmando que seria melhor para o aluno que ficasse com a própria família, pois a "escola é muito isolada do mundo dos meninos". Sugeriu ainda que, ao invés de se gastar dinheiro internando o menino, dever-se-ia ajudar diretamente sua família, para que ela pudesse mantê-lo em casa. Revela-se, aqui, a posição de alguns funcionários que defendem a teoria do anti-internamento.

Talvez a permissão de saída livre funcione, para os internos, muito mais pelo lado da sensação de liberdade que ela provoca do que propriamente pela possibilidade real de fazer uso dela. É comum que, nos dias permitidos, só saiam da escola uns 20 alunos. É justamente durante o dia de domingo, quando há liberdade de saída e entrada, que a disciplina torna-se mais relaxada e que os lazeres são mais praticados. A grande maioria prefere ficar jogando bola ou tomando banho de piscina. Quando perguntei a alguns alunos por que não saíam, disseram-me:

"Sair para quê? Para ficar com fome de caminhar? Melhor ficar aqui mesmo. Não tem nada para ver! As pessoas não recebem a gente bem."

"Ah, eles acham que todo aluno é ladrão, vai roubar o terreno deles. Se eles pudessem enfiar uma faca assim num aluno, eles já tinham enfiado muito tempo, é porque eles não têm oportunidade. Mas o dia que eles tiverem vão enfiar mesmo."

É comum os alunos afirmarem que, nesta pequena comunidade, eles são discriminados e tratados como perigosos. É um prenúncio do que poderá vir a ser a saída definitiva. Já sentem o peso do preconceito, pelo fato de serem considerados "menores" e serem atendidos pela rede de escolas conveniadas com a Funabem. Esse peso da discriminação será maior ainda quando saírem definitivamente em busca de trabalho.[12] É curioso pensar que o

---

12. "O primeiro emprego, sobretudo, é marcado pelo estigma – como se todos fossem marginais – por ser um ex-aluno da Funabem". Alguns ex-alunos afirmam que, aliado a isso, coloca-se também o preconceito racial, pois a grande maioria das crianças internas na Funabem, além de pobre, é preta e, segundo eles, "ser pobre já é uma dificuldade, preto mais uma, agora ser pobre, preto e ex-aluno da Funabem, já pode morrer". (Alvim, Altoé; 1987.)

atendimento a essas crianças e adolescentes é feito para retirá-los da rua, do abandono, da marginalidade e reintegrá-los à sociedade, quando um dos maiores problemas que esse atendimento causa aos jovens é o de torná-los estigmatizados como alunos da Funabem. Ou seja, a instituição se propõe tratar de um problema que ela mesma constrói.

A vigilância sobre os alunos não se restringe aos muros da escola. Na verdade, mesmo quando saem, são passíveis de serem repreendidos pelos funcionários do internato. Assim, sair da escola significa fundamentalmente não estar sob o olhar da autoridade; o que ocorre quando eles tomam o trem nos fins de semana (de 15 em 15 dias) para ir a suas casas. Vejamos um exemplo desta repreensão, que acontece com uma naturalidade incrível, como se alunos e funcionários estivessem dentro do terreno da escola. Eu estava na kombi com o assistente do diretor, passando pela praça da cidade, quando vimos três alunos sem camisa. Era o mês de novembro e fazia muito calor. O diretor gritou para os alunos: "Ei! Coloquem as camisas. Vocês estão pensando que estão num balneário?" Os meninos, sem nada dizer, colocaram as camisas.[13] No caminho de volta, outros alunos pediram carona para a escola e o assistente, em tom de brincadeira e descontração, recriminou-os:

> "Vocês são uns bobos. Com este calor, ao invés de aproveitarem a piscina, estão aqui!"
> Ao que eles respondem: "Viemos passear."
> "Passear? Mas não há nada para se ver aqui!"

E seguimos calados para a escola. Ao chegar, perguntei a alguns alunos por que estavam saindo da piscina, ao que me responderam: "A água está quente, dona. Não tem graça!"

Sair para passear, visitar os pais nos fins de semana[14] e fugir são as opções que os alunos possuem para escapar ao "olhar" onipresente do sistema disciplinar.

A fuga não é considerada um problema grave pela direção. Fui informada pelo assistente do diretor de que a média mensal, dentro do "clima normal" da escola, é de cinco alunos, o que é considerado pela direção uma média baixa, sobretudo porque quase todos retornam. Além disso, a saída de um aluno que não possui permissão é considerada oficialmente como uma fuga, o que aumenta a média. O interessante é que este procedimento, que faz parte do "regime disciplinar", ao considerar como fuga a saída do aluno para ver sua família explicita uma semelhança entre o funcionamento do estabelecimento e as características de um cárcere, pois somente aqueles que estão presos precisam fugir para dar uma volta no fim de semana ou visitar seus familiares.

---

13. A referência ao balneário é porque a cidade é de fato utilizada por escolas particulares do Rio de Janeiro como local para colônia de férias de seus alunos.
14. Segundo informações da direção, em 1981, em 421 alunos, a média anual de internos com "saída autorizada" pela família foi de 180. Havia ainda "saídas acompanhadas", uma média de 50 alunos. Nas férias de verão (janeiro e fevereiro) ficaram na escola 100 alunos, sendo que 20 destes tinham família, mas prefeririam passar as férias no internato. Isso parece demonstrar que um número significativo de internos tem muita dificuldade de relacionamento familiar, como também de sair do ambiente do internato, onde não há riscos ou situações novas a enfrentar.

4. Inspetor – sua função na manutenção da ordem

Da mesma forma que os alunos, os funcionários também não tem direito à voz. Há uma hierarquia rígida à qual todos devem obedecer sem reclamar. Assim como os internos, os funcionários frequentemente me falam de mudanças que gostariam de sugerir à direção. Quando pergunto por que não o fazem, entretanto, mostram-se surpresos: "Falar? A gente não pode falar nada. Só escutar!"

Os inspetores se referem a mudanças que vêm ocorrendo nos últimos anos na organização da disciplina. Dizem que, cada vez mais, o "inspetor atua como uma espécie de para-raios", cabendo a ele executar todas as punições determinadas por outros setores dos internatos, como as escolas, oficinas etc.

Eles consideram que os outros funcionários podem manter mais preservada sua relação com os alunos, enquanto eles, cada vez mais, assumem o papel dos que castigam. São eles, por exemplo, que obrigam os meninos a cumprirem o castigo à noite, quando os que determinaram o castigo já foram descansar. E nem sempre eles concordam com o castigo dado ou com seu motivo.

> *"Provocam o menino e mandam chamar a gente. E na frente arrasam com o menino, e se ele reage, temos que puni-lo. Detesto isto. Então, só tiro o menino e fico escutando. Fazem isto muito, e a gente fica só para imprensar o aluno." (Inspetor)*

É com o inspetor que o aluno trava uma relação mais próxima, porque ele é o adulto que mais o acompanha durante as atividades do dia. Portanto, é com ele que o interno teria maiores chances de desenvolver uma relação mais próxima e positiva com a figura da autoridade e do adulto. Entretanto, essa possibilidade praticamente desaparece na medida em que seu papel principal é punir. E o mais curioso é que, sendo sua função punir, ele não pode, entretanto, castigar diretamente o menino quando este o desacata. O inspetor tem que respeitar a burocracia dos papéis, das "ocorrências":

> *"Os inspetores estão muito sem autoridade. Tudo tem que passar pela secretaria agora. Depois que burocratizou, a gente perdeu a autoridade. Eu não posso punir mais, tenho que fazer ocorrência e mandar para a secretaria. Agora, se faço a ocorrência, o menino fica zangado comigo porque fiz. E não me obedece. Sou chamado na secretaria para explicar o que houve. Então não faço ocorrência, deixo correr a coisa. Por exemplo: antes, se o menino não cumpria suas obrigações, e eu é que sei, que estou com eles, eu tirava a televisão, o passeio, dava castigo. Escrevia o nome. Agora tenho que mandar o nome e eu mesmo castigar. Antes outro que ficava com os castigos. Agora como eu vou ver os castigados se tenho também que acompanhar a turma nas atividades? Não dá! Então não castigo. Se castigo eles têm que andar atrás de mim o dia todo. Outro dia recebi uma lista de 26 alunos para castigo à noite. Mas eu sumi a lista. Como vou castigar e olhar eles mudarem de roupa, tomar banho, ver televisão? Não castigo mais." (Inspetor)*

O problema da autoridade dos inspetores sobre os alunos se expressa a cada instante. Se a relação com os internos está deteriorada, isso se torna mais evidente em público, na frente dos outros colegas e dos outros inspetores. A ocasião em que melhor se percebe a crise de autoridade dos inspetores é a "formatura":

> *"Quando o inspetor dá voz de comando o aluno tem que respeitar, tem que fazer o que foi dito. Se não faz é porque você está desmoralizado. Os outros inspetores ficam no meio (da formatura), mas não ajudam e, então, quem está no comando fica nervoso e, às vezes, chamo a atenção logo do menino que está fazendo tudo certo. E dá a maior confusão. Ele sai chutando, me xingando e fico desmoralizado. Se me ocorre isto, já sei, seguro o menino de meu lado e peço desculpas, mostro meu erro e só deixo ele sair quando tiver esfriado.*
>
> *A disciplina vem piorando muito nestes cinco anos de trabalho. Um vai encostando no outro [funcionário] e ninguém quer assumir muito. Eu era pedreiro e quis ser da disciplina pois achava que era moleza. Agora volto correndo se me quiserem de pedreiro [na própria escola]."* (Inspetor)

É interessante também notar que, quando sua autoridade é questionada perante outras pessoas, o inspetor pode perceber que ele também é passível de ficar nervoso, que ele também é capaz de tomar atitudes erradas. Neste caso, não só percebe seu erro, como é capaz de pedir desculpas ao menino. É um momento em que relações mais humanas podem ser estabelecidas, onde se reconhecem a raiva, os erros e se pode pedir desculpas, o que é comum em relações humanas onde se reconhece o outro, não estigmatizando-o, *a priori*, como um marginal.

Os alunos também reconhecem a possibilidade de ter um convívio mais próximo e humano com o inspetor:

> *"Ele me ajuda, me orienta – é como pai para mim."*
>
> *"Zé explica a realidade, dá apoio, prepara para a vida militar. Reclama quando a comida está ruim."*
>
> *"Se interessa pela gente. Brinca, dá conselho."*
>
> *"Sabe tratar com carinho, não sai logo pagando."*
>
> *"Sr. Wilson tira título, ajuda na documentação."*
>
> *"Aquele que conversa, bate papo antes de agir, ajuda o aluno nas horas de desespero, sabe aconselhar quando o aluno está em dificuldade, aquele que ensina."*
>
> *"Dialoga, brinca, nem quando nervoso ele não bate, conta a vida dele na escola, fala do exército."*
>
> *"Sabe brincar, manter amizade, compreende os alunos, empresta dinheiro para ir para casa. Aluno apanha dele e depois a amizade é normal, outros ficam com picuinha. Ele vai junto fazer gororoba."*
>
> *"A maioria não deixa os maiores baterem nos menores."*
>
> *"Aquele que exige, é duro com o aluno."*
>
> *"Obriga a ir para aula."*

Quer dizer, o "bom inspetor" é aquele que proporciona uma relação marcada pela troca, pelo carinho, onde dois sujeitos podem existir. O aluno é visto como pessoa e assim é tratado.

Já o "inspetor ruim" é aquele que comanda autoritariamente, pontuando sua relação com os alunos pelo código disciplinar. Assim os alunos definem o "inspetor ruim":

"*Aquele que só bate em pequeno.*"
"*Aquele que tem pinimba, na marcação com aluno.*"
"*Não sabe levar o aluno na conversa, espanca a gente, Ivan me deu soco no olho.*"
"*Inspetor que não tem paciência, vem logo agredindo, pondo de castigo, sai logo batendo – pancada não conserta ninguém. Coloca todo mundo de castigo, mesmo sabendo que não fez nada.*"
"*No passeio só deixa ir os peixinhos.*"
"*Sr. Ademar, se eu ver ele morto, acabo de matar. Gostava de tirar castigado todo fim de semana.*"
"*Manda cortar cabelo baixo demais, igual ao de quartel, cortar reco.*" "*Fala mal dos alunos, não sabe lidar, não sabe dar certa regalia.*" "*Cuidado que o Sr. Manuel cagueta, tem uns que gostam de ser puxa-saco, vão falar com o diretor.*"
"*Acorda a gente xingando*".[15]

Os inspetores, em geral, consideram seu trabalho muito difícil e cansativo. Alguns defendem até a aposentadoria com 15 anos de trabalho. Às vezes, eu tinha a impressão de que, na sua maioria, estavam tão perdidos quanto os alunos. A única orientação que têm é a disciplina, e, por isso, eles têm que se ater a ela como um guia que mostra como deve ser sua atitude para com os internos. Eles percebem com clareza, entretanto, muitas situações institucionais que complicam a dinâmica diária da escola. Mas, como não podem reclamar, pois também têm que se ater às ordens superiores, fazem seu trabalho como podem.

Tanto os diretores (como já vimos anteriormente) como os funcionários conseguem perceber os alunos como jovens adolescentes que, como tais, cometem "faltas" características desse período de vida. Mas esse reconhecimento fica esquecido na hora de atuar junto aos alunos, pois agem preconceituosamente, julgando-os e classificando as mesmas "faltas", ditas normais em relação a qualquer adolescente, como atos de marginais.

5. Tensões na sala de aula

O funcionamento das oficinas profissionalizantes distingue esta escola das demais. Aqui, o 1º grau completo e as oficinas existem tanto no período da manhã como pela tarde, para que o maior número possível de alunos possa frequentá-los. O funcionamento das oficinas, mesmo com todas as falhas apontadas pelos alunos, torna a escola mais

---

15. Esses depoimentos foram tirados de uma entrevista feita com os alunos nas oficinas profissionalizantes. Foi sugestão dos alunos a ideia de falarem sobre "inspetor bom e ruim".

interessante do que as outras. Ele representa a possibilidade de um aprendizado profissional que pode lhes trazer benefícios quando saírem da escola. Resta-nos analisar como se passa este aprendizado segundo a ótica dos alunos, dos mestres, dos inspetores e da direção.

Vejamos inicialmente algumas considerações sobre o funcionamento do 1º grau.

É uma escola do estado, o qual paga todo o pessoal docente e da secretaria da escola, enquanto a Fundação oferece as dependências físicas e compromete-se a receber alunos da comunidade, que são em média 200 – são os chamados alunos "externos". As professoras, sendo todas daquele município, possuem um padrão cultural do "interior", o que as faz provincianas e o que muito as distingue dos padrões dos meninos internos, em sua maioria oriundos da periferia do Rio de Janeiro. Estas distinções se fazem pela linguagem e também pelos valores morais, o que gera uma quantidade enorme de problemas em sala de aula. As professoras são exigentes quanto à conduta dos alunos em sala e, se estes merecem punição, elas os encaminham para o inspetor, que fica a postos pelos corredores para executar a punição. A principal ligação da escola com o internato se faz através do sistema disciplinar, que é único. As professoras também enviam "ocorrências" sobre os alunos para o "prefeito" que, por sua vez, as encaminha para o assistente do diretor. Nem a escola estadual, com suas professoras que não são funcionárias da Fundação, nem as oficinas funcionam autonomamente. Elas, como todos os demais setores, relacionam-se de maneira direta com os executores do sistema disciplinar do internato, e são deles dependentes. Assim, tudo que se passa com o aluno submetido ao olhar único da autoridade máxima da escola, o diretor, o que caracteriza a instituição total, segundo a descrição de Goffman.

Os alunos já chegam nesta escola com um atraso escolar significativo, como vimos anteriormente. Se um dos objetivos do internato, e que inclusive justifica sua existência, é oferecer o ensino formal às crianças, não se pode dizer que ele favoreça o aprendizado, pois os alunos estão tão defasados na escolaridade em relação à sua idade quanto os alunos das escolas públicas. Portanto, o internato não serve para amenizar o grave problema do ensino público no Brasil.

Segundo o assistente do diretor, 40% dos internos não têm interesse em aprender, "o que equivale a, pelo menos, 40% de reprovação este ano" (1982). O índice de reprovação é maior entre os internos de 16 e 17 anos, os quais chegam com um atraso escolar mais significativo, ele explica. Para o assistente do diretor, o desinteresse do aluno é realmente grande, o que ficou mais uma vez comprovado pela tentativa de se reorganizar um grupo de estudos fora do horário escolar, uma vez que a frequência foi muito baixa. Mais uma vez, parte-se do pressuposto de que o que a escola oferece é benefício, mas os alunos não sabem aproveitar. O exemplo mais flagrante ocorreu em uma ocasião em que uma kombi da Funabem esteve na escola para tirar documentos dos alunos e um deles, apesar de estar na 3ª série, não sabia assinar o nome. Quando o funcionário relatou a situação ao diretor, este mandou ordens à professora para que lhe desse como castigo a tarefa de escrever seu nome muitas vezes, até que aprendesse. O tom da conversa é sempre de zombaria com relação ao aluno e, em nenhum momento, alguém se pergunta sobre a qualidade do ensino e como seria possível um aluno estar na 3ª série sem que soubesse assinar o nome. Este exemplo evidencia uma situação que ocorre com certa frequência: o aluno estar cursando uma determinada série escolar, mas não ter o domínio do conhecimento correspondente à mesma. Dentro do internato, a maior repercussão acontece no aprendizado profissional, uma vez que nas aulas teóricas são exigidos alguns conhecimentos que o aluno não possui, o que diminui o interesse e dificulta o aprendizado.

Que lugar os adolescentes ocupam nesses internatos?

A direção não parece questionar-se muito sobre isso, mas os inspetores percebem o quanto a dinâmica institucional influencia o interesse dos alunos que se encontram nos internatos, jogados à sua própria sorte. Percebem o quanto é importante a relação que estabelecem com os alunos: "somos como pais para eles". Sabem também que devem aconselhá-los, incentivá-los e cobrar deles que estudem – "se a gente não falar, eles não estudam" – diz um inspetor. Ele complementa dizendo que este ano, devido às mudanças e dificuldades na dinâmica institucional, quase não foi possível dialogar com os alunos sobre o estudo e a oficina e, por isso, há tanta reprovação. O que me parece importante é a sua percepção de que o aluno não é o resultado de uma produção em série do internato e que não depende somente dele ser "bom" ou "ruim" para aproveitar o que lhe é oferecido. Mas, como diz um inspetor:

"Aqui também é esquisito porque eles (na oficina e na escola) só dão força aos que querem aprender. Os que não querem ficam de lado. Quando eu estudei no SENAI, três anos, eu era dos bons alunos. E os mestres quase não falavam com a gente. A gente ficava danado. No final ele disse que era porque a gente já ia bem sozinho, então eles se dedicavam aos mais fracos. Na escola também era assim. Eu era dos mais fracos e tinha atenção. Aqui é o contrário. Não entendo isso!" (Inspetor)

Portanto, no internato partem do pressuposto de que há internos "bons" que querem aprender e aos quais vale a pena ensinar, e que há uma grande maioria que não quer nada com o estudo ou o aprendizado nas oficinas. No seu entender, não há nada a fazer com estes, pois eles não são sensíveis aos bons ensinamentos.

Tanto os alunos como os inspetores falam dos preconceitos que as professoras nutrem para com os alunos internos. Castigam-nos com frequência e põem-nos para fora de aula. Não há tolerância, e elas nem sequer se responsabilizam por punir o aluno, que é punido pelo inspetor.

Todas as relações no internato são marcadas pela discriminação, pelo preconceito, por favoritismos, típicos das relações em instituições totais. A cerimônia de fim de ano se passa tal como Goffman descreve em seu livro, como pude observar, e como é narrado pelos alunos e funcionários. É uma festa feita para a direção e para as autoridades, onde, mais uma vez, os internos são objetos e não sujeitos da festa. Os prêmios de bom comportamento, os passeios, ganham-nos aqueles que "são assim com os homens", atestam alunos e funcionários. A direção assim o determina, segundo sua ótica, sem consultar funcionários ou inspetores, os quais se ressentem de não participar desse processo. Os alunos reprovados podem participar da festa de fim de ano e devem ir para suas casas, de férias – estes alunos são chamados de "chumbados".

6. Socialização pelo trabalho

a. Oficinas

Os cursos profissionalizantes oferecidos são os seguintes: torneiro mecânico, serralheiro, marceneiro, eletricista, ajustador mecânico, compositor (gráfica), impressor (gráfica), mecânica de auto, solda de oxiacetileno e solda elétrica. Foram oficializados pelos ministérios do Trabalho e da Educação através do "PIPMO – Programa Intensivo de Preparação de Mão de Obra", que oferece certificados aos alunos. Este reconhecimento durou pouco tempo e, já durante a pesquisa, por razões não muito claras, ele passou a não mais existir. O diploma passou a ser dado pela Fundação.

Em cada oficina há um mestre que ali trabalha durante todo o dia (Fig. 46). Ele recebe duas turmas diariamente, uma pela manhã e outra à tarde, sendo que somente a gráfica possui duas turmas; as outras têm quatro que se revezam dia sim, dia não. Os alunos mais velhos têm direito a escolher as oficinas de sua preferência, desde que tenham a escolaridade exigida. Os outros vão se encaixando naquelas onde houver vagas. A direção encontra uma solução para o preenchimento das vagas, mas, ao mesmo tempo, há muitos

Figura 46. O curso de torneiro mecânico é apreciado e valorizado pelos jovens.

alunos descontentes frequentando uma oficina que não é de sua escolha. Apesar de reconhecer os obstáculos institucionais que dificultam a resolução dos problemas pertinentes ao ensino profissionalizante, o assistente do diretor considera que o alto nível de reprovação nas oficinas[16] se deve ao desinteresse do aluno. Vejamos:

> *"A maior parte dos alunos vai à oficina sob pressão, não quer aprender. A gente conversa, explica, mas não adianta. Meninos de 16, 17 anos que foram pegos na vadiagem, em casa ou em outras escolas. E agora não se consegue mais nada deles. Aí vem o desinteresse pelo aprendizado. A maior parte de nossos problemas este ano são dos que vieram da Escola VI – com idade alta e escolaridade baixa."*[17]

Os mestres, por sua vez, falam das dificuldades que encontram no seu trabalho: o fato de o aluno vir obrigado para sua oficina e ter que permanecer ali dentro, a baixa escolaridade do aluno, a falta de material adequado para realizar as tarefas (o material pedido é entregue com atraso de até um ano), o fato de o aluno nunca estar satisfeito com o que tem e o fato do mestre ter que realizar primeiro o serviço para a Fundação e secundariamente se dedicar ao ensino (nem sempre o serviço que se realiza pode ser encaixado em uma atividade de aprendizagem, dizem eles). A oficina de artes gráficas, que funciona somente com dois turnos e na qual os mestres são ex-alunos, parece ser a que possui melhor aproveitamento. Em muitas oficinas, o clima é de grande hostilidade entre o mestre e os alunos. Mau

---

16. Dados retirados de um documento de 1982, ver Quadro 8-2.

Quadro 8-2. Relação de alunos aprovados e que deverão receber o certificado do PIPMO na área de...

OFICINA	Nº DE INSCRITOS	ÍNDICE DE APROVAÇÃO
Torneiro mecânico	36	50%
Serralheiro	42	45%
Marceneiro	20	35%
Eletricista	13	30%
Ajustador mecânico	37	59%
Compositor gráfico	16	56%
Impressor gráfico	16	62%
Mecânica de carro	20	30%
Solda oxiacetileno	24	33%
Solda elétrica	24	25%

17. Estes meninos, justamente, na maioria, já são internos há vários anos.

humor, desinteresse e trabalho lento caracterizam as tensões e os antagonismos. Em outras, e particularmente na gráfica, o clima é ameno e os alunos parecem mais interessados.

> *"É a melhor oficina da escola [a gráfica], na aprendizagem, na limpeza. Os mestres são mais compreensivos porque já foram alunos. Ensinam melhor, não tem cadeado na porta. Nas outras oficinas eu saia revoltado no final do dia. Aqui saio leve." (Fábio, 16 anos, interno há oito anos.)*

Nas oficinas sempre há um ou mais alunos que fazem "aperfeiçoamento", ou seja, depois de terminarem o curso, lá permanecem. Esses alunos se ocupam das tarefas a serem realizadas para a Fundação, deixando ao mestre mais tempo livre para ensinar. Os mestres consideram que só os alunos que fazem aperfeiçoamento têm alguma chance de encontrar trabalho ao sair da escola. Os trabalhos realizados para a Fundação ou para a comunidade não são cobrados. A comunidade paga com o fornecimento de algum material para a escola. Os mestres consideram isso errado, pois, se os alunos recebessem algum dinheiro, isso funcionaria como um estímulo a mais para a aprendizagem.

Segundo o assistente do diretor, o aluno formado no ensino profissionalizante pode trabalhar "como ajudante especializado". Considera que este ensino não os prepara tanto quanto um curso do Senai, "mas é válido para o menino do internato". É curiosa esta observação do assistente do diretor. Ele diz claramente que o aluno não merece a mesma qualidade de ensino que aqueles jovens oriundos também das classes pobres, mas que não são internados e que, não podendo cursar a universidade, optam por um ensino profissionalizante. Em seguida, ao falar da obrigatoriedade de frequência às oficinas, mais uma vez afirma que o objetivo não é ensinar, mas sim aquietar os alunos, discipliná-los, assujeitá-los. Vejamos:

> *"Imposição de frequentar a oficina é só para tirar o aluno da ociosidade e ele ir se acostumando com o trabalho. O cadeado nas portas é para ele ficar dentro da oficina, senão sai. Fica sempre um coadjuvante nas oficinas e outro no corredor das aulas para que qualquer problema que ocorra com o mestre, ele acudir. E também tem coadjuvante no corredor das salas de aulas." (Assistente do diretor.)*

Os meninos, por sua vez, percebem claramente que a oficina existe muito mais para "ocupá-los", ou melhor, situá-los no tempo e espaço para que não façam confusão, não desorganizem a disciplina.

> *"Não tem material – hoje vamos ficar sentados, hoje e sempre. Por isso, muita gente vem na oficina. É só para manter a gente ocupado." (Oficina de serralheria, Noé, 17 anos, sete anos internado.)*

b. Trabalho externo

Oficialmente, pelas normas de funcionamento do internato, os alunos não podem sair do estabelecimento para prestar serviços a terceiros, segundo depoimento do assistente do diretor. Entretanto, isso é permitido quando os alunos são convidados por algum funcionário da escola, pois considera-se positivo que o menino ganhe algum dinheiro com seu trabalho. Aparentemente, isso é uma abertura que o internato oferece ao aluno, permitindo-lhe trabalhar, ter alguma autonomia, ganhar algum dinheiro, sair para a comunidade. Entretanto, o que se verifica é uma relação na qual o aluno é diminuído e desqualificado. Ao sair, ele trabalha com algum funcionário do internato[18] que reproduz a relação lá existente, remunerando-o muito abaixo do preço de mercado do local. Os alunos percebem tudo isso, como veremos a seguir nos depoimentos, mas não há opção – ou se sujeitam às regras que conhecem e ganham algum "trocado" ou não ganham nada. Não há escapatória dentro ou fora do estabelecimento, as relações da "instituição total" se reproduzem, não permitindo ao aluno escapar ao controle.

"Veja, tudo aquilo é mandioca plantado do seu... (cozinheiro). Ele está rico. Lá atrás tem mais. Os alunos aqui é que trabalham. Ele paga 250 cruzeiros por dia. Mas para trabalhador pagam 2 ou 3 mil. Mas se a gente reclama, eles mandam embora e não chamam mais e sempre tem aluno que quer ir. A gente trabalha para funcionário e para qualquer pessoa que chamar. Só pagam no máximo 250 cruzeiros. E, às vezes, a gente trabalha muito, serviço pesado."

Cada um tem um exemplo para dar, e eles demonstram ter consciência da exploração. Também percebem que podem se rebelar. Marcos, um aluno, dá outro exemplo:

"Outro dia, a professora me chamou para limpar sua casa. Deixei tudo brilhando, trabalhei pra caramba. E no final ela só me deu 100 cruzeiros. Ela é muito pão-dura" [ri]. "Você não pode reclamar, eu lhe dei almoço e lanche", disse. Se a gente aceita comida eles dão pouco dinheiro. Então, quando eles vêm oferecer algo para a gente comer, a gente olha assim e diz: não dona, muito obrigado. A gente não aceita para ela poder pagar mais. Se a gente comer, pagam uma mixaria. A gente guarda a fome e come aqui na escola, quando chega."

O que se vê, portanto, em todos os níveis, e inclusive na iniciação ao trabalho, é a sujeição do "menor" a uma relação na qual é explorado e desvalorizado. Ensina-se que, para que ele tenha um mínimo de participação na sociedade, deve se rebaixar, se aviltar e se submeter. Este aprendizado se passa em todos os anos de internato e, de maneira mais clara, na última escola, quando ele se "prepara" para sair da vida de confinamento ao completar 18 anos e ser "de maior".

Podemos pensar que através desta prestação de serviços externos se organiza um outro conjunto de relações sociais que também são determinantes das relações dos internos e de sua acomodação. Essas relações viriam se superpor às da hierarquia e estrutura funcional das relações do corpo burocrático, técnico e administrativo com os alunos. Esse é um assunto, entretanto, para ser mais aprofundado em um próximo estudo.

---

18. Funcionários, conforme tive conhecimento, que utilizam os serviços dos alunos: diretor, professoras, cozinheiro.

7. Disciplina

Quando se pergunta aos alunos sobre a disciplina nesta escola, em geral, eles a consideram "menos rígida" do que a de todas as escolas anteriores. A disciplina em questão compreende a "formatura", a "ordem-unida", a exigência de silêncio no refeitório, o apito e os castigos. Ao falarem das escolas anteriores, é difícil obter algum consenso com relação a elas. Observamos o relato de diversos alunos entrevistados em grupo, que é expressiva em relação ao que os demais pensam:

> "A disciplina aqui é ótima, moleza! Na Escola VI que era ruim. Era tão rígida que em todos os desfiles[19] nós ganhávamos!"
> (Aírton, 16 anos, interno há oito anos, três anos na Escola VII – 7ª série.)
>
> "As disciplinas das escolas por onde eu passei são todas severas, não tem nenhuma que são moleza não. Pelo menos aqui, nós estamos nos acostumando para o Exército. Pelo menos aqui, a gente já conhecemos o que é cobrir, sentido, descansar, última forma."
> (Severino, 17 anos, 6ª série, interno há onze anos, cinco na Escola VII.)
>
> "A mais rígida mesmo que eu passei foi lá na Escola VI. Tinha tempo para tudo. Na última época que eu passei – em 7 anos – o recreio era grande e ele só davam apenas três minutos para formarmos e tínhamos que vir rápido, senão ficávamos meia hora em pé. Já a disciplina daqui é mais manerada. Os inspetores se abrem mais com os alunos. Lá batiam para valer mesmo."
> (Walter, 16 anos, doze anos internado, três na Escola VII – 6ª série.)

Os funcionários, por sua vez, sobretudo aqueles que são ex-alunos ou que trabalham na escola há mais de 20 anos, lembram-se de que "antigamente a disciplina era dura". Agora a consideram "liberal". Portanto, aplicar a disciplina atual não é algo problemático para eles que, justamente, sobreviveram a um regime bastante rígido. Um dos exemplos citados é que, quando trabalhavam na lavoura, caso tirassem uma laranja do pé, eram castigados durante toda a semana. E por falta considerada mais grave eram isolados em uma cela individual por dias. Agora não há mais celas.[20]

Vejamos alguns comentários sobre a disciplina feita pelos funcionários ex-alunos da Fundação:[21]

---

19. Trata-se do desfile de escolas na parada do dia 7 de setembro, dia da Independência do Brasil.
20. "Desde 1972 estou na Escola V, antes fui internado no SAM. Sei que as celas foram feitas em 1974, e por qualquer coisa os meninos são presos lá. Antes de a gente receber a punição, o senhor Geraldo espanca dando joelhadas, socos no estômago e bofetões. Muitas vezes, os meninos desmaiam. Uma vez bateram tanto no garoto com a cabeça na parede que ele foi parar na enfermaria." (C.F., 15 anos.) (Luppi, 1987, p. 54.)
21. Todos comentam o exagero da punição naquela época em que eram alunos. Eu, surpresa com os comentários e pelo fato deles, sendo críticos, mesmo assim, gostarem de trabalhar na escola, pergunto por que trabalham ali como funcionários. Um inspetor me respondeu: "Quem comeu a carne tem que roer os ossos!"

"Hoje isto aqui é um hotel de luxo" riem.
"A disciplina sobretudo é muito diferente. É muito liberal agora. Antes não podia falar um ai. Só o inspetor olhar, a gente já sabia o que queria."
"Antes o aluno era da Fundação, e a gente tinha que plantar para comer. Atualmente, reclamam muito da comida. Em 1967 era péssima."
"Quando barrava na comida por algum motivo, a gente só comia sopa e farinha. Naquela época, tinha gororoba como hoje" riem.
"Naquela época, a gente lavava a própria roupa. Era muito estimulado a limpeza do aluno."
"Antigamente, tinha dois inspetores e o restante era monitor para uma média de 300 alunos."
"No refeitório, tinha um aluno responsável por mesa de oito alunos. Não podia conversar hora nenhuma, só quando debandasse para brincar."
"Tinha alunos monitores e tinha julgamento dos monitores por eles próprios."
"Os inspetores são os ex-alunos que se distinguiam como monitores."
"A disciplina era muito dura. Tinha celas para ficar quando os alunos cometiam faltas. Eu era muito moleque, fui muito castigado. Uma vez fiquei na cela porque escamei da escola para brincar o carnaval."

A importância dos comentários desses funcionários (inspetores e mestres), ex-alunos, reside na revelação de uma forte nostalgia do passado, que é uma ideologia difusa presente entre os membros de toda a escala hierárquica da Fundação. No caso, trata-se de recuperar a disciplina existente na época em que foram alunos. Se, por um lado, os comentários revelam os exageros da disciplina, ao mesmo tempo afirmam que hoje o internato é um "hotel de luxo". Há uma idealização do passado, e essa reflexão é um apelo à coerção. Ela mostra como os funcionários são sensíveis às ações de constrangimento e coerção aplicadas aos alunos. É verdade que eles negam a possibilidade das regras disciplinares serem usadas convenientemente, como o eram no passado. Quando dizem que não há mais celas, e, ao mesmo tempo, se referem ao internato atual como sendo um "hotel de luxo", procuram mostrar que isso abranda e fragiliza as normas que antes vigiam. O fato de o internato constituir-se como uma espécie de "hotel de luxo" promoveria a subversão das regras. É como se o aparato repressivo não conseguisse mais alcançar os alunos.

A ideia de um "hotel de luxo" se liga à ideia de cliente, o que constitui uma transformação importante ocorrida na metade da década de 60, quando cada aluno passou a representar, para a Fundação, um *per capita*. Ou seja, o montante dos recursos que um estabelecimento pode receber está associado ao número de alunos que pode absorver. Dessa forma, surge a ideia do cliente ou do hóspede de um "hotel de luxo". Esses condicionamentos do presente estariam funcionando como um inibidor do braço coercitivo, o que gera uma situação que é interpretada como de não controle absoluto e que faz com que se tenha uma certa nostalgia de um passado, o qual, de acordo com a sua imaginação, apresentaria uma certa harmonia entre normas e o acatamento delas pelos alunos.

No universo dos alunos, quando afirmam que a disciplina nesta escola é mais branda que nas outras, isso não quer dizer que os internos não tenham críticas importantes a fazer. Para o aluno, o presente é tão negativo quanto foi o passado. Mas eles têm a perspectiva de um futuro cada vez mais brando, um futuro melhor. Para os funcionários, o presente é tido como negativo, ao contrário do passado. Portanto, para ambos, o presente é visto como negativo, embora de maneiras distintas, pois os funcionários também veem o presente como uma situação privilegiada para o aluno e, portanto, sob certo aspecto positivo.

Pode-se dizer que existem pelo menos três gerações dentro da Fundação. Temos o diretor na primeira geração, mestres ou inspetores na segunda, e na terceira, os alunos. Para as gerações do diretor e dos funcionários, o passado é positivo, tendo cada qual um discurso mais recuado no tempo. Os internos consideram o presente negativo para eles. Então, pode-se dizer que há três versões sobre as normas disciplinares, com temporalidades próprias.

Se refletíssemos sobre a relação entre as escolas, poderíamos pensar que gradativamente se marcha para um abrandamento da disciplina, através de abandono dos castigos corporais, dos maus-tratos e espancamentos, e que se vai introduzindo os alunos em um universo de trabalho, onde a disciplina fica voltada para as condições de realização do mesmo. A norma fundamental é a que regula a socialização pelo trabalho e não mais a norma escolar, que predominava nos outros internatos. Entretanto, esse abrandamento encobre uma violência simbólica e naturalizada. Há uma idealização de que se parte de uma situação de repressão maior para, gradativamente, diminuir o grau de intensidade dessa repressão, à medida que o indivíduo entra na vida social, onde aquela mesma violência simbólica e naturalizada está presente. Assim, eles entram para a vida social com a concepção de uma sociedade bipartida: há os que coagem e os que são coagidos. Nesse contexto, a grande maioria almeja, ao sair do internato, entrar para as Forças Armadas. Abraçando a carreira, estariam livrando-se da coação presente no internato para enfrentar a coerção existente na sociedade. Nesse sentido, aqueles indivíduos que estiveram mais sujeitos às regras coercitivas das instituições totais são justamente os que irão compor o aparato repressor da sociedade. Eles almejam ocupar uma posição inversa à situação em que se mantinham no internato.

Outra alternativa, que já se delineia dentro do internato, é o caminho da delinquência. Para não ser humilhado e vitimado pelas ações coercitivas, o interno se coloca contra elas. Essa alternativa de rebeldia é criada, de certa forma, pelo próprio internato.

Ocorre que o interno que sai como "delinquente" acredita que poderá contrapor-se, em pé de igualdade, à força de coerção da sociedade, enquanto aquele que não está na delinquência, mas não quer continuar sendo coagido, torna-se um instrumento da coerção. O delinquente acredita que ele está à margem dentro do internato e que continuará nessa situação, ao sair. Ele, que ficava à margem das regras que regiam o mundo do internato, fica também à margem das regras que regem o mundo da vida social. Portanto, passa de uma situação a outra sem muito esforço. O indivíduo que não vai por esse caminho dificilmente terá outro que não o de seguir as Forças Armadas. Então, de fato, as alternativas para se escapar à situação de coagido, na instituição total, são duas. Uma corresponde ao itinerário da marginalidade e outra ao itinerário da ordem.

a. "Quem faz um, faz um cento"

Neste internato, há um tipo de discurso corrente e diário sobre o aluno que causa "problemas disciplinares", como faltar com o respeito a algum funcionário ou professor, faltar a alguma atividade obrigatória, cometer algum ato considerado como violação ao patrimônio da escola (quebrar vidro) ou cometer algum ato de violência contra um colega (briga ou roubo). Se algo de errado ocorre, a direção da escola sempre parte do pressuposto de que o aluno é culpado, até que se comprove o contrário. Se o aluno reclamar de algum "ato errado de um funcionário" (cozinheiro que rouba comida) pode ser punido por vários dias ou mesmo ter seu cabelo raspado, segundo informações dos internos. Raramente se apura algo contra um funcionário, mas ocorrem punições exemplares, como a demissão.

Como dizem os rapazes, "aluno não tem voz ativa" e "o diretor é o dono da verdade". Estas duas assertivas expressam com clareza o tipo de relação existente entre os alunos e o diretor, ou os funcionários em geral, da qual obviamente se exclui a confiança que deveria se estabelecer entre os alunos e os adultos que, supostamente, estão ali para educá-los e orientá-los.

> *"Diretor é injusto. Ele só vê o lado dele. Fomos, um grupo, reclamar do arroz-cola e ele colocou todo mundo de castigo. Outro dia, mandou raspar a cabeça da gente que falou com ele que o cozinheiro estava levando comida para sua casa. Não confio em ninguém aqui. Confiava na senhora."* (Fábio, 16 anos.)

Nesta escola, em que os internos são adolescentes e já sabem falar e contestar, aprendem mais uma vez e diariamente que não têm nada a dizer, ou que o que dizem "não tem importância". Eles aprendem que sempre são culpados e que o que se espera deles é uma submissão irrestrita à autoridade do adulto, seja ele diretor, inspetor, mestre ou professor. Essa é a relação possível dentro da escola que os prepara para levá-los "recuperados" à sociedade. Ser um "recuperado" significa, mais do que nunca, nesta escola, ser dócil, assujeitado, não apresentar iniciativas ou questionamentos. O interno, portanto, aprende que nunca tem razão e que jamais é considerada a sua versão dos fatos. Sempre se espera dele que assuma imediatamente a responsabilidade por algo errado sem discutir. Aqui também a dominação se faz, como em todos os internatos anteriores, pelo silêncio, pela impossibilidade da fala. Como já foi dito, o interno, aqui mais amadurecido, já possui alguns elementos contestatórios e percebe, com maior clareza, a negação da sua vontade.

Eu caminhava com Fábio em direção ao pátio da frente, perto da secretaria, quando avistei o assistente do diretor, o diretor, o professor e o chefe de disciplina. Assim que nos aproximamos deles, o diretor começou a brigar com Fábio, falando em voz alta e em tom de ameaça, acusando-o de desacato à professora por haver "ofendido sua família e sua honra":

> *"Você vai ser expulso. Você vai para a tua casa. Some daqui! Tratamos vocês como pessoas e não como animais, Como muita gente faz aí, e olha o que recebemos em troca? Menino, você fica aqui porque quero! Se eu não quisesse, você ia embora agora. Ponho você numa kombi e faço você sumir! Sabe que se os funcio-*

nários quisessem pegavam vocês aí na estrada! Se você sair na rua estava arriscado a levar um tiro. Se mando você para outra escola fechada, você está arriscando de estragar sua vida. A gente ensina, fala. Mas se você quer uma estrada ruim para você, problema seu."

O diretor não deu tempo a Fábio para que ele falasse. Não lhe foi permitido se defender. Mesmo assim, logo após a bronca, ele dirigiu-se ao diretor disciplinadamente e se defendeu, dizendo que fora um colega o autor do desacato, mas que ele levava a culpa no seu lugar, e complementou:

"Por acaso tenho cara de marginal, de bandido, de ladrão? Devo ter, porque tudo que ocorre eu sou o culpado."[22]

Nesse momento, chegou outro aluno de cabeça baixa admitindo que errara ao chamar a professora de "galinha". O diretor proferiu o mesmo discurso, ameaçou-o muito, e determinou ao seu assistente:

"Coloque-os de pé uma semana, suspenda a saída para casa até segunda ordem e, uma vez apurados os culpados, raspe a cabeça deles!"[23]

No dia seguinte, Fábio veio me contar que o colega confessara o erro e dissera que ele era inocente. A professora, admitiu não ter certeza de que fora ele o culpado e só então Fábio foi liberado.

Ocorre que a maioria dos internos acaba por apresentar um comportamento dócil e infantil, "igual a boi", como se nada os diferenciasse desses animais irracionais. A razão, a possibilidade de refletir, a iniciativa e a crítica são refreadas desde o seu nascimento, como vimos no internato I, e aqui o ciclo se completa, quando ensinam a eles que qualquer desvio deste comportamento torna-os marginais, sendo que, na escola, eles já são percebidos como tais. Mas alguns alunos conseguem, de alguma maneira, expressar a sua revolta, a sua opinião e os seus sentimentos, ao se confrontarem com as autoridades institucionais:[24]

---

22. Fábio escreveu-me uma carta em que desenhou seu retrato a lápis, como se fosse um bandido, e escreveu em cima: "PROCURA-SE", mostrando, assim, uma identificação com os ideais institucionais.
23. Raspar a cabeça é uma punição para comportamentos considerados graves. Marca o aluno, distinguindo-o dos outros, seja dentro do internato, onde todos usam uniformes iguais, seja na comunidade. É o castigo mais repudiado pelos internos.
24. Este texto foi retirado de um caderno que o inspetor Joca, com mais de vinte anos de trabalho e ex-aluno, oferece aos alunos para que eles registrem impressões de sua vida no internato. O caderno reflete uma cumplicidade entre este inspetor e os alunos. É uma forma que ele encontrou não só para escutá-los, mas também para registrar suas opiniões. O inspetor deu-me o caderno, afirmando que eu era a primeira pessoa a quem ele o mostrava e que o seu conteúdo constituía um material precioso para a minha pesquisa.

"Primeiramente, eu reclamo de certas acusações que um certo superior, não cito nomes, tem feito sobre mim. Tá certo que eu fiz orelhadas, mas não esses furos que o diretor tem dito sobre mim e mais alguns amigos meus. Vou logo tocando no assunto; sinceramente, eu estou gostando da escola. Aliás, não estou gostando é da direção que está querendo exercer um novo regulamento, para que nós fiquemos iguais a garotinhos indefesos. Já fugi duas vezes, talvez fugirei de novo, não sei quando, e olha que vou fazer uns danos nessa escola e talvez no diretor também. Já conversei com a nossa assistente social e ela não resolveu nada. Há ainda uma coisinha que eu não disse: o diretor é um mentiroso. Disse ele uma vez, na presença da dona Ana Maria, que não interferiria na nossa aula de música e me prometeu que não me tiraria da banda de música, e não cumpriu com a palavra. É isso aí, aluno é que sempre sai perdendo. É como aquele ditado: a corda sempre arrebenta do lado mais fraco. Estou tentando ser um aluno mais ou menos, mas não deixam; e sabe o que vou fazer? Voltar a ser aquele aluno que só vivia dando problemas na escola, que não parava um segundo sequer para descansar, era igual aos índios dos filmes; só queria ver o mal do próximo. Serei assim, não demorará nada. Tem outra coisa, passarei a andar com uma faca na cintura, caso algum desses merdas de inspetores vier de gracinha comigo, furarei o bucho dum babaca desses. É disso aí o que tinha de falar já falei." (Cláudio, 16 anos.)

Na impossibilidade de escapar às implicações do estigma que, desde o início, os fazem potencialmente marcados, muitos acabam sendo considerados "delinquentes" e enviados às escolas fechadas pertencentes à Funabem – Escola Padre Severino e Escola João Luis Alves. Quando a direção impõe esse caminho, já se sabe qual vai ser o resultado das suas trajetórias de vida. Os internos atingidos tentarão escapar ao estigma, ou então incorporarão o mesmo, passando a debater-se no campo de confrontação que mais interessa a quem instituiu o estigma, como no caso de Cláudio, citado acima. Ele se vê como delinquente, além de estar sendo chamado de delinquente. Não tendo como limpar seu nome, parte para o confronto, como quando escreve que vai "furar" o diretor.

É uma declaração de guerra. Esse caminho é diferente do de outros, que não chegam a explicitar essa revolta. Cláudio não pode fugir ao estigma, inclusive porque uma concepção,[25] supostamente científica, que está informando o estigma. É muito desigual a luta que se trava. E como diz Cláudio: "a corda sempre arrebenta do lado mais fraco".

b. *"Do regime disciplinar"*

Antes de tecer considerações sobre os casos considerados mais graves, cuja punição máxima é a transferência para a escola de regime fechado, vejamos, com mais detalhes, de que maneira se monta o regime disciplinar. A escola possui um "regulamento",

---

25. Teoria lombrosiana que será vista mais adiante.

impresso em 1960, constituído de vários capítulos, sendo o capítulo V intitulado "DO REGIME DISCIPLINAR". Em termos gerais, este regulamento define as normas a serem seguidas na escola, e se inicia com o artigo 88, que diz:

> *"O regime disciplinar vigente nas escolas profissionais da (nome da escola) tem por fim obter o máximo de condições favoráveis ao desenvolvimento e enriquecimento da personalidade humana e ao bom aproveitamento dos alunos nos seus trabalhos, estudos e distrações. Será, por conseguinte, mais preventivo do que repressivo, procurando antes persuadir do que punir, mas mantendo, firme e intangível, o respeito à autoridade do educador."*

Prosseguindo, o artigo 89 diz:

> *"As minúcias do regime disciplinar serão fixadas para cada caso pelo Diretor, devendo obedecer às seguintes diretrizes:..."*

Não tive acesso, entretanto, a nenhum documento oficial específico desta escola. As diretrizes baseiam-se neste regulamento que me foi dado e que se denomina REGULAMENTO DAS ESCOLAS PROFISSIONAIS. É um documento que leva em consideração a existência de várias escolas profissionais existentes até o início dos anos de 1980. Com as mudanças ocorridas no decorrer desta década, quando se deu o término de várias escolas profissionalizantes e o início de convênios com órgãos estaduais e federais, que pagam *per capita* pelos alunos que a Fundação recebe, o internato sofreu modificações que tornaram sem efeito muitos artigos desse regulamento. O que se percebe, no entanto, é que o regime disciplinar se manteve, apesar de algumas mudanças objetivas, como a não utilização de celas individuais para punição e isolamento do aluno.

A disciplina diária é vista como um conjunto de normas autojustificáveis, isto é, que não necessitam ser explicadas. Baseiam-se em tradição oral e aprendizado pessoal, que dispensa qualquer forma escrita mais formalizada, porque ninguém tem dúvida do que seja disciplina. Isso explica por que o termo é repetido frequentemente, cobrindo situações as mais diversas e referindo-se a casos os mais distintos. A cada infração cometida, constitui-se o significado da disciplina. Ela é acionada para manter a casa em ordem, para debelar os conflitos, para restaurar o princípio da autoridade.

A burocracia e a quantidade de documentos que se referem aos alunos são primorosas nesta escola e a distinguem das outras. Existem os prontuários, onde são guardados os documentos principais do aluno, os quais seguem com ele de escola para escola. São documentos referentes a seu nascimento, família e escolaridade. Carta ou retrato recebidos de algum parente também são arquivados. Constam ainda, no "prontuário", as "ocorrências" mais importantes vividas pelo aluno na escola, sob forma de relatório, e os dados registrados anteriormente na "ficha de disciplina". E também os documentos que se originam da Funabem e do Juizado de Menores. Desenvolve-se, assim, um saber escrito sobre o menor interno, utilizado quando o diretor julga necessário e sempre contra o aluno. Este saber escrito sobre o aluno, o registro, é feito por todos os funcionários e enviado ao chefe de disciplina. Cabe a este selecionar, entre os diversos registros, aqueles mais significativos, para encaminhá-los ao assistente do diretor ou, então, tomar as medidas punitivas cabíveis. Os funcionários encaminham este registro em qualquer pedaço de papel disponível, com o nome de "ocorrência". O prefeito registra, em seu "diário de prefeito", as principais ocorrências dos alunos que recebeu, como também encaminha um rápido relato das "ocorrências" do dia. As "ocorrências" consideradas mais sérias são encaminhadas aos assistentes do diretor. Este, por sua vez, além de tomar as medidas exigidas pelo caso, registra esta "ocorrência" na ficha disciplinar individual dos alunos. Essa ficha é de seu uso exclusivo e só pode ser consultada com seu consentimento. O objetivo dessa ficha é fornecer um resumo rápido do comportamento desviante do aluno. Se a falta é grave, além desse registro, ele faz uma "ocorrência" oficial, que é um relato completo, escrito a máquina, em papel ofício, com o carimbo da escola e a assinatura do responsável. Normalmente, ela possui a assinatura do assistente do diretor, responsável pela disciplina em geral, caso o assistente do diretor considere necessário recorrer ao diretor para decidir sobre uma situação grave criada por um aluno.

Existem ainda a "ficha escolar", que indica o aproveitamento escolar do interno; a "ficha médica" e a "ficha dentária", que indicam as condições de saúde do interno. Há também o "parecer social", onde a assistente social descreve a situação familiar e os principais dados históricos da vida do aluno. O "parecer psicológico" é feito pelo psicólogo, que, através de entrevistas e testes psicológicos, traça um perfil psicológico do interno, como também indica um tratamento a partir do diagnóstico. Esses registros, portanto, são feitos por especialistas das diferentes áreas que atuam no internato.

A burocracia produz, assim, vários tipos de documentos, sendo que o principal deles é o prontuário, pasta que fica arquivada por ordem alfabética em arquivo apropriado para esse fim. Quando do desligamento de um aluno, seu prontuário vai para o arquivo morto.

A "ocorrência" é o registro mais simples, que pode ser feito por qualquer funcionário, em qualquer pedaço de papel, onde se indicam comportamentos do aluno considerados como "faltas". Se a falta é muito grave, pode ser feita uma "ocorrência" oficial da direção do internato, para encaminhá-la a outras autoridades e arquivá-la no prontuário. Se a "ocorrência" é menos grave, mas significativa, é registrada na "ficha disciplinar", pelo assistente do diretor. É através destas "ocorrências" que os alunos são punidos diariamente: ficam reclusos em uma sala, perdem a saída, ficam reclusos o fim de semana ou têm o cabelo "raspado careca".

Na chamada "ficha disciplinar", as faltas registradas nas diversas "ocorrências" são anotadas pelo assistente do diretor, com as respectivas datas e as punições aplicadas. Essa ficha caracteriza-se principalmente por ser um registro rápido e cronológico das faltas cometidas. Assim, pode-se ter um perfil do comportamento do aluno durante sua passagem pelo internato, um perfil de faltas cumulativas. Essas fichas sempre foram de uso corrente nas instituições de "menores", sendo transferidas de um internato para outro juntamente com o interno. Segundo o diretor, seu uso foi dispensado pela Funabem. Ele, entretanto, preferiu não dispensá-lo para o trabalho neste internato.

No estudo de 12 fichas disciplinares, cedidas pelo assistente do diretor por serem aquelas que ele considerava as mais completas e ricas em material, cataloguei 12 tipos diferentes de "faltas" cometidas pelos internos:

1. Não comparecimento ao ensino profissionalizante.
   Não comparecimento às aulas.
   Não comparecimento ao trabalho de serviços gerais.

2. Destruição do patrimônio da escola ("danificou a pintura do portão", "quebrou vidros").
   Agressão aos animais da escola ("abandonou o recreio e espancou os animais na pocilga").
   Roubo de animais da escola ("roubou coelhos").
   Destruição de material do colega ("rasgou com maldade o caderno do colega").

3. "Indisciplina geral na oficina."
   "Baderna na sala de aula, colando na prova."
   "Indisciplina na sala de aula."

4. "Não obedece às determinações disciplinares da casa, reincidente, agressivo e rebelde."
   "Muito agressivo, encaminhado à delegacia."
   "Ocorrência geral sobre suas atitudes, desrespeito às ordens."

5. "Agressão, briga com o colega."
   "Agrediu com pedradas o funcionário que o repreendeu."

6. "Após ter recebido ordens de saída para retornar com os responsáveis, acendeu um cigarro em frente à escola num total afronto ao regime disciplinar."

7. "Não pagou o castigo referente à falta acima."

8. "Escamou", "evadiu-se", "evasão sem motivo aparente."
   "Abandonou a escola para ir ao baile."

9. "Uso de cola de sapateiro."

10. "Arrombou o almoxarifado, tinha faca e uma arma chinesa."
    "Furto na casa do Sr. X."

11. "Fez imoralidades com o colega forçado."
    "Curra."

12. "Desrespeito à professora, ofendeu-a com palavras imorais, obscenas, de baixo calão."

Antes, esse tipo de ficha seguia com o aluno de escola em escola. Atualmente, esses dados são enviados à Secretaria Central – DAM –, à Funabem e ao Juizado de Menores, quando esses devem interferir no caso do aluno, o que se faz necessário, para encaminhá-lo a uma escola de regime fechado. Os alunos, entretanto, não concordam com a evasão dessas informações, pois consideram que "o que acontece aqui, deve ser resolvido aqui", e que outras pessoas não devem saber do que "fazem de errado" na escola. Eles têm consciência de como esta medida os aprisiona e os estigmatiza.

A "ocorrência", feita em papel ofício timbrado, contendo as referências básicas do aluno – registro geral, série escolar e data de nascimento – é notificada pelo assistente do diretor e anexada ao prontuário, sempre que este considerar importante e relevante encaminhar ao diretor. A gravidade do acontecimento que justifica tal medida pode ser dada pela qualidade do ato ou pela sua repetição. Como exemplo de um comportamento de aluno que não é considerado grave, mas que, cumulativamente, torna-se um problema disciplinar importante, tem-se a falta às aulas ou a quaisquer outras atividades das quais deve participar. Vejamos um exemplo:

> *"O aluno acima mencionado [Elson, 18 anos, 7ª série, há onze anos internado na Fundação] tem uma conduta por demais irregular na escola, com relação à frequência de aulas e oficinas.*
>
> *... Acontece que o aluno passou a faltar muito e, com isso, causava problemas disciplinares. Foi conduzido à nossa presença várias vezes e tentamos convencê-lo, através de conselhos, que esta seria a melhor oficina para ele pelos motivos expostos acima. Vendo que a melhor solução era trocá-lo de oficina, fiz sua transferência da Oficina de Tornearia para a de Eletricista Instalador, na tentativa de sanar o problema, porém o aluno continuou faltando constantemente e, com isso, a situação disciplinar em referência ao aluno continuou a mesma. Novamente chamado, advertido e aconselhado, sem nenhum efeito positivo.*
>
> *Quanto ao tocante às aulas, sua frequência é igual à das oficinas (falta constantemente e não tem o menor interesse em aprender). As professoras tentam fazê-lo entender que deve frequentar e aproveitar as aulas, sem nenhum sucesso. Seu desinteresse é de tal ordem que chega a dizer que não tem mais nada a estudar e, quanto aos testes, às vezes, não os faz e entrega a folha em branco alegando que qualquer nota serve.*
>
> *Como já esgotei todos os recursos na tentativa de fazê-lo entender que deve continuar frequentando todas as atividades da escola e não ficar só nos serviços gerais como faz, faço presente ocorrência para Vª Sª tomar conhecimento do caso."*

Como vemos, o assistente cumpre seu papel que é o de aconselhar, o de orientar o jovem para o aprendizado de um ofício e a continuidade de seus estudos, tornando-o mais preparado para enfrentar o mundo quando da sua saída do internato. Mas os alunos não parecem sensíveis aos seus conselhos. Eles se mostram renitentes e desinteressados. Através das ponderações feitas pelo assistente, podemos perceber a sua boa vontade em solucionar o problema disciplinar que o aluno cria. O que não notamos da sua parte é uma preocupação em tentar compreender quais as razões que contribuem para que o aluno se desinteresse de tal maneira pelo aprendizado escolar e profissional. E se esses motivos lhe escapam, não há, também, uma preocupação em encaminhar o aluno para uma psicóloga. Como também não há qualquer questionamento em relação ao que se passa com o aluno em sala de aula ou na oficina.

Tudo é visto como um problema meramente disciplinar. A escola tem que funcionar e os alunos devem participar de suas atividades de maneira articulada, para que todos estejam ocupados em locais pré-estabelecidos a cada hora do dia. Não participar desta organização constitui um desvio disciplinar que compromete o funcionamento da escola como um todo. A punição não é inteiramente almejada. O melhor é não ter que punir, já que se não há alunos para punir isso significa que todos estão agindo de acordo com o que a disciplina determina, além de causar menos trabalho para os funcionários.

Dentre as "ocorrências" consideradas mais graves, podem ser citadas: o desaparecimento de algum objeto da escola, o "furto de um coelho", o "ato de vandalismo contra a escola" – a quebra de vidros nas janelas –, o "desrespeito ao instrutor e ao regulamento da escola", a saída da escola sem permissão, para ir ao baile na cidade, as "agressões verbais e físicas" ao professor de educação física, o furto de hóstia na igreja, o furto de biscoito no armazém da cidade, o arrombamento do almoxarifado para pegar doce, a violência sexual contra um colega.

O relatório é sempre acusatório e descreve o ocorrido de maneira preconceituosa, tratando os alunos como um "caso de polícia". Vejamos alguns exemplos:[26]

> *"Apurando-se, ainda, o desaparecimento de cinco coelhos, no último sábado, não conseguimos chegar a uma conclusão definitiva; porém, partindo do princípio de que, quem faz um faz um cento, não temos dúvidas em afirmar que estes alunos são também responsáveis, ou pelo menos os principais suspeitos de tal ato."*

> *"O aluno acima inscrito voltou a causar transtornos fora da escola com a sua já conhecida capacidade de furtos em lojas, bares e armazéns... Na esperança de fazê-lo se regenerar, após 30 dias de suspensão geral, permitimos sua saída para passear na localidade de... Lamentavelmente, ali chegando, furtou 1 quilo de açúcar,... um pacote de biscoito, 1 cadeado. Conversar com o aluno não surte nenhum efeito. Afastá-lo das recreações, televisão e saídas, tampouco. Desta maneira, ficamos sem saber o que fazer com o aluno, uma vez que, por duas vezes, a sua responsável foi chamada a esta escola para tomar conhecimento de suas atitudes antissociais, que vêm crescendo de tal forma que passamos a temer que para ele a recuperação esteja perdida."*

O ponto máximo da prática de registro e expressão de uma ação policial legal, dentro da própria escola, se deu quando, após o roubo de uma carteira de um carro da comunidade vizinha, cuja "acareação" pude presenciar, o diretor instituiu o depoimento do aluno culpado, nos moldes vigentes em uma delegacia de polícia. Disse para seu assistente:

> *"Daqui para frente, quero que você faça sempre o depoimento dos meninos que cometem faltas graves. Quero depoimento pessoal que o menino assine embaixo. Assim, a gente tem uma prova assinada para o resto da vida. Como se faz na delega-*

---

26. Exemplos retirados das "Ocorrências" existentes nos prontuários de dois internos.

cia de polícia! Se o menino não confirmar, ele não assina. É um direito que lhe assiste! Isto é para gente se precaver de um menino que queira processar a gente por termos levantado uma calúnia sobre ele. Eles, às vezes, falam algo e depois desdizem."

Portanto, esta produção burocrática tem a pretensão de, por um lado, constituir-se em um instrumento de autodefesa da escola contra futuras acusações e, por outro, de expressar o controle que se tem sobre as infrações cometidas pelo interno. Por continuidade, ela acompanha toda a vida do indivíduo no internato, o que constitui um grau de controle extremo sobre o indivíduo. É ainda um documento que acarreta procedimentos administrativos de natureza policial. O diretor reforça que a socialização se faz pela repressão.

Consta, no prontuário dos dois culpados pelo furto na kombi, um relatório do assistente para o diretor, no qual se encontram registrados e assinados os seus respectivos depoimentos, que narram a maneira como se deu o furto e o que fizeram com o dinheiro.

Mais tarde, quando o diretor encontrou o homem que havia sido lesado, disse-lhe que conseguira reaver parte dos 60 mil cruzeiros que estavam no seu carro. Perguntou-lhe se preferia dar queixa à polícia ou pegar o que havia sido recuperado e esquecer o fato. Ele explicou que, de qualquer maneira, os alunos seriam punidos. O diretor fazia questão de evidenciar como a secretaria funcionava "tal qual uma delegacia", para mostrar aos internos como é a realidade fora do internado. Determinou que fosse feita uma ocorrência "como a policial" para ser enviada ao diretor do DAM.

O homem decidiu então esquecer o fato e pagar a gratificação de 10 mil cruzeiros, prometida aos meninos que ajudassem a achar a quantia roubada.

Os meninos premiados estavam muito acanhados, sem saber se deviam ou não ficar contentes com os prêmios.

O diretor e seu assistente, frente aos alunos e funcionários, têm sempre esta postura de acusação e recriminação que os transforma praticamente em "donos da verdade", dos quais ninguém ousa discordar. O inspetor que vê o aluno, não como marginal, mas como adolescente pobre e capaz de cometer faltas, devido a suas dificuldades e impossibilidades, é mais solidário com os alunos.

"Eles não têm nenhum dinheiro e, quando veem dando sopa, pegam um pouco para se divertir e comprar coisas que querem." (Inspetor)

Aqueles que consideram os meninos como infratores, de acordo com a visão da diretoria, ajudam na "captura" ou na "investigação" dos culpados. Segundo os inspetores mais solidários aos alunos, essa atitude visa "mostrar serviço", porque esses inspetores são novos na função e "querem ficar bem com os homens". Como essas informações sempre circulam entre os internos, dizem eles, existem sempre alguns deles, sobretudo se "imprensados" pelo inspetor, capazes de "caguetar" o colega. Mas aqueles que "caguetam" podem, ao mesmo tempo, sofrer alguma reação por parte dos colegas solidários aos acusados, e, portanto, têm de se proteger contra eventuais represálias. O funcionário solidário ao aluno acusado age a seu favor sempre que pode (não tomando nenhuma atitude para descobrir os culpados), sem jamais, entretanto, questionar diretamente a atitude de algum colega seu, sobretudo quando se trata de um funcionário de cargo superior. São poucos aqueles que conseguem expressar sua opinião favorável aos alunos. Creio até que existam muitos outros que, temerosos como sempre em expressar sua opinião, preferem calar. Cada um age por si, a partir de um código de ética existente que regula as suas ações, embora este código nunca se explicite claramente. Cada inspetor novo que entra aos poucos o desvenda e conforma-se a ele; caso contrário, fracassaria no desempenho de sua função.

Uma infração como esta – furto de dinheiro pode resultar em um "parecer" da escola que encaminhe o aluno para uma escola fechada, que atende aqueles considerados "delinquentes". O diretor, entretanto, não fez este pedido. Durante a entrevista que fiz com ele, separadamente, citou esta ocorrência e sua colocação foi bem distinta de toda a encenação montada para os funcionários e alunos (conforme narrei acima). Conversando comigo, seu ponto de vista sobre a atitude do aluno foi muito diferente. Considerou aquele furto como uma "atitude de menino" que quer um pouco de dinheiro para comprar pequenas coisas de seu interesse, como um doce ou um rádio, ou para passear, e, além disso, também considerou um gesto generoso, por parte do rapaz, ter doado parte do dinheiro roubado a alguns colegas. No fundo, ele acha que pegou um ingênuo, e como considerava os dois alunos "bons meninos", não pediria sua saída para uma escola fechada. Além disso, disse que não acreditava que este tipo de escola recuperasse alguém, afirmando que só manda algum menino para lá quando considera indispensavelmente necessário "afastá-lo para que não estrague outros alunos da escola". Acredita que sua escola não possui funcionários nem professores preparados para atender "meninos-problema" e, então, a "atitude mais fácil é a de mandar embora". Apesar da compreensão que tem do comportamento "normal" do aluno, frente a ele e na posição de diretor, coloca em cena o rigor disciplinar. Como aluno da própria Fundação, tendo sido bem-sucedido na sua época e galgando muitos degraus da hierarquia até chegar a ser diretor, aprendeu "na pele" como se deve proceder com o aluno para discipliná-lo.[27]

c. *"Ocorrências graves"* – *desligamento ou escola de regime fechado*

As "ocorrências" consideradas "graves", que trazem considerações sobre a possibilidade de encaminhamento de um aluno para uma escola de regime fechado, são, sobretudo, aquelas referentes a furtos, com reincidência, e à "curra" ou violência sexual praticada contra outro interno. Se o aluno possui uma boa ficha disciplinar e for "primário" na falta cometida, ele é advertido, castigado e orientado, e seu responsável é chamado à escola para tomar conhecimento do ocorrido. Caso o interno possua uma ficha disciplinar rica em incidentes como, por exemplo, falta às aulas e ao ensino profissionalizante,

---

27. Ele percorreu a trajetória ideal de um ex-aluno, pois, segundo um ex-aluno funcionário, "o ideal de todo ex-aluno é chegar a diretor".

como "desacato à autoridade" ou briga com colegas, então, as faltas mais graves passam a ter uma relevância maior, e é considerada a possibilidade de punição máxima (sair da escola, mesmo que ele seja "primário").

Através do estudo do "prontuário" e da "ficha de disciplina" dos alunos, podemos identificar estas medidas. Todos os documentos de "ocorrência", os quais desencadeiam uma série de procedimentos (pareceres da assistente social e da psicóloga, cartas de encaminhamento para o Juiz de Menores da comarca e para a Funabem etc.), apresentam uma linguagem que descreve o comportamento do aluno estritamente sob o ponto de vista disciplinar. Nunca há qualquer ponderação sobre sua história familiar e institucional, assim como não há referência a um diagnóstico psicológico, que, em alguns casos, pode ter sido feito há oito ou dez anos, no qual se detectam algumas das dificuldades emocionais da criança e sugestões de orientação para ajudá-la a superar seus problemas (sugestões estas raramente seguidas pelas escolas seguintes). Portanto, a crise se agrava dentro dos estabelecimentos que acolhem a criança, e nada disso é considerado. O interno é visto como um indivíduo que, se for "bom", será capaz de aproveitar tudo aquilo que o internato lhe oferece. Se é "mau", "perverso", "insensível aos bons conselhos dos adultos", há toda chance de tornar-se "irrecuperável" ou de apresentar "conduta antissocial", sendo, então, encaminhado para a escola de regime fechado, considerada mais adequada para as suas características. Estes alunos são ouvidos pelo Juiz de Menores da comarca, onde é feito um "auto de perguntas" pelo escrivão, contendo a sua assinatura e a dos primeiros. Este documento, juntamente com os do internato (ficha disciplinar, "ocorrência", parecer psicológico e social), é examinado pelo Juiz, e após isto é feita uma "assentada" pelo escrivão, em dia e hora anteriormente marcados, à qual comparecem, além dos "menores" em causa, o juiz, o escrivão, o promotor de Justiça e o curador.

Nessa "assentada" é feita uma síntese do ocorrido e dos pareceres das autoridades e dos técnicos, com a conclusão e determinação do Juiz para encaminhamento dos internos para a escola de regime fechado da Funabem. O Juiz encaminha, então, através de um ofício, o "auto de investigação por prática de atos antissociais", bem como as cópias dos depoimentos dos menores, e a "assentada", com a respectiva sentença, ao presidente da Funabem para que se encarregue do "menor". Portanto, vemos que, nestes casos, os alunos vivenciam a realidade funcional da Justiça e da legislação penal da sociedade. Este procedimento formal é feito nos casos considerados mais graves, conforme mencionei acima.

Entretanto, o aluno pode ser encaminhado à Funabem, para que esta determine se ele deve ou não ser encaminhado para uma escola de regime fechado, nos casos em que a escola pede sua "transferência a bem da disciplina", pois considera que o aluno está "tumultuando muito o ambiente da escola". Em 1980, quando trabalhei como psicóloga, havia uma solicitação de transferência de 60 alunos, sobretudo a pedido da escola estadual, que considerava impossível atender àqueles meninos, tendo o apoio da direção. Tentei conseguir estes documentos junto à escola, mas não foi possível. Como eram muitos alunos, a Funabem achou por bem fazer uma intervenção na escola e atuar junto a ela por alguns meses, para tentar reduzir o número de transferências que, por fim, somou 10 alunos. A atuação da

Funabem se deu através de um educador (senhor de carreira dentro da Funabem e com experiência de direção de escola), de um ajudante (senhor muito forte, com aparência de "leão-de-chácara" e conhecido pelos meninos pela sua força e violência), e da assessoria de uma psicóloga. Nessa época, fui afastada de minhas funções nesta escola, intensificando-as nas outras. Fui convocada pela direção da Fundação a atuar novamente, após a intervenção. Era o início do ano, e o ambiente estava consideravelmente mais calmo.

Através do estudo dos "prontuários", temos exemplos de outros internos que, por possuírem uma ficha disciplinar semelhante àqueles que passaram pelo Juiz, foram diretamente encaminhados à Funabem, com pedido de "providências que os seus casos requeriam" por criarem "uma situação de intranquilidade na escola".

Observa-se que, quando a direção da escola considera que o encaminhamento deve ser feito para o regime de escola fechada, o aluno passa pelo Juiz de Menores. Mas se a escola considera que o aluno pode ter uma chance em outro estabelecimento, encaminha-o diretamente para a Funabem. Há casos em que o Juiz considera oportuno dar "mais uma chance" ao interno e decide pela sua volta à escola. Em geral, são casos não muito graves, nos quais o aluno reconhece sua falta e promete melhorar seu comportamento.

Refletindo sobre as questões aqui descritas, cheguei a algumas conclusões, a partir da análise de documentos, da observação direta e das falas dos adultos e dos internos. Essas falas e o tipo de documento analisado são importantes para revelar os traços da ideologia que fundamenta as representações sobre os meninos internos.

Analisando os termos utilizados nos documentos oficiais dos estabelecimentos estudados, notadamente os denominados "prontuários" (vocabulário ligado ao discurso médico) e as "fichas" (discurso policial repressivo) que registram as infrações dos internos que se contrapõem ao regulamento ou ao "regime disciplinar", temos, em um primeiro momento:

- a "falta" encerra uma diversidade de situações e uma multiplicidade de elementos que configuram a representação de um direito (conjunto de práticas que são acatadas entre os internos como legítimas) por parte dos internos;
- há um primeiro nível, em que se observa que estas práticas colidem com as normas previstas (segundo diferentes contextos ou situações); desta colisão, resulta uma "área de tensão permanente" em que se confrontam dois códigos abrangendo situações que vão desde a "obediência cega" ao regulamento até o chamado motim (situação de desrespeito máximo, ao mesmo tempo consensual e coletivo, às normas); as relações aqui em foco envolvem os internos em contraposição às normas institucionais;
- em outro nível, percebe-se que existe uma outra área de tensão, pela maneira heterogênea segundo a qual os internos, entre si, percebem as regras; nestes casos, os conflitos se instauram no seio dos próprios internos, dividindo-os segundo diferentes princípios (mais jovens, mais velhos, primários e reincidentes etc.).

As fichas registram ambas as situações (e seus respectivos contextos) e são elaboradas nos moldes de uma ficha policial, sendo entremeadas de termos como: "acareação", "ocorrência", "principais suspeitos" etc., que sugerem, em si mesmos, uma ação policial legal. Neste sentido, há uma constante tentativa de justapor o regulamento interno à legislação "penal".

Nesse segundo campo de significação, tem-se que as normas das escolas se coadunam com as da vida social como um todo. Os alunos que cometem "faltas" acabam sendo vistos como delinquentes. As faltas são transformadas em delitos ou crimes passíveis de punição policial.

Neste contexto, os internos são encaminhados à delegacia de polícia e enquadrados na forma da lei. Tem-se uma perfeita consonância entre as normas desses estabelecimentos e as leis que regem a sociedade. Passa-se diretamente de uma situação a outra sem que se provoquem maiores estranhamentos. Os internos acabam sofrendo uma dupla punição: na escola, são suspensos de participar das atividades, e na vida social, são fichados criminalmente. Esta dupla punição começa a definir a relação dos "menores" com o mundo externo. Nesse sentido, as "faltas" seriam vistas como "crimes" e, ao mesmo tempo, como o cartão de visita ou passaporte para o ingresso na vida social. É pela repressão que se dá este ingresso e é através de conflitos similares que os internos começarão a definir sua relação com a sociedade, na suposição de que só através das infrações possam ser compreendidos, ainda que isso gere punição.

8. Futuro – encaminhamento para saída

"O menor abandonado.

O que se vê por aí são instituições despreparadas, com pessoal desorganizado, em ambiente de promiscuidade e ócio, onde crianças carentes são recolhidas, empilhadas, sem presente e sem futuro. Seu lazer é a fuga, às vezes tentada, às vezes conseguida e, quase sempre, sem volta. Porque os núcleos de criminosos absorvem os menores e os mandam à marginalidade, daí seguem a carreira que o abandono lhes deixou como opção. Por que o governo não interfere para que o que chamam 'futuro do Brasil' tenha pelo menos um presente? Isto é, o governo coloque na presidência da Funabem ou órgãos parecidos pessoas altamente capacitadas para administrar entidades como a citada acima! Para que jovens não se percam no futuro sem antes tentar no presente."

Walter, 18 anos, dos quais quinze internado[28]

a. Futuro

A vida fora do internato passa a ser uma realidade para o aluno quando ele completa a maioridade, ou antes, quando termina o 2º grau, tendo concluído ou não a sua formação profissional.

---

28. Este material me foi dado pessoalmente por Walter em 2 de julho de 1985. Ele fora desligado do Internato VII em março, com 18 anos. Walter ficou interno durante quinze anos. Sem laços familiares, foi morar na casa de funcionários do Internato VI. Após a visita, ainda me escreveu um cartão de Natal. Depois não fez mais contato.

A saída definitiva da escola constitui uma preocupação para a grande maioria dos alunos. A questão de "para onde ir e o que fazer" coloca-se para todos, não apenas para os órfãos. Quase todos os alunos estão muito distanciados de suas famílias e, portanto, a volta é considerada problemática. Muitos não querem viver com seus responsáveis por motivos de conflito ou simplesmente pela falta de convívio familiar – passar um fim de semana em casa não é o mesmo que conviver com a família. Na realidade, eles almejam uma independência com relação a ela. Não pretendem voltar para casa antes de ter um trabalho, um ganho mensal que lhes dê autonomia. Em todo caso, nem sempre o responsável pode recebê-los de volta, como acontece com as mães que moram no local em que trabalham.

Vejamos, então, o que os alunos almejam e o que pensam sobre seu futuro, para em seguida ver como os funcionários representam esta postura.

Os dados recolhidos durante a pesquisa, através de entrevistas feitas com 96 alunos, indicam que, quando indagados a respeito do que pretendiam seguir em termos de carreira ou profissão, ao sair do colégio, além de responderem "eletricista" (4), "músico" (6), "bombeiro hidráulico" (2) e "gerente de loja de artigos esportivos" (1), dois terços dos alunos evidenciaram sua vontade de seguir uma carreira militar. Portanto, dos 96 alunos, 64 almejavam ingressar nas Forças Armadas com as seguintes preferências: Exército, 15 alunos; Marinha, 22 alunos e Aeronáutica, 17 alunos.

Vejamos alguns dos motivos que levam os alunos[29] a escolherem as Forças Armadas:

> "Quero ser piloto da Aeronáutica. A escola interna ajuda, porque já estamos preparados para enfrentar, devido à disciplina, trabalho, horário certo." (Hélio, 16 anos, 7ª série.)

> "Quero ir para as Forças Armadas. Quero sair da gaiola para ir para o viveiro. Tem mais espaço." (Josimar, 15 anos, 6ª série.)

> "Quando eu sair daqui eu pretendo ser um bom soldado no Exército. Pretendo seguir carreira para poder ajudar minha família e eu acho que lá eu ficarei até morrer." (Aleixo, 17 anos, dez anos internado, 7ª série.)

> "Bom, eu tenho várias opções... Mas acho que vai ser a carreira militar mesmo. Porque vai me segurar neste tempo que eu não tenho ninguém, não tenho família, não tenho onde ficar. Então acho que na carreira militar eu posso me firmar para depois seguir os outros cursos (piano, guia turístico, professor de Educação Física)." (Soares, 16 anos, treze anos internado, órfão, 2ª série do 2º grau, passou por cinco escolas.)

> "Eu quero ir para o Exército porque já acostumei a vida preso." (Renato, 16 anos, 7ª série.)

> "Vou sair daqui e vou direto para outra escola que é o quartel." (Miguel, 16 anos, 5ª série.)

---

29. A seleção compõe-se de alunos entrevistados nas oficinas (não gravei, fiz anotações) e 15 outros em entrevista feita em oito grupos e gravada. Para evitar repetições, todo primeiro depoimento de cada aluno será seguido de identificação – idade, série escolar etc., e nos seguintes será colocado seu primeiro nome ou um nome fictício.

De acordo com o depoimento dos alunos, as Forças Armadas constituem, sobretudo, uma opção que traz "segurança" e que "oferece" um futuro. Eles não têm clareza da opção que fazem, mas sabem que a vida militar se assemelha a vida de colégio interno, à qual estão acostumados. Além de pertencerem à ordem do conhecido, elas representam o ideal de segurança que lhes foi inculcado ano após ano. Vejamos uma parte do "Relatório Mensal de 1983", em que o antigo diretor do Internato IV, e atual diretor do Internato V, descreve um "evento cívico" realizado nestes dois internatos:

> "Nas palestras que faço constantemente para os alunos, friso a todos que o estudo da música, embora seja considerado um semiprofissionalizante, é o mais importante passaporte para os nossos internos ingressarem nas Forças Armadas. Costumo acentuar para os meninos que não tem família e, consequentemente, são internos desde a mais tenra idade que a inclusão deles em qualquer uma das Forças Armadas é uma garantia para um futuro tranquilo e promissor. Além de casa e comida, terão estudo e tempo para se dedicarem aos seus progressos musicais, podendo mais tarde tornarem-se membros até da Sinfônica Nacional, o que já aconteceu várias vezes."

Alguns, entretanto, conseguem negar esta opção de continuidade:

> "Não quero as Forças Armadas porque já servi quatorze anos." (Ricardo, 17 anos.)
> "Eu pretendo mesmo ser soldador. Não quero seguir o Exército."
> (Luizinho, 16 anos, tem família, 8ª série, interno há doze anos, três na Escola VII.)

A busca da carreira militar e a vontade de segui-la podem ser compreendidas como uma busca de continuidade, aparentemente natural, à vida no internato. Por muitos anos, os alunos se submetem a uma disciplina rígida que, segundo as explicações fornecidas frequentemente pelos diretores, será fundamental para que eles possam ingressar nas Forças Armadas, quando adultos. Esse ideal existe nos meandros da ação institucional e é oferecido aos alunos a partir dos seis anos. Vemos em fotos de crianças dessa idade que elas, espontaneamente – "espontaneidade" construída no cotidiano da disciplina – fazem continência expressando possivelmente uma identidade prematura com este ideal. Os inspetores, em consonância com as direções das escolas, passam esta mensagem para os internos diariamente, como uma justificativa para o uso das técnicas disciplinares e por acreditarem que este é o caminho possível para os internos:

> "Se não acata a ordem, chega no quartel e não vai saber. A maioria deles aqui vai para o quartel! A disciplina para eles lá, então, vai ser moleza em comparação com os que não passaram em internato. Prepara-se os meninos, apesar de não haver ordem da direção, pois que outra coisa esses meninos podem fazer?"
> (Inspetor Rodrigo – Internato V.)

Uma outra visão do problema é apresentada pelos próprios alunos. Para eles, não há muita chance de se conseguir um emprego, um "serviço civil". Antes de sair, eles conseguem notícias de amigos que já haviam deixado o internato há um ou dois anos e sabem o que os aguarda após a saída definitiva do internato. Sabem que existe uma dificuldade geral para se conseguir emprego, mas sabem também que ao se apresentarem como ex-alunos da Funabem, a dificuldade será muito maior. O estigma sobre o aluno é percebido por ele mesmo antes de sair da escola.

O ideal da carreira militar funciona como um antiestigma, pois ela é vista como o caminho pelo qual os indivíduos serão resgatados mais plenamente pela ordem. É como se, ao ser recebido pelas Forças Armadas, o interno fosse purificado do seu estigma de ex-aluno.

A transmissão desses valores por parte da instituição é eficaz. Os alunos que estão prestes a ser desligados consideram que o fato de serem internos uma vantagem para se alistarem nas Forças Armadas uma vez que já são disciplinados, sabem acatar ordens e estão acostumados a vida dura e distante de seus familiares:

> "Lá, eles já querem garoto de colégio interno! Quando eu fui me alistar no paraquedista, o homem falou – tu é de colégio interno? Disse – sou. Lá no paraquedista, os homens já gostam de gente de colégio interno." (Tião, 17 anos.)

> "Eles são mais preparados, mais maduros. Já não sente tanta falta da família como os filhos de papai e mamãe sentem. Está acostumado a levar a vida no duro e não no mole." (Pedro, 17 anos, 8ª série, internado com 3 anos na Fundação.)

O diretor da escola concorda com esta visão:

> "Eles (os internos) são mais aceitos nas Forças Armadas, porque já são disciplinados aqui. As Forças Armadas são uma continuidade da escola. Eles encontram mais facilidade de moldar os meninos. Pelo menos os daqui."

Entretanto, diretor, funcionários e alunos sabem que há, nos últimos anos, uma dificuldade crescente de acesso às Forças Armadas:

> "Eu pretendia ser marinheiro, mas como sobrei, eu pretendo trabalhar, estudar, ajudar a minha mãe e me formar como jornalista. Vou trabalhar em Artes Gráficas." (Gilson, 18 anos, interno há dezesseis anos na Fundação, passou por dois internatos, tem mãe.)

As próprias Forças Armadas começam a discriminar o ex-aluno da Funabem, seja pelas suas dificuldades de formação (escolaridade), seja pela sua configuração física (estatura muito baixa). O diretor, tendo plena consciência disso, tenta conseguir que os alunos sejam "aproveitados" no local de alistamento mais próximo da escola, por intermédio de pessoas de seu conhecimento. Mesmo assim, os militares do quartel mais próximo, para se assegurarem de que não receberão alunos-problema, exigem da direção da escola uma carta de apresentação desses jovens. Para realizar essa tarefa, a escola conta com o trabalho de duas assistentes sociais. Seu trabalho concentra-se, principalmente, na preparação de documentos (certidão de nascimento, carteira de identidade) para os jovens que estão completando 18 anos e no seu encaminhamento para o desligamento do internato. Este encaminhamento implica em uma pesquisa sobre suas famílias, com o intuito de saber que condições elas possuem para recebê-los de volta e encaminhá-los ao serviço militar obrigatório.

O primeiro passo para seguir uma carreira militar é o alistamento. Depois de prestar o serviço militar, o segundo passo é, então, estando lá dentro, conseguir permanecer e fazer carreira. O alistamento é importante de acordo com essa perspectiva, pois o aluno tem mais um ano antes de ter que enfrentar a vida com suas próprias possibilidades. O serviço militar é visto como um tempo de transição entre a escola e a "vida civil".

> *"Sempre tem meia dúzia em 50 que eles não aceitam para fazer o alistamento para servir. Neste ano, de 80 alunos sobraram cinco. Eu pedi porque acho que vai ajudar, mas para enfrentar a vida com uma disciplina mais rígida, sem a proteção que é dada ao menor. De qualquer maneira, o aluno tem que ser desligado. Lá terá que descobrir a vida e não a fantasia." (Diretor)*

Se a dificuldade para o alistamento já é grande, o engajamento é ainda mais seletivo e, portanto, muito menos acessível aos "ex-alunos da Funabem". O assistente do diretor cita, a título de exemplo, a porcentagem dos que se engajaram em 1980: dos 19 alunos que se alistaram, permaneceram em 1982 somente oito alunos. Nos últimos anos, há uma média de 12 em 40 alunos que fazem o serviço militar e continuam por um ou dois anos. Um dado importante é que a maioria dos alunos que permanece não tem família, o que, segundo a visão da assistente social, significa que eles "passam a não ser mais abandonados". Enquanto isso, os que têm família, dizem eles, depois de um ou dois anos não querem mais ficar em nenhuma das Forças Armadas.

Mas nem todos conseguem fazer o serviço militar sem problemas. Alguns são expulsos antes de terminar o primeiro ano.

> *"Tem aluno que saiu da escola e foi expulso do serviço militar e, hoje, está trabalhando como servente de obra e dormindo no chão da obra, porque não tem para onde ir. O que fizeram por ele durante esses anos todos?" (Dentista)*

> *"A Fundação só se lembra de citar os ex-alunos bem-sucedidos. Os que se deram mal, não falam. Vão para o Exército e nem lá ficam, porque não têm estudo." (Funcionário)*

Ao completar 18 anos o aluno deve sair da escola. Esta é a norma. Na realidade, este desligamento não é muito simples. Até o início dos anos de 1980, a Fundação não era muito rígida no que dizia respeito ao cumprimento desta norma, e não havia assistente social ou qualquer outro funcionário que organizasse o processo de desligamento dos alunos. Não havia uma forte pressão sobre o aluno para que saísse quando completasse 18 anos. Sobretudo com relação àqueles que ainda não haviam terminado o 1º grau. Entretanto, o quadro se complicava a cada ano, com o acúmulo de internos acima de 18 anos.

Segundo informações dadas pelo assistente do diretor, no ano de 1982 permaneciam na escola "entre 80 e 90 alunos com mais de 18 anos, podendo ter até 21 anos". Dentre esses alunos, 80% ainda não haviam terminado o ensino funfamental e somente 20% terminariam naquele ano. Os alunos que haviam terminado seus cursos profissionalizantes continuavam, mesmo assim, a trabalhar em uma oficina de sua escolha e nos "serviços gerais", mantendo um ritmo de vida como o de qualquer outro aluno da escola. Outro dado importante é que, entre esses alunos, 15 já estavam com seu serviço militar quitado e 4 já tinham terminado o 1º grau. Permaneciam na escola, pois não tinham para onde ir, e muitos deles não possuíam família.

Podemos observar que a porcentagem de alunos com mais de 18 anos é bastante significativa. E o questionamento que se coloca de imediato refere-se a preparação que supostamente é dada para que esses alunos possam viver em sociedade, que na hora em que isto deve se realizar, cria-se um enorme impasse, pois os alunos não sabem como sair da escola, e a escola não sabe como mandá-los embora.

O impasse na hora da saída se coloca tanto para aqueles que têm responsáveis como para aqueles que são órfãos. Isso conduz a um questionamento contundente de toda a trajetória prevista para o "menor", desde pequeno até a maioridade. O questionamento recai não só sobre o ensino formal oferecido, como também sobre o ensino profissional, mas principalmente sobre o tipo de organização vigente na instituição total que torna o aluno dependente e sem qualquer conhecimento da vida social. Dessa forma, ele se sente incapaz de sair, não só por ter recebido uma formação deficiente e precária, que não o capacita a enfrentar o mercado de trabalho, mas sobretudo por não lhe ter sido permitido formar-se como sujeito social. Um outro fator importante é o enfraquecimento ou a ruptura dos laços familiares, ao lado da impossibilidade que a instituição total cria para o estabelecimento de relações sociais na comunidade, o que muito dificulta a adaptação fora do ambiente do internato.[30]

O depoimento de um aluno, internado com um mês de idade e no momento com 17 anos, tendo passado por todos os internatos da Fundação, expressa com clareza este sentimento:

> *"O que eu acho dos anos que passei no internato? Não acho bom não. Acho que é ruim, porque a gente não aprende como é a vida. A gente encara a vida de um jeito diferente. Pra gente, os alunos, parece que a vida tem a maior dificuldade.*

---

30. Alguns internos, depois que saem, têm críticas muito claras. Helcenir, entrevistado quando ainda era interno, deu outro depoimento dois anos após ter sido desligado, que faz parte da pesquisa "Menor em Tempo de Maioridade", realizada em 1987:
"... o inspetor e todo funcionário falava que lá fora você vai passar fome cara. Eles diziam que a rua era uma coisa muito ruim, quer dizer você vai para lá, você vai sofrer. Então, os alunos tinham medo de sair... no colégio, tem tudo na mão e eles (funcionários) dramatizando a vida do lado de fora. Quer dizer, facilita demais e não prepara para nada. Eles facilita para dentro mesmo e não pra vida: Porque quando o aluno vai sair, o aluno leva uma tijolada né, uma coisa que não tá vendo. E ele volta no colégio muito mal arrumado. Aí os alunos que vê aquela visão se recolhe mais com medo, com muito medo. Aí os outros não quer sair do colégio. Tem aluno que chega a repetir de série para poder num sair. Pra você ver, uma pessoa ao invés de pensar em progredir pensa em se prender no colégio. O colégio é uma coisa que prende muito o aluno."

Parece que é um bicho. Uma coisa que a gente não vai conseguir vencer nunca. A gente só fica dependendo do colégio interno. Então, não gosto dessa vida de colégio não." (João Cláudio, 8ª série.)

Alguns funcionários, profissionais liberais, parecem mais à vontade para tecer críticas ao sistema de atendimento em internato:

"*Os que têm família desestruturada têm muito medo de sair da escola. Os abandonados também têm muito medo. Praticamente, se tornaram dependentes. Todo o sistema da instituição é muito paternalista não permite aos meninos descobrirem as suas potencialidades.*" (Psicóloga)

"*Colocam o aluno na cristaleira por 18 anos e, então, jogam na rua. Adiam o problema por 18 anos. Todos sabem que este sistema não funciona, mas não fazem nada.*" (Dentista)

Apesar do caos, algumas soluções informais são encontradas e dependem, sobretudo, do relacionamento "por afinidade" que os alunos possam estabelecer com alguns funcionários ou pessoas das redondezas. Estas podem porventura encaminhá-los para algum trabalho, ou mesmo empregá-los em suas casas para que façam pequenos serviços, como cuidar do jardim, lavar o carro, fazer pequenos mandados e permitir que continuem seus estudos à noite. Dentro da Fundação, cujo estabelecimento fica em um subúrbio do Rio de Janeiro, a solução encontrada para os alunos considerados de "bom comportamento" consiste no oferecimento de moradia, alimentação e algum dinheiro semanal para que possam procurar emprego, continuar os estudos de 2º grau ou fazer o supletivo à noite, em troca de trabalho como *office-boy* ou de trabalho profissional na padaria ou na cozinha.[31] Alguns acabam sendo contratados depois de certo tempo, outros podem ser encaminhados para trabalhar em algum dos internatos (apesar do número de alunos empregados ser reduzido atualmente, isto ainda ocorre). Outros, ainda, conseguem emprego fora da Fundação e, finalmente, saem depois de um ou dois anos.

Segundo o diretor, entre os 80 a 90 alunos que saem todo ano, pelo menos 20 ficam em completo abandono. Não tendo família a quem recorrer, pegam o primeiro emprego que surge e, uma vez fora da escola, não podem mais voltar. Frequentemente, perdem o emprego e ficam pelas ruas como mendigos, ou se encaminham para a "vida do crime".[32] O problema torna-se muito mais complexo quando o aluno é considerado deficiente por distúrbios psiquiátricos ou retardo mental – estima-se que há cinco ou seis deles em cada grupo de 20 alunos. Os que não têm família podem ser internados em um hospital, complementa o diretor.

---

31. Constatei que tanto a exploração da mão de obra do aluno quanto a admissão do ex-aluno como empregado fazem parte da tradição das instituições totais.
32. "... negócio de tráfico de drogas. Pegaram ele no flagrante e aí ele foi preso. Ele saiu, não tinha família, não tinha nada. O que esperava dele. Esperava dele ser um doutor, um técnico, o quê? Não esperava nada disso, né. Ele não tinha família, não tinha nada... É muito comum, mas demais mesmo de acontecer do aluno ficar marginalizado, justamente o aluno que não tem família".

Como o problema do desligamento não era solucionado, a Funabem passou a exigir da Fundação a existência de um serviço que ajudasse no encaminhamento dos ex-alunos. Entretanto, a própria Funabem não possuía, nessa época, um serviço para realizar este encaminhamento. A Associação dos Ex-Alunos da Funabem ASSEAF, fundada por ex-alunos da FUNABEM era a entidade que buscava ajudar os ex-alunos na busca de um trabalho. As assistentes sociais da escola começaram também a agilizar a saída dos alunos que completassem 18 anos e tivessem responsáveis. Passaram a visitar suas casas para apurar se os responsáveis teriam condições de receber o aluno, estimulando-os no sentido de que se responsabilizassem por encaminhá-los a um emprego ou para as Forças Armadas. Os que não tinham família, eram, então, encaminhados para o novo serviço que se instalou na sede da Fundação, na cidade do Rio de Janeiro, local mais próximo para realizar contatos com empresas. Este serviço se iniciou no segundo semestre de 1982, tendo sido desenvolvido por uma assistente social da Fundação.

A mudança importante que passou a caracterizar o desligamento dos internos, a partir daí, foi a obediência estrita norma de saída do aluno que atingisse a maioridade. Este requisito passou a preponderar sobre a conclusão do 2º grau e o término da formação profissional. Antes, estes dois requisitos também não eram indispensáveis para o ingresso na vida social. Porém, a Fundação facilmente mantinha ali o aluno que tivesse dificuldade de sair e não houvesse terminado os estudos ou a formação profissional. Na medida em que o desligamento passou a incidir sobre a idade de maneira rígida, ficou claro o menosprezo da escola com relação aos aspectos da formação profissional dos internos. Já constatamos anteriormente que a formação profissional não é muito eficiente, que as técnicas ensinadas são arcaicas e que a maquinária é obsoleta. Mesmo assim, tentava-se transmitir a importância de aprender um ofício para que o interno pudesse, posteriormente, introduzir-se no mercado de trabalho. Com esta determinação da Funabem, fica claro que a política do Bem-Estar do Menor, ao internar os "menores", não objetiva a formação de profissionais que possam ingressar no mundo do trabalho. A Fundação, apesar de sua tradição histórica (até o início dos anos 60, se orgulhava de formar profissionais), acata a norma da Funabem, sem qualquer esforço de questionamento da mesma e de seu próprio sistema de ensino atual.

b. Encaminhamento para o emprego

Para que o interno possa ingressar no mundo social, a primeira necessidade que surge é a obtenção do documento de identidade. Até então, sua principal forma de identificação, quando abordado na rua, era pronunciar-se: "sou de menor, interno da Funabem". Além disso, podia utilizar-se do nome, do apelido e do número que o identificava em cada internato. No momento de tirar a carteira de identidade, surge novamente a questão do seu nascimento, de suas origens e de sua filiação. Também são necessárias uma fotografia e uma assinatura que o identifiquem. Esse é um documento importante que permite o trânsito pela cidade sem que seja considerado suspeito. E, mais do que isso, é o documento que lhe confere cidadania. A Funabem facilita a obtenção da carteira de identidade através de um serviço que executa todos os procedimentos normais, que teriam de ser executados em uma repartição pública, exigidos para esse fim. Assim, o interno pode ser desligado. Mas, segundo a assistente social, os problemas já surgem aí:

"As facilidades que ele encontra aqui na escola – cama feita, médico, tudo de graça – digo para ele, você não terá lá fora. Fazemos esta conscientização. Eles perdem muito os documentos e, por isso, a gente não dá antes deles saírem. Eles não têm cuidado com seus objetos. Ande por aí e veja – chinelo pelo chão, roupas cortadas. Isso ocorre por falta de cultura. As pessoas não têm orientação também, a família não dá." (Assistente social)

Após a obtenção deste documento, o encaminhamento para o emprego pode ser feito, mas esbarra em várias dificuldades. A primeira é a dificuldade do próprio serviço, feito especialmente por uma assistente social que trabalha na sede, distante do internato e próxima dos locais que oferecem empregos.[33] É um serviço que, em 1982, apenas se iniciava. Outro grande problema é que os internos não saem como profissionais capacitados ou como mão de obra especializada. O chamado aprendizado profissional, com algumas exceções, só permite ao aluno uma pequena iniciação do aprendizado:

"Hoje, atendemos mais para dar comida. O aluno não sai preparado para trabalhar no mercado. Não está acostumado com a máquina. Ele não consegue emprego hoje. Hoje é demagogia. Hoje, os relatórios só querem dados. Não querem críticas e sugestões para ele poder enfrentar a realidade no mercado; precisa de máquinas modernas. Falo, peço, mas ninguém faz nada. A Fundação diz que não tem dinheiro." (Diretor)

Outros preferem se referir à escola sem dizer que se trata de um internato ou que é conveniado com a Funabem.

Uma vez empregado, o aluno continua a ter dificuldades. Dificilmente consegue ficar no primeiro emprego e, muitas vezes, passa por vários, em um breve período de tempo.[34] Com toda a educação disciplinar que recebeu, o ex-interno não consegue, entretanto, atender à disciplina exigida pelo trabalho, não se submetendo às regras como seria necessário para nele manter-se. Vejamos como a assistente social coloca a questão:

"No encaminhamento para o emprego, a gente faz orientação e arranja emprego, mas quase nunca eles ficam. Não ficam por insegurança, ansiedade no desempenho do novo papel, problemas de relacionamento com o patrão, temor. Não conseguem seguir os horários, chegam sempre atrasados. Quando passam pelo Exército, eles aprendem mais. Os alunos que saíram, e que voltam para falar com a gente, são os que estão numa boa. Os que não estão não vêm. É uma baixa em relação aos colegas."

---

33. Para enfrentar este problema, a Funabem chegou a fazer uma propaganda pela televisão em 1987, conclamando os empresários a empregarem ex-alunos.
34. Esta constatação pôde ser feita também em 1985, através de entrevista com vários ex-alunos, quando fiz a pesquisa intitulada: "Menor em Tempo de Maioridade", Altoé, S. 1993.

c. Solução salvacionista

A provedora, autoridade maior da Fundação, é a figura que melhor encarna a visão salvacionista da instituição, que possui uma visão messiânica a respeito de si própria.[35]

> "As crianças entram, quase que na sua maioria, como crianças de creche, de berço. Depois vão para o internato de quatro anos, e depois para o de sete anos e assim por diante. A criança nos é entregue ainda em berço e sai para servir o exército; sai para procurar emprego depois de homem feito, já com uma profissão. Porque nós temos uma escola profissional lá em (...) para os meninos de 15 a 18 anos e lá eles aprendem várias profissões (Figs. 47 e 48): soldador, mecânico e ainda há esse serviço que nós chamamos de barbeiro, padeiro. São 11 oficinas. Agora, devo dizer a você que a Fundação (...) trabalha com muita alma, com muito amor e com muita sorte. Porque pelo menos 80% dos alunos da Fundação são recuperados, e eu acho um número muito grande para a época de hoje. 80% nós recuperamos, principalmente porque nós temos crianças que vêm desde o berço, por isso. Recuperamos, que eu digo, são esses a quem nós conseguimos dar

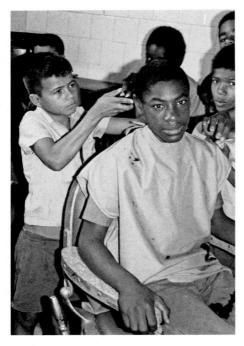

Figura 47. Uns aprendem com os outros pequenos ofícios, como o de barbeiro.

---

35. Como indiquei no final do capital referente às características dos internatos, esta Fundação tem lugar importante entre as instituições filantrópicas, e a história de seu fundador mostra claramente como ele ocupava perante todos da Fundação um lugar de "salvador". Este espírito filantrópico ainda marca o funcionamento institucional e é, sobretudo, encarnado por aqueles que ocupam as posições mais altas na hierarquia.

Figura 48. Os cursos profissionalizantes são de interesse dos jovens. O registro fotográfico é motivo de alegria.

um diploma de profissão e colocar num emprego. E são pessoas que estão hoje casadas e eu até gostaria de reunir um grupo desses meninos já do meu tempo, que estão casados e trabalhando, tendo uma vida normal, eu até gostaria de levá-los a um programa de televisão, para ver que nem tudo está perdido ainda."

d. A "vida do crime"

Um outro caminho que se apresenta para o aluno, ao sair da escola, é a "vida do crime". Esta possibilidade já se delineia dentro do internato para muitos deles, segundo a expectativa dos dirigentes. Mas há casos em que a opção pela delinquência constitui uma surpresa. O assistente do diretor expressa com clareza a possibilidade quando, ao organizar as carteiras de identidade dos alunos, seleciona, vez por outra, uma dentre elas, exibindo-a a todos dizendo:

"Guardem bem este rosto aqui. Este menino ainda vai ser notícia."

Ele aponta seis alunos que, no seu entender, serão marginais. Tece comentários sobre o tipo de rosto, olhar, valoriza traços e expressões do aluno que, segundo seu ponto de vista, "pela experiência de anos", podem chegar à marginalidade. Também aponta aqueles que são "bons meninos" ou "ótimos alunos". Mostra, inclusive, a foto de um aluno que se encaixava dentro dos traços fisionômicos que relacionava aos delinquentes, cuja carteirinha ali permanecia, apesar do aluno já ter sido morto no ano anterior. Este exemplo veio a confirmar suas teorias sobre os traços fisionômicos, com o uso de conceitos da teoria lombrosiana.[36] A carteirinha ali permanecia, pois o menino ainda era aluno da escola quando foi morto na rua, em luta com a polícia. O assistente do diretor entende como inútil o seu esforço de aconselhamento dirigido a estes rapazes, que acabam "se perdendo".

> "Cara, a gente te dá oportunidade, veja se aproveita enquanto tem tempo. Mas nada, no outro dia é a mesma coisa e dá nisso."

A direção da escola, portanto, usa de seu saber sobre os alunos para tentar salvá-los da perdição e do caminho da delinquência. Mas eles, segundo a visão da escola, não sabem aproveitar a oportunidade. Nos seus rostos, já está marcado o seu destino. A escola não tem meios de saber o que se passa com os alunos após seu desligamento, a não ser de maneira informal, quando eles voltam para fazer visitas e trazem notícias sobre os outros, ou pelos jornais, através das notícias ligadas ao crime, roubo e drogas. Mesmo assim, considero relevante as informações que obtive na secretaria, pelo assistente do diretor, sobre os alunos que "se perdem na vida do crime":

> "Antes de 1979 uns cinco ou seis alunos se perdiam por ano – se metiam com roubo, tóxico, bandidos e morriam. De 1979 para cá, mais de 20 por ano se perdem na bandidagem e morrem. Já vêm para cá com problemas; metidos em confusão fora, eles não melhoram e quando saem, maiores de idade, perdem-se de vez.
> É muito grande o número de meninos que se perdem. Não se sabe de todos, porque não mantemos nenhum registro. Mas posso citar alguns através de notícias que chegam até nós (cita de 1980 em diante, alegando que eu poderia conhecer alguns).
> 1. Carlos – foi expulso do quartel e está assaltando.
> 2. Jorge – não era mau aqui, mas quando saiu se perdeu.
> 3. Salgueirinho – morreu assassinado. Era ruim aqui. Ele entrava no boteco com muita facilidade.
> 4. Flores – foi assassinado.

---

36. "Lombroso, buscando a explicação científica do crime, asseverou que o delito é um fenômeno de atavismo orgânico e psíquico. A esta conclusão chegou após estudo antropológico e análise confrontativa entre o homem selvagem e o homem delinquente, encontrando num e noutro idênticos caracteres somáticos e psíquicos. O criminoso típico seria uma cópia, uma reprodução nas sociedades modernas, do homem primitivo, aparecido, pelo fenômeno do atavismo, no seio social civilizado, com muitos dos seus caracteres somáticos e os mesmos instintos bárbaros, a mesma ferocidade, a mesma falta de sensibilidade moral. Ainda mais, pensava Lombroso que o atavismo do criminoso, quando lhe falta absolutamente todo traço de pudor e de piedade, pode ir além do selvagem, remontando até aos próprios brutos.
E da estreita analogia entre o selvagem e o criminoso, fazendo aplicação da lei de evolução ontogenética e filogenética, pela qual 'o indivíduo atravessa estados análogos ao que atravessa a sua espécie desde a origem até o estado atual', Lombroso concluía que o delinquente, principalmente pelos seus caracteres psíquicos, muito se assemelha às crianças, que, nesta fase da existência, resumem e reproduzem os primeiros graus do desenvolvimento da espécie humana, a doutrina do infantilismo, cujo fundo de verdade é de uma evidência brilhante e incontestável." (Aragão, 1977, p. 108).

5. *Francisco – levou um tiro, mas não morreu.*
6. *Zé – foi expulso do quartel, porque roubou armas. Não entendo como fez isso. Foi uma surpresa para mim.*

Além desses alunos de que se lembrou rapidamente, considerou também os alunos que foram para escolas de "regime fechado", pois estes também são considerados "alunos perdidos": "este ano, foram 12 alunos, sendo 11 procedentes do Internato VI. Ano passado, foram pelo menos 12 alunos". Segundo um inspetor, que trabalha com os alunos mais velhos, de 1973 até 1981, pelo menos 30 meninos que passaram por seu pavilhão tornaram-se bandidos e morreram. Cita um que recentemente morreu, envolvido com venda de tóxicos. Cita também alguns que encontrou na prisão e outros que são policiais.

Vemos, assim, como se delineiam as possibilidades desses jovens que, na sua maioria, frequentaram de seis a dez anos escolas internas. Essas escolas que estudamos dão atendimento a menores encaminhados pelo 1º Oficio: são menores "carentes e abandonados". Mas estes internos acabam por apresentar, dentro do estabelecimento, um "comportamento desviante". Em virtude disso, a direção julga improcedente a sua permanência junto aos outros alunos, enviando-os para a "escola de regime fechado". Outros indivíduos que ali permanecem, ao sair ou mesmo antes disso, começam a se envolver, fora da escola, com grupos organizados ligados à "vida do crime".

É necessário assinalar a importância de teorias como a de Lombroso (que considera características craniológicas como relacionadas à propensão ao crime), as quais foram superadas e criticadas pelo conhecimento jurídico e biológico, uma vez que elas voltam a ter força e atualidade na vida social. Verifica-se que as práticas repressivas da instituição total reeditam ideologias já inteiramente sepultadas pelas modernas concepções científicas. É como se essas ideologias tivessem impregnado profundamente a visão e a formação do próprio diretor, dos funcionários e da provedora, marcando também todos os procedimentos administrativos e técnicos, assim como todas as práticas cotidianas e rotineiras da vida institucional. Então, a Fundação continua a ser regida, por mais moderna que pretenda ser, pelo que há de mais conservador no plano das ideias e das ideologias, recuperando concepções racistas e colonialistas, inteiramente anticientíficas, como a teoria de Lombroso.

e. Inculcação bem-sucedida das normas e pontos críticos dos métodos de inculcação

Os métodos e as técnicas pedagógicas que visam à reprodução de uma dada ordem social derramam-se por todos os domínios da sociedade. Foram institucionalizados e acham-se voltados principalmente para o atendimento de segmentos de classes subalternas. Os internatos ora estudados constituem um dos aspectos dessa institucionalização, posto que os denominados "menores" são oriundos das referidas classes sociais. A ação disciplinar vigente nos internatos, contudo, tanto parece lograr reproduzir a ordem social, quanto, paradoxalmente, gera elementos que contêm sua própria negação. A inculcação bem-sucedida das normas, que estaria em contradição com o insucesso dos métodos de inculcação, representa, em verdade, o verso de uma medalha cujo anverso lhe seria diretamente oposto. O que me leva a pensar que no nível da eficácia da ação disciplinar nos internatos, estamos diante de resultados contraditórios e em permanente tensão. Inútil asseverar resultados positivos e/ou negativos quando as tensões parecem imbutir uns dentro dos outros, em um estranho emaranhado que coloca em xeque os fundamentos da própria instituição, lançando um mar de dúvidas sobre a eficiência da ação pela qual propugna a Fundação.

Consoante essas reflexões, a partir das demais observações de acompanhamento dos internos na vida social, podem-se levantar para efeito de exposição, pelo menos, três "opções de vida" ou evasões possíveis à disposição dos internos. As duas primeiras dizem respeito à socialização pelo trabalho e, aparentemente, podem ser entendidas segundo a visão do senso comum, ou seja, supõe-se que haja um ingresso "harmonioso" na vida social.

Os denominados "menores" são submetidos a um conjunto de regras que têm por objetivo condicioná-los a aceitar um trabalho regular, a obediência aos horários, a hierarquia e as leis instituídas. É sabido que na sociedade capitalista o desenvolvimento de forças produtivas gera a necessidade de determinadas especializações ou funções das mais sofisticadas às menos qualificadas. A Fundação forneceria preparação e treinamento de mão de obra na atividade de qualificação do menor. Pretende, nesse sentido, funcionar como uma instituição produtora de força de trabalho. As oficinas profissionalizantes preparam os internos para exercer profissões como auxiliar de mecânico de automóveis, eletricista, bombeiro marceneiro etc. Não obstante a maquinaria disponível na Fundação ser obsoleta e colocar os internos em posição de "atraso técnico", quando de seu ingresso no mercado, há alguns casos em que logram conseguir desempenhar as atividades para as quais foram treinados. Constituem, entretanto, exceções.

Uma outra vertente da ação pedagógica reside na disciplina exercida para impor a observância das "normas de conduta" ou a sua "naturalização".[37] Os internos são educados para representar ou acreditar como "natural" a ordem dada. Além disso, são treinados para fazê-la vigir, o que significa que não apenas são preparados para o acatamento das disposições legais, mas, sobretudo, são impelidos a uma postura de assegurar a sua imposição. Assim, temos um percentual significativo desses internos que abraçam, como ambição maior, o desejo de ingressar nas Forças Armadas, enquanto outro, não menos importante, almeja permanecer no internato, passando da situação de comandado àquela de quem dá ordens. Mesmo com as dificuldades de absorção desses internos pelas Forças Armadas, anteriormente já mencionadas, observa-se que muitos deles logram "engajar" principalmente no Exército e nas forças policiais. Os ex-internos se transformam nos vigilantes da ordem. Enquanto guardiões, zelam rigidamente pelo ideal de justiça neles inculcado, porém não sem as tensões que os marcaram no decorrer do internamento e que, por vezes, são paradoxais: subjugar pela força, pelo medo, pelo temor da perda e pela violência frequente.

---

37. Referimo-nos à formação de indivíduos pela disciplina, para garantir o cumprimento das "normas" agrupadas pelo código jurídico da sociedade.

O terceiro contingente compõe-se de ex-internos que desde o período do internamento desenvolveram a rebeldia e a representaram como elemento positivo, cercada de toda uma recusa refletida ao acatamento das ordens. Sempre viram a fuga como solução e a buscaram incontáveis vezes. Sempre foram castigados e punidos com severidade, mas reincidiram nas consideradas "faltas" assinaladas pelas autoridades institucionais. Nesse sentido, a imposição das normas pedagógicas gera também o aguçamento dos antagonismos e produz o que seria a sua própria negação. Os internos que se recusam ao cumprimento das normas apreendidas na escola buscam a "liberdade" pela negação delas e só são submetidos à força, pelo rigor das punições. A Fundação os classifica como "delinquentes", e sob este rótulo são introduzidos na vida social.

Impelidos a se dispor "à margem da sociedade", tanto no que se refere ao mundo do trabalho quanto ao das leis instituídas, estes ex-internos dispõem-se como delinquentes em potencial. As leis são vividas como injustas, e a rebeldia, que eles consideram positiva, torna-se um instrumento pela qual forçam sua entrada nos meandros da vida social. Certamente, há um domínio comum aos que ingressam nas fileiras das corporações policiais e os que virão a ser combatidos por elas. São interlocutores de uma mesma linguagem de violência. Identificam-se nas posições contrárias e oponentes. Isso porque não se trata de opções de um mesmo nível, como o esquema aqui traçado pode sugerir. Ninguém escolhe entre ser soldado ou bandido. Condicionantes sociais, por vezes, os mesmos, é que os impelem a enxergar "escolha" como vocação. Ocorre que são falados pela própria força que o internato tem em suas vidas e não conseguem se colocar falando como sujeitos. Na caserna, o intramuros continua a abrigá-los, quando não a protegê-los. Em contrapartida, na outra escolha, que encerra uma ameaça frequente de prisão, lhes resta a infinita tentativa de fugas e evasões. Os chamados marginais não têm sobre si, o tempo todo, a imposição do cumprimento das regras. Esta é uma evasão que eles vislumbram como possível, pois tentam viver livres dos freios institucionais, embora acuados e temerosos face às contínuas perseguições policiais. Relativiza-se, assim, com esta reflexão, o peso das oposições que dentro das três aludidas possibilidades ficaram reduzidas em verdade a apenas duas, ou seja, os guardiões da ordem de um lado e os que a infringem de outro.[38] A origem social e os métodos de socialização dispõem, entretanto, os que impõem a ordem e os que propagam a "desordem" em um terreno comum, conforme já foi dito anteriormente. Então, de fato são reproduzidas as engrenagens tão bem amparadas das instituições totais, pouco importando o peso da polaridade das posições assumidas.

---

38. Mais recentemente tem surgido uma nova variante, a organização, quer dizer, as modernas ideologias políticas levam os ex-alunos a se organizarem em associações que possam debater a sua própria situação e inserção na vida social, como se fossem elementos intermediários que colocam os indivíduos não na instituição, mas em um movimento próprio. Temos também o surgimento de "movimentos" em defesa da criança, organizados por profissionais liberais e projetos alternativos, que atendem aos chamados "meninos de rua" ligados a setores progressistas da igreja. Herzer e Collen tiveram o apoio desses grupos e, assim, escreveram suas autobiografias. Herzer, entretanto, teve um fim trágico, suicidando-se poucos dias antes da publicação de seu livro. Esses projetos alternativos têm surgido em função da crítica à internação de crianças.

CONSIDERAÇÕES FINAIS

Com este estudo pretendi analisar o cotidiano da vida da criança e do adolescente em internatos que tem estrutura e funcionamento institucional semelhante às instituições totais. Ao estudar sete internatos de uma determinada Fundação (faixa etária de recém-nascidos a 18 anos), mostrei alguns indicadores importantes que caracterizam o funcionamento desses internatos para crianças pobres.

Observei, no atendimento cotidiano das crianças pequenas, que a vida institucional é fonte de carências, que colocam em perigo seu desenvolvimento e estruturação psíquica. Encontramos nestes estabelecimentos os principais fatores de carência tão conhecidos e estudados – transferência múltipla de ambiente de vida, rodízio de funcionários, atendimento impessoal e despersonalizante, impossibilidade de construir laços afetivos significativos, hipoestimulação do desenvolvimento psicomotor, fechamento para o mundo exterior, monotonia do cotidiano e pobreza das relações sociais.

Um dos fatores mais graves de carência são as mudanças às quais a criança pequena fica exposta, em uma idade em que é mais sensível à perda repetida de pessoas às quais se afeiçoa. Vimos nos Internatos I e II como as transferências de estabelecimento, as mudanças no cotidiano de grupo de colegas e de funcionários são frequentes. Além do mais, estas mudanças são realizadas sem que qualquer explicação seja dada à criança sobre o que lhe vai ocorrer e sobre o local onde ela se encontra. A criança é tratada como objeto, com gestos bruscos, na pressa do atendimento "eficiente", desconhecendo-se o mal que tudo isto lhe pode causar. Não há lugar para as necessidades individuais, muito menos para as suas demandas. E existem poucas ocasiões para troca de afeto, o que dificulta o desenvolvimento de seu sentimento de integridade e de identidade.

Tudo isso, diz Miriam David[*], "não permite que a criança sinta a continuidade de sua existência. Contribui, ao contrário, para a manutenção de uma imagem despedaçada do mundo e verdadeiramente para a impossibilidade que têm essas crianças, quando maiores, de se situar no tempo e no espaço. Da mesma maneira, a não resposta afetiva a seus atos e progressos não lhes traz os ingredientes necessários ao seu narcisismo, dando-lhes mais tarde a impressão de que não tem uma existência própria, nem valor, o que é confirmado a seus olhos pela pobreza de sua linguagem e de seu funcionamento intelectual e mental" (David, 1973, p. 129).

---

[*] Psicanalista francesa, muito conhecida, na França, pelo seu trabalho relativo à criança separada de seus pais e a colocação em instituição pública de acolhimento e em família acolhedora.

Ao lado dos fatores acima, a falta de uma relação privilegiada e significativa na primeira infância e no decorrer do crescimento provoca nos internos uma atitude, comumente observada, de avidez afetiva. Além das observações, tive depoimentos de funcionários, que ali trabalham há alguns anos, sobre a insatisfação e a incapacidade de amar dessas crianças e jovens, como também sobre sua dificuldade de sentir amor mesmo quando este lhes é dado. Isso faz com que não só os funcionários dos internatos como sua família ou a família adotiva tenham dificuldade de se relacionar com eles, pois mostram-se frequentemente decepcionados, insatisfeitos e, às vezes, destrutivos.

Mostrei também como o modo de atendimento às necessidades básicas da criança não favorece o desenvolvimento da percepção do próprio corpo e do sentimento de si mesmo. É muito mais uma atividade alienante, que vai dificultar sua relação com o mundo. Nesse sentido, o ambiente pouco acolhedor, com a falta de brinquedos e a falta de uma relação afetiva que dê suporte para que ela se relacione com o mundo ao seu redor, faz com que seja baixa a qualidade de investimento nas atividades que executa. Tudo isso, aliado à precoce disciplinarização do corpo e ao constrangimento, não favorece seu bom desenvolvimento psicomotor e cognitivo.

Observei também que o sistema disciplinar, utilizado desde cedo e ao longo do tempo de internação, não favorece o desenvolvimento da linguagem, nem da autonomia, nem da capacidade de iniciativa. A socialização desses indivíduos é prejudicada pelo fechamento institucional em relação ao mundo externo, bem como pelo tipo de funcionamento existente. Desde bebê, na infância, na puberdade e na adolescência, o interno aprende que não pode ter confiança no adulto. Quando bebê, porque não tem suas necessidades atendidas nem a certeza de momentos de troca afetiva e de prazer com o adulto. Depois, somados a esses fatores, os castigos indiscriminados e arbitrários, a vivência de uma relação autoritária e infantilizadora, na qual sua palavra não merece qualquer crédito ou valor. Paralelo ao sistema institucional totalizante, onde não há lugar para perguntas e indagações, recai sobre o interno o estigma de "menor", de quem se espera, sobretudo, um comportamento desviante. Os mecanismos institucionais, através do corpo de funcionários, são incansáveis na tentativa de aquietá-lo e enquadrá-lo no ideal disciplinar.

Também o sistema de atendimento massificado e a disciplina rigorosa e punitiva não favorecem o desenvolvimento mental saudável da criança, a construção de sua identidade e a possibilidade de se constituir enquanto sujeito. Sua individualidade é, sobretudo, equalizada e homogeneizada. Constrangida e impossibilitada de demonstrar qualquer expressão de liberdade e autonomia, de descoberta do que é capaz e de seu limite, resta-lhe o ócio, o silêncio, o cumprimento da ordem e da sequência disciplinar.

Na puberdade e adolescência, o sistema disciplinar fica mais severo e assume o caráter de castigo, o que não permite a interiorização da disciplina de forma positiva, favorecendo o desenvolvimento de um superego rígido e punitivo.

Por viver dentro de um estabelecimento cuja abertura para o mundo é quase inexistente, limitando suas possibilidades de relações sociais, a criança e o jovem ficam aprisionados dentro de uma dinâmica institucional que os faz se sentirem perdidos, desprotegidos, abandonados e também angustiados frente à possibilidade de enfrentar o mundo externo que lhes é desconhecido. Esta angústia surge durante a fase de internação e se intensifica na fase de desligamento do internato. Além do constrangimento do espaço, ficam sujeitos a humilhações, castigos, violência física e sexual. Não tendo como escapar à prática de controle e submissão, vivem dentro de uma faixa tão estreita de possibilidades que, facilmente, são considerados "infratores".

Os internos com 12 anos já dão mostras de complicações graves no seu desenvolvimento, dificultando o próprio funcionamento institucional. Mostrei o atraso escolar significativo, a evidência de perturbações psicológicas, o desamparo e a perda de laços familiares. Além disso, a formação profissional é muito precária e a ideia de trabalho é transmitida como uma atividade desinteressante. Pouco estímulo é dado ao esporte, à formação de lideranças e à solidariedade do trabalho em equipe.

É importante também perguntar se os funcionários estão em um sistema diferente do das crianças. E se o efeito da instituição não está justamente aí, nessa interiorização exacerbada do instituído dentro de cada estabelecimento com suas nuances. As coisas não se passam da mesma forma em cada internato, o que nos possibilita ver todas as diferenciações que se permite uma instituição, inclusive uma instituição total.

É importante ressaltar que a grande maioria dessas crianças tem pai ou mãe identificado, ou seja, crianças denominadas pelos órgãos oficiais de "carentes". Os pais, por algum motivo familiar ou financeiro, internam seus filhos. As crianças órfãs, atendidas nesse tipo de internato, são menos de 10%. Este, na verdade, é mais um problema, pois como podem essas crianças e jovens compreenderem este afastamento de seus pais, se eles vivem? Descobri, trabalhando na Feem, que esses internatos de "menores", além de terem muitas dificuldades internas de funcionamento, oferecem um tipo de atendimento desproporcional à tarefa que se propõem. Pois, se a rede de internatos existente não se propõe a atender somente os órfãos, mas também a todas as crianças carentes do Estado, como diz Mangabeira, "... ela é pequena demais para exercer qualquer efeito importante sobre o problema da criança, mas grande bastante para eximir a sociedade de uma responsabilidade social que quase todas as civilizações reconheceram".[1]

Essas observações e análises revelam que muitas reservas podem ser feitas a este tipo de atendimento institucional. Este sistema não preserva a criança de carências graves, não lhe assegura bom desenvolvimento físico e psíquico, aprendizado escolar ou formação profissional, dificultando, além disso, sua inserção no meio social ao ser desligada. Certamente, estas consequências não afetam todos os internos de forma igual. Mas ninguém se salva dessas marcas que decorrem de uma concepção de educação, como nos diz Jean Oury. Ele se refere, sobretudo, a um "processo de sofrimento das crianças e, frequentemente, a um processo de morte. De sofrimento e de massacre de seu entusiasmo. Isto marca as pessoas para sempre, segundo suas personalidades. Se são muito sensíveis, são marcados para toda a vida" (Oury, 1972, p. 408). O sofrimento é fabricado pelo sistema institucional que, pela justificativa de resguardar, proteger e educar, torna a vida de milhares de crianças brasileiras infâncias desperdiçadas, infâncias perdidas, expropriadas da própria possibilidade de futuro.

---

1. Feem, "Uma Proposta de Mudança", 1985.

POSFÁCIO

A importância desta pesquisa, realizada no início dos anos 1980, coloca-se pelo fato de mostrar as condições de acolhimento às crianças e aos adolescentes, que se fazia na rede pública e privada antes da promulgação do ECA – Lei federal 8.069 de 13 de julho de 1990 –, seguindo as recomendações da Convenção das Nações Unidas pelos Direitos da Criança, de 1990.[1] Esta lei regulamentou a proteção para crianças e adolescentes, no Brasil, sob novos paradigmas na forma de olhar, proteger, educar e resguardar direitos. A política pública regida pelos Códigos de Menores de 1927 e de 1979 tinha um olhar sobre a criança, denominada "carente", que influenciava diretamente na qualidade do atendimento/educação/assistência, como se pode observar lendo este livro. Com a mudança da lei, a criança "objeto de direito" passa a ser "sujeito de direito". A nova orientação dada pelas convenções internacionais, como escreve Annina Lahalle,[2] "preconiza que a manutenção da criança e do adolescente em seu meio natural deve ser a medida buscada prioritariamente; a sanção privativa da liberdade ou a retirada da criança de sua família só deve ocorrer em *ultima ratio*. Com esta finalidade, novos parceiros deveriam ser solicitados (na comunidade e na família) e novas formas de atendimento em meio aberto são propostas nos textos das Nações Unidas e do Conselho da Europa" (Lahalle, 2010, p. 101).[3] A autora segue seu texto afirmando que: "Entre as grandes orientações que se referem tanto ao campo da delinquência quanto ao da criança carente, é preciso perceber o lugar importante que é dado à prevenção, às medidas de desjudicialização, que permitem uma ação fora da esfera da justiça para certas situações (penais ou civis), assim como à especialização e à formação profissional das várias pessoas implicadas". A partir de então, aqui no Brasil, importantes reformulações foram iniciadas nas políticas públicas. Entre outras, e que nos interessa aqui, sobremaneira, são as opções criadas para evitar a internação[4] em ambiente coletivo, por longo período, buscando priorizar o acolhimento familiar – seja a volta à família de origem, seja no encaminhamento a uma família acolhedora, ou, ainda, a uma família substituta (adoção).

---

1. Importante lembrar que somente nos anos 1980 surgiu uma reflexão mais ampla dentro do quadro das Nações Unidas sobre as formas de atendimento, implicando muitos países, questão que até então se referia autonomamente a cada país.
2. Socióloga paulista, pesquisadora de Centro de Vaucresson, França.
3. Annina Lahalle, "O direito dos menores e a sua evolução face às regras internacionais" in Altoé, S. Sujeito do Direito, Sujeito do Desejo – Direito e Psicanálise. Rio de Janeiro, Revinter, 2010.
4. Trata-se de crianças e adolescentes na situação de negligência, abandono ou maus-tratos. Não vamos tecer considerações referentes ao adolescente que comete ato infracional.

Considero que o estudo de alguns pesquisadores teve importante influência nesta mudança histórica, que tem como marco os princípios da Convenção Internacional dos Direitos da Criança. Pesquisas como a de R. Spitz (USA), M. Klein, J.Bowlby (Inglaterra), J.Aubry, M.Soulé, e M.David (França), realizadas nos anos 1950 e 1960, mostraram os efeitos nocivos da separação precoce mãe/bebê, ou criança pequena, pois observou-se que o adulto materno tem um lugar importante na estruturação do psiquismo. A pergunta fundamental que se colocava era como realizar um acolhimento que pudesse atenuar os efeitos nocivos da separação de crianças pequenas internadas em instituição de assistência, hospitalar ou educacional. Esta questão, nunca inteiramente resolvida, deve estar sempre presente para os trabalhadores deste campo. Os autores citados passaram a trabalhar no sentido de fortalecer a ideia de que uma ruptura total ou abrupta com a família não se mostra uma boa solução para o futuro destas crianças. Assim, quando se considera que a separação não pode ser evitada, ela deve ser avaliada caso a caso, observando-se o contexto global da história desta família. Enquanto esta decisão não é tomada e a criança estiver em situação de abrigamento,[5] por exemplo, um trabalho deve ser feito para que os laços com seus pais ou seus substitutos sejam mantidos.

É importante ressaltar que estes médicos-psicanalistas faziam pesquisas a partir de seu trabalho em instituições públicas. Isto favoreceu que outros profissionais orientados pela teoria psicanalítica influenciassem a execução rotineira nestes serviços, tendo enorme repercussão na organização, no encaminhamento e nos procedimentos junto às crianças e aos jovens. Chamo a atenção para o fato de que esta influência, no Brasil, ainda é pouco significativa e, em geral, feita por pesquisas universitárias. É, entretanto, muito necessária e profícua! As publicações sobre esta temática na França e na Inglaterra o demonstram. Observo a importância da psicanálise no trabalho que realizo – desde 2006, na UERJ, a pedido da equipe de um abrigo do Rio de Janeiro –, de acompanhamento clínico às crianças e aos adolescentes ali abrigados e, desta forma, também algum apoio à equipe.

O estudo etnográfico aqui publicado refere-se a uma realidade anterior ao ECA; retrata com detalhes o funcionamento institucional que tende a ser totalizante, ou seja, domina todos os aspectos da vida do interno e sua rotina diária. Mostra seu sofrimento aliado ao da separação dos pais. Mostra também a dificuldade dos adultos na relação com a criança, pois o próprio sistema é desumano. As fotos, parte desta etnografia, retratam crianças e adolescentes em um certo momento histórico e são, nesta edição, publicadas em maior número. Considero assim fazer uma homenagem – por meio daquelas que tive a oportunidade de conhecer – às crianças e aos adolescentes que viveram esta realidade. Algumas fotos evidenciam um fator, como me apontou certa vez a psicóloga e professora da PUC-Rio, Elisabete Ribeiro, que descrevo no livro, mas não aprofundo na análise: a resistência – aqui entendida como esforço para se preservar como sujeito singular

---

5. A Lei 12.010 (BRASIL, 2009), substitui o termo abrigamento por programa ou regime de *acolhimento institucional*. Ou ainda, abrigo por *instituição de acolhimento*. O acolhimento pode ser *familiar ou institucional*. Uso o termo abrigo, pois ainda é muito falado e é pertinente às reflexões que aqui faço.

–, expressa no olhar destas crianças e jovens, à máquina institucional de treinamento e adestramento no intuito de buscar um comportamento considerado desejável dentro do ideal salvacionista institucional. É fato que muitos que ali foram internados, por longos anos, beneficiaram-se desta internação e dizem que, apesar das dificuldades vividas nos internatos, eles são gratos de terem podido distanciar-se dos problemas familiares, dos maus-tratos, das drogas e das más companhias. Afirmam que foi fundamental, pois lhes possibilitou a inserção no trabalho e a construção de suas famílias.[6] Se muitos resistiram, é fato também que muitos não conseguiram fazer face àquele tipo de funcionamento institucional e não tiveram a mesma sorte, como indicam outras pesquisas que realizei.[7]

Se mudanças foram feitas com o objetivo de preservar a criança, conforme preconiza o ECA, estamos longe, muito longe ainda de termos em funcionamento uma rede pública de atendimento que, ao retirar a criança de sua família, preserve-a e lhe ofereça um acolhimento que leve em conta seu estado emocional. Considero muito importante que se faça uma reavaliação dos critérios para a tomada desta decisão, e que seja feita sempre caso a caso e por profissionais de uma equipe multidisciplinar. Em muitos casos é preciso considerar se não é mais benéfico para as crianças e para os pais um apoio e acompanhamento, às vezes longo, que favoreça o fortalecimento da família. A simples separação não resolve os problemas, não diminui o sofrimento, nem facilita o funcionamento da rede pública. É enganoso pensar que a carência causada no ambiente familiar é sempre maior do que aquela causada no atendimento institucional. E o mais frequente é que este processo de separação se faça sem que a criança[8] entenda o porquê, nem para onde vai, nem por quanto tempo, além dos cuidados oferecidos, em geral, não a preservarem como sujeito singular. Somado a isto, o tempo de solução e encaminhamento torna-se muito longo, deixando o abrigado à mercê de uma dinâmica institucional que não conhece e que não oferece estabilidade. Mudanças acontecem com enorme frequência, seja em função de novas diretrizes no âmbito dos gestores governamentais, seja pela troca da equipe técnica ou do educador que cuida diretamente da criança, do local de acolhimento ou, ainda, pelo fato de a criança mudar de setor – do abrigo para família acolhedora ou família substituta, por exemplo, e ser outra equipe técnica que cuida de seu "caso". Assim, perde-se com frequência a dimensão da criança como sujeito.

Ao "educador", assim denominado, mas sem qualquer formação, contando apenas com sua experiência de ser pai ou mãe de família e seu amor pelas crianças, é sobre quem pesa, sobremaneira, as dificuldades de cuidar, no dia a dia, das crianças e jovens que ali se encon-

---

6. Pesquisa: "Instituição total - uma reprodução na maioridade da vida de 'menor' institucionalizado?" (1990/92) – entrevistas aprofundadas feitas com ex-internos.
7. "Menor em tempo de Maioridade" http://www.bvce.org.br/LlivrosBrasileirosDetalhes.asp?IdRegistro=61 "De menor a presisiário – uma trajetória inevitável?" http://www.bvce.org.br/LlivrosBrasileirosDetalhes.asp?IdRegistro=62
8. Muitas vezes nem a própria família entende o que lhes acontece, vivendo como arbitrária a decisão de retirada de seus filhos e se sentindo impotente face ao poder do Estado. Ao mesmo tempo permite criar uma distancia afetiva e de responsabilização na relação com os filhos, que nem sempre é refeita.

tram, em razão de terem vivido situações muito difíceis de conflito familiar, maus-tratos, negligência, violência, uso de álcool ou drogas e de abandono nas ruas. Os abrigados sofrem pelos problemas causados pela família, mas, também, pelo afastamento desta e em razão da qualidade do acolhimento institucional. Além de instalações, muitas vezes inadequadas, manutenção insuficiente e falta de material, a relação entre crianças e adolescentes institucionalizados e adultos é desproporcional, dificultando intervenções efetivas, como também a preparação (formação, especialização) dos profissionais para o desempenho de seu trabalho. Neste cenário, os trabalhadores adoecem com frequência, faltam e desistem. Assim, sem a continuidade do trabalho das diversas categorias, dos diferentes profissionais ou mesmo da direção da unidade de acolhimento, não se pode construir uma forma de trabalhar que tenha consistência, que possa ser transmitida, um saber-fazer, que é mais do que uma formação formal, necessária e fundamental, mas inexistente, em particular, para os educadores.[9]

Outro complicador importante são os atravessamentos institucionais e uma rede de apoio precária e pouco consistente. Neste sentido, não será razoável rever o papel do Conselho Tutelar, sua organização e funcionamento, como também redimensionar a amplitude da interferência dos profissionais da justiça? Atualmente, o que se observa não pode ser denominado de judicialização da infância, uma vez que praticamente toda decisão sobre a criança deve ser tomada pelo(a) Juiz(a) e sua equipe, levando-se em conta a manifestação do Ministério Público?[10] Parece estar acontecendo uma judicialização da questão da criança, inclusive pela população, que facilmente recorre ao Conselho Tutelar que, por sua vez, se dirige ao juiz. Será que não estão faltando outras instituições públicas para atender aos problemas dessa população, para que não precise recorrer de imediato à justiça? Será que o Conselho Tutelar (órgão não judicial), mais bem preparado para sua tarefa, e na prática, funcionando independente do judiciário, poderia favorecer o que o ECA recomenda, seguindo os princípios da Convenção Internacional de não-judicialização da infância?

Uma mudança recente na lei – Lei 12.010 (Brasil, 2009)[11] – alterou substancialmente o ECA no que se refere à adoção, e limitou a dois anos o tempo de institucionalização da criança e do adolescente Este arranjo legal mobilizou empenho importante das autoridades jurídicas e de suas equipes, criando no Rio de Janeiro o que se chamou "audiências concentradas", que podem ocorrer inclusive, dentro do abrigo. Por exigência desta lei,

---

9. Num esforço próprio muitos assistentes sociais, psicólogos e outros, que ali atuam, fazem cursos esparsos de capacitação oferecidos pelas universidades e associações.
10. O Ministério Público (promotores de justiça) deve opinar quanto à destituição, reintegração, adoção, institucionalização da criança e do adolescente; o juiz concorda ou não. Eles são profissionais do Direito, mas não pertencem ao quadro do Judiciário. No caso da destituição do poder familiar são eles que fazem a ação contra os pais naturais.
11. Lei 12.010 (BRASIL, 2009), chamada de Lei Nacional da Adoção (incorporada ao ECA), tornou mais efetivo o controle sobre o tempo de permanência de crianças e adolescentes institucionalizados (não por motivos relacionados ao ato infracional), o que, em tese, colabora para que a criança e o adolescente venham a ter garantido o direito de convivência familiar e comunitária mais prontamente, seja quanto à reintegração familiar, seja quanto a alguma forma de colocação em família substituta.

todo processo deve ser avaliado pelo menos a cada 6 meses, para que nenhuma criança ou adolescente fique "invisível" ou esquecido pela burocracia administrativa. Se desta forma há maior interação das equipes do judiciário com aquelas dos abrigos, há também um aumento de trabalho admirável, sem reforço de pessoal nas diversas equipes. Desta forma, os profissionais das unidades de acolhimento acabam por funcionar, sobretudo, para dar suporte, por meio de seus relatórios, à ação da justiça. Isto gera uma enorme burocracia administrativa, não evita completamente a lentidão no andamento de cada caso, gerando sofrimento e expectativas não atendidas para o abrigado. Antes da Lei 12.010, mas ainda hoje, é frequente que a criança sem entender o que lhe está acontecendo, porque não está com sua mãe, porque não tem visita, tenha crise de angústia, dificuldade para dormir, torne-se agressiva, deprimida, faça fuga ou tenha sintomas considerados de hiperatividade. Tudo isto tende a dificultar sua inserção na escola e, às vezes, um novo encaminhamento para sua vida.

Pode a política pública, por meio de suas instituições, oferecer um acolhimento que seja um espaço de construção ou de recuperação do bem-estar psíquico e favoreça o desenvolvimento, a saúde física e mental da criança e do adolescente, que se encontram acolhidos em função da proteção especial, que necessitam e que a lei lhes assegura? E que a qualidade deste acolhimento favoreça que ele ou ela possa seguir sua vida, evitando buscar amparo nas drogas, colocando-se em situações que levem à gravidez precoce, ou ainda, que desenvolva um comportamento agressivo e infrator que os coloque no âmbito das medidas socioeducativas ou de privação de liberdade?

A conclusão a que chego, trabalhando neste campo há mais de 30 anos, é que é preciso que o poder executivo[12] tome a si o que é de sua responsabilidade, não trate esta questão como "menor", mas como prioritária, determine verbas públicas adequadas para que a política pública possa realizar mudanças urgentes e que haja formação, capacitação e profissionalização dos trabalhadores, com remuneração adequada, para que seja estimulante a sua permanência neste campo. Considero também muito importante que os abrigados possam contar com um acompanhamento psicológico e possa ser oferecido um apoio e supervisão aos profissionais, em especial, aos educadores.

É fundamental que medidas preventivas sejam criadas para permitir à criança e ao adolescente permanecer na sua família. Mudanças importantes são necessárias na organização e no funcionamento da rede do Sistema de Garantia de Direitos da Criança e do Adolescente para diminuir o fluxo de entrada no sistema de assistência ou do judiciário, e que se possa oferecer um atendimento dentro do próprio bairro onde a criança vive, buscando manter os laços de família, de vizinhança e de convivência comunitária. Todo

---

12. Será que as reformulações na política e as instituições criadas nas duas últimas décadas dão conta de atender às exigências do ECA? Podemos afirmar que essas instituições se consolidaram, enquanto instituições públicas, construindo uma prática e uma história? Ou ainda, elas são criadas para atender a uma urgência e ao sabor da orientação política daqueles que são eleitos em nível municipal e estadual, mas não de um projeto de envergadura nacional, como questiona R. Lourau na Apresentação?

empenho deve ser feito para que as crianças e os adolescentes tenham relações estáveis para a construção de sua identidade, de sua história e, que o acolhimento institucional seja uma etapa construtiva na sua vida, favorecendo sua autonomia, sua inserção social e sua liberdade.

Sônia Altoé
Rio de Janeiro, dezembro de 2012

BIBLIOGRAFIA

1. Análise Institucional

Altoé S. *Analyse institutionnelle d'une institution d'enfants handicapés.* Université Paris VIII, Paris, 1980.
Altoé S. *L'École-caserne pour enfants pauvres.* Université Paris VIII, Paris, 1988.
Barbier R. *Pesquisa – Ação na instituição educativa.* Rio de Janeiro: Jorge Zahar, 1985.
Hess R. *La socianalyse.* Paris: Universitaircs, 1975.
Hess R. *Lexique de l'analyse institutionnelle. Revista Pour Paris* 1978 Nov./Dec.;62-63:21-28.
Hess R. *Centre et péripherie.* Eppsos Privat, 1978b.
Hess R. *Le temps de médiateurs.* Paris: Anthropos, 1981.
Hess R. *La sociologie d'intervention.* Paris: PUF,1981a.
Kohn RC. Le recherche par les praticiens: l'implication comme mode de production des connaissances. *In: Bulletin de Psychologie,* Tomo XXXIX, n° 377.
Lapassade G. *L'Analyseur et L'analyste.* Paris: Gauthier - Villars, 1971.L
Lapassade G. *Arpenteur.* Paris: Ep, 1971a.
Lapassade G. *Groupes, organisations, institutions.* 3ème ed. Paris: Gauthier-Villars, 1974.
Lapassade G. *Les cahiers de l'éducation,* n° 1. Université de Paris VIII, 1982.
Lapassade G, Sherer R. *Le corps interdit.* Paris: ESF, 1980.
Lourau R. *L'Analyse institutionnelle.* Paris: Les Éditions de Minuit, 1970.
Lourau R. *Les analyseurs de l'Église – Analyse institutionnelle en milieu chrétien.* Paris: Anthropos, 1972.
Lourau R. *El Analisis Institucional.* Madri: Campo Abierto, 1977.
Lourau R. *Le lapsus des intellectuels.* Paris: Privat, 1981.
Lourau R. Quelques approches de l'implication. Gênese du concept d'implication. *Revista Pour.*
Lourau R. *L'Analyse de l'implication dam les pratiques sociales.* Paris: Privat, 1983, n° 89.

2. O "menor" no Brasil

Altoé S. Os *Processos Disciplinares nos Internatos de Menores, in 0 Menor em Debate, Espaço.* Rio de Janeiro: Cademos de Cultura USU, 1985, n° 11.
Altoé S. *Internato de menores –* Audiovisual: 15' e 150 slides. Rio de Janeiro, 1985.
Altoé S, Rizzini I. *Sobre as relações afetivas nos internatos para menores, in O Menor em Debate.* Rio de Janeiro: Cadernos de Cultura USU, 1985, n° 11.
Altoé S, Alvim R. *Eternos menores, in tempo e presença.* CEDI, 1987 Mar., n° 277.
Alvim R, Valadares L. *Infância e Sociedade no Brasil: uma análise da literatura.* IUPERJ/Ford, 1988.
Arruda R. *Pequenos bandidos.* Sao Paulo: Global, 1983.
Bazílio LC. *O Menor e a ideologia de segurança nacional.* Minas Gerais: Vega Novo Espaço, 1985.
Bierrenbach MI, Flgueiredo CP, Sader E. *Fogo no pavilhão – Uma proposta de liberdade para o menor.* São Paulo: Brasiliense, 1987.
Campos AV. *O menor institucionalizado.* Rio de Janeiro: Vozes, 1984.

Cavallieri A. *Maltrato de menores, in menor até quando.* Rio de Janeiro: ASSEAF, 1987.
Collen P. *Mais que a realidade.* São Paulo: Cortez, 1987.
FEEM. *Uma proposta de mudança.* Rio de Janeiro, 1985 Set.
Ferreira RF. *Meninos de rua.* São Paulo: CEDEC, 1979.
Guilhon de Albuquerque JA. *Instisuição e poder.* Graal: Rio de Janeiro, 1980.
Guirado M. *A criança e a Febem – Debates.* São Paulo: Perspectiva, 1980.
Guirado M. *Instituição e relações afetivas.* São Paulo: Summus, 1986.
Herzer A. *A queda para o alto.* Petrópolis: Vozes, 1982.
Junqueira L. *Abandonados.* São Paulo: Cone, 1986.
Luppi CA. *Agora e na hora de nossa morte.* São Paulo: Brasil Debates, 1981.
Luppi CA. *Malditos frutos do nosso ventre.* Sao Paulo: Cone, 1987.
Passeti E et al. *O mundo do menor infrator.* São Paulo: Cortez, 1984.
Passeti E et al. *O que é menor.* São Paulo: Brasiliense, 1985.
Pellegrino P. *Entrevistas e depoimentos in o menor em debate.* Rio de Janeiro: Espaço Cadernos de Cultura USU, 1985, n° 11.
Pond J. *Levy Miranda – Apóstolo da assistência social no Brasil.* Rio de Janeiro: Carioca, 1977.
Rizzini I. A internação de crianças em estabelecimentos de menores: alternativa ou incentivo ao abandono? In: *O menor em debate,* Rio de Janeiro: Cadernos de Cultura USU, 1985, n° 11.
Rizzini I. (Ed.). *Geração de rua.* Série estudos e pesquisas. Rio de Janeiro: USU, Cesme, 1986.

3. Outras referências

Aragão AMS. *As três escolas penais.* Rio de Janeiro: Freitas Bastos, 1977.
Aries P. *História social da criança e da família.* Rio de Janeiro: Zahar, 1978.
Bernstein, B. *Language et classes sociales.* Paris: Minuit, 1975.
Bettelheim B. *The informed heart.* Nova York: Avon Books, 1971.
Bowlby J. *Cuidados maternos e saúde mental.* São Paulo:Martins Fontes, 1981.
Costa JF. *Ordem médica e norma familiar.* Rio de Janeiro: Graal, 1979.
David M. *Lóczy.* Paris: Searabée, 1973.
Donzelot J. *A polícia das famílias.* Rio de Janeiro: Graal, 1980.
Ferrari P et al. *Les separations de la naissance a la mort. L'Ecole des parents et des educateurs.* Toulouse: Privat, 1976.
Foucault M. *L'Ordre du discours.* Paris: Gallimard, 1971.
Foucault M. *Vigiar e punir.* Petrópolis: Vozes, 1977.
Freud A, Goldstein J, Solnit A. *Dans l'intérêt de l'enfant? Vers un nouveau statu de l'enfance.* Paris: ESF, 1973.
Goffman E. *Manicômios, prisões e conventos.* São Paulo: Perspectiva, 1961.
Goffman E. *Estigma.* Rio de Janeiro: Zahar, 1975.
GRAPI. *Placés vous avez dit? Méthodes actives et pratique institutionnelle en maison d'enfants* Vigneux: Matrice, 1987.
Hassoun J. *Entre la mort et la famille: la crèche.* Paris: Petite Bibliothéque Payot, 1977.
Lebovici S, Diatkine R, *Significado e função do brinquedo na criança.* Porto Alegre: Artes Médicas, 1985.
Lemay M. *J'ai mal à ma mère.* Paris: Fleurus, 1979.
Lyons J. *As idéias de chomsky.* São Paulo: Cultrix, 1973.
Mannoni M. *Educação impossível.* Rio de Janeiro: Francisco Alves, 1977.
Mannoni M. (présentation). *Enfance aliénée.* Paris: Denoël, 1984.
Mattler M, Pierre F, Bergman. *O nascimento psicológico da criança – Simbiose e individuação.* Rio de Janeiro: Zahar, 1977.
Moore Jr B. *Injustiça – As bases sociais da obediência e da revolta.* São Paulo: Brasiliense, 1987.

Moreau PF. *Fernand Deligny et les idéologies de l'enfance.* Paris: Retz, 1978.
Navarro VB. *O jogo e a constituição do sujeito na dialética social.* Rio de Janeiro: Forense, 1988.
Oliveira LL, Veloso MP, Gomes AMC. *Estado novo – Ideologia e poder.* Rio de Janeiro: Zahar, 1982.
Oury I, Pain J. *Chronique de l'école-caserne.* Paris: François Maspero, 1972.
Piaget J. *O nascimento da inteligência.* Rio de Janeiro: Zahar, 1975.
Platt AA. *The child savers.* Chicago and London: University of Chicago, 1977.
Robertson J. *Young children in hospital.* London: Tavistock, 1970.
Schechtman A. *Psiquiatria e infância: um estudo histórico sobre o desenvolvimento da psiquiatria infantil no Brasil.* Universidade do Estado do Rio de Janeiro, 1981.
Soulé M. *Les modes de garde des enfants de 0 à 63 ans.* Paris: ESF, 1981.
Spitz R. *O primeiro ano de vida.* São Paulo: Martins Fontes, 1980.
Thiollent M. *Crítica metodológica, investigação social e enquete operária.* São Paulo: Polis, 1980.
Vasques A, Oury F. *Vers une pedagogic institutionnelle.* Paris: François Maspero, 1974.
Coordenadoria de Conflitos Agrários e Conselho Nacional dos Direitos da Mulher. *Violência contra mulheres e menores em conflitos de terras.* Brasilia, 1987.
Winnicott DW. *O brincar e a realidade.* Rio de Janeiro: Imago, 1975.
Winnicott DW. *The maturational process and the facilitating environment.* London: Hogarth, 1976.